Edition 🌅 Maritim

Küstenhandbuch Kroatien

Edition Maritim

LEKSIKOGRAFSKI ZAVOD
Miroslav Krleža

Autor und Verlag übernehmen für Irrtümer, Fehler oder
Weglassungen keinerlei Gewährleistung oder Haftung.
Die Pläne dienen zur Orientierung und nicht zur Navigation;
sie ersetzen also keineswegs Seekarten oder Seehandbücher.

Die Deutsche Bibliothek - CIP-Einheitsaufnahme
Küstenhandbuch Kroatien. - 2. Aufl. - Hamburg:
Ed. Maritim, 1998
(Nautischer Reiseführer)
Einheitssacht.: Navigational guide to the Adriatic Croatian
coast <dt.>
ISBN 3-89225-338-2 (Ausgabe: Edition Maritim)
NE: EST
ISBN 953-6036-07-X (Ausgabe: Leksikografski Zavod)

2. Auflage
ISBN 3-89225-338-2 (Ausgabe: Edition Maritim)
ISBN 953-6036-07-X (Ausgabe: Leksikografski Zavod)

© Leksikografski Zavod *Miroslav Krleža*
Frankopanska 26, HR-10000 Zagreb
Direktor: Vladimir Pezo

Titel der englischsprachigen Originalausgabe:
Navigational Guide to the Adriatic Croatian Coast
© Leksikografski Zavod *Miroslav Krleža*, Zagreb

© für die deutsche Ausgabe 1996.
Edition Maritim GmbH
Raboisen 8, 20095 Hamburg

Chefredakteur: Anton Simović
Redaktion: Đuro Fabjanović, Zvonimir Jakobović,
Branka Komadina, Vesna Kušar, Ivan Markešić,
Vladimir Mesić, ✝Ivan Platužić, Anton Simović,
Zdenko Šenoa, Stjepan Vuk
Karten und Zeichnungen:
Leksikografski Zavod *Miroslav Krleža*

Fotos: »Adriatic Croatia International Club« (ACI) - Opatija,
»Turistkomerc« - Zagreb, Phototeke HRT - Zagreb, Peter Kleinoth,
Igor Michieli, Mato Novaković, Milan Pavić, Ivan Pervan,
Vanja Žanko, Ilija Živanović

Umschlag: Buchholz/Hinsch/Hensinger, Hamburg
Übersetzung: Aloys von Hammel, Oldenburg
Satz: Utesch GmbH, Hamburg
Druck und Bindung: »Zrinski« d.d., Čakovec
Titelfoto: Rovinj; Rückseitenfoto: Mali Lošinj
(beide von Peter Kleinoth, Genua)
Printed in Croatia 1998

INHALT

B	weiß	km	Kilometer	S, St, Sv	Sankt, Heilige(r)
Bl	Fl/Blitzfeuer	kn	Knoten	Sam.	Kloster
br.	Nummer	KN	Kilonewton	SE	Südost, südöstlich
brt, BRT	Bruttoregistertonne	kor	Korallen, Korallenriff (Grundbezeichnung)	sekt.	Sektorenfeuer
c., C	rot			sig. mag.	Nebelschallsignal
C.	Kap	kW	Kilowatt	Sj	Mischfeuer (Festfeuer und Blitzfeuer)
cr.	schwarz	l., L.	Hafen		
CRV.	roter Sektor (Leuchtfeuer)	LK	Hafenamt, Hafenmeister	Sl	Aufschleppe, Slip, Rampe, Trailerbahn
čv	Knoten	L. pl.	Hafenplan		
D	Kran	m	Meter	SS	Sankt, Heilige(r), plural
D.	unten, untere	m	Schlick (Grundbezeichnung)	SSE	Südsüdost, südsüdöstlich
D Bl	L Fl/Blinkfeuer	M	Seemeile	SSW	Südsüdwest, südsüdwestlich
DHI	Državni Hidrografski Institut, Split (Staatl. Hydrographisches Institut, Split)	M.	klein	Svj. pl.	Leuchttonne
		mbar	Millibar, heute: Hektopascal	SW	Südwest, südwestlich
		min	Minute	š	Kies (Grundbezeichnung)
Dir.	Leitfeuer	mm	Millimeter	šk	Schill, Muschelkalk
dr., Dr.	kleine Bucht, Kriek	Mo(A)	Morsefeuer, Morsebuchstabe A	t	Tonne
dwt	Tragfähigkeit			t	Seegras, Seetang
E	Ost, östlich	N	Nord, nördlich	tel.	Telefon
ENE	Ostnordost, ostnordöstlich	NE	Nordost, nordöstlich	tfax	Telefax
Ep	Stromanschluß	NNE	Nordnordost, nordnordöstlich	tlex	Telex/Fernschreiber
ESE	Ostsüdost, ostsüdöstlich	NNW	Nordnordwest, nordnordwestlich	Tr	Autofähren-Landungsplatz
FS	Tankstelle			TS	Techn. Service (Reparaturen, Wartung)
G.	oben, obere	No.	Nummer		
GMT	MGZ/Mittlere Greenwich-Zeit	NW	Nordwest, nordwestlich	u., U.	Bucht, kleine Meerenge
Gp	Feuer in Gruppen	o., O.	Insel, kleine Insel	UK Bl	UQ/Ultra-Funkelfeuer
gr., Gr.	Felsen oder Riff, ständig unter Wasser	Oi.	Inseln, kleine Inseln	UTC	Koordinierte Weltzeit
		OZP	Nachrichten für Seefahrer	v	Geschwindigkeit
GRT	siehe BRT	p	Sand (Grundbezeichnung)	V.	groß
h	Stunde	Pk	Oc/Unterbrochenes Feuer	var	Mißweisung
H	Hotel	Pl.	Tonne, schwimmendes Seezeichen	Vert.	senkrecht
Hor.	waagerecht			Vid.	Tragweite (Leuchtfeuer)
hr., Hr.	Felsen, Riff, Klippe (einzeln)	Plič.	Untiefe (Seekarte)	Vk Bl	VQ/Schnelles Funkelfeuer
HRM	Kroatische Kriegsmarine	Pm	Al/Wechselfeuer	Vp	Wasserzapfstelle
i., I.	Insel, kleine Insel	POK.	Richtfeuer	W	West, westlich
IALA	International Association of Lighthouse Authorities	pol., POL.	Halbinsel	WC	Toilette
		pop.	Bevölkerung	WNW	Westnordwest, westnordwestlich
Izd.	Ausgabe	Pot., POTAM.	verdunkelt (Leuchtfeuer)		
Izo	Iso/Gleichtaktfeuer	pr., Pr.	Passage, Durchfahrt, Straße (See)	WSW	Westsüdwest, westsüdwestlich
J.	See, kleiner See			z., Z.	grün
k	Steine (Grundbezeichnung)	PSJM	Kroatisches Leuchtfeuerverzeichnis für Adria, Ionisches Meer und Malta	zal., Zal.	Bai, Bucht, Golf
kab.	Kabellänge, 185,2 m			zat., Zat.	kleine Bai, kleine Bucht
kam.	Austern			ZEL.	grüner Sektor (Leuchtfeuer)
kan., Kan.	Fahrrinne, Fahrwasser	R	Restaurant, Gaststätte	ž.	gelb
K Bl	Q/Funkelfeuer	s	Sekunde	φ	Breite (geograph.)
kHz	Kilohertz	S	Süd, südlich	λ	Länge (geograph.)

GLOSSAR

brdo	Berg	močvarno	Morast, Sumpf	sidrište	Ankergebiet
brežuljak	Hügel	more	Meer, See	solana	Salzbecken, Saline
dio	teilweise	morski	nautisch	spilja	Höhle
draga	kleine Bucht, Kriek	nacionalni	national	stanica	Bahnhof
dražica	Bucht	nudistički	nudistisch	sveta, sveti (Sv)	Sankt
dvorac	Schloß, Herrenhaus	obala	Küste	svjetionik.	Leuchtturm
grad	Stadt	otočić	kleine Insel	svjetlo.	Leuchtfeuer
gradić	kleine Stadt	otok	Insel	šuma	Wald
greben	Felsen, Riff (ständig unter Wasser)	planina	Berge, Gebirge	tjesnac.	Straße
groblje	Friedhof	plaža	Strand	ulaz	Ansteuerung
hotel	Hotel	pličina	Untiefe	ušće	Flußmündung
hrid	Felsen, Riff, Klippe (einzeln)	poluotok	Halbinsel	utvrda	Fort
izvor	Quelle am Meeresboden	potok	Fluß, Strom	uvala	Bucht
jezerce	kleiner See	prevlaka	Isthmus, Landenge	uvalica	kleine Bucht
jezero	See	pristanište	Ladeplatz	uzgajalište	Hof, Gehöft
kamp.	Zeltplatz	prolaz	Durchfahrt, Passage	veliki, veli, velji	groß
kanal	Fahrrinne, Fahrwasser	radio-far	Funkfeuer	vrata	Durchfahrt, Passage
kopno	Festland	rezervat	Schutzgebiet	vrelo	Quelle
kuća	Haus	rijeka	Fluß	vrh	Spitze, Gipfel
lučica	kleiner Hafen	rt.	Kap	zaljev	Bucht
luka	Hafen	ruševina	Ruine	zaton	kleine Bucht
mali, malo	klein	selo	Dorf, Siedlung	žal	Strand
mauzolej	Mausoleum	sezonski	saisonal		

VORWORT

Das Adriatische Meer hat eine große Bedeutung im Seetourismus des Mittelmeeres. Die kroatische Küste ist berühmt sowohl für ihre unzähligen kleinen historischen Orte als auch für die zahlreichen Touristenanlagen, die wunderschönen Häfen und Marinas. Vor dem Festland liegen zahlreiche kleine und große Inseln mit geographisch reizvollen und ökologisch intakten Landschaften, in denen man einer mannigfaltigen Pflanzen- und Tierwelt begegnet. Ein wahres Seglerparadies: einzigartig in Europa.

Die Republik Kroatien umfaßt 56 538 km² Landfläche und 33 200 km² innere Gewässer und Hoheitsgewässer. Der Küstenbereich erstreckt sich über 510 sm. In diesem Abschnitt liegen 5790,1 km oder 73 % der gesamten 7911 km langen Adria-Küste (davon entfallen 3737 km oder 47,6 % auf die Festlandsküste und 4174 km oder 96,1 % auf Inselküsten). Die 5790,1 km der kroatischen Küste enthalten 1777,7 km Festlandsküste und 4012,4 km Inselküsten. Vor der östlichen Adriaküste liegen insgesamt 725 Inseln. Davon gehören 718 Inseln – unter ihnen auch die 66 unbewohnten der Adria – zu Kroatien.

Die Sicherheit auf See wird sowohl durch zahlreiche Leuchttonnen und andere Seezeichen als auch durch Seenotrettungsdienste und ein dichtes Netz von Radio- und Küstenfunkstationen, die Wetterberichte senden und Warnnachrichten verbreiten, gewährleistet.

Kroaten bevölkern seit 1400 Jahren die östlichen Küsten der Adria. Im 7. Jahrhundert begannen sie, ihre nationale Identität im Rahmen der westeuropäischen Kultur und eine eigene Staatsform zu entwickeln. Davon zeugen zahlreiche archäologische Funde und Baudenkmäler, die man noch heute in den beschriebenen Orten besichtigen kann.

Im Jahre 1990 wurde die Republik Kroatien ein selbständiger und demokratischer Staat. Er wurde 1992 international anerkannt und ist seitdem Mitglied der UN. Ein großes politisches Ziel Kroatiens ist es, seine besondere Lage am Meer zu nutzen und den Seetourismus weiterzuentwickeln. Dazu und zur Gewährleistung der Sicherheit im kroatischen Teil der Adriaküste soll dieses Handbuch einen wichtigen Beitrag liefern.

Dieses Küstenhandbuch enthält viele Informationen für kleine Yachten und Boote, die die kroatische Küste zur Erholung oder mit sportlicher Ambition befahren. Bei der Auswahl des Inhalts ist man davon ausgegangen, daß die Führung eines Bootes (Schiffes) in den Händen einer fachlich ausgebildeten Person liegt. Die entsprechende Befahrens-Berechtigung („Permit") wird in Kroatien von dem jeweiligen Hafenamt ausgestellt. Ebenso muß das Schiff nach den Vorschriften des international anerkannten kroatischen Schiffsregisters ausgerüstet sein.

Der erste Teil des nautischen Führers enthält Auszüge aus den wichtigsten Vorschriften und weitere Informationen, die für die Sicherheit der Schiffahrt in den Küstengewässern Kroatiens wichtig sind. Auch der Sportbootfahrer ist angehalten, sich mit diesem Abschnitt zu befassen.

Der nautische Reiseführer „Küstenhandbuch Kroatien" dient zur Information für alle Sportbootfahrer. Das Befahren der kroatischen Hoheitsgewässer ist verbunden mit der Ausstellung einer Fahrgenehmigung (Navigation Permit) sowie der Entrichtung eines Entgeltes zum Unterhalt der Einrichtungen für die Schiffahrtssicherheit und des Seenotrettungswesens.
Sportboote müssen für die Fahrt in den kroatischen Hoheitsgewässern die den gesetzlichen Bestimmungen entsprechenden Navigationsausrüstungen und -instrumente sowie die Seekarten des jeweiligen Reviers an Bord führen.

Im Hauptteil werden die Häfen und Marinas sowie alle wichtigen Liegeplätze, Buchten, Kanäle und Seestraßen beschrieben. Dieses Kapitel ist entsprechend der sieben geographischen Gebiete, die mit der Einteilung der Hafenämter übereinstimmt, gegliedert. Die Beschreibungen werden durch mehrfarbige Übersichten, Skizzen, Pläne und Fotos ergänzt. Die beiliegende Übersichtskarte (1:400 000) dient der Orientierung und dem Abstecken von Routen. Auf der Kartenrückseite sind Verzeichnisse der Marinas und der Ämter für Schiffahrtssicherheit mit den entsprechenden Telefon- und Fax-Nummern sowie die Angaben zum Empfang nautischer Warnnachrichten abgedruckt. Das Staatliche Hydrographische Institut in Split (DHI = Državni hidrografski institut) gibt spezielle Sportschiffahrtskarten heraus. Zur Navigation bei Nacht sollte immer das Leuchtfeuerverzeichnis an Bord sein.

Das vorliegende Handbuch enthält ebenso Informationen über die kulturgeschichtlich und historisch interessanten Baudenkmäler, die kein Besucher der kroatischen Adriaküste auslassen sollte.

Bei der Vorbereitung dieses Handbuches dienten als Unterlage die Ausgaben des Lexikographischen Institutes „Miroslav Krleža" in Zagreb, die Handbücher und Karten des Staatlichen Hydrographischen Institutes in Split, die Veröffentlichungen der „Croatian Marinas" Association in Rijeka, Adriatic Club International (ACI) und ausländische Hafenhandbücher. Wir danken allen, die uns bei der Erstellung dieses Buches unterstützt haben.

Für Hinweise zu Änderungen von Bestimmungen, Ansteuerungen, Betonnungen, Versorgungsmöglichkeiten etc. sind wir allen, die sich in diesen Gewässern aufhalten, sehr dankbar und bitten sie, ihre Beobachtungen an den Verlag zu senden.

Chefredakteur
Anton Simović

ENTFERNUNGSTABELLE ADRIA (in sm)

	ANCONA	BARI	BRINDISI	DUBROVNIK	DURRËS	HERCEG-NOVI	HVAR	KOMIŽA	KOPER	KORČULA	KOTOR	MAKARSKA	MALI LOŠINJ	OPATIJA	OTRANTO	PAG	PESCARA	POREČ	PORTO CORSINI	PRIMOŠTEN	PULA	RAB	RIJEKA	RIMINI	SHËNGJINI	SPLIT	ŠIBENIK	TRIESTE	VELA LUKA	VENEZIA	ZADAR	
		216	272	213	303	241	133	121	125	169	254	156	72	109	310	110	80	98	75	107	80	90	111	49	297	131	109	129	149	121	86	ANCONA
			62	108	120	110	125	120	318	113	123	146	232	277	101	237	152	289	289	151	267	239	278	263	130	145	162	322	111	329	194	BARI
				123	81	114	169	168	371	145	127	185	286	333	45	288	208	343	342	206	321	295	334	318	104	192	218	375	155	382	243	BRINDISI
					102	27	82	97	289	49	40	82	208	246	152	207	175	261	282	116	239	206	244	258	85	105	127	293	72	305	160	DUBROVNIK
						81	181	190	386	148	94	181	307	349	83	304	248	358	379	215	336	305	347	352	35	202	226	390	172	402	260	DURRËS
							109	123	317	74	14	107	234	273	138	234	198	289	310	142	267	232	271	286	64	131	154	321	100	333	188	HERCEG-NOVI
								23	207	34	122	34	126	165	205	126	110	179	200	35	157	124	164	176	167	23	46	211	19	223	79	HVAR
									203	53	136	49	124	162	208	123	90	175	196	35	153	122	161	165	178	36	46	207	32	219	78	KOMIŽA
										241	330	228	91	112	410	142	197	28	91	176	54	119	104	107	373	202	170	8	229	60	131	KOPER
											87	33	161	200	184	164	143	213	234	68	191	159	198	214	130	57	79	245	28	257	114	KORČULA
												120	247	286	151	247	211	302	323	155	280	245	284	299	77	144	167	334	113	346	201	KOTOR
													150	189	215	150	137	200	221	55	178	148	187	199	163	29	66	232	47	244	100	MAKARSKA
														53	326	55	127	63	95	91	41	31	54	88	291	120	88	95	-146	107	46	MALI LOŠINJ
															373	68	172	74	112	130	52	44	5	112	332	160	127	116	184	128	86	OPATIJA
																335	246	382	382	237	359	335	374	356	112	228	249	414	190	421	283	OTRANTO
																	148	114	142	91	92	27	66	133	289	121	87	146	147	158	46	PAG
																		169	152	103	148	142	177	128	246	116	109	202	117	198	126	PESCARA
																			72	148	26	91	76	83	345	174	142	32	201	54	103	POREČ
																				169	72	122	114	30	366	195	163	95	223	62	130	PORTO CORSINI
																					126	89	129	148	201	27	12	180	54	192	45	PRIMOŠTEN
																						69	54	74	322	152	121	58	179	72	81	PULA
																							42	114	289	118	86	123	144	135	46	RAB
																								113	330	159	126	108	183	120	84	RIJEKA
																									345	174	149	111	195	86	117	RIMINI
																										187	210	377	155	389	245	SHËNGJINI
																											38	206	40	218	72	SPLIT
																												174	65	186	41	ŠIBENIK
																													233	62	135	TRIESTE
																														245	100	VELA LUKA
																															147	VENEZIA
																																ZADAR

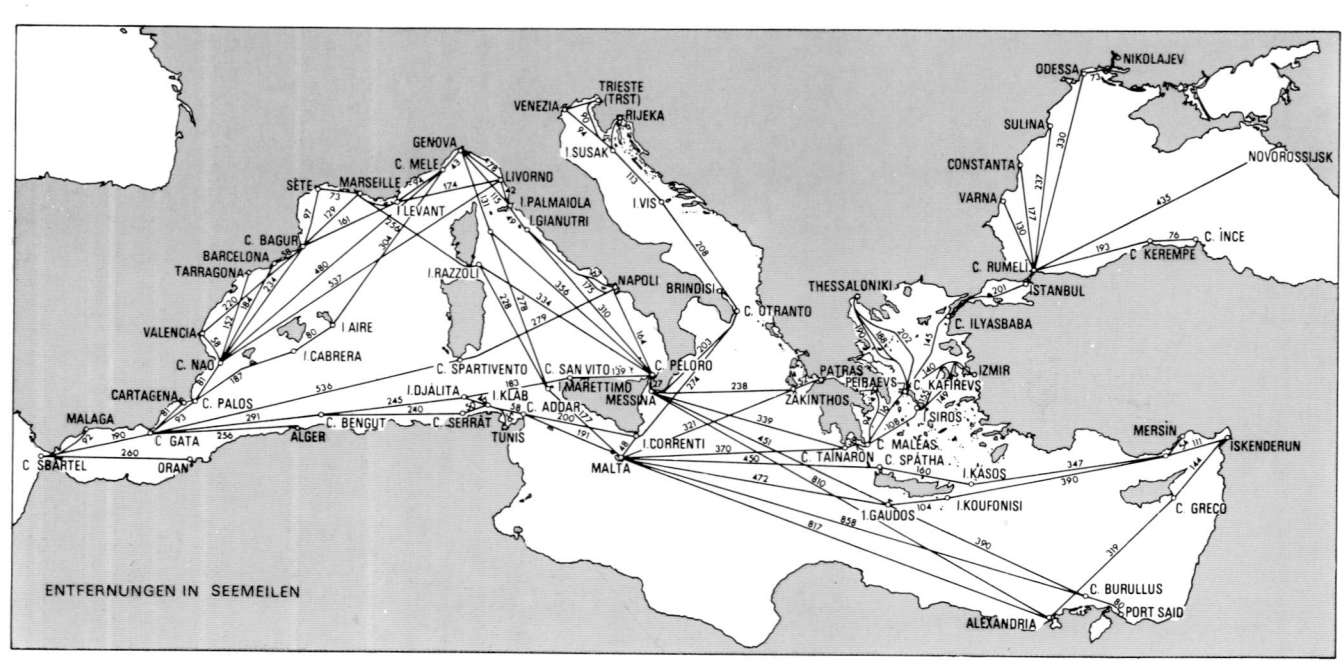

ENTFERNUNGEN IN SEEMEILEN

WICHTIGE BESTIMMUNGEN UND INFORMATIONEN

KÜSTEN- UND HOHEITSGEWÄSSER DER REPUBLIK KROATIEN

Die Souveränität der Republik Kroatien erstreckt sich sowohl auf die inneren Seegewässer und die Territorialgewässer als auch auf den Luftraum über diesen Gewässern, den Meeresgrund und dessen Untergrund.

Die inneren Seegewässer umfassen die Seehäfen, Reeden und Buchten an der Festlands- und an den Inselküsten, Flußmündungen und Seegebiete zwischen der Festlandsküste und der Grenzlinie der Territorialgewässer.

Ein ausländisches Handelsschiff darf die inneren Seegewässer befahren, um einen für den internationalen Seeverkehr geöffneten Hafen auf dem kürzesten üblichen Seeweg anzulaufen.

Ausländische Yachten können ihren Kurs freier absetzen und sich in den inneren Seegewässern der Republik Kroatien aufhalten, wenn sie das Entgelt für die Schiffahrtssicherheit (früher „Navigation-Permit") in einem Hafenamtsbüro oder einer Zweigstelle gezahlt haben. In Ausnahmefällen wird ein „Sonder-Permit" ausgestellt. Gesetzliche Bestimmungen für ausländische Schiffe gelten im allgemeinen auch für ausländische Yachten. In den inneren Seegewässern der Republik Kroatien gibt es Sperrgebiete, die von ausländischen Schiffen und Yachten nicht befahren werden dürfen, wohl aber von einheimischen Fahrzeugen unter bestimmten Bedingungen bzw. wenn sie im Besitz einer Sondergenehmigung sind. Diese und weitere wichtige

GRENZEN DER KÜSTEN- UND HOHEITSGEWÄSSER

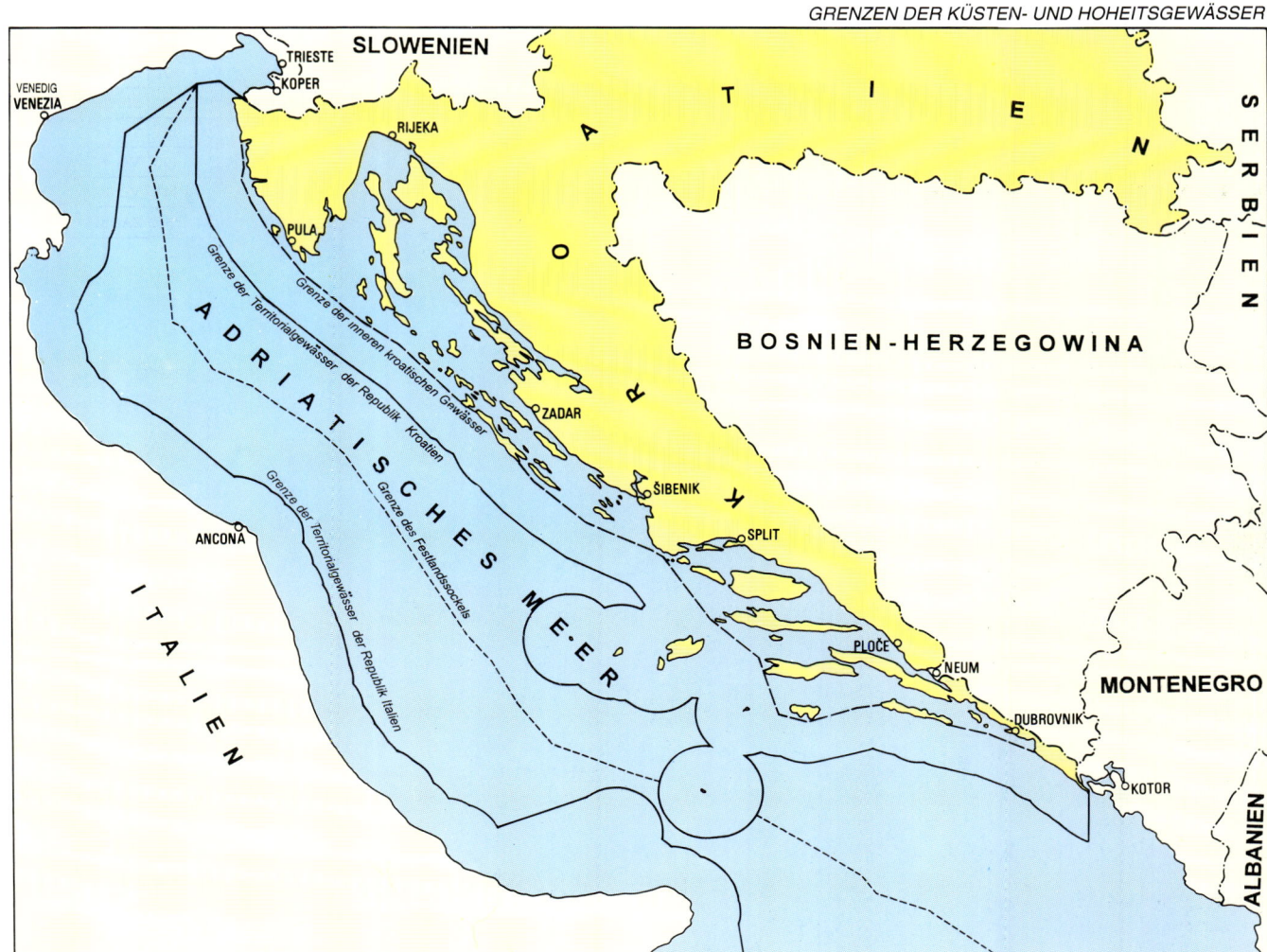

Informationen enthält das „Navigation-Permit", das im ersten Einklarierungshafen an jede Yacht ausgegeben wird. Kurzfristige Änderungen der Bestimmungen werden von den Küstenfunkstellen verbreitet, langfristige Änderungen in den „Nachrichten für Seefahrer" bekanntgegeben.

Gewerblicher Güter- und Personentransport von einem Hafen zum anderen darf nur von kroatischen Schiffen durchgeführt werden. Das betrifft ausländische Yachten nur, wenn sie zahlende Gäste an Bord haben.

Eine ausländische Yacht, die in die inneren Seegewässer der Republik Kroatien aufgrund höherer Gewalt oder aus Not einläuft, hat unverzüglich das nächste Hafenamt zu informieren.

Die Territorialgewässer der Republik Kroatien bilden eine 12 sm breite Meereszone, die sich entlang der inneren Seegewässer und von der Grundlinie seewärts erstreckt.

Die Grundlinie ist festgelegt
– durch die Niedrigwasserlinie an der Festlands- und den Inselküsten,
– durch die direkte Verbindungslinie vor den Einfahrten zu Häfen und Buchten und
– durch die direkte Verbindungslinie von gesetzlich festgelegten Punkten am Festland und auf den Inseln.

Schiffen aller Staaten steht das Recht auf friedliche Durchfahrt durch die Territorialgewässer zu, aber nicht das Recht, in die inneren Seegewässer einzulaufen. Friedliche Durchfahrt eines Schiffes bedeutet keine Störung von Ordnung, Ruhe und Sicherheit der Republik Kroatien; gestattet ist dabei ein Anhalten und Ankern in den Territorialgewässern lediglich dann, wenn das durch Navigations-Probleme, höhere Gewalt, unmittelbare Gefahr oder Hilfeleistung auf See hervorgerufen wird. Fischereiboote können – ohne zu ankern und zu stoppen – die kürzeste Route wählen; müssen aber mindestens eine Geschwindigkeit von 6 kn einhalten, die entsprechenden Lichter führen, damit sie als Fischereifahrzeuge erkennbar sind, und dürfen nicht fischen Die Netze und Fanggeräte müssen unter Deck verstaut oder an Deck fest verzurrt sein.

In den inneren Seegewässern und den Territorialgewässern haben Behörden-Fahrzeuge (Marine-, Küstenwachboote oder Flugzeuge) das Recht zu überprüfen, ob ein Schiff die richtige Flagge führt, das Recht, jedes verdächtige Fahrzeug zum Stoppen aufzufordern, die Schiffspapiere zu kontrollieren und das Boot zu untersuchen, es gegebenenfalls zu verfolgen, es zu entern, zu beschlagnahmen und der zuständigen Behörde zu übergeben.

Der Eigner eines ausländischen Schiffes muß mit gerichtlichen Schritten durch die Behörden der Republik Kroatien rechnen, wenn der berechtigte Verdacht besteht, daß das Schiff im Zweifelsfall oder/und in der Tat die kroatischen Souveränitätsgesetze, die Rechtssprechung oder das internationale Recht verletzt hat. Ebenso wird verfahren, wenn ein ausländisches Schiff der Aufforderung zu stoppen durch Sichtzeichen oder Schallsignale nicht nachgekommen ist. Ein sich derart verhaltendes Schiff wird verfolgt, bis es anhält bzw. in heimische Gewässer oder in die Gewässer eines anderen Staates einläuft.

Zuwiderhandelnde ziehen strenge Strafen auf sich, von Geldstrafen bis zur Beschlagnahmung des Schiffes (der Yacht) und der Ausrüstung bzw. Stillegung (z. B. bei Fischereibooten).

DER FESTLANDSOCKEL UND DAS OFFSHORE-GEBIET DER REPUBLIK KROATIEN

Zur Epikontinental-Zone der Republik Kroatien gehören der Meeresgrund und Meeresuntergrund ab der äußersten Territorialgewässergrenze seewärts bis zur Epikontinental-Grenze der Nachbarstaaten. Die Republik Kroatien betrachtet es als ihr eigenes Recht, die natürlichen Ressourcen dieses Gebietes abbauen zu können. Dazu gehören die Mineralstoffe und andere nicht lebende Substanzen, die auf bzw. unter dem Meeresgrund gefunden werden.

Die Gesetze der Republik Kroatien betrachten den Meeresgrund und den darunterliegenden Untergrund von der Grenze der Territorialgewässer bis zu den Offshore-Gebieten der Nachbarstaaten als ihr eigenes Offshore-Gebiet. In diesem Gebiet hat die Republik Kroatien das alleinige Recht zur Errichtung, Genehmigung und Betreibung von Anlagen sowie zur Errichtung künstlicher Inseln, dem Aufstellen von Offshore-Anlagen auf und unter dem Meeresgrund. In diesem Gebiet besteht für alle Fahrzeuge die Auflage, die Vorschriften zur Vermeidung von Verunreinigungen zu beachten.

BOOTSURLAUB IN KROATIEN

Paßvorschriften

Westeuropäische Staatsbürger können mit dem Personalausweis oder dem Reisepaß nach Kroatien einreisen. Bei Einreise mit dem Personalausweis ist die Aufenthaltsdauer auf maximal 30 Tage beschränkt. Bei Einreise mit dem Reisepaß ist ein Aufenthalt bis zu drei Monaten möglich. Soll der Aufenthalt mehr als drei Monate betragen, muß eine Aufenthaltsverlängerung bei der zuständigen Gemeinde beantragt werden.

Polizeiliche Anmeldung

Für jeden Ausländer, der sich in Kroatien aufhält, besteht polizeiliche Meldepflicht. Über die Anmeldung wird eine Meldekarte („Potvrda") ausgestellt.

Bei Übernachtungen in Hotels, Pensionen, Privatquartieren oder auf Campingplätzen wird die polizeiliche Anmeldung durchweg bei der Anmeldung in der Rezeption vorgenommen.

Auch Personen, die während ihres Aufenthaltes in Kroatien an Bord eines Bootes wohnen, müssen sich polizeilich anmelden. Bei Ortswechsel ist die Anmeldung binnen 24 Stunden bei den zuständigen Behörden zu erneuern.

Wichtiger Hinweis: Die ebenfalls obligatorische Anmeldung des Bootes beim Hafenamt ersetzt nicht die polizeiliche Anmeldung der einreisenden Personen: Diese ist *zusätzlich* erforderlich. Häufig ist die polizeiliche Anmeldung im Büro einer Marina möglich. Sollte das nicht der Fall sein, kann die Anmeldung über ein Touristenbüro, eine Hotelrezeption oder ein Polizeibüro erfolgen. Das Fehlen der Meldekarte bei Kontrollen, die beispielsweise auch in Ankerbuchten durchgeführt werden, kann zu erheblichen Unannehmlichkeiten führen.

Einreise mit Auto und Boot

Bei Einreise nach Kroatien muß (neben den Personaldokumenten) für das Zugfahrzeug die grüne Versicherungskarte vorgelegt werden. Fehlt die grüne Versicherungskarte, muß auch dann eine temporäre Haftpflichtversicherung für Kroatien abgeschlossen werden, wenn das Bestehen einer Haftpflichtversicherung durch andere Dokumente (beispielsweise Versicherungspolice) nachgewiesen wird. Büros, die temporäre Haftpflichtversicherungen anbieten, befinden sich an den Grenzübergängen. Die Kosten betragen zur Zeit rund 80 DM. Eine Trailer-Haftpflichtversicherung ist in jedem Fall zu empfehlen.

Boote müssen beim Grenzübertritt lediglich mündlich deklariert werden. Für sie beginnen die Formalitäten erst beim Hafenamt des gewählten Ausgangshafens (siehe im Abschnitt „Anmeldung und Gebühren").

Gespanne, die breiter sind als 2,50 m oder länger als 18,00 m oder höher als 4,00 m, dürfen kroatische Straßen nur mit Sondergenehmigung befahren. Derartige Genehmigungen können bei kroatischen Speditionen beantragt werden. Entsprechende Anschriften enthält die von der Kroatischen Zentrale für Tourismus herausgegebene Broschüre „Wassersport in Kroatien" (Anforderung unter Telefon: 069-25 20 45; Fax: 069-25 20 54).

Die Bearbeitung der Sondergenehmigung nimmt längere Zeit in Anspruch. Sie sollte rechtzeitig beantragt werden.

Boote, die auf dem Landweg Kroatien wieder verlassen, müssen vor der Ausreise bei einem Hafenamt wieder abgemeldet werden.

Einreise über See /Ports of Entry

Läuft ein Boot aus dem Ausland kommend über See in die inneren kroatischen Seegewässer ein, ist unverzüglich ein Zollhafen (Port of Entry) anzulaufen. Dort sind die international üblichen Paß- und Zollformalitäten zu erledigen und die fälligen Gebühren für das Boot zu bezahlen (siehe „Anmeldung und Gebühren"). Außerdem ist die polizeiliche Anmeldung vorzunehmen.

In folgenden Häfen kann ganzjährig einklariert werden (von Nord nach Süd):
– Umag,
– Poreč,
– Rovinj,
– Pula,
– Raša-Bršica,
– Rijeka,
– Mali Lošinj,
– Senj,
– Maslenica,
– Zadar,
– Šibenik,
– Split,
– Ploče,
– Metković,
– Korčula,
– Gruž (Dubrovnik).

Während der Saison (1. April bis 31. Oktober) sind zusätzlich geöffnet: Kanegra (Savudrija), Marina Umag-ACI, Novigrad, Sali, Božava, Ravni Žakan (Kornati), Primošten (Marina Kremik), Komiža, Vis (Stadthafen), Hvar (Stadthafen), Ubli (Lastovo) und Vela Luka.

Vor dem Verlassen der kroatischen Hoheitsgewässer muß bei einem Hafenamt ausklariert werden. Nach der Abmeldung sind die kroatischen Hoheitsgewässer auf kürzestem Wege und ohne weiteren Aufenthalt zu verlassen.

Anmeldung und Gebühren

Alle ausländischen Boote über drei Meter Länge und alle ausländischen Wassersportfahrzeuge, die mit einem Motor von mehr als 4 kW (unabhängig von der Länge) ausgestattet sind, müssen bei einem kroatischen Hafenamt (Lučka kapetanija) oder der Zweigstelle eines Hafenamtes (Lučka ispostava) angemeldet werden. Bei der Anmeldung sind vorzulegen:
– die Personaldokumente der Besatzung (Skipper und Crew);
– bei Booten mit Übernachtungsmöglichkeit (Yachten) eine Crewliste;
– Bootsdokumente; alle in Deutschland ausgestellten amtlichen oder amtlich anerkannten Bootsdokumente werden auch in Kroatien akzeptiert (beispielsweise: Ausweis über das Kleinfahrzeugkennzeichen, Flaggenzertifikat, Internationaler Bootsschein);
– österreichische Skipper müssen den österreichischen Seebrief, Schweizer den Flaggenschein vorlegen;
– das in Kroatien geforderte Dokument über die Fahr- und Seetüchtigkeit des Bootes (der Yacht) gilt aufgrund der in Deutschland und Österreich ausgegebenen Bootsdokumente als erbracht;
– Schweizer Skipper müssen das Seetüchtigkeitszeugnis vorlegen;
– Bootsführerschein für den Küsten- oder Seebereich. Der deutsche Sportbootführerschein See wird für das Befahren der kroatischen Küsten- und Seegewässer anerkannt; österreichische Skipper brauchen mindestens den Befähigungsnachweis für Küstenfahrt (Fahrtbereich 2); Schweizer Skipper benötigen den Führerschein für Yachten auf See (B);

– Nachweis über eine bestehende Bootshaftpflichtversicherung. Die Versicherungen stellen zum Nachweis der bestehenden Versicherung die „blaue Versicherungskarte" aus. Sie ist mitzuführen.

Bei der Anmeldung des Bootes sind die Gebühren für die Schiffssicherheit, die Leuchtturmgebühr und die Stempelmarke zu bezahlen.

Sind die Gebühren beim Hafenamt bezahlt, erhält der Skipper die Anmeldebestätigung. Sie gilt für ein Jahr, gerechnet vom Anmeldungstag an. Innerhalb dieser Jahresperiode kann mit dem Boot (der Yacht) über Land oder über See beliebig oft ein- oder ausgereist werden, ohne daß die Anmeldung ihre Gültigkeit verliert.

Auch Skipper- und Crewwechsel ist mit der gültigen Anmeldung jederzeit möglich. Allerdings muß jeder Wechsel innerhalb der Crew beim Hafenamt angemeldet werden. Diese Regelung gilt nur für Boote und Yachten, die *nicht* auf kommerzieller Basis (beispielsweise Charter) genutzt werden.

Sollte sich erweisen, daß der Crewwechsel durch unerlaubte Vercharterung des Bootes bedingt ist, muß mit einer Strafe von 10.000 DM gerechnet werden.

Nach Ablauf eines Jahres kann die bestehende Anmeldebestätigung gegen neuerliche Zahlung der Gebühr verlängert werden. Bei der wiederholten Anmeldung ermäßigt sich die Sicherheitsgebühr um 20 Prozent (Stand 1998). Dieser Rabatt bezieht sich nicht auf die Leuchtturmgebühr und die Gebühr für die Stempelmarke.

Auf der Basis des aktuellen Wechselkurses 1 Kuna = 0,28 DM (Stand Januar 1998) ergeben sich folgende Gesamtgebühren in Kuna und DM (gerundet):

Offene Boote (ohne Übernachtungsmöglichkeit)

Länge	Kuna	DM
bis 3 m und mehr als 4 kW	240	67
3 bis 4 m	310	87
4 bis 5 m	368,50	108
5 bis 6 m	464	130
über 6 m	642,50	180

Boote mit Übernachtungsmöglichkeit (Yachten)

bis 7 m	770	216
7 bis 8 m	889	249
8 bis 9 m	1009	283
9 bis 10 m	1128	316
10 bis 11 m	1248	349
11 bis 12 m	1367,50	383
12 bis 15 m	1586	444
15 bis 20 m	1833,50	513
20 bis 30 m	2081	583
über 30 m	2402	673

Beiboote

Für Beiboote, die ausschließlich für Fahrten zwischen einem Ankerplatz und dem nahen Ufer genutzt werden, ist keine Anmeldung und kein gesondertes Bootspapier erforderlich.

Werden Beiboote über 3 m Länge oder mit einer Motorisierung von mehr als 4 kW (unabhängig von der Länge) für weitere Fahrten benutzt, ist dafür eine Legitimation erforderlich. Diese erfolgt dadurch, daß das Beiboot bei der Ausstellung der Anmeldung des Mutterschiffes dort mit eingetragen wird. Diesen Eintrag muß der Eigner bei der Ausstellung der Anmeldung ausdrücklich beantragen. Bei eventuellen Kontrollen ist die Anmeldung der Yacht mit dem Eintrag des Beibootes vorzuweisen. Ist das Beiboot in der Anmeldung des Mutterschiffes vermerkt, wird dafür keine gesonderte Gebühr erhoben.

SCHIFFS- UND BOOTSREGISTER

Alle Schiffe werden in das Schiffsregister (je nach der Schiffskategorie) eingetragen und alle Boote in das Bootsregister (gegliedert nach Erwerbstätigkeit, persönlicher Bedarf und Freizeitvergnügen/Sport). Schiffs- und Bootsregister führen die für ein bestimmtes Gebiet zuständigen Hafenämter oder deren Zweigstellen. Die Register sind öffentliche Bücher, die Angaben über die Identität der Schiffe bzw. der Boote, den Verfügungsträger bzw. Eigner, sowie andere Rechte auf das Schiff (Boot) enthalten.

In die Register müssen Seeschiffe bzw. Boote, die Privateigentum eine' kroatischen juristischen Person oder eines Bürgers sind, eingetragen werden.

Seeschiffe (Boote), die Eigentum von ausländischen juristischen Personen oder von Privatpersonen sind, werden in das Schiffsregister eingetragen, wenn es das Gesetz bzw. die Dienstvorschrift über die Bootsregistrierung vorsieht oder wenn es gewünscht wird. Bei letzterem werden kein Zoll und keine Steuer erhoben. Es ist lediglich eine Verwaltungsgebühr in der landesüblichen Höhe zu zahlen.

Ein Wohnsitz des Eigners in Kroatien ist dazu nicht notwendig; das Schiff darf jedoch nicht in einem Register eines anderen Staates eingetragen sein.

Einzutragen sind auch Sport- und Vergnügungsboote, die Eigentum im Ausland wohnender kroatischer Staatsbürger oder im Ausland wohnender Ausländer, sowie im Ausland wohnender ausländischer juristischer Personen sind, wenn sich das Boot ständig oder überwiegend in den kroatischen Küstengewässern aufhält oder fährt. Solch ein Boot kann nicht gleichzeitig im Schiffsregister eines anderen Staates geführt werden.

Dem Antrag zum erstmaligen Eintrag in das Schiffsregister sind beizulegen:
– Bootsbrief des Herstellers oder ein anderer Eigentumsnachweis (Quittung über die Bezahlung),
– Staatsbürgerschaftsnachweis für Privatpersonen bzw. Registrierungsdokumente für juristische Personen, die in der Republik Kroatien ausgestellt sein müssen,
– Schiffsnamens- und Heimathafenurkunde,
– Schiffsmeßbrief mit Brutto- und Nettotragfähigkeit (in m³),
– Seetüchtigkeitszeugnis bzw. Betriebserlaubnis,
– Nachweis über eine Versicherung des Schiffes bei einer Maschinenleistung von mehr als 15 kW,
– Freibordzeugnis.

Dem Antrag zum erstmaligen Registrieren von Booten sind beizulegen:
– Bootsbrief des Herstellers oder eine Selbstbauerklärung oder ein anderer Eigentumsnachweis bzw. ein Nachweis des Verfügungsrechts,
– Meßbrief,
– Eigentumsnachweis für den Motor.

Das zuständige Hafenamt (bzw. dessen Zweigstelle) kann zur Registrierung auch andere Dokumente verlangen.

Alle Unterlagen müssen im Original und in einer beglaubigten Übersetzung in die kroatische Sprache beigelegt werden.

Nach der Registrierung wird dem Schiff das Registrierungsblatt und dem Boot das „Permit" ausgestellt. In diesen Dokumenten werden alle Daten aus dem Schiffsregister eingetragen. Jede vorgenommene Änderung muß innerhalb von 30 Tagen in das Schiffsregister wie auch in das Registrierungsblatt bzw. in das „Permit" eingetragen werden.

In das Bootsregister werden nicht eingetragen:
– Boote, die in einem ausländischen Register geführt werden,
– Beiboote,
– Ruderboote, Kajaks und ähnliche Bootskörper, sowie Boote unter 3 m Länge und bis zu 1 m Breite.

Zu registrieren ist dagegen ein Boot, das zwar kürzer als 3 m ist, aber über einen derart starken Motor verfügt, der das Boot ins Gleiten bringen kann oder es sich damit als Zugboot zum Wasserskilaufen eignet.

Ein Schiff bzw. ein Boot wird aus dem Register gestrichen:
– wenn es untergegangen ist oder wenn man voraussetzen kann, daß es untergegangen ist,
– wenn es den Vorschriften nicht mehr entspricht oder seiner Bestimmung nicht mehr dient,
– wenn es endgültig aus dem Verkehr gezogen wurde,
– wenn es in ein anderes Register eingetragen worden ist.

Ein Schiff bzw. Boot gilt als verschollen, wenn seit Empfang der letzten Nachricht drei Monate bzw. sechs Monate vergangen sind. Das Streichen des Schiffes (Bootes) aus dem Register muß der Eigner oder der Verfügungsrechtsträger innerhalb von acht Tagen beantragen. Die Entscheidung darüber fällt das Hafenamt, welches das betreffende Register führt.

SPERRGEBIETE

In den kroatischen Küstengewässern gibt es derzeit, außer um die Brijuni-Inseln, keine dauerhaften Sperrgebiete. Allerdings dürfen Übungsgebiete der kroatischen Marine während der Übungsschießzeiten oder sonstiger Manöver nicht befahren werden. Diese vorübergehenden Sperrgebiete werden laufend in den nautischen Warnnachrichten jeweils im Anschluß an die Wetterberichte über UKW-Sprechfunk der Küstenfunkstellen bekanntgemacht. Außerdem können sie bei den Hafenämtern erfragt werden.

Sonderregelungen sind beim Befahren der kroatischen Nationalparks zu beachten. So gibt es im Nationalpark Kornati besondere Regelungen für die Reinhaltung des Wassers und für das Ankern und Übernachten.

Das Revier um die Brijuni-Inseln ist Sperrgebiet, näheres dazu siehe S. 46.

SEETÜCHTIGKEIT

Seetüchtigkeit von Seeschiffen

Kroatische Handelsschiffe dürfen nur dann innerhalb der kroatischen Hoheitsgewässer fahren, wenn ihre Seetüchtigkeit festgestellt ist und sie mit entsprechenden Dokumenten versehen sind, die u. a. folgendes beinhalten (siehe Gesetzblatt „Narodne novine" Nr. 81/1994): Feststellung der Seefähigkeit, Schiffsregistereintrag (Auszug), Schiffsname, Unterscheidungssignal, Fahrgebiet sowie die Besatzungsstärke und deren jeweilige Qualifikationen. Die Seetüchtigkeit eines Schiffes wird durch Revisionen gemäß den Vorschriften, die sich auf Bau, Ausrüstung und Einrichtung der Schiffe, sowie auf die vorgeschriebene Anzahl der beruflich befähigten Besatzungsmitglieder beziehen, festgestellt. Dafür zuständig ist das Croatian Register of Ships in Split. Die Schiffsrevisionen können Haupt-, regelmäßige und außerordentliche sein.

Die Hauptrevision wird vor der Einreihung des Schiffes in die Handelsflotte der Republik Kroatien durchgeführt und umfaßt das gesamte Schiff mit allen Ausrüstungsteilen. Den Antrag dafür stellt der Schiffseigner bzw. der Verfügungsträger.

Eine regelmäßige Revision wird alle 12 Monate durchgeführt. Das Verfahren und der Umfang dieser Revision entspricht jener der Hauptrevision.

Eine außerordentliche Revision umfaßt das ganze Schiff oder einzelne Ausrüstungsteile. Diese Revision wird durchgeführt: 1. nach einer Havarie, 2. nach einer mehr als 6 Monate dauernden Stillegung, 3. nach einem größeren Umbau oder einer größeren Reparatur und 4. auf Verlangen des Schiffseigners. Wenn ein berechtigter Zweifel an der Seetüchtigkeit des Schiffes besteht, kann auch das Hafenamt eine Revision anordnen.

Sobald die Seetüchtigkeit eines Schiffes festgestellt ist, werden die entsprechenden Dokumente ausgestellt (siehe Gesetzblatt „Narodne novine" Nr. 17/1994). Ausgenommen davon sind Kriegsschiffe, Schiffe unter 12 m Länge sowie Schiffe, deren Beförderungskapazität weniger als 12 Passagiere beträgt.

Das Hafenamt überwacht die Sicherheit der Schiffe und überprüft, ob die Schiffe alle vorgeschriebenen Dokumente besitzen, der Zustand den Angaben in den Dokumenten entspricht und die Besatzungsstärke ausreicht.

Ähnliche Überprüfungen werden auch auf ausländischen Schiffen durchgeführt, d.h. auf Schiffen, die nicht in das kroatische Schiffsregister eingetragen sind.

Seetüchtigkeit von Booten

Ein Seeboot ist jedes Schwimmobjekt bis zu 12 m Länge bzw. bis zu 15 GT, das schiffahrtsfähig ist. Es kann auch über 15 GT haben, wenn es decklos und kein technisches Schwimmobjekt ist.

Ein Boot mit unterschiedlichen Antriebsanlagen wird nach dem Hauptantrieb klassifiziert.

Eine Motoryacht ist ein Boot, das so ausgerüstet ist, daß es mit dem eigenen Antrieb längere Fahrten durchführen kann.

Ein Gleitboot ist ein Motorboot, dem die mechanische Antriebsanlage das Gleiten auf dem Wasser ermöglicht. Ein Motorboot ist jedes Boot, das sich mit Hilfe eines eingebauten Motors oder eines Außenborders bewegt.

Ein Segelboot ist ein in Sonderkonstruktion hergestelltes und mit Segeln ausgerüstetes Boot; es wird nach den Klassifikationskategorien der Segelsportorganisationen eingereiht, oder es bleibt unklassifiziert.

Boote, die der Eintragung in das Bootsregister unterliegen, dürfen in bestimmten Fahrtgebieten und mit bestimmter Zielrichtung fahren, wenn ihre Seetüchtigkeit festgestellt wurde, sie das „Permit" besitzen und von einer befugten Person geführt werden. Boote, die nicht der Eintragung in das Schiffsregister unterliegen, dürfen sich in den Küstengewässern nicht weiter als 1000 m von der Küstenlinie entfernen.

Boote können für kommerzielle (Lasttransporte, Fahrgäste, Fischfang u.ä.) und für nichtkommerzielle Zwecke (persönliche Bedürfnisse, Sport und Freizeitvergnügen) verwendet werden.

Passagiere befördernde Boote müssen nach den Vorschriften des kroatischen Schiffsregisters gebaut worden sein. Jedes Boot, das 12 oder mehr Personen befördert, wird als Schiff bezeichnet.

Die Seetüchtigkeit der Boote wird vom zuständigen Hafenamt (bzw. dessen Zweigstelle) durch eine Revision festgestellt. Die Revision kann eine Hauptrevision, eine regelmäßige und eine außerordentliche Revision sein.

Der Hauptrevision unterliegen alle Boote. Sie wird vor dem Eintrag in das Bootsregister, sowie nach jedem Umbau durchgeführt.

Regelmäßige Revisionen der Boote werden in bestimmten Zeitabschnitten durchgeführt, um die Instandhaltung des Bootes und der vorgeschriebenen Zubehörteile festzustellen und zwar:
– für Passagier- und Wasserskiboote jedes Jahr,
– für andere Erwerbsboote jedes zweite Jahr,
– für Privatboote zum Sport oder Freizeitvergnügen jedes fünfte Jahr, wenn es über 4 m lang ist und die Maschinenleistung mehr als 4 kW beträgt.

Eine außerordentliche Revision wird durchgeführt nach einer größeren Beschädigung, oder wenn zu vermuten ist, daß das Boot den Schiffahrtsbedingungen nicht entspricht, oder wenn es der Eigner verlangt.

Der Eigner ist verpflichtet, jede größere Beschädigung innerhalb einer Frist von drei Tagen dem zuständigen Hafenamt zu melden.

Jedem Boot, dem Seetüchtigkeit bescheinigt worden ist, erteilt man das „Permit". Andernfalls erteilt man das „Permit" nicht oder nur mit begrenzter Gültigkeit.

Jedes Boot, das Passagiere über eine Entfernung von mehr als 500 m transportiert, muß mit einer mechanischen Schiffsantriebsanlage ausgerüstet sein. Geht die Reise ohne Unterbrechung über drei oder mehr Stunden, muß das Boot eine Toilette und einen ausreichenden Trinkwasservorrat haben.

Jedes Boot, das mit Ruderkraft oder unter Segeln bewegt wird und Passagiere befördert, darf sich innerhalb des genehmigten Fahrtgebietes nicht weiter als 500 m von der Küstenlinie entfernen. Alle Boote, die Passagiere befördern, müssen mindestens folgende Freibordhöhe besitzen:
– bis 6 m Länge 70 cm,
– von 6 bis 10 m Länge 80 cm,
– über 10 m Länge 90 cm.

Boote, deren Freibordhöhe geringer ist, müssen eine umlaufende Reling besitzen. Bei eingedeckten Booten muß die Relingshöhe mindestens 80 cm betragen.

Ausrüstung von Booten

Boote, deren Länge über alles 7 m überschreitet, die nicht kommerziellen Zwecken dienen und die eine Genehmigung für die Fahrt innerhalb der Territorialgewässer sowie der inneren Seegewässer der Republik Kroatien besitzen, müssen mit der folgenden Ausrüstung ausgestattet sein:

1) 1 Anker entsprechender Größe mit Ankertrosse sowie 3 Festmacher mit entsprechender Länge und Bruchlast
2) Deckspoller oder ähnliche Festmachereinrichtung
3) Notpinne oder Koker wenn das Boot mit einer speziellen Steuereinrichtung versehen ist
4) 1 Handlenzpumpe oder Eimer zum Schöpfen
5) 2 Riemen mit 4 Dollen oder Rundsel (wenn kein Reservemotor oder Beiboot vorhanden ist), 1 Bootshaken
6) Positionslichter gemäß der Kollisionsverhütungsregeln
7) 1 Kompaß mit Beleuchtung und Attest
8) Aktuelle Seekarten, 2 Kursdreiecke und 1 Navigationszirkel, 1 Seehandbuch „Adriatic Sea Pilot, Part I – East Coast", 1 Leuchtfeuerverzeichnis für die Adria, das Ionische Meer und die Inseln vor Malta (Hrsg. DHI)
9) Gerät zum Geben von Schallsignalen
10) Rote Handfackeln, Sturmstreichhölzer oder Feuerzeug
11) 1 tragbarer Handfeuerlöscher mit der entsprechenden Zulassung und 1 Axt
12) Erste-Hilfe-Kasten/-Behälter mit entsprechender vollständiger Ausstattung
13) Mindestens 1 Standard-Rettungsring mit einer Leine von 6 mm Durchmesser und Standard-Rettungswesten (entsprechend der zur Beförderung zugelassenen Personenzahl, davon 10 % für Kinder geeignet)
14) Kompletter Satz mechanisches Werkzeug und eine Grundausstattung von Ersatzteilen für den Motor und andere Geräte an Bord
15) Bei Gleitbooten zum Ziehen von Wasserskifahrern: 1 konvexer Rückspiegel und 1 Quickstop-Einrichtung für den Außenbordmotor (falls dieser vorhanden)
16) 1 Taschenlampe
17) 1 Altölbehälter
18) Es wird empfohlen, das Boot mit einem mobilen UKW-Sprechfunkgerät und dem Handbuch „Funkdienst" (Hrsg. DHI) auszurüsten

Boote, die nicht kommerziellen Zwecken dienen und die nur innerhalb der inneren Seegewässer der Republik Kroatien sowie in einem begrenzten Gebiet fahren, benötigen folgende Ausrüstungsteile, die o. a. sind, nicht: Boote mit einer Lüa von 5 bis 7 m: die unter den Punkten 7, 8, 9, 10 und 13 aufgeführten Ausrüstungsteile. Boote mit einer Lüa unter 5 m brauchen zudem nicht die unter Punkt 11 aufgeführte Axt und die unter Punkt 12 genannten Ausrüstungsteile zu führen.

Ausländische Gleitboote müssen in kroatischen Küstengewässern die Fahrgenehmigung und folgende Ausrüstung besitzen:

– 1 Anker entsprechender Größe mit einer mindestens 30 m langen Ankertrosse; 1 Festmacher entsprechenden Durchmessers von mindestens 10 m Länge; 2 Hilfsriemen (Hilfsruder); Positionslichter gemäß den Kollisionsverhütungsregeln auf See; 1 Lenzpumpe oder Eimer; Erste-Hilfe-Kasten; 6 Handfackeln mit rotem Licht und 2 Schachteln Zündhölzer in wasserdichter Verpackung; 1 Rückspiegel beim Schleppen von Wasserskiläufern.

Sonstige ausländische Boote, die die Fahrgenehmigung besitzen, müssen mit folgender Ausrüstung versehen sein:
- 1 Anker entsprechender Größe mit einer mindestens 30 m langen Ankertrosse; 1 Festmacher entsprechenden Durchmessers von mindestens 10 m Länge; Poller oder Belegklampen; 2 Reserveriemen; vorgeschriebene Positionslichter.

Es wird empfohlen, daß auch diese Boote einen Feuerlöscher und die notwendige Anzahl von Rettungswesten an Bord haben. Neben der vorgeschriebenen Sicherheitsausrüstung muß jedes Schiff einen gesonderten Behälter für Altöl an Bord führen, in dem bei einem Ölwechsel das Altöl aufgefangen werden kann. Tanks zur Entsorgung gemäß den Marpol-Vorschriften findet man in allen Marinas und größeren Häfen.

Befähigungsnachweis für einen Schiffsführer

Ein „Permit" für Charterboote wird nur ausgestellt, wenn der verantwortliche Schiffsführer einen gültigen Bootsführerschein besitzt. Alle Befähigungsnachweise müssen sich an Bord befinden.

Boote, die in einem ausländischen Bootsregister eingetragen sind, dürfen nur von einer Person geführt werden, die einen Befähigungsnachweis nach den Vorschriften des Heimatlandes besitzt oder durch eine Prüfung, die einige kroatische Hafenämter durchführen, ein Nautisches Befähigungszeugnis („Voditelj brodice", auch als „Boat Operator Certificate" bezeichnet) erworben haben. Die Prüfung beinhaltet auch einen praktischen Teil, sowie eine Prüfung zur Bedienung von UKW-Sprechfunkgeräten. Die Anforderungen dafür beschränken sich lediglich auf den Umgang mit dem UKW-Gerät und einfache Grundkenntnisse bzw. auf das GMDSS-System und einfache Grundkenntnisse dafür, entsprechen also nicht den Anforderungen der Sprechfunkzeugnisse anderer Länder. Der deutsche *Sportbootführerschein See* wird in Kroatien uneingeschränkt akzeptiert.

Eine Person, die sich der Prüfung für den Beruf eines Maschinisten unterziehen will, muß folgende Bedingungen erfüllen: mindestens 18 Jahre alt und schon 3 Jahre Führer eines eigenen Bootes sein, oder mindestens 1 Jahr als Matrose auf Schiffen der Handelsflotte gefahren sein. Die Prüfung wird nach vorgeschriebenem Programm vor einer Kommision des zuständigen Hafenamts abgelegt. Dem Antrag, der dem Hafenamt vorzulegen ist, muß der Geburtsschein, ein ärztliches Zeugnis über Gehör- und Sehtauglichkeit und ein Schulzeugnis (mindestens achtjährige Schule) beigelegt werden.

Ein Maschinist kann ein Passagierboot im unbegrenzten Fahrtgebiet und ein Boot für andere wirtschaftliche Zwecke innerhalb der Küstengewässer Kroatiens führen. Solche Boote müssen einen zusätzlichen Matrosen als Besatzungsmitglied haben. Jedes Besatzungmitglied muß das offizielle Seefahrtsbuch besitzen.

Personen, die die Prüfung zum Sportbootführer ablegen wollen, müssen mindestens 18 Jahre alt sein, um ein Gleitboot (unabhängig von der Motorstärke), ein Luftkissenboot oder ein Motorboot für Erwerbszwecke in einem festgelegten Fahrtgebiet führen zu dürfen. Fahrgäste dürfen sie nur im Hafenbereich befördern.

Eine Person, die ein Motorboot mit einem Außenbordmotor von bis zu 3,7 kW (5 PS) Stärke oder ein Segelboot bis zu 5 m Länge führt, unterzieht sich nur einer Überprüfung der Kenntnisse bezüglich der Kollisionsverhütungsregeln auf See.

Ein Ruderboot für eigene Bedürfnisse kann eine Person, die über 12 Jahre alt ist, auch ohne ein Befähigungszeugnis zum Bootsführer führen. Sie muß sich lediglich einem praktischen und theoretischen vorgefertigten Test beim Hafenamt unterziehen.

hen. Die Hafenämter organisieren im Auftrag des entsprechenden Ministeriums innerhalb des Rahmens ihres jährlichen Programms derartige Prüfungen. Auf schriftliche oder mündliche Anfrage geben sie detaillierte Auskunft.

Das „Permit" und das Befähigungszeugnis des Schiffsführers müssen immer an Bord sein. Der Eigner darf sein Boot einer Person, die zur Bootsführung nicht befähigt ist und dies auch mit einem Führerschein nicht nachweisen kann, zum Führen nicht überlassen.

Boote dürfen grundsätzlich die Küstengewässer der Republik Kroatien befahren. Die Hafenämter sind jedoch berechtigt, die Fahrten des Bootes auf ein bestimmtes Gebiet einzuschränken oder zu erweitern. Das bezieht sich sowohl auf Fahrten außerhalb der Küstengewässer Kroatiens als auch auf Fahrten in den internationalen Gewässern anderer Staaten.

Aus Sicherheitsgründen für die Schiffahrt und den Seeverkehr dürfen sich Boote der Küste nur bis auf einen festgelegten Abstand nähern (außer in Häfen und an Badestränden) und zwar: Ruderboote bis auf 30 m, Motorboote und Segelboote bis auf 50 m, Gleitboote in Gleitfahrt bis auf 200 m. Eine Nichtbeachtung wird mit Strafen geahndet.

Boote, insbesondere Erwerbsboote, müssen den Standardvorschiften des kroatischen Schiffsregisters oder einem vergleichbaren ausländischen Register entsprechen.

HAFEN- UND SEESCHIFFAHRTSSTRASSENORDNUNG

Der Betrieb, die Unterhaltung und die Führung der Häfen ist Aufgabe der Hafenämter und ihrer Zweigstellen. Schiffskapitäne bzw. Bootsführer sind verpflichtet, die bestehenden Verordnungen zu befolgen.

Der Schiffsführer ist verpflichtet, im Hafen vorsichtig zu manövrieren, um eventuelle Beschädigungen an Ufer- und Hafenanlagen sowie an festgemachten Fahrzeugen usw. zu vermeiden.

Sport- und Freizeitboote sowie Boote im allgemeinen dürfen den Hafenverkehr nicht behindern. Sie sollen nicht ohne Sondergenehmigung die Hafengebiete, die für die Berufs-, Handels- und Überseeschiffahrt vorgesehen sind, befahren und dort anlegen. Grundsätzlich bestimmt das Unternehmen „Luka", bzw. das Hafenamt (Zweigstelle) den Hafenteil, in dem das Ankern bzw. das Anlegen solcher Fahrzeuge aus Versorgungsgründen vorgesehen ist. Für die Sicherheit des Schiffes (Bootes) im Hafen ist der Schiffsführer verantwortlich.

Es ist verboten, Müll oder andere Gegenstände im Hafen über Bord zu werfen. Auf jedem Schiff muß ein Behälter an Bord sein, in dem bei einem Ölwechsel das Altöl aufgefangen werden kann. Tanks zur Entsorgung des Altöls findet man in allen Marinas und größeren Häfen.

Das Verladen, Löschen und Umladen von Frachtgütern muß von sachkundigem Personal durchgeführt werden, ohne dabei Menschen zu gefährden, das Ufer zu beschädigen oder zuzulassen, daß die Ladung in die See fällt. Nach verrichteter Arbeit müssen die zuständigen Personen dafür sorgen, daß der benutzte Hafenkai gereinigt wird.

Wenn gefährliche Materialien (Sprengstoffe, leicht entzündbare Stoffe u.ä.) verladen oder gelöscht werden sollen, ist darüber das Hafenamt (Zweigstelle) zu verständigen und zuvor die Funktionstüchtigkeit der Feuerlöscheinrichtungen auf dem Schiff (Boot) durchzuchecken. Während des Verladens muß gemäß dem internationalen Signalbuch die Flagge „B" (international: Bravo) gehißt sein.

Geschwindigkeitsbeschränkungen

An folgenden Stellen bestehen aus Sicherheitsgründen und zur Vermeidung von Schäden an in Einfahrten, Häfen und Marinas festgemachten Wasserfahrzeugen folgende Geschwindigkeitsbeschränkungen:

Limski Zaljev (6 kn), Hafen Pula (5–8 kn), Hafen Cres (7 kn ab Rt Kovačine), dort in der Bucht von Bakar (8 kn), Hafen Rab

(4 kn), Zrmanja-Fluß (8 kn), Novsko ždrilo (8 kn), Mali Ždrelac-Passage (8 kn), Pašmanski-Kanal (10 kn), Kanal Sv Ante, Šibenik (6 kn), Hafen Ploče (6 kn), Pelješac-Kanal (12 kn), Rijeka Dubrovačka (4 kn), Hafen Dubrovnik-Gruž (4 kn).

Alle Boote außer Ruderboote dürfen nicht zu nahe an Badestrände fahren, außer zur Ein- und Ausschiffung von Passagieren. Das ist lediglich an bestimmten Plätzen und bei vorsichtigem Manövrieren erlaubt. Ebenso ist das Surfen in einem Abstand von unter 50 m vom Badestrand untersagt.

Es ist verboten, in Gebiete zu fahren, die durch besondere Seezeichen als für die Schiffahrt gesperrt gekennzeichnet sind, besonders dort, wo Arbeiten durchgeführt werden. Kann man solche Plätze nicht umfahren, ist äußerst langsam zu fahren.

Es ist verboten, in Häfen und Hafenteilen, insbesondere in Hafeneinfahrten, engen Durchfahrten, Buchten und Bereichen mit lebhaftem Boots- und Schiffsverkehr zu gleiten, zu surfen oder Wasserski zu laufen. Außerhalb dieser Zonen müssen sich Gleitboote mehr als 250 m von der Küste entfernt halten, andere Motorboote mehr als 150 m. Gleichfalls ist es verboten, Schleppleinen ohne Läufer im Wasser hinter sich herzuziehen und Wasserski zu laufen bei schlechter Sicht sowie bei Nacht, ebenso eine Schleppleine nachzuziehen, während gleichzeitig ein Wasserskiläufer hinter und seitlich des Bootes gezogen wird, wenn die freie nachgeschleppte Schleppleine länger als die Zugleine des nachlaufenden Wasserskiläufers ist.

Beim Ankern muß man immer auf die Ankerverbotszeichen achten. Gründe sind Unterwasser-Hochspannungs- und Telefonkabel sowie Rohrleitungen.

SPORTFISCHEREI AUF SEE

Sportfischerei umfaßt den Fang von Fischen, Krebsen, Tintenfischen sowie Muscheln und ist nur mit folgenden Geräten erlaubt: Angelleine, Angelhaken, Angelrute mit Leine, Schleppangel und Langleine mit bis zu 200 Haken, Unterwassergewehr ohne Explosionsgeschoß und Harpune (bei Benutzung des Bootes mit einer Lampe bis 400 cd oder ohne Lampe). Für einen organisierten Sportfischfang, den Sportfischereivereine organisieren, können auch größere Fischerei-Charterboote eingesetzt werden. Für den Sportfischfang mit Ruten und Angelschnüren, die vom Ufer ausgeworfen werden, ist keine Genehmigung erforderlich und wird auch keine Gebühr erhoben. Für sonstige Sportfischfangarten ist eine Genehmigung und die Zahlung einer Fischereigebühr erforderlich.

Staatsbürger Kroatiens und Ausländer mit ständigem Wohnsitz in Kroatien, die Mitglieder eines kroatischen Sportfischervereines (Verband für Unterwassertätigkeiten, Sportfischfang auf See) sind und Mitgliedskarten besitzen, können ohne Zahlung der Fischereigebühren in allen zugelassenen Gebieten und mit allen genehmigten Fischereigeräten – mit Ausnahme von Unterwassergewehren – den Fischfang betreiben. Für den Fischfang mit Unterwassergewehren ist eine Sondergenehmigung und eine Sondergebühr erforderlich. Die Fischfangzonen werden von der Gemeinde bestimmt. Ausländische Staatsbürger ohne ständigen Wohnsitz in Kroatien müssen für den Sportfischfang eine Sondergenehmigung besitzen und entsprechende Gebühren zahlen.

Im Zusammenhang mit dem Sportfischfang bestehen folgende Einschränkungen und Verbote:
– es ist verboten, den Erwerbsfischfang zu behindern;
– Personen unter 16 Jahren ist die Ausübung des Sportfischfanges mit einem Unterwassergewehr verboten;
– es ist verboten, eine Taucherausrüstung, die das Atmen unter Wasser ermöglicht, zu verwenden;
– ein Unterwassergewehr (Harpune) darf nur von Sonnenaufgang bis Sonnenuntergang benutzt werden,
– Unterwasserfischen ist absolut verboten vom 1. Nov. bis zum 31. März (außer bei internationalen Wettbewerben),
– es ist erlaubt, täglich höchstens 5 kg Fische und sonstige

Seetiere zu fangen (außer bei internationalen sportlichen Wettbewerben). In diese Mengenbegrenzung sind folgende Fischarten nicht eingeschlossen: Haie, Rochen und bestimmte seltene Fischarten wie z. B. Sägebarsch, Zahnbrasse, Seebrasse u. ä.
– Sportfischer dürfen keine erlegten Fische verkaufen oder gegen andere Gegenstände eintauschen.

In Fischereischutzgebieten ist jeglicher Fischfang und der Fang sonstiger Seetiere untersagt. Derartige Reservate gibt es in den Mündungen folgender Flüsse: Dragonja, Mirna, Raša, Zrmanja, Krka, Jadro, Žrnovnica (bei Stobreč), Cetina, Neretva, Rijeka Dubrovačka, ferner im Fažanski-Kanal, den Buchten Limski Zaljev, Medulinski Zaljev, Soline (Insel Krk), Bistrina (bei Mali Ston) und dem See Mljetska jezera (Insel Mljet).

Das Befolgen der angeführten Vorschriften überwachen Fischereiinspektoren der Gemeinden, Sicherheitsbehörden des Inneren, Hafenämter und deren Zweigstellen, das Fischereiinspektorat der Republik, Militärorgane (Kriegsmarine) und Organe der Zollämter, die ihren Dienst auf See verrichten.

Personen, die das Fischereigesetz verletzen, müssen mit dem Einzug ihrer Fischfanggeräte und -ausrüstung, sowie mit Einbehaltung des Fanges und eines möglichen Erlöses aus dem Verkauf des Fanges rechnen.

TAUCHSPORT

Als Unterwassertätigkeiten in Küstengewässern der Republik Kroatien werden betrachtet: Tauchen mit Tauchgerät, Fotografieren und Filmen unter der Seeoberfläche und jegliche Meeresforschung. Als Tauchen mit Tauchgerät betrachtet man den Aufenthalt unter der Wasseroberfläche mit Preßluftflaschen und Luftzufuhrgeräten von der Wasseroberfläche aus.

Als Unterwasser-Fotografie betrachtet man das Fotografieren mit Fotokameras als auch mit Film- und Videokameras.

Als Meeresforschung und Meergrundforschung betrachtet man jedes Sammeln von ozeanographischen, biologischen, geologischen, speleologischen (Höhlenforschung betreffend), gravimetrischen und anderen Daten.

Das Gebiet, in dem Unterwassertätigkeiten betrieben werden, muß durch Setzen der Signalflagge „A" oder der rot-weißen Taucher-Flagge oder eines Signalzeichens in Form eines gelb-orangen oder roten Balls von mindestens 30 cm Durchmesser deutlich gekennzeichnet werden. Die Flaggen werden an einer Schwimmboje angebracht, die in der Mitte des Gebietes der Unterwassertätigkeiten ausgelegt wird.

In Teilen der Küstengewässer, die außerhalb der Verbotszonen liegen, ist kroatischen Staatsbürgern das Tauchen mit Tauchausrüstung und das Fotografieren unter Wasser auch ohne Genehmigung gestattet, wenn sie Mitglied einer Taucherorganisation im Verband für Unterwassertätigkeiten und Sportfischerei in kroatischen Gewässern sind und eine entsprechende Taucher-Lizenz besitzen. Ausländern wird die Genehmigung durch die kroatische Behörde ausgestellt.

Tauchen mit Tauchausrüstung ist in den Küstengewässern Kroatiens von Sonnenauf- bis Sonnenuntergang zugelassen.

Unterwassertätigkeiten sind verboten in den extra ausgewiesenen Zonen der Küstengewässer, in Häfen für den öffentlichen Seeverkehr und auf den Seewasserstraßen, weiterhin in 300 m Umkreis von Kriegsschiffen und in Kriegshäfen sowie unmittelbar entlang der Küstenlinie eines gekennzeichneten oder eingezäunten Militärobjektes, wo Tauchen grundsätzlich verboten ist.

Detaillierte Angaben über die Koordinaten und Grenzen der Sperrgebiete sind bei den Hafenämtern bzw. ihren Zweigstellen erhältlich. Preßluftfüllstationen s. Anhang.

BETONNUNG, BEFEUERUNG UND SEEFUNKFEUER

Zur Bezeichnung der Fahrwasser dienen optische, akustische und elektronische Hilfsmittel. Für Yachten und Motorboote sind

MARITIMES IALA-BETONNUNGSSYSTEM

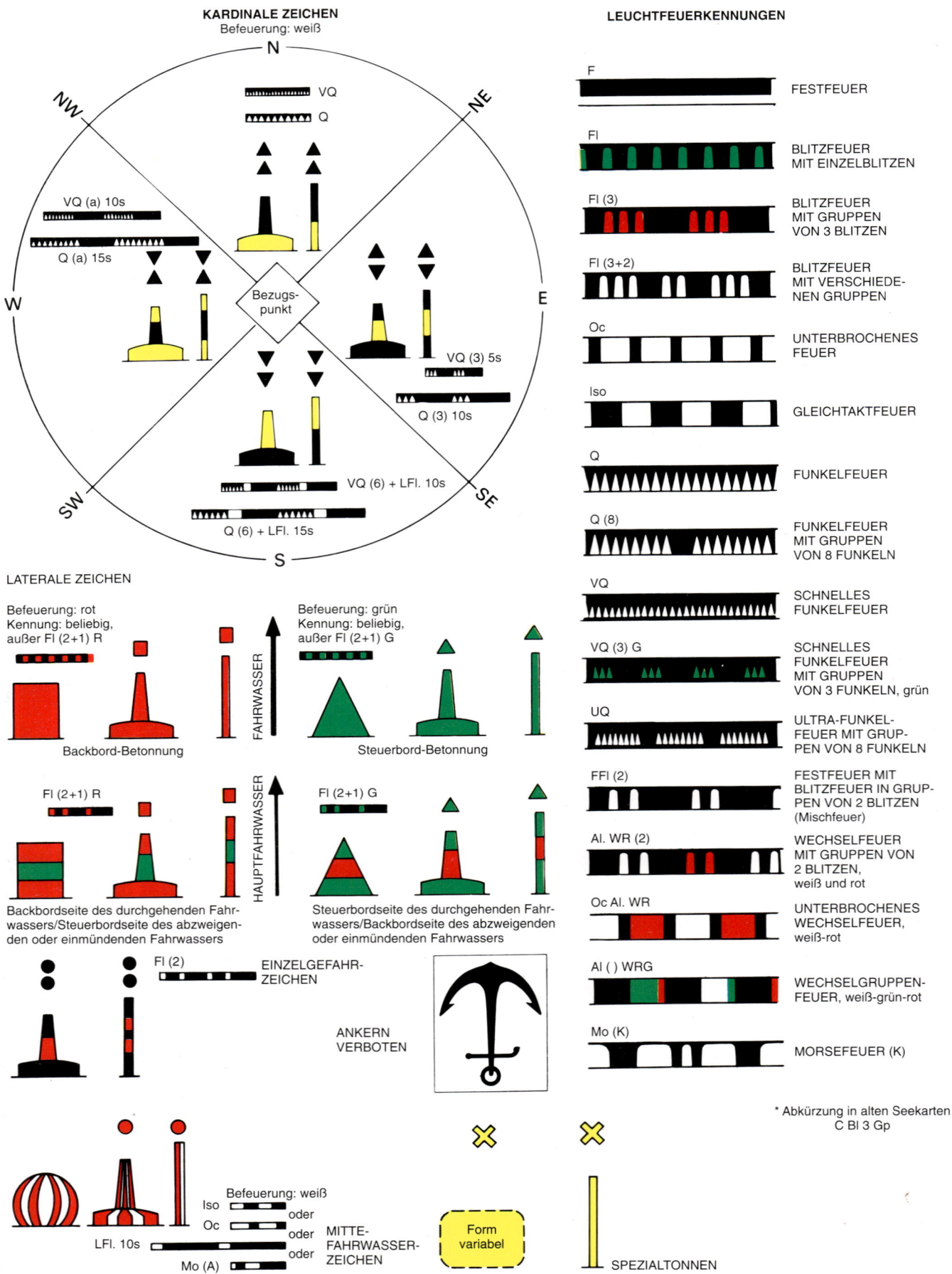

KARDINALE ZEICHEN
Befeuerung: weiß

N

NW

NE

VQ
Q

VQ (a) 10s
Q (a) 15s

W

Bezugspunkt

E

VQ (3) 5s
Q (3) 10s

SW

VQ (6) + LFl. 10s
Q (6) + LFl. 15s

SE

S

LATERALE ZEICHEN

Befeuerung: rot
Kennung: beliebig,
außer Fl (2+1) R

FAHRWASSER

Befeuerung: grün
Kennung: beliebig,
außer Fl (2+1) G

Backbord-Betonnung

Steuerbord-Betonnung

HAUPTFAHRWASSER

Fl (2+1) R

Fl (2+1) G

Backbordseite des durchgehenden Fahr-
wassers/Steuerbordseite des abzweigenden oder einmündenden Fahrwassers

Steuerbordseite des durchgehenden Fahr-
wassers/Backbordseite des abzweigenden
oder einmündenden Fahrwassers

Fl (2)

EINZELGEFAHR-
ZEICHEN

ANKERN
VERBOTEN

Befeuerung: weiß
Iso   oder
Oc   oder
LFl. 10s   oder
Mo (A)

MITTE-
FAHRWASSER-
ZEICHEN

Form
variabel

SPEZIALTONNEN

LEUCHTFEUERKENNUNGEN

F	FESTFEUER
Fl	BLITZFEUER MIT EINZELBLITZEN
Fl (3)	BLITZFEUER MIT GRUPPEN VON 3 BLITZEN
Fl (3+2)	BLITZFEUER MIT VERSCHIEDE- NEN GRUPPEN
Oc	UNTERBROCHENES FEUER
Iso	GLEICHTAKTFEUER
Q	FUNKELFEUER
Q (8)	FUNKELFEUER MIT GRUPPEN VON 8 FUNKELN
VQ	SCHNELLES FUNKELFEUER
VQ (3) G	SCHNELLES FUNKELFEUER MIT GRUPPEN VON 3 FUNKELN, grün
UQ	ULTRA-FUNKEL- FEUER MIT GRUP- PEN VON 8 FUNKELN
FFl (2)	FESTFEUER MIT BLITZFEUER IN GRUP- PEN VON 2 BLITZEN (Mischfeuer)
Al. WR (2)	WECHSELFEUER MIT GRUPPEN VON 2 BLITZEN, weiß und rot
Oc Al. WR	UNTERBROCHENES WECHSELFEUER, weiß-rot
Al ( ) WRG	WECHSELGRUPPEN- FEUER, weiß-grün-rot
Mo (K)	MORSEFEUER (K)

* Abkürzung in alten Seekarten
C Bl 3 Gp

IALA-BETONNUNGSSYSTEM TAGSÜBER

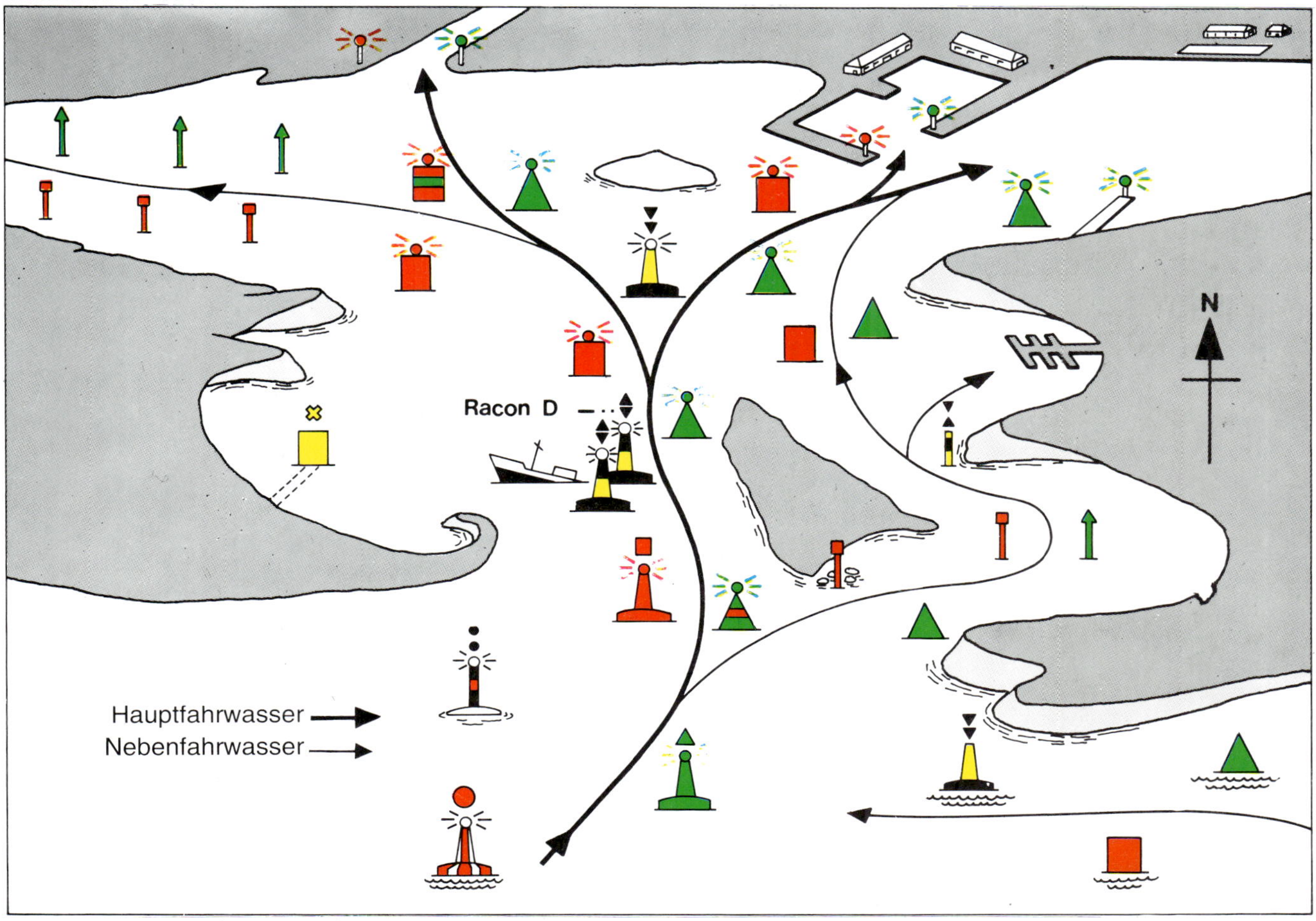
Racon D
N
Hauptfahrwasser
Nebenfahrwasser

IALA-BETONNUNGSSYSTEM NACHTS

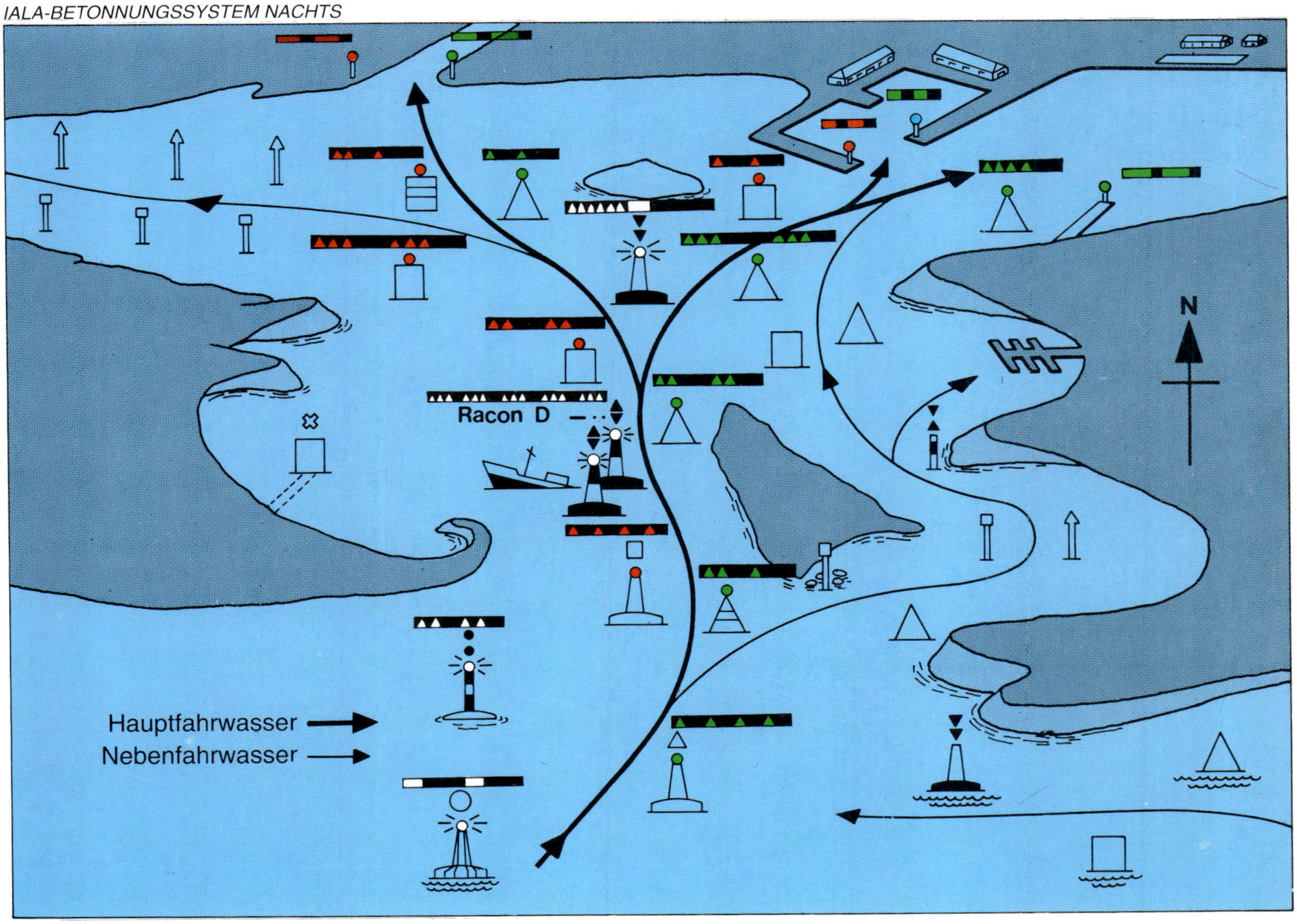
Racon D
N
Hauptfahrwasser
Nebenfahrwasser

von besonderer Bedeutung die optischen Mittel, die Tonnen und Baken bei Tag und Leuchtfeuer bei Nacht.

Seezeichen

In Kroatien ist die Fahrwasserbezeichnung dem internationalen IALA A-System angepaßt: dem lateralen (Seitenbezeichnung), kombiniert mit dem kardinalen (Richtungsbezeichnung) System.

Die Seezeichen sind entweder verankerte Tonnen oder gemauerte Baken.

Alle Einzelheiten über diese Zeichen sind dem „Pilot 1" – Seehandbuch für die Adria-Ostküste und dem „Pilot 2" – Seehandbuch für die Adria-Westküste, sowie dem „Leuchtfeuerverzeichnis für die Adria, das Ionische Meer und die Inseln von Malta" zu entnehmen. Die Befeuerung der einzelnen Seezeichen ist in jedem einzelnen Fall zu überprüfen.

Leuchtfeuer

Leuchtfeuer mit eigener Lichtquelle sind an der Küste an speziellen Orientierungspunkten oder auf Tonnen angebrachte Seezeichen. Eine besondere Stellung nehmen Leuchttürme ein, die mit einem Wärter ständig besetzt sind. Leuchtfeuer an der Küste, Hafenfeuer und Leuchttonnen sind zumeist unbewacht.

Leuchttürme befinden sich an den für die Navigation wichtigsten Orientierungspunkten oder an gefährlichen Stellen. Aufgrund ihrer Konstruktion und Farbe heben sie sich von den umliegenden Objekten ab und sind somit als Orientierungsobjekte in der Navigation auch bei Tage wichtig. Gewöhnlich haben sie dioptrische Drehlinsen, die den Lichtstrahl bündeln und so einen starken Schein bis zum Horizont aussenden. Über fast alle kroatischen Leuchttürme kann eine Sprechfunkverbindung zu den Küstenfunkstellen hergestellt werden. Fast alle wichtigeren Leuchttürme senden charakteristische Nebelschallsignale mit einer festgelegten Kennung.

Küstenfeuer werden an der Küste auf Landspitzen, in Durchfahrten, Kanälen, auf Klippen, Inseln, bei Hafeneinfahrten und ähnlichen Stellen aufgestellt. Sie dienen ausschließlich der Küstenschiffahrt. Sie besitzen dioptrische Drehlinsen und schalten sich automatisch bei Sonnenuntergang ein bzw. bei Sonnenaufgang ab.

Hafenfeuer sind in der Hafeneinfahrt oder im Hafen installierte Feuer, die eine sichere Ansteuerung bzw. ein sicheres Manövrieren im Hafen gewährleisten. Sie werden von Hafenangestellten oder automatisch aktiviert.

Leuchttonnen sind an Untiefen oder an jenen für die Navigation gefährlichen Stellen verankerte Tonnen mit eingebautem Feuer. In der Regel zeigen sie kein Festfeuer.

Jedes Leuchtfeuer hat seine eigene Kennung durch: Farbe, charakteristischer Verlauf einzelner Lichterscheinigungen, Wiederkehr (Periode), Feuerhöhe, Tragweite, Anzahl der Feuer und ihre Anordnung. Alle Einzelheiten über die Leuchtfeuer sind dem Leuchtfeuerverzeichnis zu entnehmen. Die Grunddaten der Leuchtfeuer findet man auch in der Seekarte.

Farbbezeichnungen für Leuchtfeuer in kroatischen Seekarten sind: B = weiß (bijela), C = rot (crvena), Z = grün (zelena). Sind diese Buchstaben neben der Sichtweite eines Leuchtfeuers eingetragen, bedeutet es, daß das Feuer ununterbrochen brennt. Ist die Hafenzufahrt bzw. -einfahrt mit Farben gekennzeichnet, findet man die rote in der Regel an Backbord- und die grüne an Steuerbordseite. Aber dies ist nicht immer so, und daher sollte im Zweifelsfalle der „Adriatic Pilot" oder das Leuchtfeuerverzeichnis zu Rate gezogen werden.

Die Kennung der Leuchtfeuer wird durch folgende Lichterführungen charakterisiert: Bl = Blitz (international: Fl); Bl(Gp) = Blitze in Gruppen (zum Beispiel: B Bl(3), intern.: Fl(3)); Pk = Unterbrochenes Feuer (intern.: Oc); Sj = Blinkfeuer (LFl); Pm = Gleichtaktfeuer (intern.: Iso) u.ä. Der Unterschied zwischen Blitzfeuer (Fl) und unterbrochenem Feuer (Oc) liegt in der Dauer des Feuers. Bei Blitzfeuer ist die Dauer des Lichtes kürzer als

die Dunkelphase, aber bei unterbrochenem Feuer ist es umgekehrt. Sollte ein Leuchtfeuer einen besonderen Sektor haben, dann wird dieser neben der Kennung des Feuers angegeben.

Sektorenfeuer kennzeichnen für die Schiffahrt sichere oder gefährliche Sektoren. Wenn nicht bestimmt ist, ob ein Sektorenfeuer einen sicheren oder gefährlichen Sektor kennzeichnet, ist es anhand der Seekarte oder des Leuchtfeuerverzeichnisses zu überprüfen. Sektoren sind mit der Abkürzung „sekt" neben der Farbe gekennzeichnet (z. B. sekt C).

Wiederkehr (Periode) einer Taktkennung ist die Zeit vom Eintritt einer bestimmten Taktkennung bis zum Wiedereintritt der nächsten gleichen Taktkennung. Beim Ausmachen eines Leuchtfeuers ist auf die Periode der Taktkennung besonders zu achten. Nach einer längeren Praxis kann die Periode durch Auszählen oder mit der Stoppuhr festgestellt werden.

Tragweite eines Leuchtfeuers ist die in Seemeilen ausgedrückte Entfernung, aus der man das Feuer unmittelbar über die Kimm hinweg und bei einer Augenhöhe des Beobachters von 5 m eben noch erblicken kann. Die Tragweite wird für normale atmosphärische Bedingungen bei klarer und dunkler Nacht angegeben, und sie ist in der Seekarte und im Leuchtfeuerverzeichnis eingetragen. Wenn in der Seekarte z. B. folgende Kennung eines Leuchtfeuers eingetragen ist: B Bl 3 Gp 10s 16m (international: Fl(3) 10s 16M), bedeutet dies: 3 weiße Blitze in Gruppe, Wiederkehr (Periode) 10 Sek., Tragweite 16 sm.

Seefunkfeuer

Das sind Funkstellen, die Funkzeichen auf einer bestimmten Frequenz mit einer Kennung senden. Die Position eines Kreisfunkfeuers ist in der Seekarte mit der Abkürzung „RC" (Radiophare circulaire) bezeichnet; in der Schiffahrt können auch einige für den Luftverkehr bestimmte Funkfeuer benutzt werden (Bezeichnung: RC Aero). Ein Funkfeuer wird durch seine Arbeitskennung identifiziert: Sendernummer, Benennung (Name), geographische Koordinaten, Reichweite (meistens ca. 100 sm, lokale ca. 20 sm), Sendeart (A1A= unmodulierte Funkwellen, A2A=modulierte Funkwellen durch funktelegraphische Signale unterbrochen), Frequenz (normalerweise von 285 bis 325 kHz), Kennungssignal (Morse-Zeichen), Anfangszeit der Sendung und Sendedauer mit Angabe, ob die Sendung ununterbrochen oder lediglich bei Nebel, ob in Verbindung mit anderen Funkfeuern (Gruppensendung – in der Adria bis zu 3 Sender in der Gruppe) oder selbständig läuft.

Durch die Peilung eines Funkfeuers mit Hilfe eines Richtempfängers (Goniometers), sog. Eigenpeilung, erhält man das Funkazimut, das eine Funkfehlweisung (Funkbeschickung), die für Boote vernachlässigt werden kann, und einen Fehler der Meridianhalbkonvergenz (die für die Entfernungen in der Adria unbedeutend ist) beinhaltet.

Angaben über die Funkfeuer vermittelt der „Nautische Funkdienst" des Staatlichen Hydrographischen Instituts in Split.

Seefunkfeuer an der kroatischen Küste

Name	Kamenjak	Movar	Cavtat	Molunat
Position	44°47, 2'N 013°54, 9'E	43°30, 3'N 015°58, 3'E	42°35, 0'N 018°13, 0'E	42°27, 1'N 018°25, 6'E
Frequenz	289,8 kHz A2A	289,6 kHz A2A	397 kHz A1A	305,7 kHz A2A
Kennung	YP	YV	CV	YC
Reichweite	100 sm	100 sm	25 sm	100 sm
Klarwettersendung	h+20, 26, 50, 56	h+16, 22, 46, 52		h+10, 16, 40, 46
Bei schlechten Sichtverhältnissen (Nebel) ununterbrochene Sendung				

SEEKARTEN

Neben dem Kompaß braucht jeder Seefahrer gültige Seekarten und die Standardausrüstung zur Kurs- und Standortbestimmung.

Die Seekarte enthält topographische und hydrographische Informationen. Außerdem stehen auf ihrem Rand noch weitere Angaben wie: Benennung der Karte, Kartennummer, Herausgeber, Ausgabedatum, Hersteller der Karte, die Kompaßrose mit der Angabe der Mißweisung an mehreren Stellen des hydrographischen Teils der Karte. Weiter gibt es Angaben über die durchgeführten sog. „kleinen Berichtigungen" (in der unteren linken Ecke), den graphischen Maßstab in sm und km, u. ä.

Vor dem Einsatz der Seekarte sollte man all diese auf dem Kartenrand stehenden Anmerkungen zur Kenntnis nehmen.

Auf Seekarten des Staatlichen Hydrographischen Instituts Split sind Höhen- und Tiefenangaben in Metern angegeben: Die Tiefenangaben beziehen sich auf das Kartennull und die Höhenangaben auf den mittleren Wasserstand. Das Staatliche Hydrographische Institut Split bezieht das Kartennull auf das mittlere Springniedrigwasser (MSpNW = besonders niedriges Niedrigwasser). Der hydrographische Kartenteil hat mehrere Abtönungen in Blau, um eine relieffartige Darstellung der Tiefen zu ermöglichen. Tiefen unter 5 m sind in blauem, Tiefen zwischen 5–10 m im lichtblauem Ton gedruckt, und der sonstige hydrographische Kartenteil ist weiß.

Der Maßstab der Karte zeigt, um wieviel eine bestimmte Strecke auf der Karte kleiner ist als in der Natur. Auf der Karte ist der Maßstab in einem Zahlenverhältnis oder in einer Bruchzahl angegeben (1:100 000 oder 1/100 000). Außer dem in Zahlen ausgedrückten Maßstab kann auf der Karte auch ein linearer, graphischer Maßstab eingetragen sein.

Am Kartenrand ist die Koordinatenskala der geographischen Breite bzw. Länge angegeben. Die Breitenskala dient zugleich als linearer Maßstab zur Entfernungsmessung (1 Breitenminute (1') = 1 sm = 1852 m). Die Distanzmessungen sollen in der Höhe der Schiffsposition durchgeführt werden, da das kartographische Netz der Seekarte in der Mercator-Projektion gegeben ist und sich somit der Meridianabstand mit der jeweiligen Breite ändert. Die Abstände dürfen nicht in Minuten der Längenskala gemessen werden.

Die sog. *Kompaßrosen,* die gewöhnlich an mehreren Stellen des hydrographischen Kartenteils aufgedruckt sind, dienen zur Kurs- und Azimutbestimmung mit Hilfe eines Kurslineals oder eines Kursdreiecks. Die innerhalb des Kreises der Kompaßrose angegebene Mißweisung muß um den dort angegebenen Wert der jährlichen Änderung korrigiert werden.

Das *Relief* des topographischen Kartenteils ist durch Isohypsen („Höhenlinien", gewöhnlich mit 40 m oder 20 m Abstand), durch Schraffierung oder farbliche Absetzung (zumeist in Ocker) dargestellt.

Die zur Orientierung wichtigen Objekte, die wegen ihrer kleinen Dimension in der Seekarte nicht wirklichkeitsgetreu dargestellt werden können, sind in der Karte durch besondere Bezeichnungen markiert, wobei der genaue Standort bei symmetrischen Objekten (Leuchtturm, Schwimmdock u. ä.) der Mittelpunkt des Zeichens oder bei anderen Objekten der Mittelpunkt des am Fuße des Symbols angebrachten kleinen Kreises ist. Das Staatl. Hydrographische Institut in Split hat ein Verzeichnis der in kroatischen Seekarten verwendeten Abkürzungen und Bezeichnungen veröffentlicht („Znakovi i kratice na pomorskim kartama"). Man sollte immer die aktuellen und zuletzt berichtigten Seekarten mit dem größten Maßstab und somit den meisten Details verwenden. Amtlich zugelassene Seekarten-Vertriebsstellen sind verpflichtet, nur bis zum Verkaufsdatum berichtigte Seekarten zu verkaufen. Für alle weiteren Berichtigungen ist der Seefahrer selbst zuständig.

Besonders beliebt sind die Sportbootkarten „Male Karte" im Maßstab 1:100 000 und in der Blattgröße 34 x 48 cm. Der komplette Kartensatz von 29 Karten besteht aus zwei Teilen: von Trst bis Zadar (MK 1 – MK 12) und von Zadar bis Bojana (MK 13 – MK 29).

Kartenklassifikation

Die Seekarten sind eingeteilt in: Informationskarten, Navigationskarten und Nautische Hilfskarten. Die Karten für die östliche Adriaküste werden vom kroatischen Staatlichen Hydrographischen Institut, Split (Državni hidrografski institut Split – DHI) herausgegeben.

Informationskarten enthalten wichtige Navigationsdaten, wie z.B. Strömungsangaben, meteorologische und hydrologische Einzelheiten usw.

Navigationskarten dienen unmittelbar der Schiffsführung, d.h. zum Eintragen des Kurses und zur Positionsbestimmung. Dem Maßstab nach sind sie Generalkarten, Kurskarten, Küstenkarten und Hafenpläne.

Übersichtskarten stellen größere Seegebiete oder ganze Meere mit den zugehörigen Küstengebieten dar und sind daher gewöhnlich in kleinerem Maßstab. Die kroatischen Generalkarten Nr. 100, 101 und 102 zeigen das Adriatische Meer im ganzen oder seine Teile; teilweise im Maßstab von 1:1 000 000 bzw. 1:750 000. Die Karte Nr. 103 stellt das Ionische Meer und die Karten Nr. 108 und 109 das Mittelmeer dar (1:2 500 000).

Übersichtskarten können zur Navigation außerhalb des adriatischen Küstengebietes herangezogen werden, soweit es die Schiffssicherheit gestattet; ansonsten dienen sie zum Studium des Seeraumes für Kreuzfahrten und Reiseplanung (Routing, Berechnung des insgesamt zurückgelegten Seeweges, der Fahrzeit u.ä.).

Segelkarten (Kurskarten) stellen kleinere Seeräume einzelner Meere dar und enthalten die für die Navigation wichtigsten Angaben. Die Karten des adriatischen Seeraumes, herausgegeben vom DHI in Split im Maßstab von 1:300 000, umfassen die Ost- und Westküste der Adria, versehen mit den Nummern 300-01 bis 300-37. Unter den Nummern 301, 302 und 303 werden die Karten für die Nord-, Mittel- und Süd-Adria herausgegeben.

Die Karten im Maßstab 1:250 000 zeigen die Küstenabschnitte Rijeka–Venezia (INT 3410), Split–Gargano (INT 3412) und Dubrovnik–Brindisi (INT 3414). Das kroatische Staatliche Hydrographische Institut hat weiterhin 18 Karten im Maßstab 1:200 000 veröffentlicht, die die Seegebiete des Adriatischen und Ionischen Meeres sowie des Golfs von Tarent zeigen (Nummern 151–179).

Küstenkarten stellen kleinere Küstengebiete (Seeräume) dar und sind daher unverzichtbare Unterlagen für die Navigation im nahen Küstenbereich. Sie enthalten alle notwendigen und wichtigen Details zur Kurs- und Positionsbestimmung. Die neueren Auflagen im Maßstab 1:100 000 sind mit der Zahl 100 und einer das engere Gebiet bezeichnenden Zusatznummer gekennzeichnet (z.B. 100–15 Grado–Rovinj bis 100–30 Ulcinj–Durres). Auf ihnen findet man vielfach Hafenpläne, Ankerplätze, gefährliche und navigatorisch wichtige Seegebiete, Durchfahrten, Kanäle u.ä. mit einem größeren Maßstab.

Das Staatliche Hydrographische Institut in Split hat für kleine Boote bzw. Yachten zwei komplette Kartensätze der sog. *Kleinen Karten (Male karte)* der östlichen Adriaküste im Maßstab 1:100 000 herausgegeben: Teil 1: MK 1 bis MK 12 (Trst–Zadar) und Teil 2: MK 13 bis MK 29 (Zadar–Bojana).

Pläne stellen kleine Gebiete dar, gewöhnlich Häfen, Durchfahrten und Ankerplätze. Auf ihnen sind alle Einzelheiten eingetragen (Maßstab 1:50 000 und größer). Aufgrund des kleinen Ausschnitts sind am Rand dieser Pläne vielfach keine Längengrade angegeben. Um die Distanzen feststellen zu können, enthalten diese Pläne zumeist eine Längenskala. Die Pläne für die kroatische Adriaküste sind vom DHI in den Maßstäben von 1:400 000 bis 1:2 000 angelegt.

Nautische Hilfskarten erfüllen Spezialzwecke und werden nicht unmittelbar zur Navigation verwendet.

Zur Navigation mittels der Seekarte benötigt man ein Navigations-Set aus Kurs- und Anlegedreieck (beide mit möglichst langen Basisseiten) bzw. ein Kurslineal, ferner einen Stechzirkel, eine Kartenlupe, einen weichen Bleistift und ein weiches Radiergummi.

SEEHANDBÜCHER

Seekarten können nicht alle Informationen für eine sichere Navigation enthalten. Deshalb veröffentlicht das Staatliche Hydrographische Institut in Split verschiedene Handbücher mit all jenen Angaben, die aus technischen Gründen in eine Seekarte nicht eingetragen werden können.

Die Adria-Handbücher („Peljar Jadranskog mora"; 1.Teil – Ostküste, 2. Teil – Westküste) enthalten verschiedene Mitteilungen und Angaben für den adriatischen Seeraum; z.B. allgemeine hydrographische, hydrologische und klimatische Verhältnisse, Anweisungen für die Schiffahrt im allgemeinen und speziell für Fahrten in Kanälen und gefährlichen Gebieten, Angaben über Ankerplätze und Schutzhäfen, Navigationsmarkierungen, Versorgungsmöglichkeiten und sonstige wichtige Vorschriften. Im Einführungsteil der Handbücher befinden sich

WICHTIGE BEZEICHNUNGEN IN SEEKARTEN

a0 – Trigonometrischer Punkt; a1 – Bestimmter Punkt, Positionsbezeichnung; a2 – Erhebung mit Höhe; a3 – Kirche, Kapelle; a4 – Kirchturm, Glockenturm; a5 – Festung; a6 – Denkmal; a7 – Ruine; a8 – Turm; a9 – Lotsenstelle; b0 – Leuchtfeuer; b1 – Leuchtfeuer mit Sektoren; b2 – Feuerschiff; b3 – Reede für größere Schiffe; b4 – Ankerplatz für kleine Schiffe; b5 – Wellenbrecher; b6 – Pier, Mole; b7 – Ankerverbot; b8 – Poller; b9 – Schwimmdock; c0 – Zugbrücke, Drehbrücke; c1 – Brückendurchfahrtshöhe 15 m; c2 – Ankerplatz; c3 – Leuchttonne; Seezeichen für die Steuerbordseite; c4 – Leuchttonne; Seezeichen für die Backbordseite; c5 – Tonne (alleinstehendes Hindernis); c6 – Festmacheboje (- tonne); c7 – Spierentonne; c8 – Feste Stange; c9 – Kardinalzeichen (Farbenordnung nach Quadranten); d0 – Funkfeuer (allgemein); d1 – Kreisfunkfeuer (RC), Richtfunkfeuer (RD), Drehfunkfeuer (RW); d2 – Küstenfunkstelle, gibt QTG-Signale ab, Peilfunkstelle (RG); d3 – Rundfunksender (R), Funktelephonische Station (RT), Funksender allgemeinen Dienstes (Rst); d4 – Küstenradarstation (Ra), Racon – Radarantwortbake, Ramark – selbsttätig sendende Radarbake; d5 – Radarreflektor, für Radar markantes Objekt; d6 – Klippe, die Ziffer bezeichnet die Höhe über Mittelwasser; d7 – Riff, bei Niedrigwasser trockenfallend (die unterstrichene Ziffer gibt die Höhe über die Kartennull an); d8 – Riff im Niveau des Kartennull; d9 – Riff ständig überschwemmt, Tiefe unbekannt, aber weniger als 2 m unter Kartennull; e0 – Wassertiefe über einsamen Riff; e1 – Wrack mit sichtbarem Rumpf oder Deckaufbauten; e2 – Wrack, von dem nur Mast sichtbar ist; e3 – Gefährliches Wrack mit 20 m Wasser darüber oder weniger; e4 – Ungefährliches Wrack mit mehr als 20 m Wasser darüber; e5 – Grenze von Felsgrund und Gefahr; e6 – Leuchtfeuer mit Sektorengrenze; e7 – Fahrwasser mit Radar-Ansteuerung; e8 – Unterwasserkabel; e9 – Unterwasserrohrleitung; f0 – Grenze militärischer Übungsgebiete; f1 – Grenzen eines Sperrgebietes; f2–f9 – Tiefenlinien.

verschiedene Anweisungen und seerechtliche Schiffahrtsvorschriften, sowie Anweisungen zur Benutzung des Handbuches, der Seekarten u. ä.

Das *Leuchtfeuerverzeichnis für die Adria, das Ionische Meer und die Inselgruppe von Malta* („Popis svjetionika Jadranskog mora, Jonskog mora, Malteških otoka") enthält alle Angaben über die Leuchtfeuer, die See- und Flugfunkfeuer und sonstige für die Schiffahrt wichtigen Signale und Bezeichnungen. Der Hauptteil im Leuchtfeuerverzeichnis enthält: Die laufende und internationale Nummer (nach der britischen Veröffentlichung *List of Lights – Vol. E*), Name und Beschreibung des Feuerträgers, Standort und geographische Lage in Breiten- und Längengraden bzw. -minuten, Höhe des Feuerträgers über dem Erdboden und Feuerhöhe über der Bezugshöhe, Kennung, Wiederkehr und Nenntragweite.

Der *Funkdienst* („Radio služba") enthält u. a. Angaben über die Küstenfunkstellen, Revier- und Hafenfunk, Seefunkfeuer, den Sonderdienst zur Funkbeschickung sowie notwendige Angaben für den sich auf die Schiffahrtssicherheit beziehenden Funkverkehr für die kroatischen Hoheitsgewässer.

Das *Entfernungsverzeichnis der Adria* („Daljinar Jadranskog mora") bringt die Entfernungen (in sm) zwischen den wichtigeren Häfen und Orten an der Adriaküste. Im 1. Teil findet man die Entfernungen zwischen wichtigen Häfen, Ankerplätzen und Knotenpunkten in der Adria, im 2. Teil die Entfernungen zwischen kleineren Häfen und Buchten (in Gebiete eingeteilt).

Das *Verzeichnis der Seekarten und nautischen Publikationen* („Katalog pomorskih karata i navigacijskih publikacija") enthält alle Angaben über die Seekarten und Publikationen des Staatl. Hydrographischen Instituts in Split. Der gesamte Adria-Seeraum wird auf einer „Indexkarte" in Vierecke eingeteilt. In jedem Viereck ist die entsprechende Kartennummer angegeben.

Die *Nachrichten für Seefahrer* („Oglas za pomorce") erscheinen monatlich und enthalten alle wichtige Angaben für die Sicherheit der Schiffahrt in der Adria (teilweise auch im Ionischen Meer). Diese Nachrichten publizieren alle im Laufe des Jahres in den Handbüchern und Seekarten des Hydrographischen Instituts in Split entstehenden Änderungen.

Vor Antritt eines Törns hat der Schiffsführer alle Karten und Handbücher sorgfältig zu·studieren und sich zu vergewissern, daß sie alle auf dem neuesten Stand sind.

VERSTÄNDIGUNGSMÖGLICHKEITEN AUF SEE

Die Dienste des Küstenfunkverkehrs liegen in den Händen der PLOVPUT-Organisation in Split. Sie können von allen Yachten und Booten, die ein UKW-Gerät an Bord haben, in Anspruch genommen werden. Die Küstenfunkstellen sind immer auf UKW-Kanal 16 und auf der Grenzwellenfrequenz 2182 kHz hörbereit, außerdem strahlen sie Wettervorhersagen und -warnungen aus und vermitteln Funkärztliche Beratung. Diese Dienste sind kostenlos, nicht aber private und geschäftliche Gespräche.

Küstenfunkstellen im UKW-Sprechfunkdienst

Küstenfunkstelle	Sendung auf Kanälen	Wetterberichte und Ankündigungen	
		Kanal	Sendezeit (UTC)
RIJEKA	04, 16, 20, 24	24	05.35, 14.35, 19.35
SPLIT	04, 16, 21, 23, 28,	21, 28, 07	05.45, 12.45, 19.45
DUBROVNIK	02, 07, 16	07	06.25, 13.20, 21.20
Küstenfunkstellen und abgesetzte Stationen: RIJEKA – Učka 16, 20, 24 , Razromir 04; SPLIT – Labištica 16, 21, Vidova Gora (Brač) 16, 23; Hum (Vis) 16, 28; Sv Mihovil (Insel Ugljan) 16, 07 DUBROVNIK – Srd 16, 07; Uljenje (Pelješac) 16, 04			

Hafenämter sind ebenfalls mit UKW-Sprechfunkgeräten ausgerüstet, und sie organisieren Suchaktionen und Bergungen auf See; Hilfe wird auf dem Kanal 16 ersucht. Die Hafenämter unterhalten zusätzlich einen ununterbrochener Funk-Wachdienst

auf dem Kanal 10. Auf diesem Kanal unterhalten auch die Hafenamt-Zweigstellen einen Funkwachdienst, aber nur während der Arbeitszeit. Daher wird allen mit Funkanlagen ausgerüsteten Wasserfahrzeugen empfohlen, auch den Kanal 10 abzuhören. Die Marinas sind zumeist auf dem Kanal 17 hörbereit.

Werden wichtige Vorkommnisse von Bord aus beobachtet, ist sofort die Küstenfunkstelle zu informieren.

Verständigung durch Sprechfunk

Küstenfunkstellen sind an ihrem geographischen Namen und dem zugefügten Wort RADIO zu erkennen (z. B. RIJEKA RADIO). Die Seefunkstelle gibt sich durch Nennung des Schiffsnamens oder des Rufzeichens zu erkennen. Der Sprechfunkdienst zu einem Schiff kann nur durchgeführt werden, wenn auf dem Schiff ein ausgebildeter Funker ist.

Im Prinzip soll die Bordsprechfunkanlage nur zur Sendung und zum Empfang von Meldungen, die der Sicherheit auf See und der Verkehrsregelung dienen, benutzt werden. Sie kann aber auch zu Privatzwecken verwendet werden, um mit Personen an Land oder auf anderen Schiffen zu kommunizieren.

Dem Seefunkverkehr sind die Frequenzen von 1605–4000 kHz und von 156–162 MHz zugeteilt. Für Schiffe (Boote), die ausschließlich entlang der Adria fahren, genügt der Besitz einer UKW-Sprechfunkanlage (Frequenzumfang von 156–162 MHz).

Kroatische Schiffe und Küstenfunkstellen benutzen die National- und die englische Sprache. Ausnahmsweise, bei Sprachschwierigkeiten, wird die Meldung nach dem Internationalen Signalbuch kodiert. Dabei sind der Internationale Fernmeldevertrag und die VO Funk zu befolgen.

Zur einfachen Verständigung im Sprechfunk (Klartext) wird empfohlen, das Seefahrtstandardvokabular (BSH, Nr. 2113) zu benutzen.

Den Übergang vom Klartext zum kodiertem Text deutet man durch den Satz: „Please use the international code of signals" oder durch die Signalgruppe YU (Yankee Uniform) nach dem ISB (Internat. Signalbuch) an.

Der Ablauf im Funkverkehr hängt vom Charakter der Meldung ab. Entweder ist es eine allgemeine, eine Sicherheits- oder Notmeldung.

Folgenden Meldungen ist besondere Aufmerksamkeit zuzuwenden (in der Reihenfolge ihrer Dringlichkeit):

1. MAYDAY. Der Sender benötigt dringend Hilfe.
2. PAN-PAN. Der Sender wünscht, eine Dringlichkeitsmeldung zu machen.
3. SÉCURITÉ. Der Sender strahlt eine Meldung aus, die sich auf die Sicherheit auf See oder einen wichtigen Wetterbericht bezieht.
4. MEDICO. Der Sender wünscht funkärztliche Hilfe.

Während der Fahrt ist regelmäßig auf der internationalen Frequenz 2182 kHz bzw. auf UKW-Kanal 16 Wache zu halten.

Anruf: Die Küstenfunkstelle ruft die Seefunkstelle eines kroatischen Schiffes auf einer zugeteilten Arbeitsfrequenz an. Das Anrufen ausländischer Schiffe oder eines bestimmten eigenen Schiffes erfolgt auf der internationalen Funkfrequenz 2182 kHz. Im UKW-Bereich ruft die Funkstelle auf der Frequenz 156,800 MHz (Kanal 16). Auf den gleichen Frequenzen kann eine Seefunkstelle den Kontakt zur Küstenfunkstelle suchen. Seefunkstellen rufen sich untereinander auf der Funkfrequenz 2182 kHz oder auf UKW-Kanal 16. Nach Herstellung des Kontaktes sollen sie auf einen anderen Kanal wechseln.

Antwort: Wenn die anrufende Funkstelle nicht die Betriebs-(Arbeits-) Frequenz für die Antwort angegeben hat, wird die Antwort auf der Anruffrequenz gegeben. Wird die Funkstelle auf der Frequenz 2182 kHz oder 156,800 MHz (Kanal 16) angerufen, dann wird auf diesen Frequenzen auch geantwortet. Die angerufene Station kann auch eine andere Arbeitsfrequenz vorschlagen. Im Falle eines Mißverständnisses entscheidet darüber die Küstenfunkstelle. Wenn es sich um ein Mißverständnis zwischen zwei Seefunkstellen handelt, dann bestimmt der Anrufer die Arbeitsfrequenz.

Sendeverlauf: Nach hergestellter Funkverbindung wird die Meldung auf die zugeteilte oder vereinbarte Frequenz verlagert und dort weitergeführt. Die Anruf-Frequenzen, die ausschließlich für Anrufe bestimmt sind (besonders die Frequenzen 2182 kHz bzw. 156,800 MHz/Kanal 16), dürfen nicht für das Senden von Meldungen verwendet werden – mit Ausnahme von Gefahren-Meldungen.

Warnfunk

Nautische Warnnachrichten (engl. navigational warnings) enthalten Angaben über alle Gefahren, Behinderungen, Einrichtungen, Veränderungen und sonstige Umstände, die einen Einfluß auf die Schiffsführung haben können (z. B. Änderungen an Kennungen der Leuchtfeuer und Seezeichen, schwimmendes Wrack, für die Schiffahrt gefährliche Zonen u. ä.) und werden von den Küstenstellen im Anschluß an die nächste Funkstelle und zu den angegebenen Zeiten ausgestrahlt. Das Weltmeer ist in, durch laufende Nummern gekennzeichnete, Zonen eingeteilt. Für das Mittelmeer und die Adria (NAVAREA III; MADRID NAVAL, Rufzeichen EBA) ist Spanien als Koordinator zuständig.

Diese Warnnachrichten führen die Bezeichnung NAVAREA. Danach folgt die Ordnungszahl der Zone und die fortlaufende Nummer der Meldung des Jahres.

Diese Meldungen werden regelmäßig im Klartext (in der Sprache des Staates, zu dem die Küstenfunkstelle gehört, und danach in englischer Sprache) auf bestimmten Frequenzen und zu bestimmten Zeitpunkten, sowie auf Anfrage von Schiffen ausgestrahlt. Sie werden in den regelmäßigen Sprechfunksendungen bis zu ihrer Ungültigkeitserklärung oder bis zur Veröffentlichung in den Nachrichten für Seefahrer wiederholt. Im Falle einer unmittelbaren Gefahr für die Schiffahrt wird die Funkmeldung auf der internationalen Frequenz 2182 kHz bzw. 156,800 MHz (Kanal 16) ausgestrahlt und nach einer folgenden Funkstille wiederholt (2182 kHz); als Ankündigung dient das Wort SÉCURITÉ. Schiffe, die irgendwelche Gefahren beobachten, sollten auf denselben Frequenzen alle Schiffe und die Küstenfunkstelle, mit der sie in Verbindung stehen, benachrichtigen und die Arbeitsfrequenz bzw. den -kanal angeben.

In den letzten Jahren hat sich das NAVTEX-System immer weiter verbreitet. Es arbeitet auf der Frequenz 518 kHz. Der Empfang ist bis 400 sm Entfernung vom Sender möglich. Der NAVTEX-Empfänger ist insbesondere für kleine Yachten geeignet. Die Nachrichten werden ähnlich einer Telex-Durchschrift in englischer Sprache gesendet. Außer Funkmeldungen über Sicherheit auf See enthält die NAVTEX-Karte auch Nachrichten, die für die hyperbolischen und Satellit-Nachrichten-Systeme geeignet sind. SPLITRADIO (Identifikationskennzeichnung Q) sendet NAVTEX-Meldungen um 02.40, 06.40, 10.40, 14.40, 18.40 und 22.40 UTC.

Funkmeldungen, die für die Adria und für das Ionische Meer noch gültig sind, erscheinen in den *Nachrichten für Seefahrer.*

Näheres über weitere Einzelheiten im *Funkdienst* des Staatlichen Hydrographischen Instituts in Split.

Funkärztliche Beratung

Das Internationale Funkärztliche Zentrum (CIRM) in Rom organisiert medizinische Hilfeleistung für Schiffe auf See; es vermittelt funkärztliche Beratungsgespräche und organisiert die Übernahme und die Beförderung von Patienten bis zur Heilanstalt, ohne Rücksicht auf Nationalität und Fahrgebiet. Funkärztliche Meldungen werden durch den CIRM-Kodex oder im Klartext in Italienisch, Englisch oder Französisch ausgestrahlt.

Ärztliche Konsultationen kann jede Seefunkstelle von einer kroatischen oder italienischen Küstenfunkstation erhalten. Der Anruf beginnt mit dem Wort RADIOMEDICAL und dem Bestimmungsort (z.B. RADIOMEDICAL SPLITRADIO). In anderen Fällen genügt am Anfang das Wort MEDICO.

Ist ein Funkarztgespräch dringend, wird ihm das Dringlichkeitszeichen PAN PAN vorausgestellt. Die Meldung sollte allgemeine Angaben über den Kranken und die Symptome der Krankheit beinhalten. Die Meldung kann im Klartext oder nach dem Internationalen Signalbuch (Teil: Medizin) kodiert und vom Kapitän (Bootsführer) unterzeichnet ausgestrahlt werden. Solche Gespräche sind kostenlos.

Verständigung per Megaphon

Zur Verständigung auf kurze Entfernung eignet sich entweder ein herkömmliches oder ein Batterie-betriebenes Megaphon. Das Abwicklungsprinzip ist ähnlich wie im Sprechfunkverkehr.

Morsezeichen

Den Austausch von Meldungen durch Blinksignalisieren führt man mit einer Handlampe oder mit der Masttopplampe aus, bei dem eine Geschwindigkeit von ca. 40 Morse-Buchstaben pro Minute als Standard betrachtet wird. Man sollte auf den Abstand zwischen den Zeichen einzelner Buchstaben (sehr kurz), zwischen den Buchstaben (etwas länger) und zwischen den Wörtern (am längsten) achten. Die Meldungen können im Klartext oder nach dem Internationalen Signalbuch kodiert sein. Das Punktzeichen kann durch das Wort „STOP" ersetzt werden.

ZIFFERN

1	.————	6	—....
2	..———	7	——...
3	...——	8	———..
4	....—	9	————.
5	.....	0	—————

BUCHSTABEN

A	.—	J	.———	R	.—.
B	—...	K	—.—	S	...
C	—.—.	L	.—..	T	—
D	—..	M	——	U	..—
E	.	N	—.	V	...—
F	..—.	O	———	W	.——
G	——.	P	.——.	X	—..—
H	....	Q	——.—	Y	—.——
I	..			Z	——..

Beispiel: Yacht „Katja" (Rufzeichen 9AOK) meldet im Klartext der „Filenka" (Rufzeichen 9AWY): „Habe Motordefekt".

Katja		*Filenka*
9AWY 9AWY...	→	TTTT...
DE 9AOK	→	DE 9AOK
9AWY	←	9AWY
ICH	→	T
HABE	→	T
MOTORDEFEKT	→	T
AR	→	R

Beispiel: Die Rufzeichen sind unbekannt, Vorgang bei begangenem Fehler vom Sender oder Nichtverständnis beim Empfänger.

Katja		*Unbekanntes Schiff*
AA AA AA	→	TTT...
ICH	→	T
HABE	→	T
EEEE...	→	EEEE...
ICH	→	T
HABE	→	T
MOTORDEFEKT	→	T
AR	→	R

Bemerkung: DE = abgesandt von; T = empfangen und verstanden; E E E E = Fehlerzeichen (wenn der Empfänger nicht verstanden hat, dann gibt er EEEE, in diesem Falle wiederholt der Sender EEEE und das letzte richtig empfangene Wort und setzt die Meldung fort; AR = Ende der Meldung; R = Meldung empfangen und verstanden. Sollte der Empfänger nicht im Stande sein, eine Meldung zu empfangen, dann gibt er das Signal AS mit einer die Wartezeit bezeichnenden Zahl (z. B. AS05).

ZEICHEN DER KÜSTENWACHE DER REPUBLIK KROATIEN

Schallsignale

Das Aussenden von Schallsignalen ist langsam und wird nur noch selten praktiziert. Schallsignale im Morsecode dürfen nur im Einklang mit den Kollisionsverhütungsregeln abgegeben werden.

Ein Maschinenfahrzeug bzw. eine Yacht mit Motorantrieb muß seine Kursänderung durch Schallsignale anzeigen:

1 kurzer Ton: Ich ändere meinen Kurs nach Steuerbord.

2 kurze Töne: Ich ändere meinen Kurs nach Backbord.

3 kurze Töne: Meine Maschinen gehen rückwärts.

Wenn Zweifel über das Verhalten eines anderen Schiffes besteht und die Gefahr einer Kollision droht, kann durch mindestens 5 kurze rasch aufeinanderfolgende Schallsignale auf diese unsichere Situation hingewiesen werden.

Ein Schiff (Yacht), das in einer engen Durchfahrt die Absicht hat, ein anderes Schiff zu überholen, zeigt seine Absicht durch folgende Schallsignale an:

– 2 lange + 1 kurzer Ton: Ich möchte Sie an Ihrer Steuerbordseite überholen.

– 2 lange + 2 kurze Töne: Ich möchte Sie an Ihrer Backbordseite überholen.

Das zu überholende Schiff zeigt sein Einverständnis durch zweimaliges Geben eines langen und eines kurzen Tons an.

Ein Schiff (Yacht) in einer Kanaldurchfahrt (Flußfahrt) meldet sich vor der Annäherung an eine unübersichtliche Stelle durch einen langen Ton an; ein entgegenkommendes Schiff, das das Signal hört, verfährt ebenso.

Ein bei *verminderter Sicht* (Nebel, dickes Wetter, heftige Regengüsse) fahrendes Schiff von über 12 m Länge gibt folgende Schallsignale ab:

– Ein Maschinenfahrzeug: 1 langer Ton in Intervallen innerhalb zwei Minuten (in Fahrt) bzw. 2 lange Töne im Intervall von 2 Sekunden (ohne Fahrt durch Wasser und mit gestoppter Maschine);

– Ein manövrierbehindertes Schiff, ein Segelboot, Fischereifahrzeug oder Schlepper: 1 langer und 2 kurze Töne in Intervallen kürzer als 2 Minuten (das letzte geschleppte Schiff gibt 1 langen und 3 kurze Töne ab);

– Ankerlieger geben schnelles Glockenläuten (ca. 5 Sekunden) in Intervallen innerhalb 1 Minute, (Warnsignal: 1 kurzer – 1 langer – 1 kurzer Ton);

– Grundsitzer: 3 einzelne Glockenschläge – 5 Sekunden rasches Läuten – 3 einzelne Glockenschläge;

– Lotsenfahrzeuge geben als Erkennungssignal 4 kurze Schallsignale zusätzlich.

Ein Schiff (Yacht) von unter 12 m Länge ist nicht an diese Regelungen gebunden, muß aber andere wirkungsvolle Schallsignale in Intervallen innerhalb 2 Minuten abgeben.

Flaggensignale

Das Geben von Flaggensignalen muß sich nach dem Internationalen Signalbuch abwickeln. Die Meldungen werden kodiert abgegeben. Das Signal besteht aus einem Buchstaben- oder einer Zahlengruppe oder einer Kombination aus beiden.

Die wichtigsten Kapitel des Internationalen Signalbuches beziehen sich auf Gefahr – Dringlichkeit, Seeunfälle – Schäden, Navigation – Hydrographie, Manövrieren, Verschiedenes, Meteorologie – Wetter, Verständigung, Internationale Gesundheitsvorschriften. Ein besonderer Teil ist der Medizin gewidmet.

Ein-Buchstaben-Signale

A (Alpha) Ich habe Taucher unten; halten Sie bei langsamer Fahrt gut frei von mir.

B (Bravo) Ich lade, lösche oder befördere gefährliche Güter.

C (Charlie) Ja (Bejahend oder „Die Bedeutung der vorangegangenen Guppe ist als Bejahung zu verstehen").

D (Delta) Halten Sie frei von mir; ich manövriere unter Schwierigkeiten.

E (Echo) Ich ändere meinen Kurs nach Steuerbord.

F (Foxtrot) Ich bin manövrierunfähig; treten Sie mit mir in Verbindung.

G (Golf) Ich benötige einen Lotsen. Wenn dieses Signal von Fischereifahrzeugen, die auf Fangplätzen einander sehr nahe sind, gegeben wird, bedeutet es: „Ich hole Netze ein".

H (Hotel) Ich habe einen Lotsen an Bord.

I (India) Ich ändere meinen Kurs nach Backbord.

J (Juliett) Halten Sie gut frei von mir. Ich habe Feuer im Schiff und gefährlich Ladung an Bord, oder ich verliere gefährliche Ladung.

K (Kilo) Ich möchte mit Ihnen in Verbindung treten.

L (Lima) Bringen Sie Ihr Fahrzeug sofort zum Stehen.

M (Mike) Meine Maschine ist gestoppt, und ich mache keine Fahrt durchs Wasser.

N (November) Nein (Verneinung oder „Die Bedeutung der vorangegangenen Gruppe ist als Verneinung zu verstehen"). Dieses Signal darf nur als optisches oder Schallsignal gegeben werden. Bei Sprech-Übertragung oder im Funkverkehr soll das Signal „NO" sein.

O (Oscar) Mann über Bord.

P (Papa) **Im Hafen.** Alle Mann an Bord, da Fahrzeug auslaufen will.

Auf See. Es darf von Fischereifahrzeugen für die Bedeutung verwendet werden: „Meine Netze sind an einem Hindernis festgekommen."

Das Signal darf auch als Schallsignal verwendet werden mit der Bedeutung: „Ich benötige einen Lotsen".

Q (Quebec) An Bord ist alles „gesund", und ich bitte um freie Verkehrserlaubnis.

S (Sierra) Meine Maschine geht rückwärts.

T (Tango) Halten Sie frei von mir; ich bin beim Gespannfischen.

U (Uniform) Sie begeben sich in Gefahr.

V (Victor) Ich benötige Hilfe.

W (Whiskey) Ich benötige ärztliche Hilfe.

X (X-ray) Unterbrechen Sie Ihr gegenwärtiges Vorhaben (Manöver) und achten Sie auf meine Signale.

Y (Yankee) Ich treibe vor Anker.

Z (Zulu) Ich benötige einen Schlepper. Wenn dieses Signal von Fischereifahrzeugen, die auf Fangplätzen einander sehr nahe sind, gegeben wird, bedeutet es: „Ich setze Netze aus".

Bemerkung: Bei Abgabe von kodierten Meldungen (Internationales Signalbuch) sind einzelne Buchstaben in voller Benennung (in Klammern) zu buchstabieren.

Wichtige Zwei-Buchstaben-Signale

AE Ich muß mein Schiff (Boot) verlassen.
AL Ich habe einen Arzt an Bord.
AN Ich benötige einen Arzt.
CB Ich benötige sofortige Hilfe.
CC Ich bin in Not (Breite ... Länge ...) und benötige sofortige Hilfe.
CP Ich komme Ihnen zu Hilfe.
CS Wie ist der Name Ihres Fahrzeuges?
CV Ich bin nicht in der Lage, Hilfe zu leisten.
DX Ich sinke (auf folgender Breite ... Länge ...)
IT Ich habe Feuer im Schiff.
JG Ich bin aufgelaufen und befinde mich in gefährlicher Lage.
JM Sie laufen Gefahr, bei Niedrigwasser auf Grund zu geraten.
KF Ich benötige einen Schlepper.
KM Ich kann Sie in Schlepp nehmen.
KN Ich kann Sie nicht in Schlepp nehmen.
VC An welchem Platz ist Heizöl zu haben?
VD Am angegebenen Ort (Breite ... Länge ...)
VK Schwerer Sturm bis Orkan wird erwartet aus der Richtung ...

KOLLISIONSVERHÜTUNGSREGELN

Diese Regeln gelten auf hoher See und auf den damit verbundenen, von Seeschiffen befahrenen Gewässern, also grundsätzlich auch im Hoheitsgebiet der einzelnen Küstenstaaten.

Ein Schiff (Boot) mit mechanischem Antrieb ist jedes mit einer Maschine angetriebene Schiff (Boot).

Ein Segelfahrzeug ist ein Schiff (Boot), das mit Segeln fortbewegt werden kann.

Ein Schiff ist in Fahrt, wenn es nicht verankert, festgemacht oder aufgelaufen ist; in Fahrt bei Nacht muß es die vorgeschriebenen Positionslichter (Seitenlichter, Topplichter und Hecklicht) führen.

Ein manövrierunfähiges Schiff (Boot) ist ein Schiff (Boot), das nicht in der Lage ist, einem anderen Schiff (Boot) entsprechend den Regeln auszuweichen.

Ein manövrierbehindertes Schiff (Boot) ist ein Schiff (Boot), das mit Arbeiten an Unterwasserkabeln, Unterwasserrohrleitungen und Seezeichen (Tonnen), mit Baggerung und Unterwasserarbeiten, mit Umladen (von Personen, Ladung, Treibstoff) beschäftigt ist, ebenso ein Minensucher bei der Minenräumung und Schlepper, denen ein Ausweichmanöver unmöglich ist.

Lichterführung

Die vorgeschriebenen Lichter müssen von Sonnenuntergang bis Sonnenaufgang, aber auch tagsüber bei schlechter oder begrenzter Sicht geführt werden. Vorgeschriebene Sichtzeichen werden nur tagsüber gesetzt.

Das *weiße Topplicht* ist im Sektor von 112,5° jeweils backbords und steuerbords von der Mittellinie des Vorschiffs sichtbar. Dieses Licht muß auf einem Schiff über 20 m Länge in einem Abstand von 6 m über dem Bootskörper angebracht sein. Ist ein Schiff über 6 m breit, muß dieses Licht in der Höhe der größten Schiffsbreite angebracht sein, jedoch nicht höher als 12 m. Auf einem 12–20 m langen Schiff darf der Abstand dieses Lichtes von der Reling nicht unter 2,5 m sein. Auf einem unter 12 m langen Schiff muß das Topplicht mindestens 1 m Abstand über den Seitenlichtern haben.

Die *Seitenlichter* sind wie das Topplicht in den Vorschiffssektoren sichtbar – und zwar grünes Licht an der Steuerbordseite und rotes Licht an der Backbordseite. Ein Schiff von 20 m Länge und mehr darf die Seitenlichter nicht vor dem Fockmasttopplicht

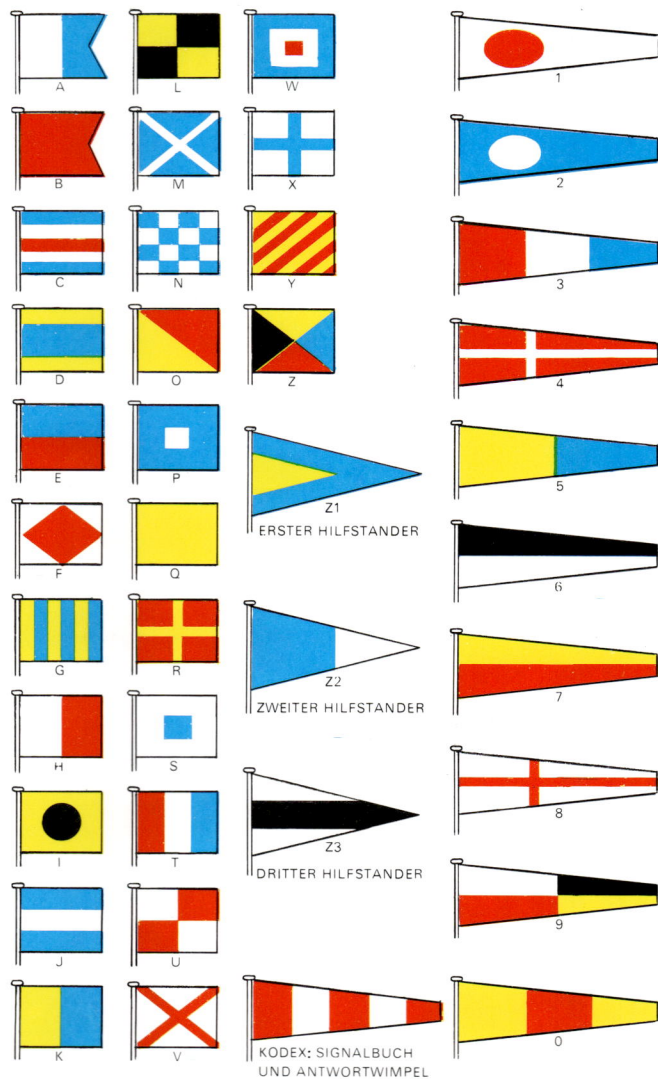

führen. Eine kombinierte grün-rote Laterne (Zweifarbenlaterne, Schiffe unter 20 m Länge) muß mindestens 1 m unter dem Topplicht geführt werden.

Das *weiße Hecklicht* ist im Winkel von 135° (zu jeder Seite 67,5°) sichtbar. Ein Schlepper führt oberhalb des weißen Hecklichtes ein zusätzliches gelbes Hecklicht.

Tragweite der vorgeschriebenen Lichter

– Schiffe ab 50 m Länge: weißes Topplicht 6 sm, Seitenlichter, Hecklicht und Schlepplicht 3 sm;
– Schiffe von 12–50 m Länge: Topplicht 5 sm, (für Schiffe unter 20 m Länge: 3 sm), Seitenlichter, Hecklicht und Schlepplicht 2 sm;
– Schiffe (Boote) unter 12 m Länge: Topplicht, Hecklicht und Schlepplicht 2 sm, Seitenlichter 1 sm.
– Farbige Rundumlichter (rote, grüne, gelbe) 2 sm.

Boote unter 7 m Länge sind nicht verpflichtet, diese angeführten Lichter zu führen, müssen aber bei Nacht in der Lage sein, ihre Anwesenheit wenigstens durch ein zeitweiliges Zeigen eines weißen Lichtes anzudeuten.

KVR für Motorboote

Bei Annäherung von zwei Maschinenfahrzeugen (Booten) auf entgegengesetzten oder fast entgegengesetzten Kursen muß jedes Fahrzeug, wenn die Gefahr eines Zusammenstoßes besteht, seinen Kurs nach Steuerbord ändern, damit sie einander an Backbordseite passieren.

Bei sich kreuzenden Kollisionskursen zweier Maschinenfahrzeuge, muß dasjenige ausweichen, das das andere Fahrzeug an seiner Steuerbordseite hat – aber so, daß es nicht dem anderen Fahrzeug vor dem Bug den Kurs kreuzt.

Besteht bei Annäherung von Maschinenfahrzeug und Segelfahrzeug die Gefahr eines Zusammenstoßes, ist das Maschinenfahrzeug ausweichpflichtig.

Beim Überholen muß der Überholer das überholende Schiff auf der günstigsten Seite umfahren.

KVR für Segelyachten

Bei Annäherung von zwei Segelfahrzeugen auf Kollisionskursen gilt:

– Haben zwei Segler den Wind von verschiedenen Seiten, ist der Segler mit Wind von Backbord ausweichpflichtig.

– Haben zwei Segler den Wind von derselben Seite, ist der luvwärtige Segler ausweichpflichtig. Wenn aber der leewärtige Segler die wahre Situation nicht mit Sicherheit feststellen kann, dann ist er dem luvwärtigen Segler ausweichpflichtig.

Sowohl unter besonderen Seefahrtsbedingungen, als auch während des Manövers sind Schiffe verpflichtet, Schallsignale abzugeben.

Kollisionsverhütungsregeln in Häfen und auf Seeschiffahrtsstraßen (Auszug)

Kleine Schiffe (Boote) sind größeren Schiffen ausweichpflichtig. In Häfen, Flüsse oder enge Fahrwasser einfahrende Schiffe dürfen ausfahrende Schiffe nicht behindern.

Ein Schiff im Manövriervorrecht macht durch mindestens fünf kurze nacheinander abgegebene Schallsignale andere Schiffe (Boote), die regelwidrig vorgehen, darauf aufmerksam.

Fischereischiffen (Booten) ist es verboten, in Häfen mit Lichtern zu fischen; in Gebieten mit erschwerten Fahrbedingungen dürfen sie nur Lichter mit Abblendung (Schirme) benutzen; bei Nichtbefolgung sind sie verpflichtet, auf Warnung von anderen Schiffen (Booten) in Fahrt, ihre Lichter zu löschen oder abzublenden.

NOTZEICHEN

SCHÜSSE oder andere Knallsignale, die in Zwischenräumen von 1 Minute abgefeuert werden.

DAUERTON eines Nebelsignalgerätes.

Signalflaggen NC, am Mast oder an sichtbarer Stelle gesetzt.

VIERECKIGE FLAGGE über oder unter einem Ball am Mast oder an sichtbarer Stelle gesetzt.

Langsames und wiederholtes HEBEN und SENKEN der seitlich ausgestreckten Arme.

Rote HANDFACKELN.

RAKETEN oder LEUCHTKUGELN mit roten Sternen in kurzen Zwischenräumen.

FALLSCHIRM-LEUCHTRAKETEN mit rotem Licht oder HANDFACKELN mit rotem Licht.

FLAMMENSIGNALE, z. B. brennende Teer- oder Öltonnen.

RAUCHSIGNAL, orangefarbig.

SEEWASSERFÄRBER

Notzeichen SOS (··· – – – ···) durch Telegrafiefunk, Licht- oder Schallsignale

Sprechfunksignal aus dem gesprochenen Wort MAYDAY.

Sprechfunk-ALARMZEICHEN (bzw. Telegraphiefunk-ALARMZEICHEN).

Signale einer SEENOTFUNKBOJE.

FLAGGENFÜHRUNG

Die Flagge der kroatischen Handelsschiffe ist mit der Flagge der Republik Kraoatien identisch. Sie wird normalerweise von Sonnenaufgang bis Sonnenuntergang, bzw. solange sie erkennbar ist, am Flaggenstock oder an der Flaggengaffel bzw. am Mast (rechte Saling) gesetzt, insbesondere beim Aus- oder Einlaufen in Häfen und während der Hafenliegezeit, bei Insichtkommen von Kriegsschiffen, Küstenbefestigungen oder Signalstationen (Beobachtungsstationen), beim Austausch von Informationen über Sichtsignale, während einer Kanalfahrt und in engen Durchfahrten, in ausländischen Küstengewässern sowie auf Ersuchen eines anderen Schiffes (oder einer Station). Hat ein Schiff die Landverkehrsgenehmigung zum Einlaufen in einen Hafen zwischen Sonnenuntergang bis Sonnenaufgang erhalten, muß die Flagge niedergeholt werden.

Wasserfahrzeuge, die im kroatischen Schiffsregister eingetragen sind, können eine Flagge ihrer Stadt, ihres Heimathafens, ihrer Region oder Distriktes als Gösch oder am Signalmast bzw. unter der Saling (bei Segelyachten) führen. In Küstenge-

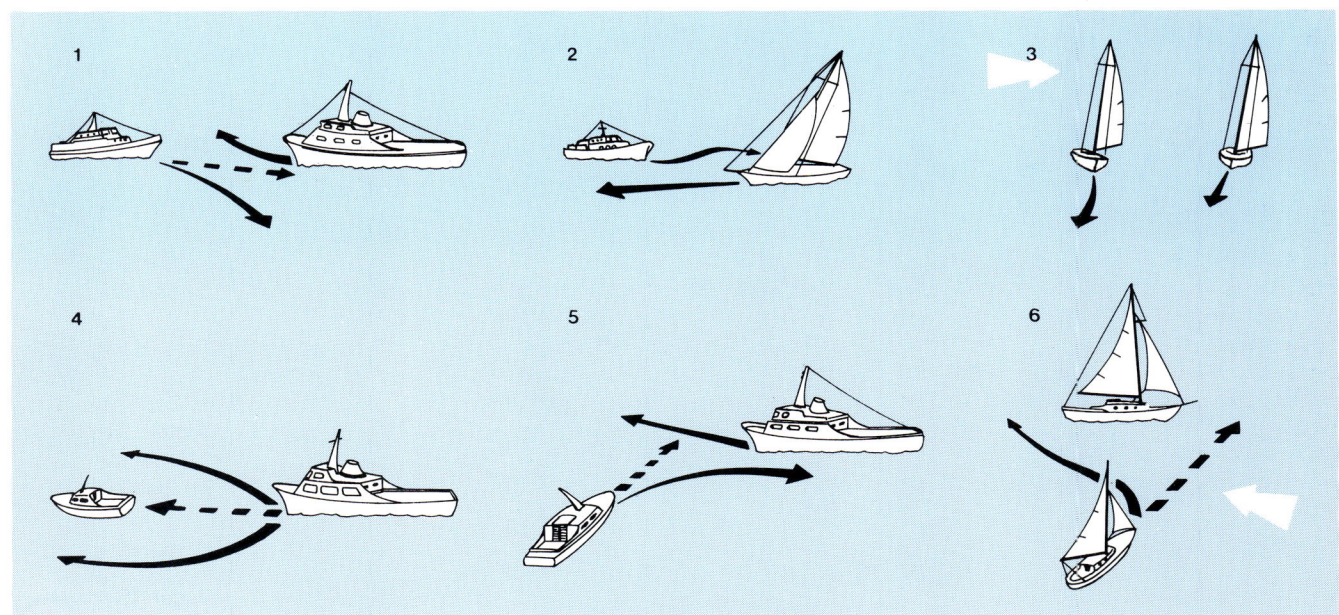

AUSWEICHREGELN

1. Beide Schiffe müssen ihren Kurs nach Steuerbord ändern und ein Schallzeichen abgeben; 2. Das Motorboot muß hinter dem Heck des Seglers passieren und 2 Schallzeichen abgeben; 3. Das Schiff in Luv meidet das Schiff in Lee; 4. Das überholende Schiff kann rechts oder links vorbeifahren; 5. Motorboote untereinander: rechts vor links!; 6. Segler untereinander: Der Luvwärtige weicht dem Leewärtigen aus.

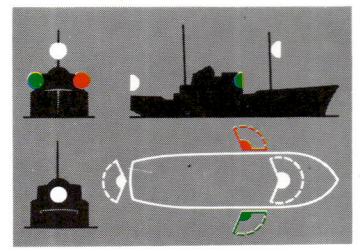

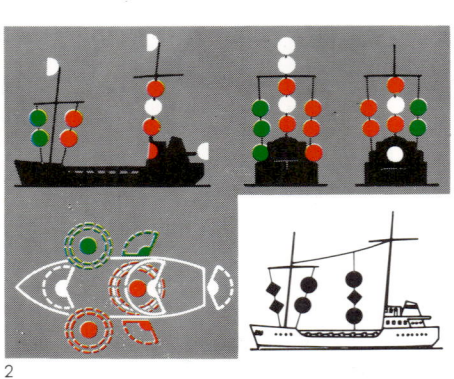

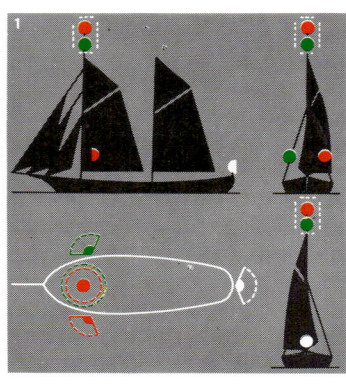

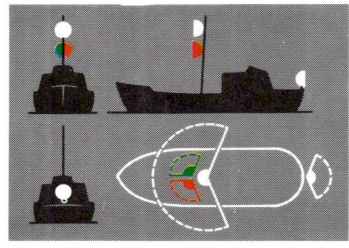

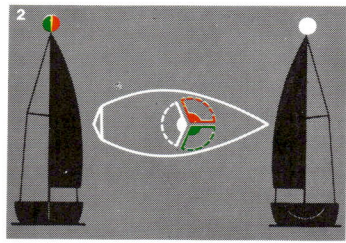

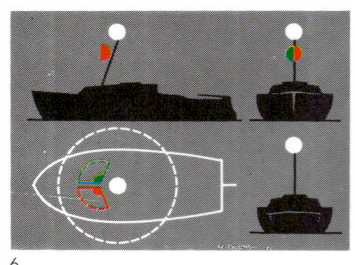

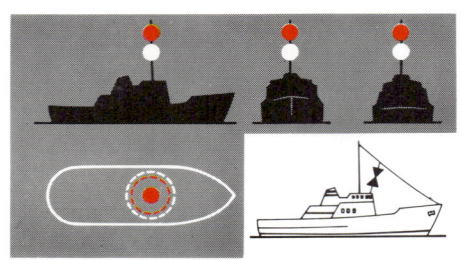

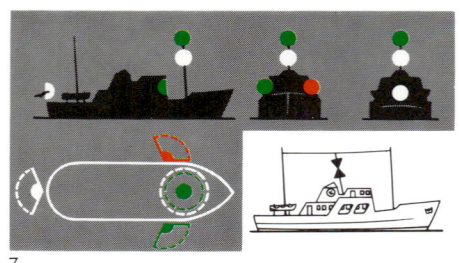

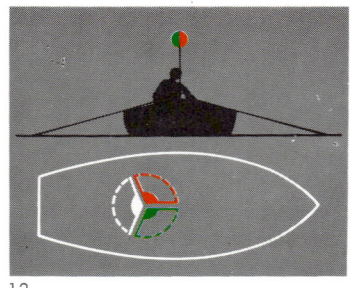

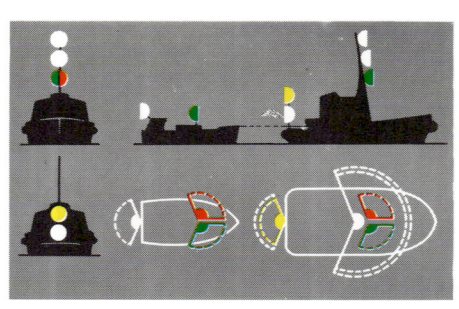

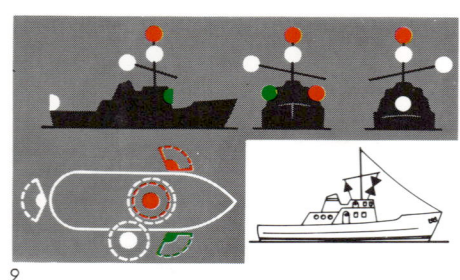

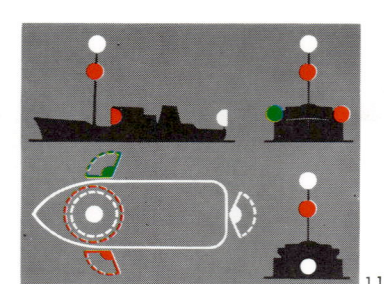

LICHTERFÜHRUNG UND SIGNALKÖRPER

1. Motorschiff bei FdW (Länge bis 50 m); 2. Bagger bei FdW (Länge ab 50 m, Hindernis an seiner Stb.-Seite); 3.1 Segler bei FdW; 3.2 Segler bei FdW (Länge bis 20 m); 3.3 Segler (Länge bis 7 m); 4. Motorschiff bei FdW (Länge bis 12 m); 5. Fischer ohne FdW mit ausgebrachtem, 150 m langem Fanggerät; 6. Boot bis 7 m Länge und Geschwindigkeit bis 7 kn; 7. Trawler unter 50 m Länge bei FdW und Schleppnetz; 8. Luftkissenfahrzeug bei FdW; 9. Fischer bei FdW und Fanggerät in mehr als 150 m Abstand; 10. Schlepper (Länge unter 50 m), ein Schiff im Abstand bis 200 m schleppend; 11. Lotsenfahrzeug bei FdW (Länge unter 50 m); 12. und 13. Ruderboot;

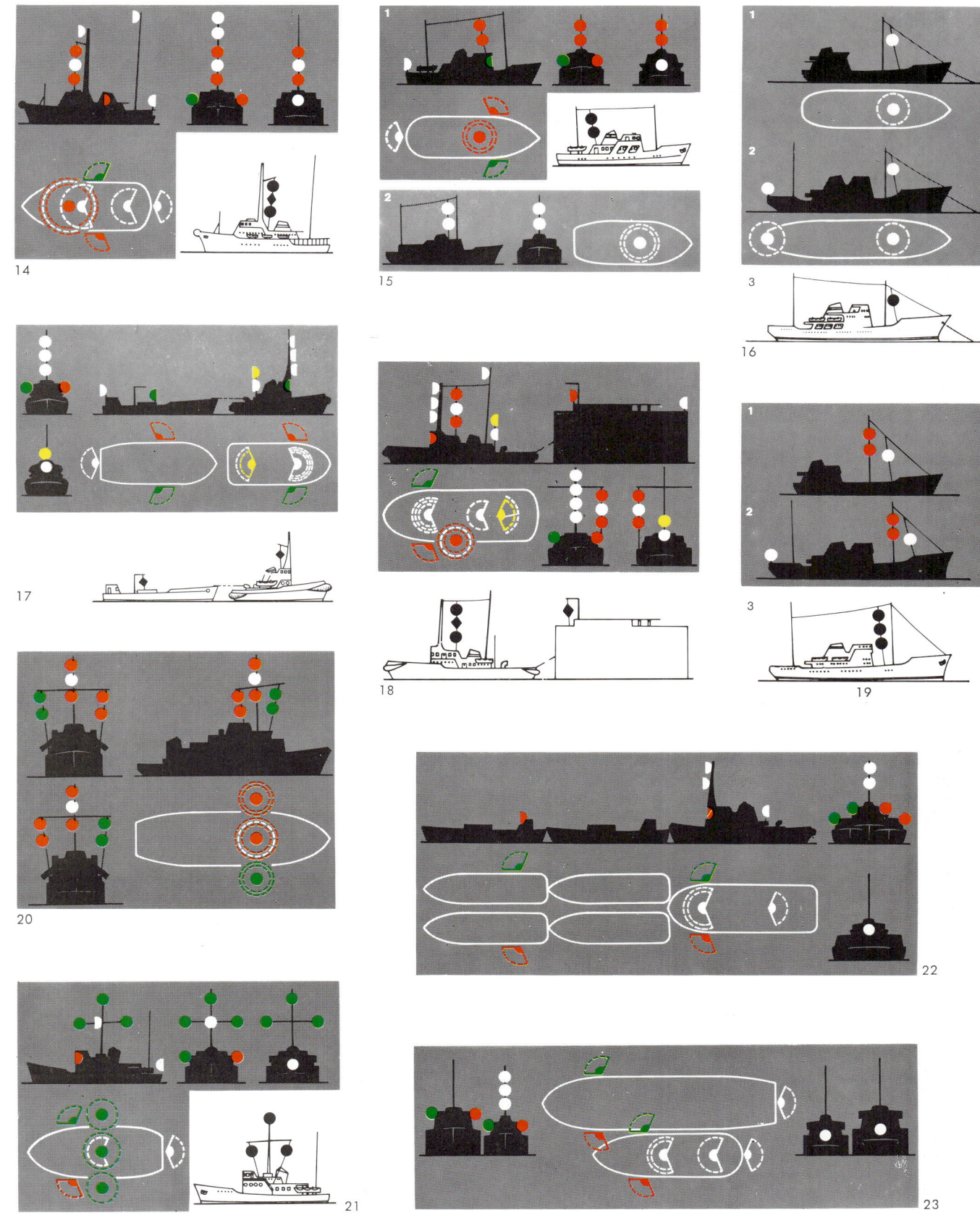

14. Manövrierbehindertes Schiff bei FdW (Länge ab 50 m); 15. 1 Manövrierunfähiges Schiff bei FdW; 15.2 Manövrierunfähiges Schiff ohne FdW; 16.1 Ankerlieger (unter 50 m Länge); 16.2 Ankerlieger (ab 50 m Länge); 16.3 Ankerlieger bei Tage; 17. Schleppverband mit FdW (Länge 200 m und mehr); 18. Manövrierbehinderter Schleppverband (Länge 250 m und mehr); 19.1 Grundsitzer (unter 50 m Länge); 19.2 Grundsitzer (ab 50 m Länge); 19.3 Grundsitzer bei Tage; 20. Bagger ohne FdW; 21. Minensucher bei FdW (bis 50 m Länge); 22. Schubverband bei FdW (bis 50 m Länge); 23. Schleppverband (ab 50 m Länge) mit einem seitlich geschleppten Fahrzeug und bei FdW.

STAATSFLAGGE DER REPUBLIK KROATIEN

wässern fremder Staaten wird an derselben Stelle die Flagge des betreffenden Staates als Ehrenbezeugung gesetzt.

Kriegsschiffe werden durch Dippen der Nationale auf 1/3 Flaggenstockhöhe begrüßt. Nach der Antwort des Kriegsschiffes (Streichen und Hissen) wird die Flagge wieder in Topp gehißt.

Bei feierlichen Anlässen, zu Staatsfeiertagen oder auf Verlangen des Hafenamtes setzen im Hafen oder vor Anker liegende Schiffe (Yachten) den sog. Flaggenschmuck („über die Toppen geflaggt").

Kleine Flaggengala: Es werden die Staatsflagge der Republik Kroatien am Flaggenstock, die Gösch am Flaggenstock des Vorstevens und die Großtoppflagge (Staatsflagge oder Clubstander) gesetzt.

Große Flaggengala: Es werden neben den Flaggen des kleinen Flaggenschmuckes zusätzlich Signalflaggen des Internationalen Signalbuches – abwechselnd 2 Flaggen und 1 Wimpel des Flaggenalphabets – in gleichen Abständen vom Vorsteven über den Masttopp bzw. alle Masten zur Nock des Groß- bzw. Besanbaums geführt.

Zum Zeichen der Trauer wird die Nationale auf halbem Flaggenstock geführt.

Ähnlich verfahren auch Schiffe (Yachten), die im Schiffsregister eines anderen Staates eingetragen sind und dessen Nationale führen.

WETTERVERHÄLTNISSE IN DER ADRIA

Die Wetterverhältnisse in der Adria werden durch die allgemeine Verteilung des Luftdruckes, durch den Einfluß des Azoren- und des sibirischen Maximums (Antizyklone) und des isländischen Minimums (Zyklone, Depression), durch die Lage und den Weg einzelner Zyklonen, die vom Atlantik kommen oder sich im Genua-Golf bzw. in der Nord-Adria formieren, und schließlich vom Relief des Küstenbereiches bestimmt. Unter dem Einfluß dieser Faktoren entwickeln sich an der kroatischen Küste hauptsächlich drei typische Wetterlagen: feuchtes Wetter mit südlichen warmen Winden, trockenes Wetter mit nördlichen kalten Winden und beständig klares Wetter mit nordwestlichem Wind, dem sog. Maestrale.

Im **Sommer** herrscht überwiegend folgende Situation: Unter dem Einfluß des Azoren-Maximums befinden sich das Mittelmeer und die Adria am Rande der ausgedehnten antizyklonalen Zirkulation des Nordatlantiks. Somit beeinflussen abgeschwächte isländische Zyklonen und sibirische Antizyklonen das Wetter in diesem Bereich nicht. Die Folge ist, daß in der Adria tagsüber von See ein angenehmer Maestrale weht. Die erwärmte und verdünnte Luft der Sahara verstärkt diesen Wind besonders in der Süd-Adria. Nachts weht in der 12–20 sm breiten Küstenzone eine lokale Brise vom Festland her – der sog. Burin. Dieser Wind weht an beiden Küsten der Adria, im nördlichen Teil der Ostküste aus NNE und im südlichen mehr aus E.

In der mittleren Adria kommt gewöhnlich der Wind aus NW, oder es wehen milde Winde aus unterschiedlichen Richtungen, bzw. es herrscht Windstille.

Im **Winter** ist die Situation ganz anders. Das Azoren-Maximum zieht sich nach Süden zurück, dagegen verstärken sich

WINDSTILLE IN DER TELAŠĆICA-BUCHT

das sibirische Maximum und das isländische Minimum. Es bilden sich Zyklonen, die vom Westen zur Adria ziehen, oder die Adria befindet sich unter dem Einfluß des Zustroms kalter Luftmassen von NE her.

Infolge ihrer stärkeren Erwärmung gegenüber dem umgebenden Festland erscheint die Adria wie eine längliche Furche relativ niedrigen Luftdrucks mit stärkerem Gradient (dichteren Isobaren) auf der östlichen Seite. Der Kern dieser lokalen zyklonalen Formation (Depression) befindet sich normalerweise in der Nähe der Insel Palagruža, so daß sich folgende Luftzirkulation bildet: im südöstlichen Teil der Adria SE-Winde (sog. Jugo), von der Mitte gen Norden vorwiegend E-Winde, im Golf von Rijeka und im Golf von Triest Winde aus NE (sog. Bora), im nördlichen Teil der italienischen Küste Winde mehr aus NW und südlich von Ancona bis zur Otranto-Straße W-Winde.

Im ganzen kann man sagen, daß die Winde Jugo und Bora Hauptmerkmale des Wetters an der Adria sind. Diese Winde wehen im allgemeinen in der Winterzeit, vom Oktober bis April, und der Maestrale hauptsächlich im Sommer. Bei Windstille oder bei schwachem Wind wird das Wetters als Bora-ähnlich („na buru") oder Jugo-ähnlich („na jugo") bezeichnet, je nachdem, ob der Luftstrom von Land oder See kommt.

Bora. Das ist ein trockener und kalter Wind. Als nordöstlicher Wind weht er vorwiegend von der östlichen Küste der Adria auf die See zu und bringt schönes Wetter.

Die Bora ensteht aufgrund der allgemeinen Luftdruckverteilung über Mitteleuropa und dem Mittelmeer. Je nach Terraingestaltung weht sie mit verschiedener Stärke und aus unterschiedlichen Richtungen zwischen N bis ENE. Im übrigen gibt es nicht selten Lokal-Boras, die aufgrund der Luftabkühlung in den Karsttälern entstehen und sich urplötzlich über die Bergsättel in Richtung Meer stürzen. Derartige, lokale Boras sind kurz und heftig.

Das Relief der Ostadriatischen Küste ist der Grund für diese heftigen lokalen Boras, die völlig unerwartet einsetzen. Ihre Geschwindigkeit variiert von leichtem Windhauch bis zum heftigsten Sturm (45–60 kn). Während alle anderen Winde horizontal wehen, ist die Bora eine Ausnahme. Kalte Luftmassen, die schwerer sind als die über der See liegenden, stürzen an den Küstenberghängen und besonders an den Gebirgseinschnitten herab und fallen in schräger Richtung wasserfallartig zur See herab. Die Wellenkämme werden zu Schaum aufgepeitscht, zerstäubt und in Dunstwellen (Fumarea) fortgerissen. Diese Gischt kann so dicht werden, daß die Sicht stark vermindert ist.

Die Hauptgebiete, in denen starke Bora weht, sind folgende: Golf von Triest (besonders von Rt Savudrija bis Triest und zwar längs des Festlandes, wo sie aus ENE weht), Kvarner und Kvarnerić (bei dem Wind entsteht zusätzlich eine bis zu 4 kn starke Strömung), Golf von Rijeka und Velebitski-Kanal (besonders zwischen der Insel Krk und dem Festland, bei Senj und in der Senj-Passage), der gesamt Küstenbereich von Šibenik bis Split (Bucht von Kaštela und besonders Solin), Bucht Vrulja (zwischen Omiš und Makarska). Die Bora weht schwächer an der W-Küste von Istrien, im Zadar-Kanal, an der See-Seite der Inseln Unije, Dugi Otok, Kornat und Mljet, sowie im Küstenabschnitt von Cavtat bis zum Kap Oštra. Der untere Lauf des Flusses Krka, die Bucht von Risan (in der Boka Kotorska) sind Stellen, wo die Bora stärker weht als im umliegenden Bereich.

Für Seeleute gelten folgende goldenen Regeln: Kahle Abhänge auf der dem Festland zugewandten Seite einer Insel bedeuten, daß bei Bora dieser Bereich sehr gefährlich ist. Gleichfalls darf man, wenn Bora zu erwarten ist, Buchten, in welchen die Bäume gen Süden geneigt wachsen, nicht als Daueraufenthaltsorte oder zur Übernachtung wählen. Buchten am Fuße der Gebirge bilden keinen Schutzort, im Gegenteil, in ihnen erreicht die Bora oft Orkanstärke.

Bora tritt zu jeder Jahreszeit auf, aber häufiger im Winter, dann erreicht sie sogar Sturmstärke. Es ist aber keine Seltenheit, daß sie auch im Mai auftritt. Doch während sie im Sommer meistens 2 oder 3 Tage oder nur wenige Stunden anhält, weht sie im Winter manchmal mit zeitweiligen Unterbrechungen 6 bis 14 Tage. Bora in Sturmstärke dauert höchstens zwei Tage.

BORA IM VELEBIT-KANAL

Es gibt nicht so klare Vorzeichen für die Bora wie für den Schirokko (Jugo). Charakteristisches Vorzeichen für die Bora sind Wolkenbildungen, sog. Kappen, die wie eine Wolkenhaube Kuppen und Kämme der höheren Gebirge, besonders Velebit und Biokovo bedecken. Solche Kappen entstehen bei jedem Wetter, nicht nur bei schönem. Wenn sich auf den Bergspitzen, den Abhängen oder auf die Leeseite Wolken bilden und sich kleinere Formationen abwärts bewegen und vom Wind auseinandergerissen werden, kann die Bora in jedem Moment auf See loslegen (an der Küste bläst es dann bereits). Wächst die Kappe, nimmt auch die Bora zu.

Das Einsetzen der Bora ist nicht an eine bestimmte Tageszeit gebunden, aber man kann sagen, daß sie häufiger nachmittags als vormittags einsetzt. Zwischen 7 und 11 Uhr (gewöhnlich gegen 9 Uhr) bzw. zwischen 18 und 22 Uhr frischt sie gewönlich auf und erreicht ihre größte Stärke. Gegen Mittag und gegen Mitternacht ist sie in der Regel am schwächsten oder flaut ab. Dies geschieht gewöhnlich einige Stunden, nachdem die „Kappe" über dem Berg verschwunden ist. Selbstverständlich sind diese Erscheinungen an einzelnen Küstenabschnitten verschieden.

Nach einer heftigen Bora kann man für einen gewissen Zeitraum mit ruhigem Wetter rechnen, wobei tagsüber für einige Stunden ein frischer NW-Wind einzusetzen pflegt und während der Nacht frische Landbrisen wehen (Burin).

Je nachdem, ob die Hauptursache der Bora in der Ausbreitung hohen Luftdrucks (Antizyklone) über Mitteleuropa nach Süden oder in der Bildung einer Zyklone im Mittelmeer oder in der Adria selbst liegt, unterscheidet man 2 Typen von Bora: die zyklonale und die antizyklonale Bora.

Die *antizyklonale (heitere) Bora* muß man als Luftströmung zwischen dem Hochdruck (Maximum), der sich im nördlichen Teil Mitteleuropas und der Zyklone (Minimum) über dem Mittelmeer befindet, betrachten. Während der antizyklonalen (heiteren) Bora überwiegt trockenes und klares Wetter mit hohem Luftdruck und mäßiger Kälte an der ganzen Adria-Küste. Heftige Windstöße der Bora aus der Richtung NE bis N sind besonders spürbar. Wegen der lokalen und allgemeinen klimatischen Verhältnisse in der Adria können diese Strömungen fast stürmischen Charakter annehmen.

Die antizyklonale Bora ist keine Besonderheit der kühleren Jahreszeiten. Sie setzt auch im Sommer ein, wenn sich der hohe Luftdruck (Maximum) von N nach SE ausbreitet. Die Temperatur ist dann aber nicht so niedrig wie im Winter.

Die *zyklonale (finstere, dunkle) Bora* ist ein sehr starker, mehr stetiger, oft bis über die italienische Küste reichender NE- bis E-Wind, der meistens von trübem, regnerischem Wetter – im Winter manchmal mit Schneegestöber und großer Kälte – begleitet wird. Derartige Boras bilden Zyklonen, die sich über die Adria bewegen, sich der Ostküste nähern und die Festlandsluft kräftig zur See hin ansaugen. Zu Beginn der zyklonalen Bora ist der Himmel in der Regel mit einer eintönigen Wolkenschicht, die von SW heraufzieht, bedeckt. Vor dem Einsetzen einer derartigen Bora fällt das Barometer – zuweilen sehr tief.

Die Windstrecke der Bora ist zu kurz, um die Bildung vollentwickelter Wellen zu ermöglichen, so daß an der Adria-Ostküste die Wellen kurz bleiben und keine besondere Höhe erreichen. Die Wellenkämme werden aber von der Bora fortgerissen und zu Gischt aufgepeitscht. Mit zunehmender Entfernung von der Ost-Küste (15–20 sm) wird die Bora zwar immer flauer, aber die Wellenhöhe nimmt bis zu 2 m zu. Bei Bora haben besonders kleinere Schiffe (Boote) Schwierigkeiten; sie rollen und stampfen heftiger, und die Krängung nimmt stark zu. Deshalb müssen sie sich dichter unter der Küste halten, wo aufgrund der kürzeren Windwirkstrecke (Fetsch) die See ruhiger ist.

Tramontana (Nordwind) ist eine Form der Bora und weht normalerweise aus N. Er weht nicht so heftig, so unberechenbar und so stoßartig wie die Bora. Das Küstenprofil beeinflußt die Richtung des Windes. Dieser Wind kommt häufig in der südlichen Adria vor.

Als *Levante* (Ostwind) wird jene Form der Bora bezeichnet, bei der ein einigermaßen stetiger Wind aus mehr östlicher Richtung weht und ein regnerisches Wetter bei mäßig tiefen Temperaturen herrscht (sog. bura skura = dunkle Bora). Derartige östliche Winde, deren Charakteristik zwischen Bora und Jugo (Schirokko) liegt, trifft man mehr im nördlichen Teil der Adria.

Jugo (Schirokko) ist ein warmer, feuchter, aus ESE bis SSE einfallender Wind. Er weht an der ganzen Adria und ist von hohem Seegang, sehr bewölktem Himmel und meistens anhaltendem Regen begleitet und erreicht seine größte Stärke in der Süd-Adria. Der Jugo ist in jeder Jahreszeit vertreten, in der Nord-Adria weht er vorwiegend von März bis Juni, in der Süd-Adria von Herbst bis zum Ende des Winters. Seine durchschnittliche Stärke beträgt Bft 4-5 (16-20 kn), aber manchmal erreicht er auch Sturmstärke. Im Sommer dauert er gewöhnlich bis zu 3 Tagen, im Winter bis zu 9 Tagen, manchmal sogar mit kürzeren Unterbrechungen bis zu 3 Wochen.

Der Jugo ist ein starker Wind in jenem Küstenbereich, wo die Küste zur See hin offen ist oder wo der Kanal die Richtung des Windes hat. Solche Bereiche sind der Golf von Venedig, Kvarner und Kvarnerić, die offene See um Kap Ploča, das Gebiet südlich von Dubrovnik, die äußeren Passagen zwischen den Inseln, insbesondere der Lastovo-Kanal und der Mljet-Kanal. Bei starkem Seegang bildet sich häufig auch eine Strömung von 2 kn. Trotz seiner Heftigkeit und langen Dauer ist der Jugo in der Adria weniger gefährlich als die Bora. Er setzt nicht plötzlich ein, ist anfangs ein mäßiger Wind und entwickelt sich erst nach 36–48 Stunden. Außerdem weht er regelmäßig und nicht in Böen. Sturmstärke erreicht er erst nach dem dritten Tag, so daß sich kleinere Schiffe und Boote rechtzeitig in einem geschützten Hafen in Sicherheit bringen können.

Als Vorzeichen des Jugo, dem gewöhnlich Windstille oder eine wechselnde leichte Brise vorausgehen, gilt ein am südöstlichen Horizont auftretender anfänglich nebeliger Dunst, der sich bei weiterer Zunahme des Windes zu lockerem, niedrigem, von SE nach NW ziehendem Gewölk zusammenzieht, das sich an den Gebirgskuppen staut und allmählich das höhere Land umhüllt. Auch der übrige Himmel gegen NW bedeckt sich langsam mit dichtem, bleigrauem und niedrigem Gewölk, der Horizont wird diesig, und die Sicht ist selbst bei Tage eingeschränkt. Der Luftdruck sinkt in der Regel langsam aber stetig unter den sonst üblichen Stand, die Temperatur und relative Luftfeuchtigkeit steigen zugleich bedeutend an. Der Seegang und eine Strömumg aus SE nehmen langsam, aber deutlich zu. In den Buchten (offenen Häfen) und auf den Ankerplätzen entsteht Schwell und eine kurze hackige See, und das Wasser steigt.

Auch der Jugo hat eine antizyklonale und eine zyklonale Form mit charakteristischen Unterschieden bezüglich des Luftdrucks und der Witterung. Zumeist ist er jedoch zyklonalen Ursprungs.

Antizyklonaler Jugo setzt besonders im Frühjahr und im Herbst ein. Gewöhnlich wird er durch wechselnde Einwirkungen der tiefen und still liegenden Zyklonen über dem NW- oder N-Teil Europas und durch ein Hochdruckgebiet über dem östlichen Mittelmeer hervorgerufen. Der Himmel ist entweder klar, oder es bilden sich hohe und mittlere Wolken, die nach NE ziehen, während der SW-Horizont gewöhnlich klar bleibt. Nach ein- oder zweitägigem Jugo nimmt die Bewölkung in der Nord-Adria zu. Niederschläge kommen nicht vor, es sei denn sporadisch. Die Atmosphäre ist infolge der mit den Winden von Nordafrika herübertreibenden Staubteilchen oft sehr trübe.

Zyklonaler Jugo ist ein hier üblicher Wind von mäßiger bis großer Stärke aus ESE bis SSE, der manchmal auch stoßweise weht. Charakteristisch für ihn ist seine dichte und niedrige Bewölkung mit mäßigen Regenschauern und stürmischer See. Das Barometer fällt sehr schnell und erreicht vielfach den niedrigsten Stand der gesamtem Adria. Dabei gilt besonders für die Nord-Adria als Regel, daß ein rasches Abnehmen des Luftdrucks auch zum raschen Auffüllen der Zyklone führt und somit der Jugo nur von kurzer Dauer ist.

Bewegt sich die Zyklone vorwiegend auf südlichen Pfaden, dann stellt die NW-Küste der Insel Vis gewöhnlich eine Wetterscheide zwischen Jugo und Bora dar. Ein Schiff, das bei Jugo aus der südlichen Adria gen Norden fährt, muß schon von Vis ab mit einem plötzlichen Umschlagen des Windes auf NE rechnen. Umgekehrt, wenn in der Nord-Adria die Bora bei niedrigem Luftdruck weht, wird man wahrscheinlich in der Süd-Adria Jugo antreffen.

Wenn der Jugo, der zu dieser Zeit in der Süd-Adria weht, beständig abflaut und der Wind nicht umschlägt, entsteht der sog. faule Jugo. Die einsetzende Windstille wird von Dünung begleitet, wobei alle anderen Merkmale des Jugo beibehalten werden. Die Schwüle wird stärker als beim normalen Jugo. Es kommt zu ergiebigen Regenfällen mit zeitweiligen Aufheiterungen.

Sonstige lokale Winde und Unwetter an der Adria: Außer den schon beschriebenen Winden in der Adria sind noch folgende lokale Winde zu erwähnen: Maestrale, ein von der See wehender Wind, und Burin, ein vom Festland her wehender Wind, die meistens in der warmen Jahreszeit (Spätfrühjahr und Sommer) einsetzen. Diese Winde gehören zur Art der periodischen Tageswinde, die wegen der thermischen Unterschiede zwischen Land und See entstehen; je größer die Unterschiede, desto stärker die Winde. Sie kommen nur längs des Festlandes vor und wehen selten über 20 sm land- bzw. seewärts.

Maestrale (Mistral). Während des Tages erwärmt sich die Oberfläche des Festlandes schneller als die der See, und infolgedessen kommt es zu einer aufsteigenden Strömung über dem Festland, die aus einer bestimmten Entfernung vom Festland wieder zur See herabströmt, und so den Kreislauf Festland – See schließt. In den unteren Luftschichten entwickelt sich ein von der See her wehender Wind, der sog. Smorac oder Maestrale. Der Maestrale wird gewöhnlich von charakteristischen weißen Wolken schwacher vertikaler Entwicklung begleitet.

Normalerweise setzt der Maestrale zwischen 9 und 10 Uhr ein. Gegen 14 Uhr erreicht er sein Maximum und schläft gewöhnlich vor Sonnenuntergang (gewöhnlich bis 18 Uhr, in Abhängigkeit von der maximalen Tagestemperatur der Seeoberfläche) ein. An der westlichen Adriaküste weht er am stärksten

gegen 16 Uhr und dauert oft bis in die Nacht, wobei sich gewöhnlich auch rauhe See entwickelt. Der Maestrale wird von schönem Wetter begleitet und mindert dabei beträchtlich die Sommerschwüle. Gewöhnlich weht er als milder Wind (Bft 4–5). Im Golf von Triest ist er am schwächsten, gegen Süden hin wird immer stärker, und in der Otranto-Straße erreicht er die Stärke von Bft 6–7 bei sehr grober See. Manchmal weht er mit stürmischer Stärke (sog. Maestralun) und zwar infolge eines Zyklonendurchgangs.

An der kroatischen Küste weht dieser Wind hauptsächlich aus NW, abhängig von lokalen Verhältnissen schwenkt er auch bis WNW und an der albanischen Küste sogar bis W. An der italienischen Küste weht er gewöhnlich aus E und stellenweise auch aus SE. Im Laufe des Tages ändert er seine Richtung im Uhrzeigersinn, d.h. der Sonne nach.

Burin. Bei Nacht kann man bemerken, daß die Luft ebenfalls in einem geschlossenen Kreis strömt wie bei Tag, aber nur in entgegengesetzer Richtung. Über dem Festland kühlt die Luft schneller ab als über der See, so daß nachts der Wind vom Festland zur See weht, der sog. Burin. Er entwickelt sich nach Sonnenuntergang und verschwindet gewöhnlich mit Sonnenaufgang. In den nördlichen Gebieten der östlichen Adria-Küste weht er aus NNE bis ENE, in den südlichen Gebieten mehr aus E.

Der Burin ist gewöhnlich schwächer als der Maestrale, er kann aber in manchen Gebieten (z.B. bei Bol auf der Insel Brač, bei Žuljana auf Pelješac) eine Stärke von Bft 5 erreichen.

Newera. Außer lokalen Winden treten in der Adria auch verschiedene Unwetter-Stürme und Gewitter auf. Ein schwächeres Unwetter nennt man „Newera" oder „Newerin". Sie kommen meistens in der Jahreszeit von Juni bis September vor. Diese sommerlichen Unwetter sind häufiger in der Nord-Adria als in der Süd-Adria.

Die Newera kann bei jeder Wetterlage einsetzen – bei heiterem, klarem und warmem Wetter, aber auch bei schon bestehender zyklonaler Wetterlage. Im ersten Fall sind es thermische oder lokale Newera und im zweiten dynamische oder zyklonale. Die zyklonalen Winternewera kommen sehr selten vor, sie sind aber ausgedehnter als die thermischen Sommernewera. Das

SCHIROKKO

Charakteristische jeder Newera ist: Donner und Blitze, Regengüsse oder Hagel und starke Böen. Im Sommer sind sie häufiger, aber von kurzer Dauer und örtlich begrenzt. Sie treten fast immer an denselben Stellen auf und zur gleichen Tageszeit (nach dem höchsten Stand der Tagestemperatur).

Sichere Anzeichen, die auf eine Newera hinweisen, tauchen erst kurz vor ihrem Einsetzen auf, so daß es schwer ist, eine Newera für den nächsten Tag vorauszusagen. Sturmwarnungen beinhalten die Information auf eine mögliches Entstehen einer Newera. Als wichtige Vorzeichen einer Newera gelten: Hitze und Schwüle, Sturmwolken (Kumulonimbus = Kern der Newera), plötzliches Fallen des Barometers, Temperaturanstieg und Sinken der relativen Luftfeuchtigkeit. Der Wind, anfangs mild und warm, wird vor dem Einsetzen der Newera stark und weht aus der der Newera-Zugbahn entgegengesetzten Richtung. Mit einem plötzlichen Luftdrucksprung und dem Sinken der Temperatur setzt der stärkste Windstoß mit gleichzeitigem Anstieg der relativen Feuchtigkeit ein. Sobald die Newera vorbei ist, normalisiert sich allmählich der Luftdruck; die Temperatur, die während der Newera bedeutend gesunken war, beginnt allmählich zu steigen; das Wetter heitert auf, es herrscht Windstille, oder es setzt eine leichte Landbrise ein.

In der Adria kommen zwei Arten von Newera vor: die plötzliche und die anschwellende Newera.

Die *plötzlichen Newera* können sehr gefährlich werden, besonders für kleinere Schiffe und Boote, die die Newera mit Achteranker gegen den Wind liegend auffangen. Ungeeignete Konfiguration der Küste sowie enge Kanäle mit hohen Bergen können manchmal das rechtzeitige Entdecken der Newera verhindern. Bei Tag bemerkt man die Blitze nicht so gut wie bei Nacht, und man hört auch den Donner nicht, da der Newera eine Brise aus der entgegengesetzten Richtung vorausgeht. Die Schwüle allein ist kein verläßliches Vorzeichen für ein plötzliches Einsetzen der Newera.

Bei der *anschwellenden Newera* fängt der Wind in der Bewegungsrichtung der Newera an zu wehen, wird allmählich mit dem Sinken des Luftdrucks stärker, und das Donnern ist rechtzeitig zu hören. Sobald der Wind und der Regen ihr Maximum erreichen, hört die Newera jäh auf und das Wetter klart sich auf. Die Vorzeichen solcher Newera ermöglichen es, rechtzeitig Sicherheitsmaßnahmen einzuleiten.

Windhose (Trombe). Dies ist ein kleiner Wirbelsturm auf See mit zyklonalem Charakter. Dabei bildet sich unterhalb einer Wolke (normalerweise ein Kumulonimbus in 1000 m Höhe) ein Trichter und über der Meeresoberfläche das entsprechende Gegenstück, das aufgewirbelte Wasserteile nach oben zieht. In der Adria entstehen Windhosen meistens bei sehr bewölktem und stillem Wetter mit vielen Gewitterwolken, wie auch bei instabilen Luftdruckverhältnissen. Sie sehen aus wie ein umgekehrter Trichter, der sich langsam übers Wasser bewegt. Am Rande des Trichters wirbelt die Luft mit großer Geschwindigkeit und die Meeresoberfläche scheint zu kochen, wogegen im Inneren der Trombe (100–300 m) die Luft viel dünner ist und der Luftdruck enorm abnimmt. Das ist die Ursache für die orkanartige Windstärke des Windwirbels.

Die Windhosen kommen in der ganzen Adria vor, aber am häufigsten an der West-Küste von Istrien, außerdem von der Insel Lošinj bis zur Inselgruppe Kornati, im Bereich von Palagruža, sowie in den Passagen der Mittel-Adria (z.B. Brač-Kanal und Hvar-Kanal). Kleinere Schiffe und Boote, besonders Segelfahrzeuge und Gleitboote, die in die Zugbahn der Windhose geraten, sind sehr gefährdet. Um der Trombe zu entgehen, steuere man um 90° von der Bahn der Trombe weg.

Lebić (Garbin) ist ein SW-Sturm mit hohe Wellen und schwerem Regenfall.

Im Sommer ist es eine lokale, warme Newera. In den übrigen Jahreszeiten hat er ein zyklonales Gepräge; er erscheint, wenn sich südlich oder südwestlich der Adria eine ausgeprägte Antizyklone befindet und gleichzeitig eine starke Zyklone nördlich durchzieht. Dann wehen in der Adria mäßig starke Winde aus südlicher oder südwestlicher Richtung. Mit der weiteren Bewegung der Zyklone entlang der Adria schlägt der Wind plötzlich

MISTRAL

auf SW um und wird zum Sturm – das ist der Lebić. Die Windstärke wird von dem Luftdruck reguliert, d.h. mit dem Luftdruckanstieg läßt der Wind nach. Entgegen allen anderen zuvor genannten Wetterlagen weht dieser SW-Wind nur kurzzeitig, da sich der Wind normalerweise von SE über S nach NW dreht, während die Zyklone nach NE oder E zieht.

Der Lebić ist am ausgeprägtesten in der Mittel- und Süd-Adria, d.h. auf der südlichen Seite der Zyklonen, zwischen den Zentren der Zyklone und der Antizyklone. An der kroatischen Küste verursacht er hohe und gefährliche Wellen aus SW-Richtung für ungenügend geschützte Häfen und Boote.

Das Vorzeichen des Lebić ist ein niedriger Nebelstreifen am südwestlichen Horizont mit stark abgesondertem unterem Rand. Der Luftdruck sinkt rasch. Sobald der SW-Wind Sturmstärke erreicht, nimmt dieser weiße Horizontteil die Form einer Scheibe an, die mit wachsender Windstärke immer breiter wird.

Wetterregeln und örtliche Bedingungen

Die meteorologischen Funknachrichten geben überwiegend allgemeine Prognosen und berücksichtigen weniger die lokalen Wetterbedingungen. Sehr große praktische Bedeutung gewinnen lokale Wetteranzeichen, wenn sie mit den allgemeinen Wettervorhersagen in Zusammenhang gebracht werden. Dabei darf man sich nicht auf einzelne Anzeichen verlassen, sondern muß sie im Kontext zu anderen und der Gesamtsituation sehen. Zum Beispiel sind das Beobachten von Wolken und das Absinken des Luftdrucks allein noch kein genügender Beweis für das Annähern einer Zyklone (warme Front). Wenn man dazu die Veränderungen der Luftfeuchtigkeit, der Bewölkung und der Windrichtung beachtet, wird die Prognose verläßlicher.

Vorzeichen für anhaltend schönes Wetter

– Es kommt zu keiner Änderung, solange sich keine Wolken bilden.
– Wolkenloser Himmel bei Windstille, vereinzelte vorüberziehende, ruhende oder sich schwach bewegende Cirrus-Wolken bedeuten eine Fortdauer des schönen Wetters.
– Burin bei Tagesanbruch, Maestrale nachmittags und wieder Burin in der Nacht sind sichere Vorzeichen schönen Wetters.
– Wenn der Wind tagsüber der Sonne nach dreht, wird das Schönwetter andauern.
– Solange im Sommer die Bora weht, bleibt Regen weit weg.
– Wenn an einem Schönwettertag die Sonne bis zum Untergang klar bleibt oder rot untergeht und der Sonnenuntergang wie am Vortag aussieht, wird es wahrscheinlich auch am nächsten Tag schönes Wetter geben.
– Schönes Wetter kann man erwarten, wenn der Mond bei seinem Untergang nicht weiß sondern rötlich scheint.
– Ist der Gezeitenwechsel regelmäßig, wird vermutlich das schöne Wetter anhalten.

Vorzeichen einer Wetterverschlechterung

– Das Aufziehen sich deutlich bewegender Cirrus-Wolken am klaren Himmel ist das erste Vorzeichen einer Wetterverschlechterung. Der Wind weht in der Zugrichtung der Wolken.
– Wenn hohe Wolken am südlichen oder südwestlichen Horizont aufziehen, kann man in 1 oder 2 Tagen mit feuchtem Wetter rechnen.
– Ganz klarer Himmel, der sich gegen Mittag bewölkt, ist oft ein Vorzeichen von Regen, der noch vor dem Abend fällt.
– Wenn sich am Abend am südwestlichen Horizont eine dichte Wolkenmauer bildet, setzt im Laufe der nächsten 24 Stunden regnerisches Wetter oder im Winter eine zyklonale Bora ein.
– Wenn der Tag mit Kumulus-Wolken anbricht, ist immer eine Wetterverschlechterung zu erwarten.
– Wenn nach einem vollkommen klaren Tag während des Sonnenunterganges am westlichen Horizont Köpfe von Wolken auftauchen, kann man am nächsten Tag einen bewölkten Himmel erwarten.

– Wenn am Abend der tagsüber herrschende Schirokko auffrischt, wird es bald regnen.
– Wenn bei heiterem Wetter mit Bora der Wind auf E dreht, wird sich das Wetter verschlechtern. Die Verschlechterung ist größer, wenn der Wind auf SE dreht.
– Ein Wintermaestrale ist oft der Vorgänger von Schirokko und feuchtem Wetter.
– Wenn bei Morgengrauen leichte Bora weht und der Wind dann auf E oder S dreht, dabei aber nicht der Sonne folgt, kann man kein schönes Wetter erwarten.
– Wenn in der warmen Jahreszeit anstatt des Maestrale am Mittag Windstille auftritt, bzw. wenn sich der Maestrale im Laufe des Tages verspätet oder vorzeitig zu wehen aufhört, kann man mit Wetterverschlechterung rechnen.
– Ein trüber Sonnenuntergang ist ein Vorzeichen von feuchtem Wetter.
– Ein Sonnenuntergang mit Winden aus dem SW-Quadranten ist ein sicheres Anzeichen für eine Wetterverschlechterung und Regen.
– Ein Sonnen- oder Mond-Halo bei feuchtwindigem Wetter kündigt Niederschläge an. Wenn sich im Winter nachmittags um die Sonne ein Hof bildet, zieht wahrscheinlich eine trübe (zyklonale) Bora auf.
– Regenbogen oder Himmelstrübe frühmorgens sind meistens Vorzeichen von baldigem Regen.
– In der warmen Jahreszeit gilt als Regel, daß ein in den frühen Morgenstunden einsetzender Regen noch im Laufe des Vormittags aufhört; ein gegen Mittag einsetzender Regen dauert gewöhnlich einige Stunden, während Abendregen regnerisches Wetter mit sich bringt.
– Ausgeprägter hoher Wasserstand bedeutet eine Wetterverschlechterung.

Vorzeichen der Wetterverbesserung

– Aufhellungen im Westen bei bewölktem Himmel führen bald zu Aufheiterung bzw. Wetterverbesserung.
– Ein klarer und roter Himmel im S, W oder NW am Abend kündigt klares Wetter an.
– Wenn bei regnerischem Wetter ein SE-Wind die Bewölkung am südlichen Horizont aufbricht, ist dies ein Zeichen, daß der Wind nach rechts drehen, der Regen aufhören und der Himmel aufklaren wird.
– Grundsätzlich bringt Wind nach Regen schönes Wetter.
– Wenn es nach stärkerem Regen am westlichen Himmel blitzt, ist dies ein Zeichen von baldiger Wetterverbesserung.
– Wenn in den Sommermonaten bei schlechtem und unbeständigem Wetter der Maestrale zur üblichen Zeit einsetzt, wird sich das Wetter bessern.
– Wenn bei regnerischem Wetter erst nachmittags der Maestrale einsetzt, dann kann man am nächsten Tag schönes Wetter erwarten.
– Wenn bei regnerischem und unbeständigem Wetter nach Sonnenuntergang am Westen Abendröte erscheint oder wenn die Wolken rötlich leuchten, dann kann man schon am nächsten Tag schönes Wetter erwarten.
– Deutliches Niedrigwasser ist ein Vorzeichen schönerer Wetters.

Vorzeichen der Newera

– Wenn es im Sommer morgens schwül ist, der Horizont trüb ist und Windstille mit Wolkenanhäufung herrscht, dabei hohe Wolken von der NW-Seite des Horizonts heranziehen, kann man eine Newera im Laufe des Nachmittags erwarten.
– Blitze im Westen bei klarem Wetter bedeuten drohendes Unwetter und in der warmen Jahreszeit Newera.
– Wenn nach einer Newera aufs neue eine, wenn auch nur schwache, Brise von SE oder E einsetzt oder wenn man die Schwüle spürt, ist dies in den meisten Fällen ein Vorzeichen für eine erneute Newera am laufenden oder nächsten Tag.

Windstärkeskala nach Beaufort | Seegangsskala

Windstärke nach Beaufort	Bezeichnung der Windstärke	Windgeschwindigkeit min/max		Auswirkungen des Windes auf die See	Seegang	Bezeichnung des Seegangs	Wellenhöhe (m)			Wellenlänge in der Adria
		m/sec	kn				Tiefsee (Atlantik)	Flachsee (Ostsee)	Adria	m
0	Stille	0–0,2	0–1	Spiegelglatte See.	0	Völlig ruhige See	–	–	–	–
1	Leiser Zug	0,3–1,5	1–3	Kleine schuppenförmige Kräuselwellen ohne Schaumköpfe.	1	Ruhige, gekräuselte See	0–0,2	0,05	0,05	2,0
2	Leichte Brise	1,6–3,3	4–6	Kleine Wellen, noch kurz, aber ausgeprägter; Kämme sehen glasig aus und brechen sich nicht.	2	Schwach bewegte See	0,5–0,75	0,6	0,2	5,0
3	Schwache Brise	3,4–5,4	7–10	Kämme beginnen sich zu brechen; Schaum überwiegend glasig; ganz vereinzelt können kleine weiße Schaumköpfe auftreten.	↓	↓	↓	↓	0,5...	9,5 ...
4	Mäßige Brise	5,5–7,9	11–15	Wellen noch klein, werden aber länger; weiße Schaumköpfe treten schon ziemlich verbreitet auf.	3	Leicht bewegte See	0,8–1,2	1,0	bis 0,8	bis 14
5	Frische Brise	8–10,7	16–21	Mäßige Wellen, die eine ausgeprägtere Form annehmen; überall weiße Schaumkämme; ganz vereinzelt kann schon Gischt vorkommen.	4	Mäßig bewegte See	1,2–2,0	1,5	1,3 ...	20 ...
6	Starker Wind	10,8–13,8	22–27	Bildung großer Wellen beginnt; Kämme brechen und hinterlassen größere weiße Schaumflächen; etwas Gischt.	5	Grobe See	2,0–3,5	2,3	bis 1,9	bis 25
7	Steifer Wind	13,9–17,1	28–33	See türmt sich; der beim Brecher entstandene Schaum beginnt sich in Streifen in Windrichtung zu legen.	6	Sehr grobe See	3,5–6,0	3,0	2,6 ...	32 ...
8	stürmischer Wind	17,2–20,7	34–40	Mäßig hohe Wellenberge mit Kämmen von beträchtlicher Länge; von den Kanten der Kämme beginnt Gischt abzuwehen; Schaum legt sich in gut ausgeprägten Streifen in Windrichtung.	7	Hohe See	mehr als 6,0	4,0	bis 3,5	bis 39
9	Sturm	20,8–24,4	41–47	Hohe Wellenberge; dichte Schaumstreifen; Rollen der See beginnt; Gischt kann die Sicht schon beeinträchtigen.	↓	↓	↓	↓	4,6 ...	46,5 ...
10	Schwerer Sturm	24,5–28,4	48–55	Sehr hohe Wellenberge mit langen überbrechenden Kämmen; See weiß durch Schaum; schweres stoßartiges Rollen der See; Sicht durch Gischt beeinträchtigt.	8	Sehr hohe See	bis 20	5,5	bis 5,9	bis 55
11	Orkanartiger Sturm	28,5–32,6	56–63	Außergewöhnlich hohe Wellenberge; die Kanten der Wellen werden überall zu Gischt verblasen; Sicht herabgesetzt.	9	Außergewöhnlich schwere See	bis 20	–	7,3 ...	66 ...
12	Orkan	32,7–36,9	über 64	Luft mit Schaum und Gischt angefüllt; See vollständig weiß; Sicht sehr stark herabgesetzt; jede Fernsicht hört auf.	↓	↓	↓	–	bis 8,8	bis 79

Schwüle in der Nacht ist im Sommer ein Vorzeichen einer Newera am nächsten Tag.
- Wenn es nach einer Newera kälter wird und der Wind von NW her auffrischt, ist eine Newera am folgenden Tag kaum zu erwarten.

SEEWETTERBERICHTE

Wetterberichte beinhalten die herrschende Wetterlage und voraussichtliche Wetterentwicklung. Sie werden regelmäßig über Rundfunk oder im Sprechfunkdienst ausgestrahlt.

Wetterberichte über Küstenfunkstellen beginnen mit dem Hinweis auf eine bevorstehende Starkwind- oder Sturmgefahr (ab Bft 7, Seegangsstärke ab 5, Nebel u. ä.), dann folgen die Stationsmeldungen und die allgemeine Wetterlage, sowie die Wettervorhersage für die Adria und die Otranto-Straße für 12 bzw. 24 Stunden. Die Küstenfunkstellen (RIJEKA, SPLIT, DUBROVNIK) senden solche Wetterberichte 3 mal täglich in der National- und in englischer Sprache. Von den ausländischen Küstenfunkstellen sind für die Adria wichtig: MALTA, TRIESTE und der italienische Rundfunksender RAI.

Besondere Warnungen werden beim Herannahen eines schweren Unwetters o. ä. am Ende der folgenden Funkstille ausgestrahlt. Die vorherrschenden Wetterlagen und die Wettervorhersagen können auch für engere Gebiete, die Bezeichnungen tragen, gegeben werden. Der kroatische Wetterdienst teilt die Adria in 3 Gebiete ein: Nord-, Mittel- und Süd-Adria, der italienische Wetterdienst in: Adriatico settentrionale, Adriatico centrale und Adriatico meridionale.

Das *Wetterbulletin* ist eine schriftliche Information über das Wetter. Es enthält eine Wetterübersichtskarte mit den meteorologischen Daten von Orten an der Küste, Einzelheiten der derzeitigen Wetterlage, dann die Wettervorhersage und die weitere Wetterentwicklung. Das Bulletin ist bei den Hafenämtern oder über NAVTEX erhältlich. Folgende Küstenfunkstellen und Rundfunksender übermitteln Seewetterberichte:

RIJEKA   Tel. 051-761 161; Fax: 051-761 159/316/052
auf UKW-Kanal 24 um 05.35, 14.35, 19.35 Uhr UTC
SPLIT   Tel. 021-521 440; Fax: 058-521 440
auf UKW-Kanal 07, 21, 28 um 05.45, 12.45, 19.45 Uhr UTC
DUBROVNIK   Tel. 020-23 290/397/665
auf UKW-Kanal 07 um 06.25, 13.20, 21.20 Uhr UTC

Vom 1. Mai bis 30. September erstellt das Marine-Meteorologische Zentrum Split einen Seewetterbericht für die kroatische Küste in Kroatisch, Englisch, Italienisch und Deutsch. Dieses Tonband wird alle 10 min. wiederholt, um 07.00, 13.00 und 19.00 Uhr (GZ) aktualisiert und über folgende UKW-Kanäle ausgestrahlt:

Sender	UKW-Kanal	Vorhersagegebiete
Pula	73	Nördliche Adria/ Westküste Istrien
Rijeka	69	Nördliche Adria/ östlicher Teil
Split	67	Mittlere Adria/ östlicher Teil
Dubrovnik	73	Südliche Adria/ östlicher Teil

Rundfunksender
DEUTSCHE WELLE
Gebiete: Golfe du Lion, Balearen, Ligurisches Meer, Westlich Korsika-Sardinien, Tyrrhenisches Meer, Adria, Ionisches Meer, Biskaya, Agäis.
Inhalt: Ausführliche Wetterlage, Vorhersage für 24 Stunden; augsgewählte Stationsmeldungen wie in Bordwetterkarte Nr. 11 vorgedruckt, die über den Fachhandel zu beziehen ist.
Frequenzen: 6075 kHz, 9545 kHz.
Sendezeiten: jeweils im Rahmen des Reisejournals bzw. Abendmagazins, Montag bis Samstag zwischen 16.55 (SZ 15.55) Uhr, Sonntag und Feiertag 18.55 (SZ 17.55) Uhr (UTC).

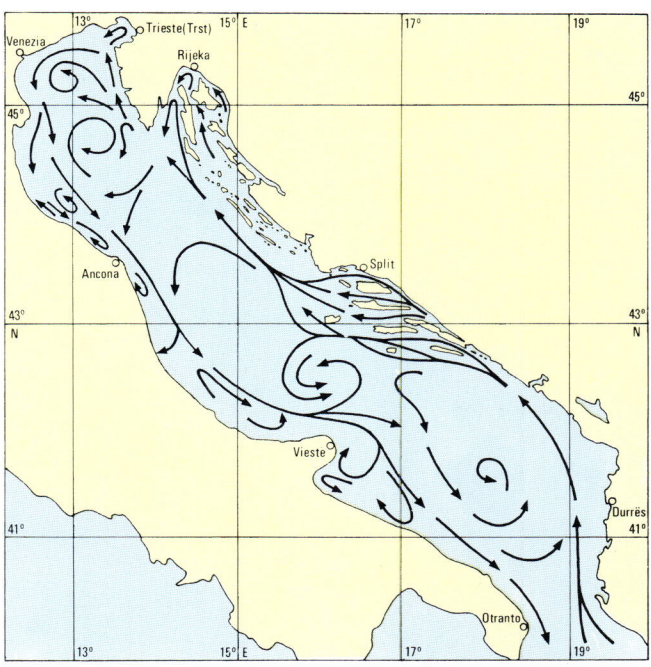

STRÖMUNGEN IN DER ADRIA

RADIO ÖSTERREICH INTERNATIONAL (ORF)
Gebiete: wie Deutsche Welle. Inhalt: Großwetterlage, Seewetterprognose, Stationsmeldungen.
Frequenzen und Sendezeiten: 6155, 13730, 15140, 17870 kHz: 05.45 Uhr (UTC).
6155, 9880, 13730 kHz: im Rahmen des Ferienjournals 15.45 Uhr (UTC).

MEERESSTRÖME UND GEZEITEN

Strömungen. In der Adria herrscht zwar ein relativ schwacher, aber aufgrund der Winde und Tiden konstanter Meeresstrom.

Aus dem Ionischen Meer kommt ein Zweig des Mittelmeerstromes, der an der Ost-Küste der Adria nach NW strömt und an der italienischen Küste nach SE abfließt. Die Stärke des Stromes beträgt im Durchschnitt 0,5–1,5 kn. Im Sommer ist er stärker als im Winter, und an der Ostküste ist er schwächer als an der Westküste. An der Adria-Ostküste herrscht der stärkste Strom zur Flutzeit und während des Schirokkos. In den Kanälen und Durchfahrten ist der Strom erheblich stärker. Ausführlichere Informationen darüber im *Adriatic Pilot 1 und 2* und in den Veröffentlichungen des Staatlichen Hydrographischen Instituts in Split.

Gezeiten. Das Steigen und Sinken des Wasserspiegels wird größtenteils durch die Gezeitenkraft des Mondes und zum geringen Teil durch die Sonne hervorgerufen. Die Amplituden des Wasserstandes sind in der Adria für kleinere Yachten (Boote) bedeutungslos. Sie sind am kleinsten in der mittleren Adria (Šibenik – Zadar: 15–30 cm), von da an steigen sie nach Süden und nach Norden (Istrien 60 cm, selten auch 100 cm).

Die höchsten Amplituden des Wasserstandes (sog. Springtiden) treten während des Voll- und Neumondes und die kleinsten Amplituden (sog. Nipptiden) nach dem ersten und dem letzten Mondviertel ein. Auf die Veränderung des Wasserstandes wirken auch atmosphärische Faktoren ein. Luftdruckanstieg und Bora setzen den Wasserstand herab (bis zu 40 cm), Luftdruckabfall und südliche Winde erhöhen ihn (bis zu 70 cm).

In mehreren Buchten und Kanälen der Adria gibt es stationäre Wellen (sog. seš oder štiga), die Impulse aus Wetterumschwüngen oder von der offenen See erhalten; sie sind aber gewöhnlich bedeutungslos. Das Staatliche Hydrographische Institut in Split veröffentlicht jährlich die Gezeitentafeln für die Adria-Ostküste.

SPORTBOOTKARTEN-ÜBERSICHT

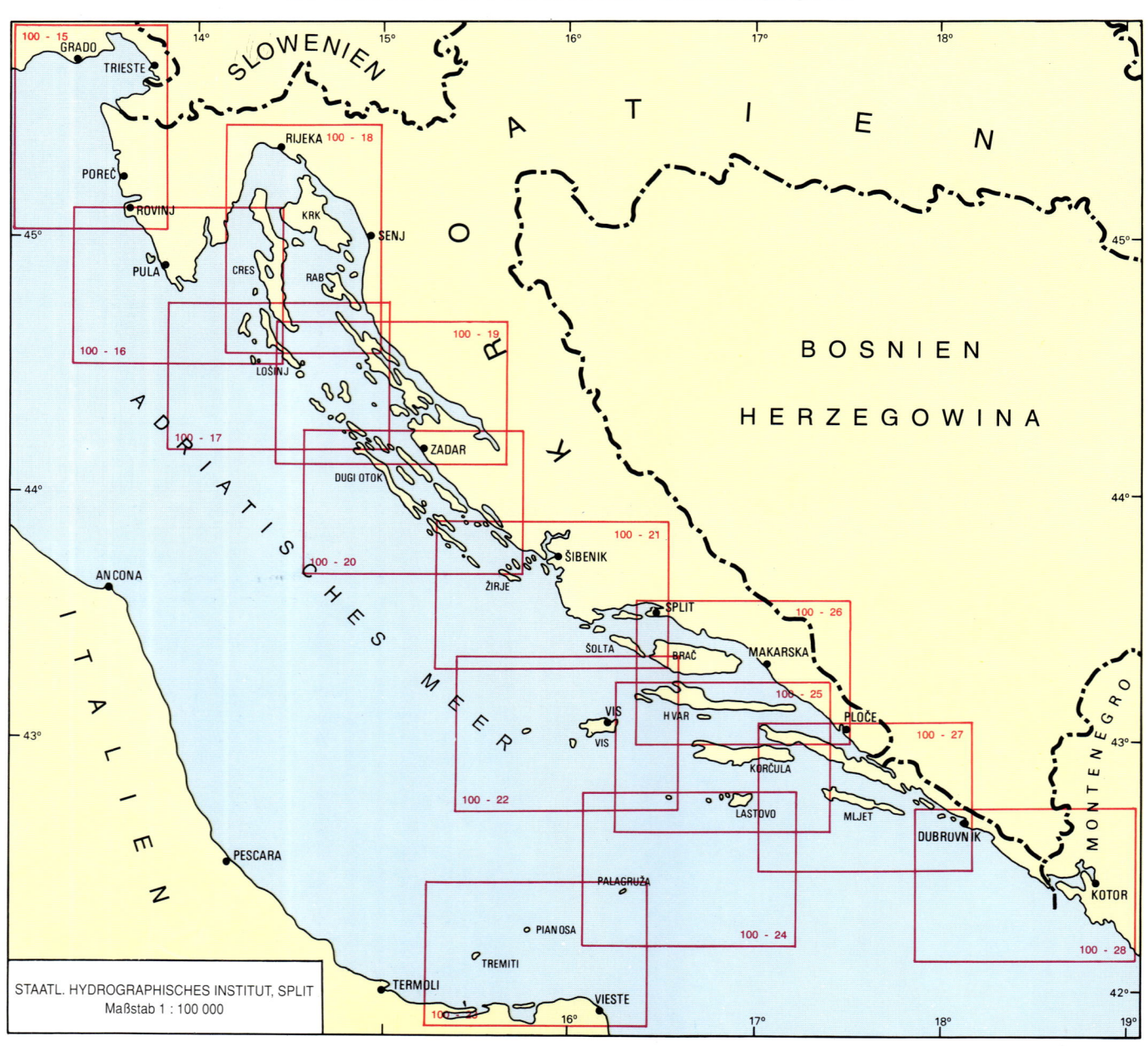

STAATL. HYDROGRAPHISCHES INSTITUT, SPLIT
Maßstab 1 : 100 000

ENTFERNUNGSTABELLE

BUDAVA	DALJA	IZOLA	KOPER	NOVIGRAD	PIRAN	POREČ	PORTOROŽ	PULA	RAŠA	ROVINJ	UMAG	TRST	VERUDA	VRSAR	
52	70	72	48	66	46	67	25	11	35	57	75	19	43		BUDAVA
	17	20	4	13	8	14	33	59	17	5	23	45	14		DALJA
		3	19	4	22	6	47	70	34	12	8	52	30		IZOLA
			22	7	29	9	53	76	37	16	7	60	34		**KOPER**
				15	6	16	30	53	15	7	26	34	10		NOVIGRAD
					21	2	45	68	30	8	11	49	25		PIRAN
						22	26	52	10	13	32	30	6		POREČ
							46	73	31	9	12	50	26		PORTOROŽ
								33	18	37	56	8	23		**PULA**
									43	60	78	27	51		RAŠA
										22	41	21	5		ROVINJ
											19	41	17		UMAG
												60	36		**TRST**
													25		VERUDA
															VRSAR

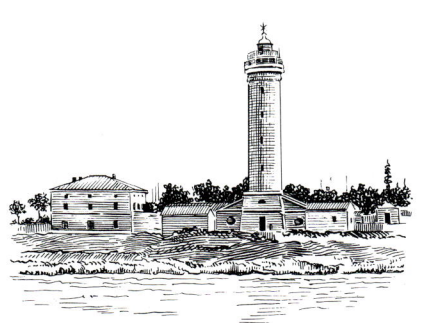

SAVUDRIJA: B Bl (3) 15s 36m 30M

WESTKÜSTE ISTRIENS

SAVUDRIJA (45°30'N 013°30'E). Ort mit kleiner Bucht, nördlich der gleichnamigen Landspitze (Leuchtturm, weißer Steinturm mit einer Galerie, weiße Blitze, 23 sm).

Hinweis: Bei der Ansteuerung ist wegen Untiefen, die sich bis zu 1,2 sm vom Kap ausdehnen, Vorsicht geboten.

Liegeplätze: Der Hafen ist SW-und NW-lichen Winden ausgesetzt. Bei den anderen Windrichtungen ist die Bucht – jedoch nur für kleinere Yachten – als Zufluchtshafen geeignet. Anlegen an der Pier (WT: 2,5 m) und vor Buganker am N-Teil der Pier.

Einrichtungen: Zollabfertigung und Einklarierung sind zuvor in Umag zu erledigen.

Auf der Landspitze in der Nähe des Hafens befindet sich eine große Touristen-Anlage mit Motels und Bungalows.

UMAG (45°26'N 013°31'E). Hafenstadt an der W-Küste Istriens, ca 4 km S-lich vom Kap Savudrija.

Ansteuerung: Als Landmarken dienen der Hotelkomplex nördlich vom Hafen, das Hotelgebäude „Adriatic" im Hafen, der Kirchturm mit einem pyramidenförmigen Oberteil, ein Schornstein S-lich von der Stadt, ein grüner Turm mit einer Stange (grünes Feuer) am Wellenbrecherkopf, ein roter Turm mit Pfeiler und Galerie (rotes Feuer) auf dem Wellenbrecherkopf der Marina, ein weißer viereckiger Turm (rotes Feuer) auf dem Kopf der Pier im Hafen.

Hinweis: Bei der Einfahrt in den Hafen muß man die Untiefe Pličina Paklena an der N-Seite der Zufahrt berücksichtigen. Der W-Rand dieser Untiefe ist durch einen auf einem weißem Steinsockel stehenden roten Rundturm mit einem Pfeiler und Galerie (weiß-rotes Sektorenlicht) gekennzeichnet. Die klippenartige Untiefe Garofulin, die sich ebenfalls an der N-Seite der Hafeneinfahrt befindet, ist an ihrer S-Seite mit einer gelb-schwarzen Spierentonne (mit zwei Kegeln nach unten gerichteten Kegelspitzen) gekennzeichnet (ca. 60 m S-lich von diesem Seezeichen befindet sich Flachwasser).

Die Einfahrt führt zwischen der roten Leuchttonne (backbord zu lassen) und der grünen Signaltonne (steuerbord zu lassen) hindurch. Erst nach dem Passieren der grünen Leuchttonne im Hafen (sie bleibt an steuerbord) steuert man die Pier an. Nachts steuert man die Pier erst nach Insichtkommen des roten Feuers auf dem Molenkopf an. Die Wassertiefe (WT) im Zufahrtskanal beträgt 4 m.

Liegeplätze: Der Hafen ist vor allen Winden, außer N- und NNW-Winden, sowie Seegang geschützt. Die Bora kann heftig wehen, entwickelt dabei aber keinen Seegang. Die Sommer-Newera sind von kurzer Dauer, aber gefährlich und werfen im Hafen Seegang auf. Yachten machen an der Pier und an der E-Seite des Kais fest. Die Pier ist für Küstenmotorschiffe und Ausflugsboote vorgesehen; in der Sommersaison liegen dort auch die Zollboote. Für Yachten und kleinere Schiffe sind die Anlegestellen in der Marina zu empfehlen (im N-Teil des Hafens). Ein guter Ankerplatz liegt in der Hafenmitte (WT: 3–5 m). Für größere Yachten ist 0,6 sm W-lich vom Kirchturm von Umag (WT: 18 m) ein guter Ankerplatz zu empfehlen. In den Nachtstunden ankere man 2 sm W-lich vom Hafen (WT: 27 m). Der Ankerplatz ist bei Bora günstig; dreht der Wind jedoch auf S oder SW, sollte man sofort ankerauf gehen und den Platz verlassen.

Einrichtungen: Ganzjährig geöffnete Seegrenzübergangsstelle; Hafenamt-Zweigstelle, Zollamt, Post, Krankenhaus, Am-

UMAG

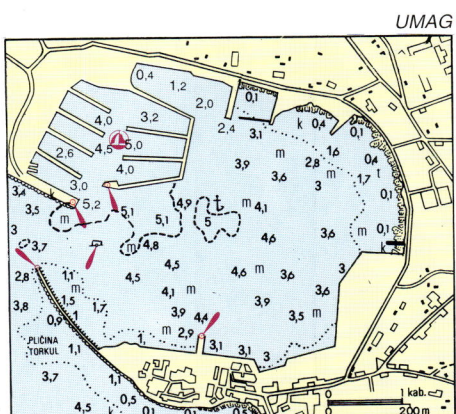

UMAG

bulanz, Apotheke, Banken, Hotels und Hotelsiedlungen (Hotelsiedlung „Katoro" 1 sm nördlich vom Hafen), Spielkasino und Campingplatz im Ort vorhanden.

Versorgung: Wasseranschluß am Fuß der Pier, Supermarkt, Schiffsausrüster, in dem auch Seekarten und nautische Publikationen zu kaufen sind. Technischer Service in der Marina Umag.

Veranstaltungen: Alljährlich finden in der Marina Umag die traditionellen Mai-Festivitäten statt.

Sehenswürdigkeiten: Reste der Stadtmauern (XIV. Jh., im Wehrturm ein Heimatmuseum), Kirche Mariä Himmelfahrt (Sv Marija Velika, XVIII. Jh., gotisches Polyptychon). Buje (13 km, Wehrmauern, venezianische Loggia, Patrizierpaläste), Grožnjan (26 km, Stadtmauern, Zentrum der bildenden Künste, Sommersymposium der Musik-Jugend), Oprtalj (40 km, mittelalterliche Stadtmauern, Kirchen aus d. XV. Jh.), Motovun (36 km, Befestigungsmauern, Türme, Stadttore, Kirchen aus d. XVI. und XVII. Jh., alte Bürgerhäuser, schöner Blick über das Mirna-Tal), Heilbad Istarske Toplice (38 km, heiße radioaktive Termalquellen, schon im XVII. Jh. erwähnt), Buzet (48 km, mittelalterliche Nekropolis, Stadtmauern mit Toren aus den Jahren 1547 und 1592, Heimatmuseum).

MARINA UMAG (ACI) (45°26,02'N 013°31,00'E) liegt im N-Teil des Hafens vor dem Hotel „Adriatic". Die Marina ist ganzjährig geöffnet.

Schutz vor allen Winden – außer aus N und NW. Im Frühjahr und im Monat Juli sind Winde aus dem SW-Quadranten die gefährlichsten. Der von Sommergewittern er-

zeugte und von W anrollende hohe Seegang ist meistens nicht anhaltend. In der Marina wird ein ständiger Warn-, Melde- und Alarmdienst unterhalten.

MARINA UMAG

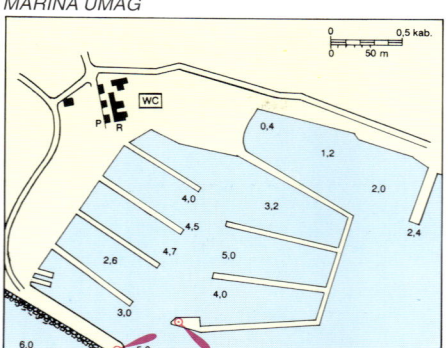

Liegeplätze: 550 Liegeplätze für Yachten bis zu 25 m Länge und 350 Stellplätze für Yachten bis zu 18 m Länge.

Versorgung: Marinabüro, Restaurant, Hotel in Marinanähe, WC und Warmwasserduschen, Wasser- und Stromanschlüsse, Wäscherei, Telefon, Tankstelle (ab Saison 98 Super und Diesel), Geldwechsel, Charterbasis, Sport- und Schiffsausrüster, Parkplatz für PKWs.

Service: Kran für Boote (10 t), Travellift (40 t), Slipanlage, Boots- und Motorenservice. Grenzübergang (Saison) mit Polizei und Zoll auf dem E-lichen Molenkopf.

DALJA (45°22'N 013°33'E). Geräumige Bucht und touristisches Erholungszentrum, ca. 2,5 sm N-lich von Novigrad.

Ansteuerung: Zur Ansteuerung dienen die Gebäude der Touristensiedlung am Hügel oberhalb der Bucht und ein breiter Turm mit flachem Dach in der Ansiedlung.

Hinweis: Bei der Ansteuerung ist die Untiefe Dalja (Pašador) 400 m NW-lich von der gleichnamigen Landspitze Dalja zu beachten: der NW-Rand dieser Untiefe ist mit einer gelben Spierentonne mit einem schwarzen Streifen in der Mitte gekennzeichnet; bei der Einfahrt ist sie steuerbords zu lassen.

Liegeplätze: Die Bucht ist seicht und bietet bei Bora und Schirokko (Jugo) guten Schutz, ist aber den W-Winden und dem Seegang sehr ausgesetzt. In der NE-Ecke der Bucht (Špic) ist eine kleine Mole, an deren Kopf Yachten festmachen oder vor Buganker gehen können (am Molenkopf WT: 2 m). Ankerplatz in der Hafenmitte (WT: 7-8 m), gut haltender Ankergrund.

Versorgung: Lebensmittelgeschäft im Ort, Wasser in der Hotelsiedlung, Treibstoff und sonstige Versorgung in den Häfen Umag und Novigrad.

Sehenswürdigkeiten: Reste antiker Bauwerke.

DALJA

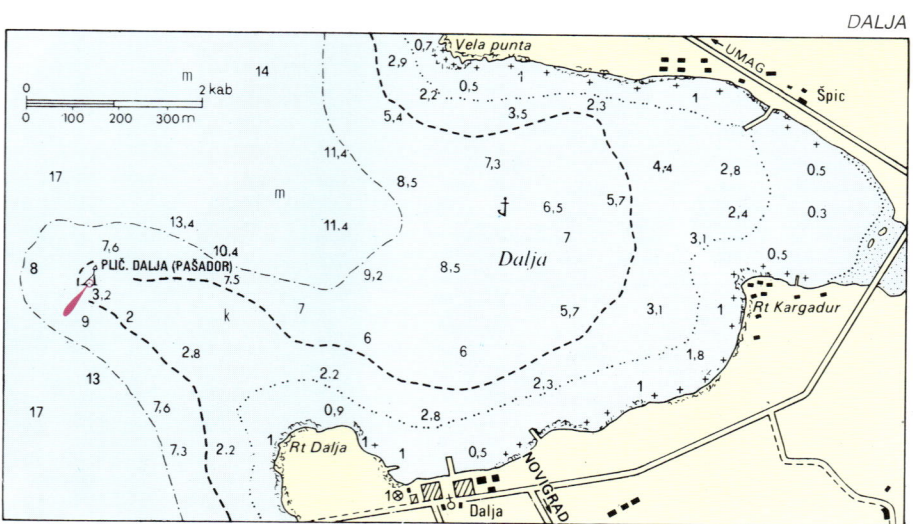

NOVIGRAD (45°19'N 013°34'E). Stadt und Hafen auf der kleinen Halbinsel, die den Hafen von S begrenzt.

Ansteuerung: Zur Ansteuerung dienen die Stadtmauerreste, der Kirchturm, ein achteckiger weißer Betonturm mit einem Sektorenfeuer auf dem Wellenbrecherkopf und ein weißer bakenförmiger Turm mit Galerie auf dem Molenkopf (grünes Feuer).

Hinweis: Bei der Einfahrt sind zwei Untiefen in der Hafeneinfahrt zu beachten: Die Untiefe Val, WSW-lich vom Hafen, die mit einer schwarzen Stumpftonne mit einem roten Streifen in der Mitte und zwei schwarzen Kugeln als Toppzeichen gekennzeichnet ist, sowie die Untiefe Meja an der Außenseite des Wellenbrecherfußes.

Liegeplätze: Der Hafen ist vor allen Winden geschützt, außer vor W- und NW- Winden, die im Hafen hohen Seegang verursachen. Sobald Anzeichen von N- und NW-Winden bemerkbar werden, ist zu empfehlen, den Hafen zu verlassen und in der Marina in Novigrad Schutz zu suchen. Yachten bis zu 3,5 m TG können auf der Innenseite des Wellenbrecherkopfes vor Buganker festmachen oder an der NE-Seite der E-Mole anlegen, die für Fahrgast- und Touristenschiffe vorgesehen ist. Der beste Ankerplatz liegt ca. 200 m NE-lich der Mole (WT: 3–4 m).

Einrichtungen: Saisonweise geöffneter Einklarierungshafen, Zollamt, Hafenamt-Zweigstelle; im Ort sind Post, Ambulanz, Apotheke.

Versorgung: Im Ort: gute Einkaufsmöglichkeiten, mehrere Restaurants rund um den Hafen.

Sehenswürdigkeiten: Teile der Stadtmauern mit 2 Türmen, Kirche des Hl. Pelagius (VIII. Jh., im XV. und XVI. Jh. umgebaut), spätromanische Krypta, Loggia und Bauten im gotischen Stil sowie ein typisches istrisches Landschloß von 1761 auf der Halbinsel Karpinjan. Im Palast Urizzi ist das Stadtmuseum.

NOVIGRAD

NOVIGRAD

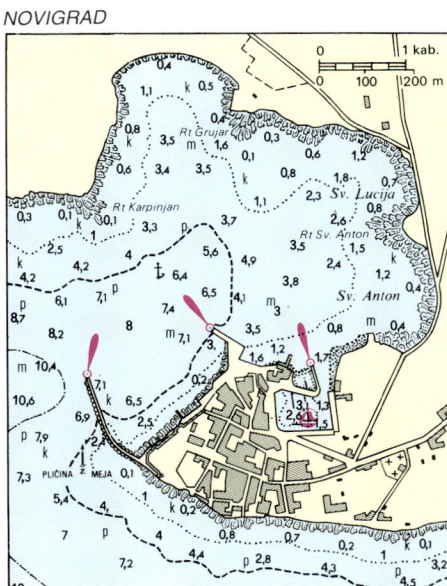

MARINA NOVIGRAD (45°19,1'N 013°31'E) liegt SE-lich vom Hafen Novigrad, ungefähr 100 m von der Pier. Bei allen Winden und Seegang ein sicherer Liegeplatz.

Ansteuerung: Bei der Ansteuerung sind die geringen Wassertiefen bei der Spitze Meja (ca. 150 m vom Ufer) sowie die Untiefe Val, ca. 900 m SW-lich vom Wellenbrecher, zu beachten (max. WT 2,2 m).

Liegeplätze: 86 Liegegeplätze für kleinere Yachten (6–12 m Länge, TG unter 1,5 m) und rund 30 Plätze an Land. Marina mit 400 Plätzen in Planung: N-lich der

MARINA NOVIGRAD

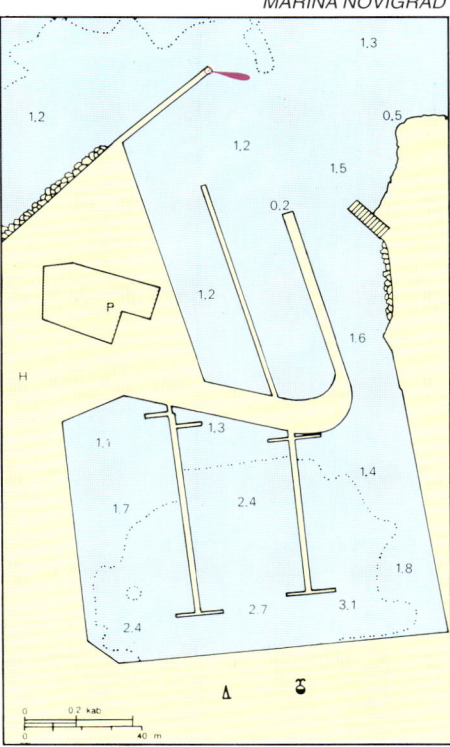

Stadt, mit Hotels, Appartements und allen Versorgungs- und Freizeiteinrichtungen

Versorgung: Marinabüro, Café-Bar, Restaurant, Hotel, Supermarkt, WC/Duschen, Telefone, Wasser- und Stromanschlüsse am Fuße des Schwimmsteges, Charterbasis, Tankstelle.

Service: Kran (10 t), Travellift (30 t), Slipanlage für kleinere Boote, Boots-, Motoren- und Elektroservice.

ZALJEV MIRNA (45°18,5'N 013°34'E). Eine weite, nach Westen hin offene, S-lich von Novigrad liegende Bucht, in die der Fluß Mirna mündet.

Ansteuerung: Die Stadt Novigrad liegt auf der nördlichen Ecke zur Einfahrt in die Bucht. Man erkennt steile rote Felsen E-lich von Rt Pod Uliki (1sm E-lich vor Novigrad-Hafen) und das Leuchtfeuer auf Rt Zub, das an der Ecke des einstöckigen Wärterhauses angebracht ist.

Bei Ansteuerung von N halte man sich gut von der betonnten Untiefe Val frei, auf der ein Einzelgefahr-Zeichen liegt.

Nachts liegt die Untiefe Val im roten Sektor des Hafenfeuers (auf dem Wellenbrecher) von Novigrad. Beim Ansteuern von S sind die Untiefen Čivran und Veliki Školj ca. 1,6sm südlich von Rt Zub zu beachten.

Liegeplätze: Die Bucht Mirna bietet bei allen Winden – außer westlichen, die hohen Seegang aufwerfen – gute Liegeplätze für kleinere Yachten. Ein guter Ankerplatz für größere Yachten liegt N-lich der kleinen Bucht Valeta (WT: 17–18 m) sowie vor dem Dorf Stari Tar. Für kleinere Yachten ist ein günstiger Ankerplatz in der Nähe der S-Küste oder in der kleinen, seichten Bucht Tar (Flußablagerungen). Der Ankerplatz liegt ca. 1,6sm südlich von Rt Zub.

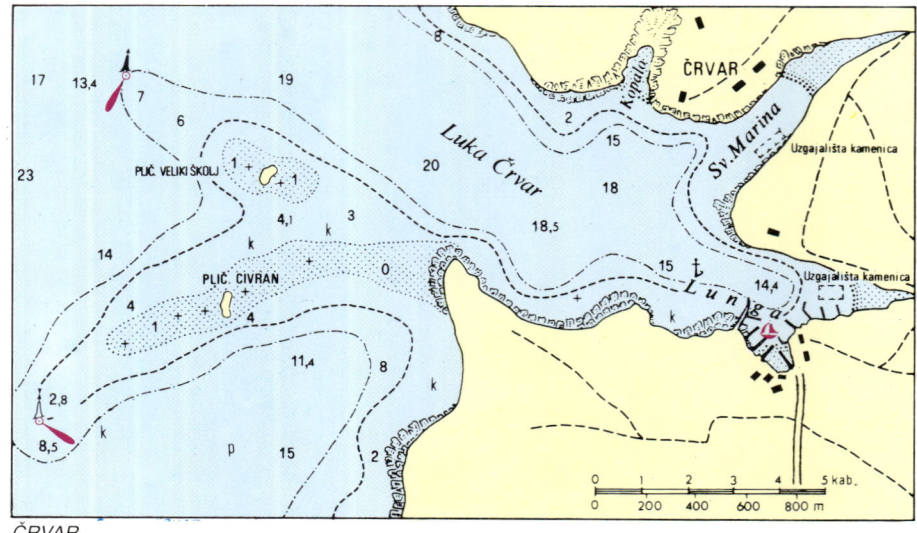

CRVAR

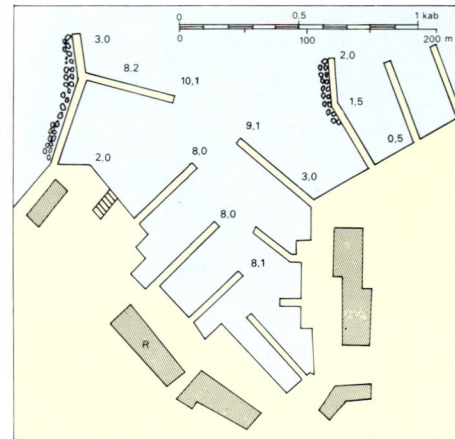

MARINA ČERVAR-PORAT

LUKA ČRVAR oder **ČERVAR** (45°17'N 013°36'E). Enge und tiefe Bucht, SE-lich vom Rt Zub. Sie besteht aus zwei Buchten: Lunga und Sv Marina.

Ansteuerung: Beim Annähern aus der Richtung N werden der Leuchtturm (einstöckiges Haus, weiß-rotes Sektorenlicht) an der Spitze Zub, die Touristensiedlung S-lich vom Leuchtturm, die Gebäude des Hotelkomplexes und die Marina Červar-Porat im S-Teil der Bucht Lunga sichtbar. Eine große klippenartige Untiefe an der S-Seite der Einfahrt in die Bucht, deren N-Teil Veliki Školj und deren S-Teil Čivran heißt, ist für alle Schiffe gefährlich. NW-lich der Untiefe Veliki Školj ist eine grüne Leuchttonne mit einem nach oben gerichteten Kegel als Toppzeichen verankert. Beide Untiefen sind durch die Riffe, an denen die Wellen brechen, erkennbar. Der SW-liche Rand der Untiefe Čivran ist durch eine gelbe zylindrische Leuchttonne mit einem schwarzen Streifen in der Mitte und zwei schwarzen Kegeln mit nach innen gerichteten Kegelspitzen als Toppzeichen gekennzeichnet. Beide Untiefen liegen in den roten Sektoren der Leuchtfeuer auf Rt Zub und auf dem Riff Barbaran; bei der Ansteuerung in die Bucht Črvar sind sie steuerbords zu lassen. Die Marina steuert man inmitten der Bucht Črvar an.

Liegeplätze: Der Hafen selbst ist gegen alle Winde geschützt, außer NW-Winden. Tiefe in der Mitte des Hafens etwa 18 m, bei der Einfahrt in die Marina 14 m. Etwa 200 m vor der Nordküste nimmt die WT auf 2 m ab.

Versorgung: Verpflegung und Wasser beim Supermarkt im Ort. Reparaturdienste für Boote in der Marina Červar-Porat.

MARINA ČERVAR-PORAT (45°16,7'N 013°36,2'E), ganzjährig geöffnet, liegt im äußersten SE-lichen Teil der Bucht Črvar, ca. 3 sm S-lich vom Hafen Novigrad. Sicher vor allen Winden, außer NW-Wind, der heftig weht und in der Marina starken Schwell aufwirft. Diese Winde machen auch das Ansteuern schwierig (max. WT 10 m).

Liegeplätze: 300 Liegeplätze für Yachten von 3–25 m Länge und ca. 50 Stellplätze an Land für Yachten von 3–13 m Länge.

Ankerverbot in der Marina. Kleine Fahrzeuge können nördlich der Marina in der Bucht Sv Marina auf 6 m WT oder im Norden der Bucht auf 15 m WT ankern.

Versorgung: Marinabüro, Telefon-, Wasser- und Stromanschlüsse, Hotel mit Restaurant, Snack-Bar, Café-Bar, Toiletten und Duschen, Sportgelände, Supermarkt, Tankstelle (6 km), Geldwechsel, Charterbasis.

Ein 1,5 km langer Badestrand, 500 m N-lich der Siedlung. In der Nähe die FKK-Siedlung „Ulika".

Service: Kräne (12 t), Transport- und Lifteinrichtungen, Slipanlage für Boote und kleinere Schiffe; technische Werkstatt für Reparaturen an Schiffsrümpfen, Motoren, Elektroinstallationen sowie an Segeln und am Mast.

POREČ (45°14'N 013°36'E). Städtchen und Hafen, der durch eine Halbinsel und die Insel Sv Nikola nach Süden geschützt ist.

Ansteuerung: Poreč ist von der Seeseite auszumachen an: Schloß, Burgruine, Campingplatz auf der Insel Sv Nikola, Kirchturm mit kleiner Spitze in der Stadt, roter runder Turm (weiß-rotes Sektorenfeuer) auf der Klippe Barbaran und eine weiße Betonbake mit einer grünen Kuppel (grünes Feuer) auf dem Wellenbrecherkopf (Insel Sv Nikola).

Hinweis zur Ansteuerung in den Hafen: Von N kommend, beachte man die ca. 1 sm NNW-lich vom Hafen gelegene Untiefe Meja, deren Mitte durch eine schwarze Spierentonne mit zwei roten Streifen und zwei schwarzen Kugeln als Toppzeichen gekennzeichnet ist. Nachts befindet sich diese Untiefe im roten Sektor des Feuers von Barbaran. Ungefähr 0,5 sm von der Untiefe Meja entfernt ist die Untiefe Pical (WT: 2,4 m) zu beachten. Deshalb muß man solange westlich halten, bis Rt Pical querab und Rt Zub und Rt Busuja in Deckpeilung sind; erst dann drehe man in den Hafen. Von S den Hafen ansteuernd, ist die Untiefe

CRVAR

Bekarija, ca. 0,3 sm S-lich von der Insel Sv Nikola, durch eine schwarze Stange mit zwei roten Streifen und einem schwarzen Kugelpaar als Toppzeichen gekennzeichnet, zu beachten. Seekabel und Rohrleitungen liegen zwischen der Insel Sv Nikola und dem Festland.

Von den vier bestehenden Hafeneinfahrten ist die Einfahrt zwischen dem vorgelagerten Riff Barbaran und dem nördlichen Wellenbrecherkopf der Insel Sv Nikola die günstigste; nachts steuere man diese Einfahrt im weißen Sektor (von 062° bis 153°) des Feuers von Barbaran an.

Liegeplätze: Der Hafen ist vor Winden aus den NE-Quadranten gut, aus dem SW- und NW-Quadranten weniger gut geschützt. S- und NW-Winde erzeugen im Hafen stärkeren Seegang. Der Schirokko weht öfters als die Bora; die jedoch äußerst heftig, besonders im Herbst. Beim Schirokko in der Sommerzeit kann sich Dünung aus SW einstellen, die starken Schwell im Hafen verursacht. Starke Strömung kann das Manövrieren im Hafen erschweren. Yachten bis zu 5 m TG können an dem Kai vor dem Hotel „Rivijera" anlegen; Yachten bis zu 4 m TG an der Mole, die auch dem Fahrgastschiffsverkehr, den Kreuzfahrtschiffen und der Zollabfertigung dient. Ankerplatz in der Hafenmitte, aber kein festhaltender Ankergrund. Bei stärkeren Winden aus SW und W ankert man besser vor dem NE-Ufer der Insel Sv Nikola.

Einrichtungen: Ganzjährig geöffneter Einklarierungshafen, Zollamt, Hafenamt-Zweigstelle, Post, mehrere Hotels und Hotelsiedlungen, Banken, Krankenhaus, Ambulanz und Apotheke im Ort.

Versorgung: Wasseranschluß (Zapfstelle) im E-Teil des Hafens (WT: 3 m) und an Land, Tankstelle am Kai. Seekarten und maritime Publikationen im Shop, sonstige Waren in der Stadt. Kleine Reparaturen an Rumpf und Motoren können ausgeführt werden.

Veranstaltungen: Kunstausstellungen und jeden Sommer ein Kunstfestival.

Sehenswürdigkeiten: Reste des Neptun- und Marstempels (I./II. Jh.), römisches Straßennetz, Basilika Euphrasiana (Basilika des Hl. Euphrasius, VI. Jh. (unter UNESCO-Schutz). Baptisterium, Atrium, Oratorium des Hl. Maurus, Mosaike, Ziborium), Domherrenhaus (von 1251), Kirche d. Hl. Franziskus (XIII. Jh., Sammlung), Zweiheiligen-Haus (Romanik/Gotik, aus d. XII. Jh., Ausstellungshalle), Palast Sinčić (XVII. Jh., Heimatmuseum der Region Poreč).

Insel Sv Nikola (0,5 km vom Hafen): Reste eines illyrischen Gebäudes (III.Jh. v. Chr.), Leuchtfeuer (1409, das älteste noch erhaltene Leuchtfeuer an der östlichen Adriaküste).

Beram (27 km – Kirche des Hl. Martinus von 1431, erweitert im XIX. Jh., Wandgemälde; Muttergotteskirche „Sv Marija na Škrilinah", Wandgemälde von 1474; Gedenkstätte Vladimir Gortans); – Pazin (32

km-Kastell XII.-XIV. Jh., Nationalmuseum, Kirche des Hl.Nikolaus von 1266 mit Anbauten von 1441 und XVIII. Jh., Wandgemälde, kirchliches Museum, Franziskanerkirche, 1463–77); Sv Petar u Šumi (42 km, Kirche und Kloster aus d. XIII. Jh., Umbauten in den Jahren 1459, 1731, 1773; Klosterhof); Lovreč (17 km, Kirche IX./XI. Jh., Loggia, mittelalterliche Stadtmauern).

PLAVA LAGUNA (45°12'N 013°36'E). Kleiner Hafen mit gleichnamiger Hotel- und Touristensiedlung, ca. 1,5 sm S-lich von Poreč.

Liegeplätze: Eine kleine, 20 m lange Betonmole schützt den Hafen teilweise vor Winden aus den SW- und NW-Quadranten. Im Hafen sind Liegemöglichkeiten nur für Yachten bis zu 3 m TG vorhanden. Die

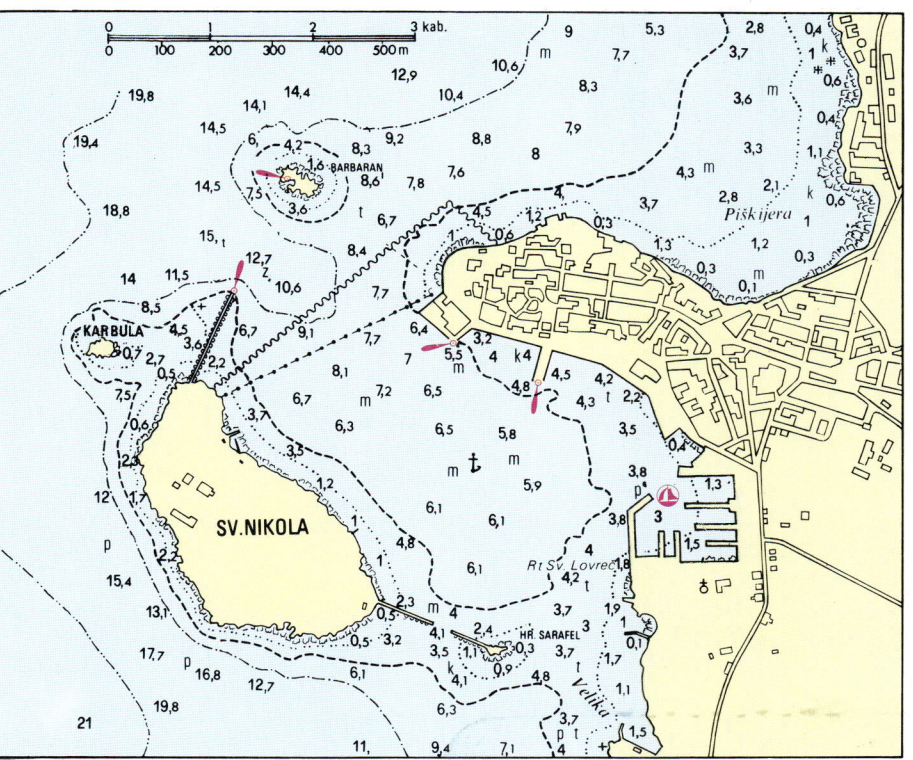

POREČ

POREČ

41

Außenseiten der Mole sind für den ständigen Fährverkehr mit Gleitbooten zwischen Poreč und Plava Laguna reserviert.

Versorgung: Lebensmittel und Wasser sind in ausreichenden Mengen zu bekommen. Slipmöglichkeit für kleine Yachten S-lich der kleinen Mole.

MARINA POREČ (45°13,8'N 013°36,2'E). Die Marina liegt 0,3 sm SE-lich vom Hafen Poreč. Die Liegeplätze sind geschützt, aber nur für flachgehende Boote.

Liegeplätze: 100 Liegeplätze für Yachten bis 30 m Länge und 20 für kleinere Boote. Ca. 200 kleinere Sport- und Fischerboote finden Plätze im besonderen Hafenteil.

Versorgung: Wasser- und Stromanschlüsse, WC/Duschen, Feuerwehr, öffentl. Schwimmbad in der Nähe. Mehrere gute Lebensmittelgeschäfte in der Stadt.

MARINA POREČ

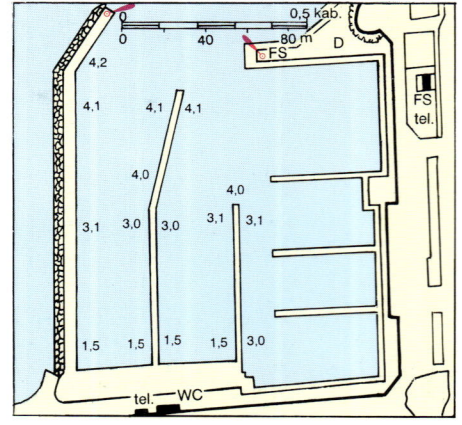

MARINA PARENTIUM (45°12,4'N 013° 36,2'E). Die Marina und die Hotelanlage „Parentium" liegen entlang des S-Ufers der Bucht Mulandarija (2 sm S-lich von Poreč), max. TG 5 m.

Ansteuerung: Man steuere zwischen der Klippe Regata (NW-lich von der nördlichen Einfahrtsspitze) und den Klippen Žontulin und Žontuja, etwa 500 m W-lich von der südlichen Einfahrtsspitze. Nachts ist die Einfahrt schwierig, da die Klippen nicht befeuert sind.

Liegeplätze: 200 Liegeplätze (vor Buganker) für Yachten von 3–20 m Länge und 50 Stellplätze an Land für Yachten von 3–12 m Länge. Wasser- und Stromanschlüsse befinden sich am Wellenbrecher und auf den Molen.

Versorgung: Marinabüro, Hotel, Restaurant, Café-Bar, Supermarkt, Wasser-, Strom- und Telefonanschlüsse, WC/Duschen, Charterbasis, Tankstelle (1 km). Sonstige Waren in der Marina und in Poreč oder in den Hotels.

Service: Ein Kran (10 t), Elektro- und Elektronikreparaturen, kleinere Reparaturen an Bootskörpern und Motoren; größere in den Marinas Červar-Porat und Pula.

LUKA FUNTANA (45°11'N 013°36'E). Bucht, ca. 3 sm S-lich vom Hafen Poreč. Mit

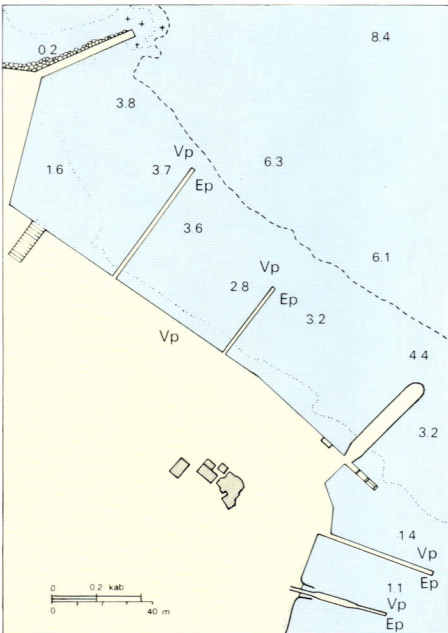

MARINA PARENTIUM

dem kleinen Hafen und dem Ort Funtana am SE-lichen Ufer. In der Bucht Frnažina liegt eine Touristensiedlung mit einigen Hotels und einem Campingplatz.

Ansteuerung: Als Orientierung dienen der Ort Funtana mit dem Kirchturm auf dem Hügel oberhalb der Küstenlinie und der rote Pfeiler (rotes Feuer) auf dem Kopf der L-förmigen Mole.

Hinweis: Vom Hafen Poreč bis zur Einfahrt in den Limski-Kanal sind mehrere gefährliche Untiefen und Riffe. An der N-Seite der Bucht Funtana liegt die Untiefe Janjci, ihr N-Rand ist durch eine schwarze Spiere mit zwei roten Streifen und zwei schwarzen Bällen als Toppzeichen gekennzeichnet. Bei der S-lichen Einfahrtsspitze, zwischen dem Eiland Veliki Školj und dem Festland, liegt die Untiefe Funtana, die durch eine schwarz-gelbe Stange mit zwei schwarzen Kegeln mit nach oben gerichteten Spitzen als Toppzeichen gekennzeichnet ist. In der Bucht liegen ca. 200 m W-lich von der Mole gefährliche Klippen und Riffe. Die sicherste Einfahrt führt von der W-Seite her; dort beachte man die Untiefe Janjci.

Liegeplätze: Die Bucht ist W- und NW-Winden ausgesetzt, und man sollte sie, sobald Anzeichen von Winden aus W bemerkbar werden, verlassen. Vor Buganker zu liegen ist an der Mole auf einer WT von 1,5–2 m möglich. Ankerplatz in der Mitte der Bucht (WT: 6–8 m). Bei der Touristensiedlung in der Bucht Frnažina kann man am Molenkopf anlegen (WT: 2–4 m).

Versorgung: Post, Ambulanz, Restaurant und Geschäfte in der Touristensiedlung Frnažina; zusätzliche Versorgungsmöglichkeit (auch Treibstoff) in Vrsar (ca. 4 sm).

VRSAR (45°09'N 013°36'E). Ort, 1,5 sm N-lich der Einfahrt in den Limski-Kanal. Der kleine Hafen ist im Südwesten durch die vorgelagerte Insel Sv Juraj geschützt.

Ansteuerung: Zur Ansteuerung dienen eine alte Burg oberhalb der Ortschaft auf dem steilen Hügel, ferner der auf der vorgelagerten Insel Galiner rote viereckige Eisenturm mit eisernem Gerüst (weißes Feuer), die Hotelsiedlung S-lich der Pier und der weiße Turm mit Pfeiler (Fl(2)5s4M 072°–360°) auf dem Kopf der Pier.

Man beachte die Reihe von Untiefen, 1–1,5 sm W-lich vom Hafen: Die Untiefe Velika (durch eine Kardinaltonne S gekennzeichnet); die Untiefe Mramori (durch einen roten Rundturm mit Pfeiler und Galerie auf einer Betonbake und roten Blitzen bei Nacht gekennzeichnet) und die Klippe Lunga (durch eine runde, gelbe Betonbake mit einem schwarzen Streifen in der Mitte und einem schwarzen Kegelpaar mit zueinander gerichteten Kegelspitzen als Toppzeichen gekennzeichnet); die Klippe Galopun (zwischen der Insel Lunga und dem Festland) und die Klippe Orlandin, ca. 0,5 sm SW-lich der Insel Galiner.

Die sicherste Einfahrt in den Hafen von Vrsar führt aus der NW-Richtung und zwar so, daß die Untiefe Mramori ca. 300 m steuerbords bleibt. Die Buchteinfahrt ansteuernd, lasse man die Insel Galiner etwas backbord. Aus SW-Richtung ansteuernd, lasse man den Turm auf der Untiefe Mramori 200-300 m backbord und richte den Bug auf die Insel Galiner. Nachts führt der weiße Sektor (050°–064° und 100–116°) des Feuers auf der Insel Galiner frei von Untiefen.

Hinweis: Vom 15. April bis zum 15. Oktober ist das Segeln zwischen der Insel Sv Juraj und dem Festland innerhalb folgender Verbindungslinien verboten:

1. Zwischen der Mole im SE-Teil des Hafens Vrsar (Sportzentrum der Hotels) und der NW-Küste dem Eiland Sv Juraj; zwischen Rt Fornace und der SE-Küste der Insel Sv Juraj.
2. Zwischen Rt Bojko und der NW-Küste des Eilandes Kuvrsada (wegen ausgelegter Netze); zwischen Rt Šjole – SW-Küste des Eilandes Kuvrsada.

Eine Wasserskistrecke reicht von Rt Funtana bis Rt Fujaga.

Liegeplätze: Der Hafen ist vor allen Winden (außer aus NW) geschützt. Bei heftigem SW-Wind überflutet das Meer die gesamte Mole. An der Mole legen Fahrgastschiffe und Touristenschiffe an. Motorboote können am Kai vor Buganker anlegen. Ein guter Ankerplatz liegt zwischen dem Eiland Sv Juraj und dem Festland (WT: 12–15m). Bei stärkerem NW-Wind geht man an der Leeseite der Insel vor Anker.

Versorgung: Post, Ambulanz, Apotheke, Wechselstube, mehrere Hotels und Hotelanlagen, Campingplatz, Lebensmittel, Wasser (Zapfstelle) und Tankstelle sowie Gasnachfüllstation.

Auf der Insel Kuvrsada befindet sich ein FKK-Campingplatz mit FKK-Strand.

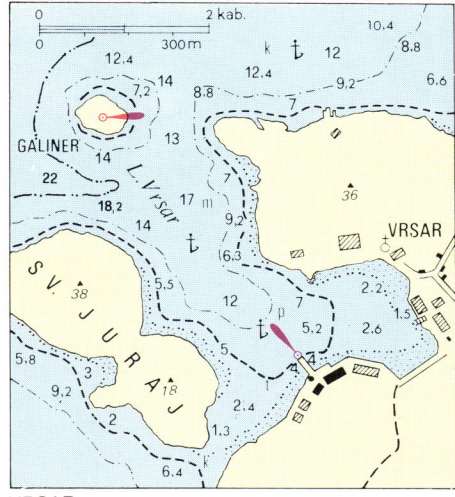

VRSAR

VRSAR

Sehenswürdigkeiten: Spuren von römischen Siedlungen im Hafen und Umgebung; Kirche der Hl. Maria (XIII. Jh.), mittelalterliches Stadttor, Kastell Vergottini (XVIII. Jh.). – Kanfanar (28 km entfernt, Kirche des Hl.Sylvester mit mittelalterlichem Inventar). – Dvograd (31 km enfernt, Ruinen einer alten Stadt, die 1630 während der Pestepidemie verlassen wurde).

LIMSKI-KANAL. Ungefähr 3 sm N-lich von Rovinj befindet sich der ca. 5,5 sm in das Land hineinreichende und ca. 500 m breite Meereseinschnitt. Der Kanal geht landeinwärts in das Karsttal des unregelmäßig wasserführenden Flusses Lim über. Die Hänge des Engtales sind steil und mit immergrünem Buschwald bewachsen. Im innersten Teil des Kanals entspringen besonders in den Wintermonaten starke Unterwasserquellen. Die Wassertiefe am Eingang liegt bei 30 m, am Ende bei 10 m. In der Kanaleinfahrt sind Unterwasserkabel und Rohrleitungen verlegt. Der Kanal ist ein für die Muschel- und Fischzucht gesetzlich geschütztes Gebiet.

Ansteuerung: Die unübersehbare Hotelsiedlung auf Rt Šjole; die Untiefe Lim mit der großen Tonne mit einem schwarzen und roten Streifen in der Mitte und zwei schwarzen Bällen als Toppzeichen.

Bei der Ansteuerung beachte man sehr exakt die Untiefe Kuvrsada an der N-Seite der Einfahrt, die durch eine schwarze Spierentonne mit einem roten Streifen in der Mitte und einem schwarzen Doppelball als Toppzeichen gezeichnet ist. Die Insel Kuvrsada ist über eine Brücke auf Pfeilern mit dem Festland verbunden. Die Untiefe Lim vor der Kanaleinfahrt ist mit einer schwarzen Spierentonne mit einem roten Streifen in der Mitte und einem schwarzen Doppelball als Toppzeichen gekennzeichnet. Die Untiefe Fujaga an der N-Seite der Einfahrt ist mit einer schwarz-gelben Stange mit einem schwarzen Kegelpaar mit nach unten gerichteten Spitzen als Toppzeichen gekennzeichnet. Von S ansteuernd, achte man auf die unbezeichnete klippenartige Untiefe (WT: 3,2 m), die ca. 500 m SSW-lich von der Spitze Križ liegt.

Hinweis: Es ist verboten, ohne Sonder-

genehmigung in der Bucht zu segeln und zu ankern.

Versorgung: Sehr begrenzt; Motel und Gasthaus auf der Mole sowie das Saisonrestaurant „Viking".

Sehenswürdigkeiten: Illyrische Wallburg (IV./III. Jh. v. Chr.), Ruinen der Benediktinerabtei (XII. Jh.), frühchristliche Kirche (VI. Jh., Spuren von Wandmalereien), Muttergotteskirche (Sv Marija, von 1041).

MARINA VALALTA (45°07'N 013°37'E) liegt in der Bucht Sv Feliks an der S-Seite der Einfahrt in den Limski-Kanal und gehört zu der FKK-Siedlung Valalta; nur in der Sommersaison geöffnet.

Ansteuerung: Von Westen kommend, sollte man auf den klippigen Grund achten, der sich vor dem Wellenbrecher gegen NW erstreckt.

Liegeplätze: In der Marina 180 gibt es Anlegeplätze beiderseits des Wellenbre-

LIMSKI ZALJEV

ROVINJ

chers, längs des Schwimmsteges und am Kai. Eine nur geringe Anzahl von Stellplätzen für Yachten an Land. In der Marina liegen die Boote vor Buganker. Auf beiden Seiten des Wellenbrechers können sie längsseits anlegen. Ein guter Ankerplatz liegt im W-Teil der Bucht Soline (WT: 4 m).

Versorgung: Marinabüro, Selbstbedienungsladen, kleine Slipanlage, Strom- und Wasseranschlüsse, technischer Service in den Marinas Parentium und Červar-Porat, Tankstelle in Vrsar.

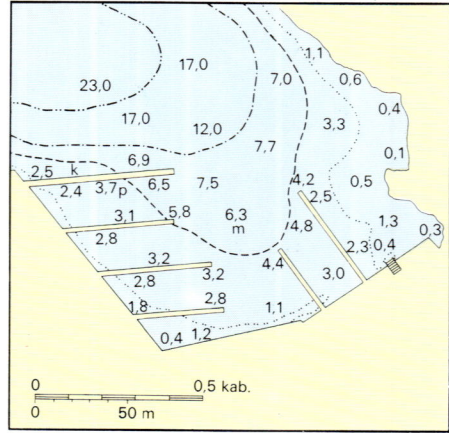

MARINA VALALTA

ROVINJ (45°05'N 013°38'E). Stadt und Hafen auf einer kleinen Halbinsel und den umliegenden Bergabhängen. Der Hafen

besteht aus dem Süd- (Sabionera) und Nordhafen (Valdibora).

Ansteuerung: Als deutliche Landmarken dienen der Kirchturm der Kirche der Hl. Eufemija auf dem Hügel, der Schornstein der Fischfabrik im Nordhafen und das weiße Feuer auf dem viereckigen Steinturm am Rt Sv Eufemija sowie südlich der Stadt das Eiland Sv Katarina.

Hinweis: Beim Einlaufen in den Südhafen benutze man nicht die Durchfahrt zwischen dem Eiland Sv Katarina und der zylindrischen schwarz-gelben Spierentonne mit einem schwarzen Doppelkegel mit aneinander liegenden Kegelbasen als Toppzeichen, die den östlichen Rand der Untiefe (W-lich der Insel) kennzeichnet.

In der Bucht Lon liegt ein versunkenes Schiff, dessen Mast 1 m über dem Wasser ragt.

Liegeplätze: Der Nordhafen (Valdibora) ist vor Bora und Jugo gut geschützt, aber den Winden aus W-und SW-Richtung sowie dem Seegang ausgesetzt (es wird sogar die Pier überflutet). Der Südhafen ist ebenso vor Bora und Jugo geschützt, jedoch W-und SW-Winden ausgesetzt.

Im Nordhafen können größere Yachten (bis zu 5 m TG) an der Kaimauer anlegen. Kleine Schiffe und Yachten können SW-lich und NE-lich von dieser Kaimauer anlegen.

Bei heftigem SW-Wind und erkennbaren Anzeichen einer Sommernewera wird empfohlen, die Anlegestelle zu verlassen und in den S-Hafen einzulaufen. Im S-Hafen (Sa-

bionera) sind die Außenseite und ein Teil der Innenseite des knieförmigen Wellenbrechers für Fahrgastschiffe und Touristenschiffe reserviert; andere Schiffe können an der Mole am Fuß des Wellenbrechers oder an der Kaimauer anlegen. Für kleinere Schiffe und Yachten wird empfohlen, Anlegeplätze in der Marina aufzusuchen. Bei heftigen E- und W-Winden steht entlang des Wellenbrechers und an der Außenseite des Wellenbrechers starker Strom, der das Anlegemanöver behindert.

Einrichtungen: Ganzjährig geöffneter Einklarierungshafen, Zollamt, Hafenamt-Zweigstelle, Post, Krankenhaus für orthopädische Chirurgie, Ambulanz und Apotheke, mehrere Hotels, Banken.

Versorgung: Wasseranschlüsse (Zapfstellen) an Molen im Nord- sowie Südhafen. Eine Tankstelle (Diesel, Super) im Nordhafen an der W-Ecke der Kaimauer. Lebensmittel und sonstige Waren in den Geschäften in der Stadt.

Im südlichen Teil der Insel Mašćin, verbunden über einen schmalen Sanddamm mit Crveni otok (Rote Insel), befindet sich ein FKK-Camp.

Auf der Halbinsel Muntrav, S-lich von Rovinj, erstreckt sich der Naturschutzpark „Muntrav" mit seltenen Exemplaren mediterraner Vegetation und schönen Badestränden.

Service: Eine Werft im SE-Teil des Südhafens, die Reparaturen an Holzbooten sowie an Bootsmotoren ausgeführt. Slip für Fahrzeuge bis zu 400 GT.

Sehenswürdigkeiten: Kirche der Hl. Euphemia (1736, anstelle einer frühchristlichen Kirche), Kapelle der Hl. Dreifaltigkeit (Sveto Trojstvo, XIII. Jh.), Loggia (1592), Uhrturm und der barocke Balbi-Bogen (1680), Rathaus (XVII. Jh., Museum).

Zahlreiche Gebiete um Rovinj sind Naturschutzreservate: der Wald und der Park von Zlatni rt, die Halbinsel vor der Stadt und ein größeres Gebiet an der Küste.

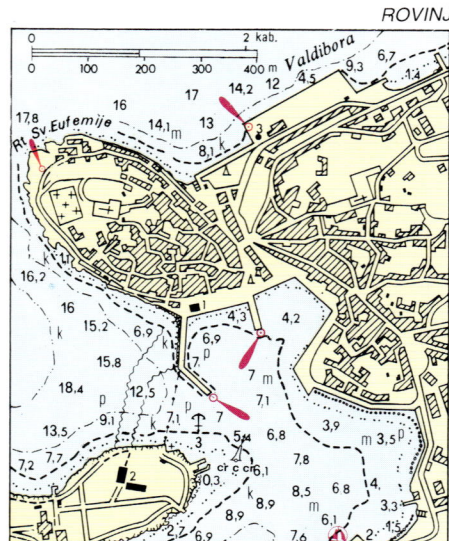

ROVINJ

MARINA ROVINJ (ACI) (45°04,06'N 013°38,04'E), ganzjährig geöffnet, liegt im SE-Teil (Monte Mulin) des Hafens Rovinj, neben der Schiffswerft, von einem Kiefernwald umgeben, 1 km vom Zentrum der Stadt entfernt. Das Eiland Sv Katarina und ein 300 m langer knieförmiger Wellenbrecher schützen die Maria vor allen Winden, nur nicht vor dem SW-Wind, der selten, aber gefährlich im Herbst und im Winter weht. Der W-Wind entwickelt starken Wellenschlag.

Liegeplätze: 400 Liegeplätze für Yachten bis 25 m Länge und 100 Landstellplätze.

Ankerplatz in der Bucht Valdibora (N-lich des Kirchturms der Kirche der Hl. Euphe-

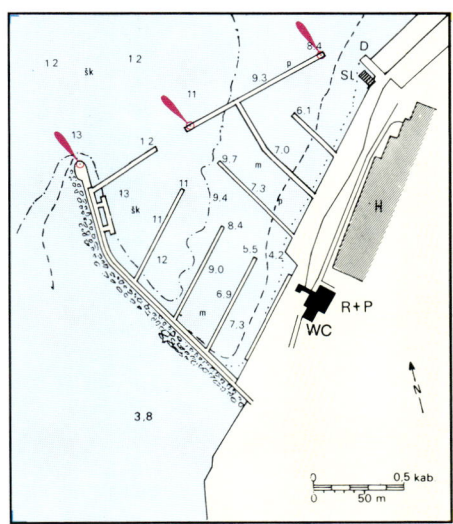

MARINA ROVINJ

mia, WT: 20–24 m in ca. 300 m Entfernung vom Ufer). Empfehlenswert ist der Ankerplatz vor dem Südhafen, 500 m NW-lich der Insel Sv Katarina, 600 m SW-lich der Insel Banjol oder 300 m SSW-lich von Sv Katarina. Kleine Schiffe und Yachten gehen etwas östlicher vor Anker. Bei Bora gehe man in der Bucht Sabionera (S-Hafen), S-lich von Sv Katarina (WT: 6–15), vor Anker.

Versorgung: Marinabüro, Wasser- und Stromanschlüsse, Telefon, Restaurant, Hotel, Geldwechsel, Geschäfte, WC mit Duschen, Wäscherei, Sportausrüster, Charterbasis, Parkplatz.

Service: Kran (10 t), Slipanlage, Wasser- und Stromanschlüsse an den Stegen. In den Werkstätten der Marina können alle Reparaturen an Bootsrümpfen und Motoren ausgeführt werden. Große Reparaturen übernimmt die Werft in Rovinj.

Ständiger Wetter- und Sturmwarnungsdienst im Marina-Büro.

SVETI ANDRIJA oder **CRVENI OTOK** (45°03'N 013°37'E). Kleiner Hafen und Hotelsiedlung auf der gleichnamigen Insel, 1,5 sm S-lich von Rovinj.

Ansteuerung: Zur Orientierung dient der Leuchtturm auf dem Felsen Ivan na pučini, ein achteckiger Turm neben dem einstöckigen Wärterhaus (weiße Blitze).

Hinweis: Bei Annäherung an die N-Küste beachte man die Untiefe, die durch eine gelbe Stange mit einem schwarzen Streifen in der Mitte (100 m W-lich von der Klippe Samer) und einem Doppelkegel mit zueinander gerichteten Kegelspitzen als Toppzeichen gekennzeichnet ist. Von der N-Küste der Insel bis zur Spitze Kurent auf dem Festland liegen ein Unterseekabel und eine Rohrleitung.

Liegeplätze: In der nördlichen Bucht liegen die Molen: Die südliche ist für kleinere Schiffe und Yachten vorgesehen, die Mole vor dem Hotel in der N-Bucht ist den Winden und dem Seegang aus den NE- und NW-Quadranten ausgesetzt, wobei die südliche Bucht nur dem SW- Wind ausgesetzt ist. WT am Molenkopf ca. 3 m und an den Köpfen der SW-und NW-Pier in der südlichen Bucht ca. 2,5 m; in diesem Hafenteil ist überwiegend flaches Wasser. Man kann vor Buganker liegen an der Pier in der N-Bucht und an beiden Piers im südlichen Hafenteil anlegen.

Versorgung: Wasserzapfstelle im S-Hafen, weitere Bedarfsartikel in Rovinj.

FAŽANSKI-KANAL. Der Fažanski-Kanal ist das Seegebiet zwischen dem Festland und der Inselgruppe Brijuni; nördlich begrenzt durch die Verbindungslinie: Rt Barbariga – Klippe Kabula; südlich: die Linie Rt Proština – Rt Peneda.

Ansteuerung: Die Festlandsküste ist sehr steinig mit zahlreichen 200–400 m von der Küste entfernten Untiefen und Riffen. Um die Inseln steht flaches Wasser. Bei der Annäherung ist Brijuni mit seinen charakteristischen Gebäuden und der Vegetation auf den Inseln unübersehbar .

Vorsicht ist geboten beim Riff Kabula auf dem NW-Teil von Brijuni (schwarz-gelber Turm mit Pfeiler und Galerie und 2 schwarze Kegeln mit nach oben gerichteten Kegelspitzen, weißes Feuer), bei der Untiefe Mrtulin an der E-Seite der N-Einfahrt (schwarz-rot-schwarze Spierentonne mit zwei schwarzen Bällen), bei der Untiefe S-lich von Fažana (2 grüne Spitztonnen), bei der Untiefe Saluga S-lich von der Einfahrt in den kleinen Hafen Brijuni (roter Rundturm mit Pfeiler und Galerie, Sektorenlicht: roter Sektor = Gefahrenbereich) und bei der Untiefe Rankun E-lich von der gleichnamigen Landspitze auf Veliki Brijun (rote Leuchttonne) und schließlich bei der Untiefe Kotež E-lich von der Untiefe Rankun (grüner Turm mit Pfeiler und Galerie).

Liegeplätze: Es gibt mehrere Ankerplätze – besonders bei SW- und SE-Winden – für kleinere Schiffe im Kanal: Vor der Bucht Marić, vor den Häfen Fažana und Brijuni und in den Buchten Verige und Runci. Bei NW-Wind steht Seegang im N-Teil und bei SW- und SE-Winden im S-Teil des Kanals. Es herrscht stetige NW- Strömung. Zur Flutzeit und bei südlichen Winden steht Strom bis zu 3 kn.

Hinweis: Zwischen dem Hafen Fažana

und der Insel Veliki Brijun sind mehrere Unterwasserkabel und Rohrleitungen verlegt.

FAŽANA (44°56'N 013°48'E). Ansiedlung und kleiner Hafen an der E-Küste des Fažanski-Kanals.

Ansteuerung: Zur Orientierung dient der gut sichtbare Kirchturm. Der Hafen ist gegen N-Wind mittels eines Wellenbrechers (am Kopf ein roter zylindrischer Turm mit rotem Feuer) und an der S-Seite mittels einer Mole gesichert (am Kopf ein weißer, zylindrischer Turm mit grünem Feuer). Wenn man aus südlicher Richtung den kleinen Hafen ansteuert, dann beachte man das flache Riff, das sich bis zu 400 m vom Ufer erstreckt. Der westliche Rand der gefährlichen Untiefen ist durch zwei grüne Spitztonnen gekennzeichnet. Beim Einlaufen sind sie steuerbords zu lassen.

Liegeplätze: Der Hafen ist vor Winden und Seegang aus den NE-und SE-Quadranten geschützt. Winde aus W und NW werfen dort gefährlichen Seegang auf. Im Hafen können nur kleinere Yachten (Boote) an den Pieren anlegen. Wassertiefe an der kleineren Pier ca. 2 m und an der südlichen Pier 3,5–4 m. Ein Ankerplatz befindet sich ca. 0,3 sm NW-lich vom Hafen.

Versorgung: Hotel, Restaurants, Ambulanz, Wasser- und Stromanschlüsse auf der Pier.

BRIJUNI Inselgruppe (Veliki Brijun, Mali Brijun, 11 kleinere Inseln und unzählige Felsen und Riffe), die der Fažanski-Kanal vom Festland trennt.

Ansteuerung: Die Festung auf dem Gipfel der Insel Veliki Brijun; Küstenfeuer auf Rt Peneda (weißes Gleichtaktfeuer); schwarzgelber Turm mit schwarzem Pfeiler und Galerie und 2 schwarzen Kegeln mit nach oben gerichteten Kegelspitzen (weißes Feuer) auf der Klippe Kabula (s. Fažanski-Kanal).

Sperrgebiet: Das Gebiet rund um die Inseln Brijuni gilt als Zone, in der Schiffahrt und Aufenthalt verboten sind. Im einzelnen ist dieses Gebiet begrenzt durch folgende Linien:
Zone I
A (44°55,6'N 013°44,4'E) – Kap Vrbanj
B (44°55,9'N 013°44,1'E) – Kap Kadulja
C (44°55,8'N 013°43,9'E) – Insel Supinić
D (44°54,8'N 013°42,2'E)
E (44°52,6'N 013°45,1'E)
F (44°53,2'N 013°46,0'E)
G (44°53,6'N 013°45,9'E) – Kap Kamnik
Zone II
A (44°54,3'N 013°47,0'E) – Kap Kavran
B (44°54,2'N 013°46,6'E) – Kap Kozlac
S-lich der Insel Veliki Brijuni ist das Ankern in einer kreisförmigen Zone mit einem Radius von 2 sm (Mittelpunkt auf 44°51,2'N 013°44,4'E) verboten.

Sehenswürdigkeiten: Die Inseln sind seit dem Altertum bewohnt. In der Römerzeit (ab dem II. Jh. v. Chr.) besonders entwickelt; Überreste einiger Siedlungen, ein Palast in der Bucht Verige, Reste eines Venustempels und Ruine einer Basilika (VI.

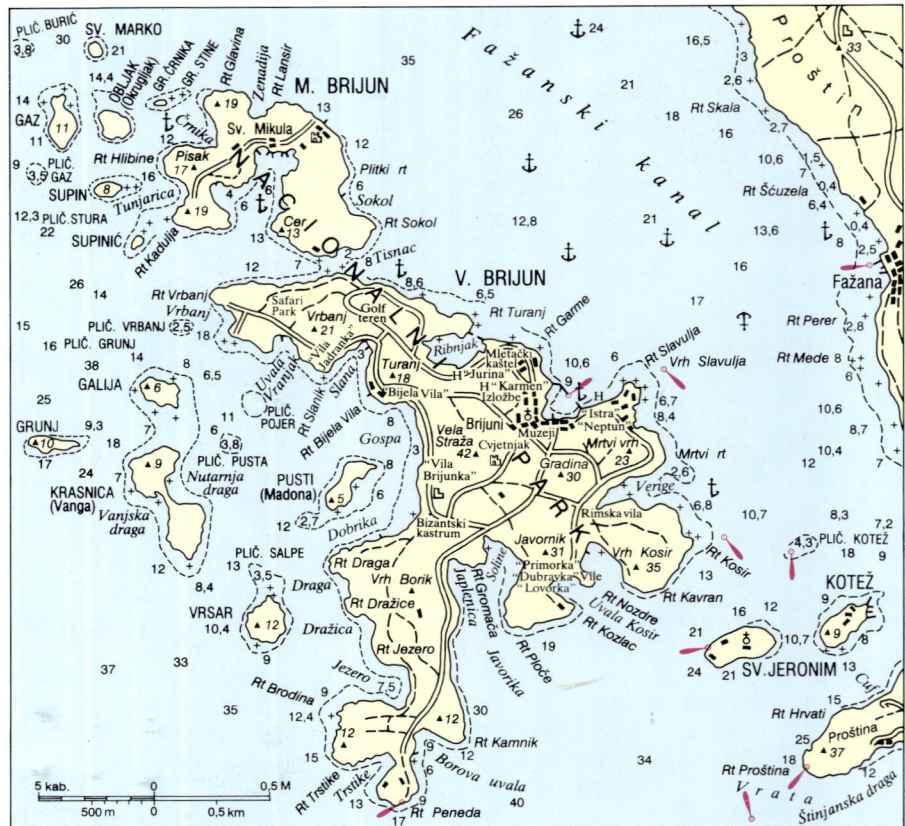

INSELGRUPPE BRIJUNI

Jh.). Aus dem Mittelalter stammen ein byzantinisches Kastell (Militärstützpunkt) und eine dreischiffige Basilika des Benediktinerordens. Die Venezianer beuteten die Steinbrüche auf der Insel Jerolim aus und bauten an einigen Stellen Befestigungswerke. Während der Malaria-Epidemie im 17. Jh. wurden die Inseln fast vollkommen entvölkert. Ende des 19. Jhs. beginnt die Gesundung des Gebietes durch die Tätigkeit von Dr. Robert Koch. Es wurden Hotels und Fremdenverkehrseinrichtungen gebaut. Exotische und Mittelmeerpflanzen wurden angepflanzt.

Das Befahren des Naturschutzgebietes (das heißt des gesamten Archipels) ist laut Infoblatt des Hotels „Jadran" auf Brijuni nur mit dem Ziel des Anlegens im Hafen gestattet. Das Anlegen und/oder Übernachten kostet – unabhängig von Schiffsgröße oder Personenzahl – Liegegeld. Kurzfristiges Anlegen ist nicht gestattet.

PULA (44°52'N 013°50'E). Stadt mit Marina am SW-Ende der Halbinsel Istrien. Der Hafen liegt in einer großen, durch eine Halbinsel und einen Wellenbrecher gut geschützten Bucht.

Ansteuerung: Als Landmarken dienen die Signalstation auf dem Hügel Mužilj (auf der Halbinsel südlich von der Hafeneinfahrt), das rote Feuer Proština, N-lich von der Einfahrt (viereckiger Steinturm mit rotem, oberem Teil), das grüne Feuer am Kopf des Kumpar-Wellenbrechers (grüne Bake mit Galerie) und das Küstenfeuer Peneda (viereckiger Turm neben dem Wohnhaus; weißes Gleichtaktfeuer). Bei nächtlicher Ansteuerung halte man mitten durch die Einfahrt neben Rt Proština und setze den Kurs auf das rote Feuer auf der S-Spitze des Eilandes Andrija. Kommt die freie Durchfahrt zwischen den Eilanden Andrija und Katarina in Sicht, dreht man in diese Durchfahrt ein und steuert zwischen den beiden Eilanden und den zwei Feuerbakenpaaren (Backbord rot, Steuerbord grün) in das Ostbecken des Hafens.

Sonderbestimmungen: Im Hafengebiet, begrenzt durch die Verbindungslinien Rt Proština – Rt Kumpar und der Verbindungslinie Insel Andrija – Halbinsel Sv Petar, ist die Fahrtgeschwindigkeit auf unter 8 kn und von dort ab auf unter 5 kn herabzusetzen. Schiffe und Yachten müssen die an der Werft „Uljanik" festgemachten Fahrzeuge mit möglichst großem Abstand passieren. In der Durchfahrt zwischen den Eilanden Andrija und Katarina haben die aus dem Hafen auslaufenden Schiffe Vorfahrtsrecht. Diese Durchfahrt darf nur mit beigesetzter Maschine durchsegelt werden. Jede Annäherung an die Inseln Andrija und Katarina sowie an die Küste zwischen der E-Spitze und der Bucht Fižela vela (Lučica) und an die Piers in der Bucht Pod Stine bei Rt Kumpar unter 50 m ist allen Schiffen untersagt.

Die Halbinsel Petar und die Eilande Andrija und Katarina teilen den Hafen in den Außen- und Innenbereich.

Liegeplätze: Im Ostteil des Innenhafens (Handelshafen) können Yachten an der Mole „Rijeka" (WT: 3,5–7,9 m), in der Marina und S-lich am Kai (WT: 2,5–6,0 m) festmachen. Ankermöglichkeit ca. 400 m NW-lich von der Mole „Rijeka" (WT: 8,5 m).

Einrichtungen: Ganzjährig geöffneter Einklarierungshafen, Hafenamt, Zoll, Verkaufsstelle von Seekarten und Publikationen, Bahnhof, Flughafen, Post, Ambulanz, Krankenhaus, Apotheken usw.

Versorgung: Wasseranschluß und Tankstelle auf der kleinen Mole vor dem Hafenamt. Teile für Schiffsausrüstung sind im Lagerhaus „Brodokomerc" erhältlich. Am Fuß der Mole Rijeka steht ein elektrischer Kran (15 t). Die Werft „Uljanik" führt Reparaturen an Schiffen und Motoren aus, ebenso die Werft „Crvena Zvijezda".

Fähre: Pula – Mali Lošinj – Silba – Zadar

Veranstaltungen: Anfang Juli findet die Istria-Regatta statt (Pula – Poreč – Umag – Rovinj – Pula). Im Juli wird alljährlich in der altrömischen Arena ein Filmfestival einheimischer Filme veranstaltet.

Sehenswürdigkeiten: Kastell (nach 177

PULA

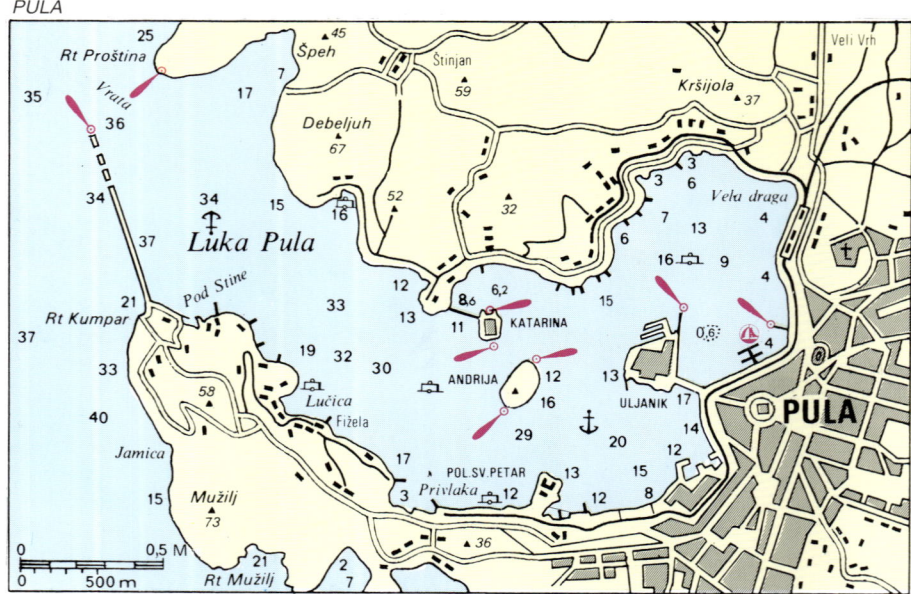

46

v. Chr., Umbauten im XIII. Jh. und 1631), römisches Amphitheater (I.-II. Jh., für 23 000 Zuschauer), Triumphbogen der Familie der Sergier (I. Jh. v. Chr.), Porta Gemina (II./III. Jh.), römisches Mosaik „Bestrafung der Dirke" (I. Jh.), Augustustempel (I. Jh.), Kathedrale (IV./V. Jh., Umbauten im XV. Jh. und 1640), Kapelle der Basilika St. Maria Formosa (um 556, mit Mosaiken), Kirche des Hl. Franziskus (XIV. Jh., Polyptychon), Rathaus (1296, restauriert 1651), Archäologisches Museum Istriens.

MARINA PULA (ACI) (44°52,6'N 013°50'E) befindet sich im SE-Teil des Stadthafens. Ganzjährig geöffnet.

Ansteuerung: Nachts auf den Leuchtturm südlich der Insel Andrija (rotes Feuer) zusteuern, bis man die Durchfahrt zwischen den Inseln Andrija und Katarina erkennen kann.

Liegeplätze: 200 Liegeplätze für Yachten bis 25 m Länge an Schwimmstegen, die von der Mole „Istra" abzweigen (WT: 4–8 m).

Versorgung: Marinabüro, Wasser- und Stromanschlüsse, Telefon, Restaurant, Geldwechsel, Café-Bar, Duschen/WC, kleiner Parkplatz, Tankstelle (300 m).

Service: Kran (10 t), kleinere Reparaturen an Bootskörpern und Motoren sowie Elektroinstallationen können in der Marina ausgeführt werden, größere Arbeiten in der Werft „Uljanik" (Pula).

PULA

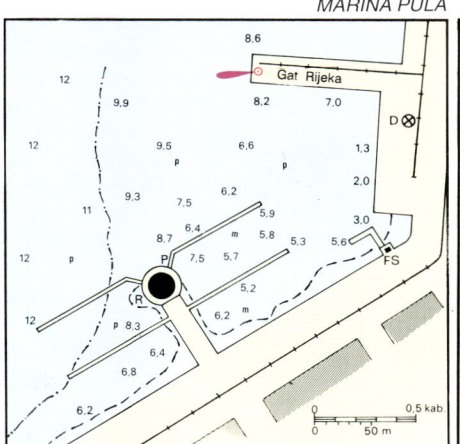

MARINA PULA

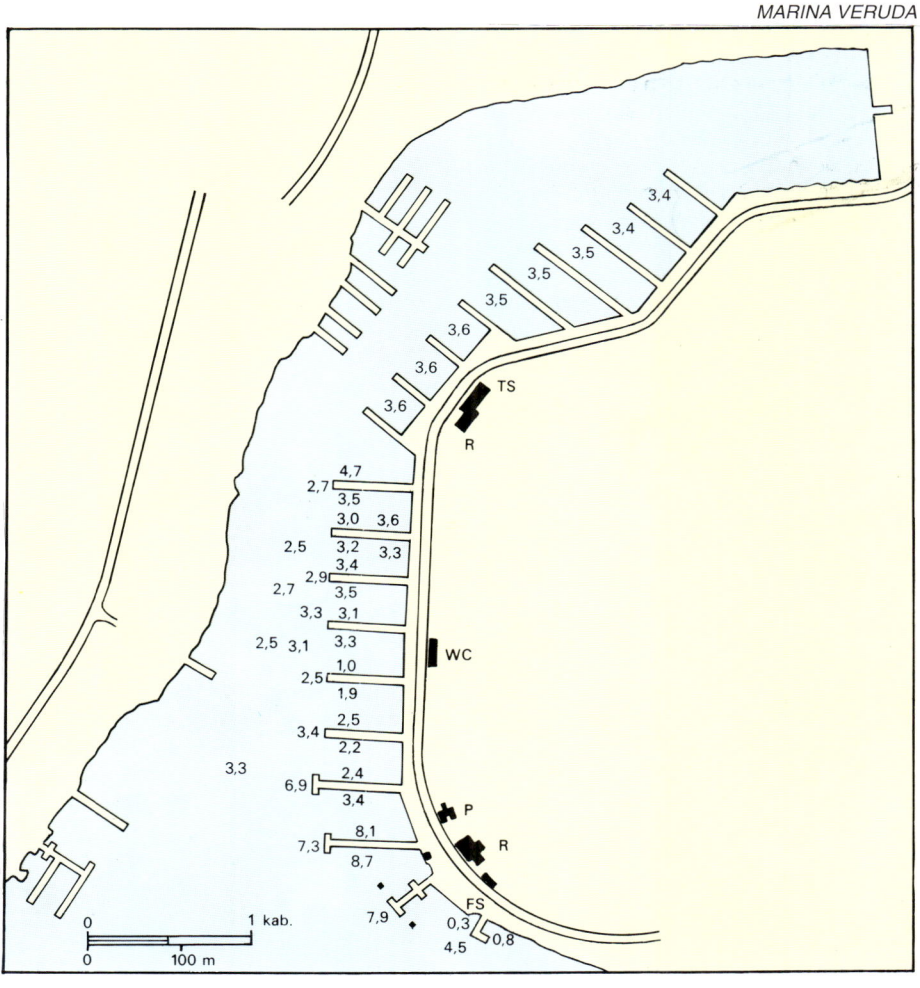

MARINA VERUDA

LUKA VERUDA (44°50'N 013°50'E). Ein sicherer, 3,2 sm von Rt Kumpar (ca. 4 sm S-lich von Pula) entfernter, vor allen Winden und Seegang geschützter Hafen.

Ansteuerung: Als Landmarken dienen der weiße Turm mit roter Spitze (rotes Feuer) und Galerie neben einem Haus auf Rt Verudica, die Klosterruine auf der Insel Veruda, die Gebäude des Hotelkomplexes auf der NW-lichen Spitze der Einfahrt und das Verwaltungsgebäude der Marina.

Hinweis: Beim Einlaufen beachte man die Untiefe mit Klippen unter Wasser ca. 150 m SW-lich von Rt Verudica. Wegen der flachen Stellen am Küstenstrich setze man den Kurs in die Mitte der Bucht ab.

Liegeplätze: In der Marina Veruda.

47

VERUDA

MARINA VERUDA (44°49,8'N 013°50,1'E) liegt an der E-Küste der nördlichen Bucht im Hafen Veruda, 3,5 sm S-lich von der Stadt Pula, vor allen Winden und Seegang geschützt. Lediglich die äußerste Pier ist S- und SW-Winden ausgesetzt, max. WT 6 m.

Liegeplätze: 630 Liegeplätze für Schiffe bis zu 25 m Länge an 17 Stegpiers (durchschnittliche WT: 3,5 m) und 150 Landstellplätze bis 15 m Länge.

Ein guter Ankerplatz nördlich der Marina (WT: 4–5 m). Wetterberichte und Seefahrtsnachrichten sind in der Marinaverwaltung erhältlich bzw. werden ausgehängt.

Versorgung: Marinabüro, Telefon, Wasser- und Stromanschlüsse, Restaurant, Hotel (500 m), Café-Bar, Supermarkt, WC/Duschen, Wechselstube, Tankstelle, Charterbasis. An der W-Küste der Bucht ist eine Feriensiedlung mit Geschäften.

Sportgelände „Arenaturist": Tennis, Basketball, Minigolf, Bowling.

Service: Elektrokran (50 t), Aufsicht, Wartung, Reinigung und Service für Motoren, Segelreparaturen und Elektroinstallationen. Größere Reparaturen auf der Werft „Uljanik" in Pula.

PORER: B Bl (3) 15s 35m 25M

PALTANA (44°49'N 013°52'E) Bucht mit der Ansiedlung Banjole, ungefähr 5,5 sm SE-lich von Pula.

Ansteuerung: Als gute Orientierungspunkte bei der Ansteuerung dienen eine Steinpyramide mit einer Stange und einem Kegel (Bezeichnung der Seemeilenstrecke) und der hohe Antennenmast an der südlichen Spitze der Einfahrt. Ca. 300 m vor der Einfahrt in die Bucht sind zwei Tonnen verankert.

Liegeplätze: Die Bucht ist allseits vor Winden und Seegang geschützt, außer vor Winden aus NE und SW. Im N-Teil der Bucht befindet sich eine gemauerte Mole (WT: 2–4 m), an der Boote anlegen können. Weitere Anlegemöglichkeit an der kleinen Pier vor der Fischkonservenfabrik (WT: 1,2–3 m). Ankerplatz in der Mitte der Bucht (WT: 4 m).

MEDULINSKI ZALJEV (44°46'N 013°55'E bis 44°49'N 014°00'E). Im S-Teil der Halbinsel Istrien liegt zwischen Rt Kamenjak und Rt Marlera die Bucht von Medulin. Die Halbinsel Kašteja teilt sie in zwei Teile. Der innere Teil ist seicht und nur für kleinere Schiffe (Yachten) bis zu 5 m TG befahrbar.

Ansteuerung: Zur Ansteuerung dienen als Landmarken der Kirchturm des Ortes Premantura, die zweitürmige Kirche von Medulin, der Steinturm über dem Wärterhaus auf der Klippe Porer (weißes Feuer), der viereckige Turm mit einem Haus an der Landspitze Marlera (weißes Feuer) und eine rotweiße Pyramide auf der Insel Fenera.

Bei der Einfahrt in die Bucht ist wegen der folgenden vielen Untiefen größte Vorsicht empfohlen:

Untiefe Fenera, NW-lich der Insel Fenera, durch eine rot-schwarze Eisenstange mit zwei schwarzen Bällen als Toppzeichen gekennzeichnet;

Untiefe Konjina, SE-lich der Insel Ceja, durch eine gelb-schwarze Stange mit zwei Kegeln mit nach unten gerichteten Spitzen als Toppzeichen gekennzeichnet;

Untiefe Ceja, SW-lich der Insel Ceja, durch eine grüne Stange mit einem grünen Kegel als Toppzeichen gekennzeichnet;

Untiefe Gajdaruša, WNW-lich der Insel Ceja, durch eine rote Stange mit einem roten Zylinder als Toppzeichen gekennzeichnet.

Hinweis für die Ansteuerung: Wenn man von W her den Medulinski zaljev ansteuert, liegt der sicherste Kurs für kleine Schiffe zwischen der Untiefe Albanež und der Klippe Porer (beide befeuert). Man kann auch zwischen der Festlandsküste (Rt Kršine) und der Klippe Porer fahren, dann sind aber die gefährliche (unmarkierte) riffige Untiefe Veliki Balun und die Untiefe Fenoliga (roter Rundturm mit rotem Feuer) zu beachten; WT auf der Wasserstraße ca. 8 m. Ca. 250 m S-lich von Rt Kršina liegt die Untiefe Kršine, die durch eine Stange mit zwei schwarzen Kegeln mit nach unten gerichteten Spitzen gekennzeichnet ist. Die Fahrt führt sodann in Richtung der Insel Fenera, die südlich zu umfahren ist. Dann steuere man die Durchfahrt zwischen den Eilanden Bodulaš und Ceja (im weißen Sektor des Feuers auf Rt Munat, roter Rundturm) an. Man kann auch zwischen Rt Kamenjak und der Insel Fenera fahren; der Kurs führt E-lich an der Insel Šekovac vorbei, dabei läßt man die Untiefe Ceja (durch eine grüne Stange mit einem Kegel als Toppzeichen markiert) an Steuerbord. Dann steuere man die Kirchtürme in Medulin, E-lich der Insel Trumbuja an. Im Innenteil der Bucht hält man Kurs auf die Durchfahrtsmitte zwischen Rt Munat und Rt Kašteja. Hat man die Insel Trumbuja querab, steuert man in der Mitte der Enge mit der Insel Pomerski Školjić recht voraus, bis Einzelheiten der Marina klar in Sicht kommen. In die Marina steuert man ein, indem die Insel Premanturski Školjić backbords gelassen wird. Bei nächtlichem Einlaufen ist höchste Vorsicht geboten.

Der äußere Teil der Bucht ist Winden aus S-Richtung ausgesetzt, die trübes Wetter bringen. Die Bora weht in der Bucht sehr stark und anhaltend. Anzeichen von kommendem Schlechtwetter sind Wolken über dem Berg Osorśćica (Insel Lošinj).

Im N-Teil der Bucht befindet sich eine Muschelzucht. Zwischen Rt Munat und Rt Kašteja sind Unterseekabel und Rohrleitungen verlegt.

Liegeplätze: Für größere Yachten ist der Ankerplatz zwischen den Eilanden Ceja und Trumbuja mit 20 m WT geeignet; für kleinere Yachten gibt es einen vor allen Winden gut geschützten Ankerplatz in der Durchfahrt W-lich von der Halbinsel

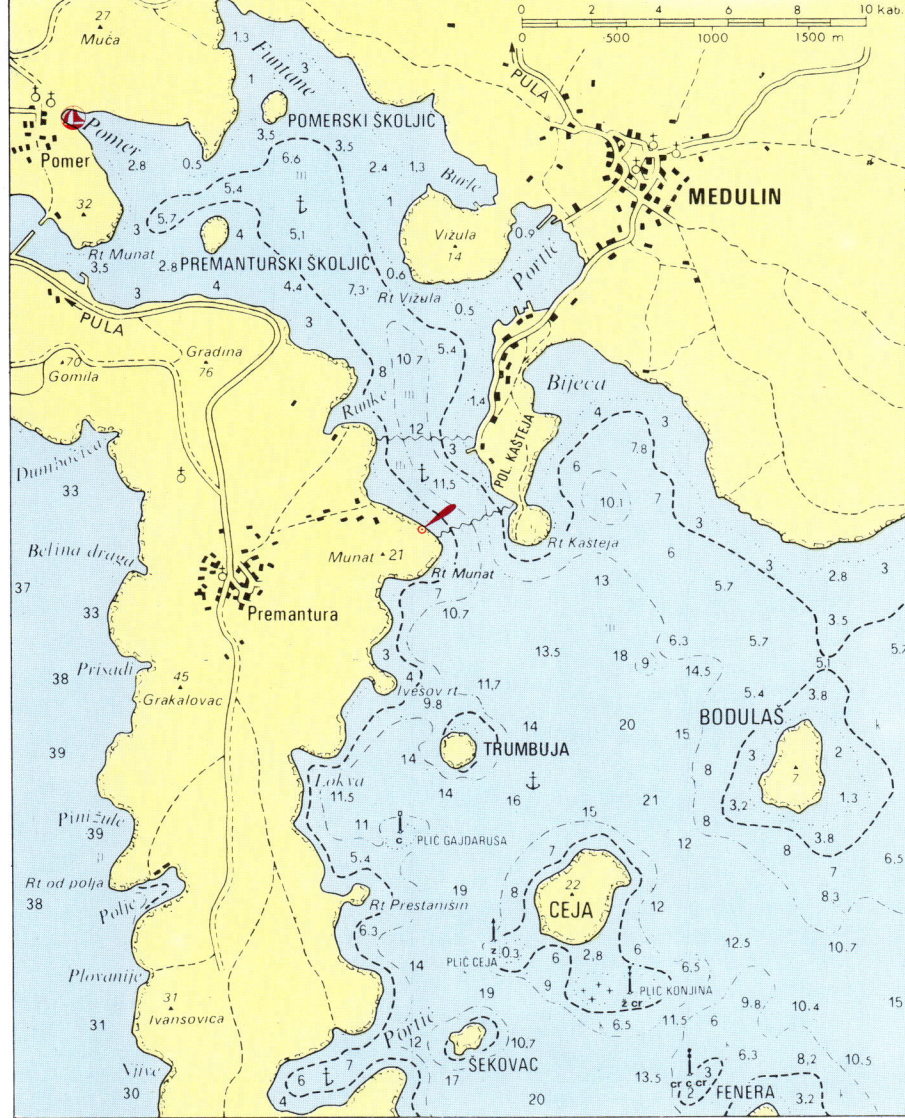

MEDULINSKI ZALJEV

Kašteja und S-lich der Insel Pomerski Školjić. Kleinere Schiffe können an zwei Piers in der Bucht Runke (WT: 3 m) oder gegenüber am E-Ufer entlang des Stegs mit dem Kran (WT: 2,5 m) festmachen (dort Gasnachfüllstation, Supermarkt, Restaurant).

Versorgung: Lebensmittel, Wasser ist auf Rt Kašteja, Treibstoff in Medulin, wo sich auch das Postamt und die Ambulanz befinden.

Sehenswürdigkeiten: Römische Siedlung Mutila (Landhäuser); auf der Halbinsel Vižula römische Gräber und Thermen.

MARINA POMER (ACI) (44°49'N 013°54'E) liegt in der äußersten NW-lichen Bucht des Medulinski Zaljev, S-lich vom Ort Pomer, 10 km von Pula. Ganzjährig offen.

Ansteuerung: In der Bucht Medulin, an deren Ecken das Kap Kamenjak und das Kap Marlera liegen, gibt es zahlreiche gefährliche Klippen. Um in die Bucht einzufahren, sollte man den Hauptkanal benutzen, der E-lich der Insel Fenera und

zwischen den Inseln Ceja und Bodulaš hindurchführt. Nachts bedeckt der weiße Sektor des Leuchtturms am Kap Bodulaš den Kanal.

Bei anhaltendem Schirokko läuft Schwell in die Marina; die Winde Bora und Tramontana erschweren das Einlaufen. Ein guter Ankerplatz liegt östlich von der Verbin-

dungslinie Pomerski Školjić – Premanturski Školjić (WT: 6–8 m).

Liegeplätze: 250 Liegeplätze für Yachten bis zu 25 m Länge an 5 Stegen (WT: 2–2,8 m) und 90 Stellplätze an Land.

Versorgung: Marinabüro, Restaurant, WC und Duschen mit Warmwasser, Wasser- und Stromanschlüsse, Parkplatz auf dem Weg vor dem Marinagebäude, Geldwechsel, Supermarkt (700 m).

Service: Kran (10 t), Slip, Werkstatt für kleinere Bootsreparaturen.

Ständiger Sturmwarnungsdienst, Wettervorhersage.

OSTKÜSTE ISTRIEN

KUJE (44°49'N 013°59'E). Bucht für kleinere Schiffe und Yachten an der SE-Küste Istriens (SE-lich von Ližnjan); vor allen Winden außer denen aus NE geschützt.

Hinweis: Bei der Ansteuerung beachte man die Untiefe und Klippe Sika SE-lich vom Hafen, 600 m von der Küste entfernt. Nachts ist die Lage der Untiefe sowie der Klippe durch den verdunkelten Sektor des Feuers Marlera gekennzeichnet.

VINJOLE (44°55'N 014°02'E). Bucht und Zufluchtshafen für kleinere Schiffe und Yachten an der SE-Küste Istriens. Den Winden und dem Seegang aus SE ausgesetzt. Die Bora kann ebenfalls stark einfallen.

Hinweis: Bei der Ansteuerung sind die Untiefen in der Mitte der Einfahrt in die Bucht zu beachten (WT: 0,3 m).

Einrichtung: Appartement-Hotelanlage „Duga Uvala", Hotels, Restaurants.

KRNIČKA LUKA oder **KRNICA** (44°57'N 014°03'E). Bucht und kleine Ansiedlung in der W-Einfahrt der Bucht von Raša (SE-Küste Istriens); vor allen Winden – außer SE-Winden – geschützt.

Liegeplätze: Für kleine Yachten bietet sich am Ende der Bucht ein guter Ankerplatz (WT: 7,5–9 m), wo auch ein kleiner Kai vorhanden ist.

Versorgung: Lebensmittelladen und Restaurant im Ort.

MARINA POMER

KRNIČKA LUKA

ZALJEV RAŠA (44°57'N 014°03'E bis 45°02'N 014'°05'E). Tief ins Land einschneidende Bucht, an deren Ende der Fluß Raša ins Meer mündet.

Ansteuerung: Bei der Ansteuerung können als Landmarken dienen der Kirchturm im Ort Krnica, der weiße Eisenturm auf Rt Ubac (weißes Feuer), ein roter runder Gitterturm (rotes Feuer) auf Rt Mulac und eine Steinpyramide N-lich von Rt Mulac.

Hinweis: Beim Einlaufen beachte man die Untiefe NW-lich von der Pier in der Bucht Bršica, sowie das Wrack in der Bucht Salamušćica (ca. 1,5 km NE-lich vom Dorf Rakalj).

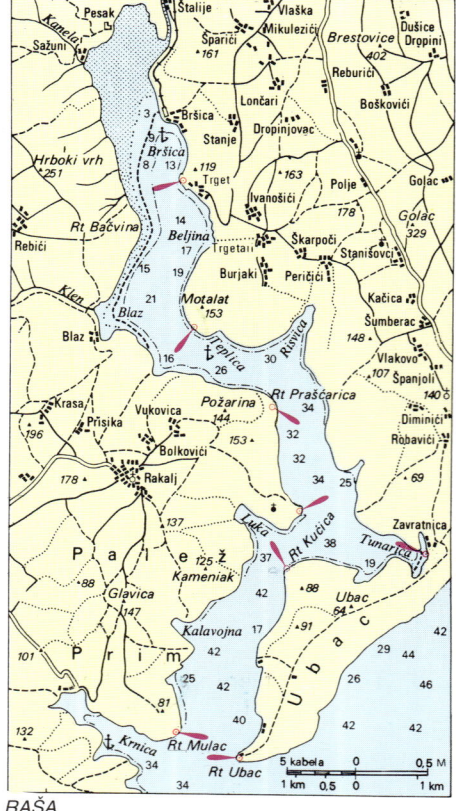

RAŠA

Ebenso beachte man den regen Verkehr von Handelsschiffen bis zu den Terminals Trget und Bršica. In den Buchten Risvica, Salamušćica und Blaž liegen unmarkierte Muschelzucht-Anlagen, die eine Gefahr für die Schiffahrt darstellen.

Die Bora fällt hier mit überfallartigen, heftigen Böen ein und verursacht Wasserwirbel. Bei starkem Jugo ist der Seegang bis zum Hafen Trget spürbar, der Endstation der Industrie-Eisenbahnstrecke von Lupoglav.

Liegeplätze: Yachten bis 6 m TG können in der Bucht Bršica und kleinere Yachten zudem im Hafen Trget S- oder SE-lich des Hafenamtes vor Buganker anlegen. Der beste Ankerplatz für größere Yachten liegt am NE-Ufer der Bucht Tunarica (ca. 2 sm von der Einfahrt). Hier weht die Bora etwas schwächer als an anderen Stellen in der Bucht. Für kleinere Yachten empfiehlt es sich, Ankerplätze an der E-Küste der Bucht, S-lich von der Bucht Risvica (hier

sind Poller zur Heckvertäuung vorhanden) sowie in der Bucht Teplica aufzusuchen. Bora weht hier sehr stark und wirbelartig. Die nicht gekennzeichneten Muschelzuchtanlagen in Risvica, Salamušćica und Blaz sind für die Schiffahrt gefährlich.

Versorgung: Im Ort Raša (10 km von Trget in Richtung Labin) sind Hafenamt-Zweigstelle, Post, Ambulanz und Apotheke vorhanden.

TRGET (45°01,4'N 014°03,4'E). Kleiner Ort am Ende der Bucht Raša.

Ansteuerung: Zur Orientierung dient der grüne Turm mit einer Stange und Galerie (grünes Feuer) auf Rt Trget, ca. 0,2 sm NW-lich des Ortes.

Liegeplätze: Kleinere Yachten können an den zwei kleinen Piers festmachen oder vor Buganker gehen. Die Bora weht heftig aus E.

Versorgung: Einklarierungshafen, ganzjährig geöffnet, Hafenamt-Zweigstelle, Wasser, Geschäfte in Raša und Labin.

BRŠICA (45°01,8'N 014°03'E). Handelshafen am Ende der Bucht Raša mit den Ortschaften Raša und Labin; Holzterminal an der E-Seite der Bucht und Viehterminal auf der T-förmigen Pier. Ganzjährig geöffnete Seegrenzübergangsstelle

Ansteuerung: Zur Orientierung dienen der steile weißliche Einschnitt hinter dem Beton-Plateau, drei Hafenkräne und der grüne Stahlturm (grünes Feuer) auf Rt Trget.

Hinweis: Die Ablagerungen des Flusses Raša verändern die Wassertiefe bis zu 1 m; in der Regenzeit, wenn der Fluß Hochwasser führt, erschwert ein starker Strom die Manöver unter Segeln bzw. das Ein- und Auslaufen.

Liegeplätze: Die Kaimauer NW-lich der Pier ist hoch. Kleinere Schiffe können nur an einigen verankerten Tonnen festmachen. Der Jugo weht sehr heftig; die Bora weht ebenso heftig und stoßartig.

Versorgung: Hafenamt-Zweigstelle, Post in Trget (1,5 km); Wasser, Geschäfte in Raša und Labin.

TUNARICA (44°58,4'N 014°05,8'E). Große Bucht an der E-Küste des Raša-Meerenge, SE-lich vom Rt Sv Mikula.

Ansteuerung: Zur Orientierung dient der rote Turm mit einer Stange und einer Galerie (rotes Feuer).

Liegeplätze: Die Bucht ist vor allen Winden geschützt. Kleinere Yachten können am Kai festmachen oder in der nördlichen kleinen Bucht vor Anker gehen (etliche Steinblöcke ermöglichen ein Liegen vor Buganker).

KOROMAČNO (44°58'N 014°07'E). Ort und Bucht an der E-Küste Istriens, W-lich von Rt Crna punta. Die Bucht bietet guten Schutz vor Bora, jedoch nicht vor starken südlichen Winden sowie dem Seegang aus SW- und SE-Richtung, so daß es bei Auf-

treten von Winden aus diesen Richtungen empfehlenswert ist, die Bucht zu verlassen und Schutz in der Bucht Raša zu suchen.

Ansteuerung: Als Landmarken dienen der weiße Käfigbau auf der Ecke des Steinhauses (weißes Feuer) auf Crna punta, der Schornstein der Zementfabrik, die Gebäude der Ansiedlung mit den Speichern im Hintergrund, die Steinbrüche auf dem Berg oberhalb der Ansiedlung und die Kräne.

Hinweis: Beim Ansteuern der ausgebauten Kaimauer ist darauf zu achten, daß man die Steinblöcke, die vor dem Molen-

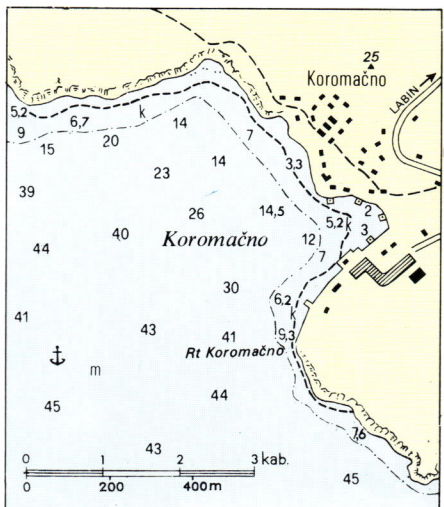

KOROMAČNO

kopf der kleinen, SW-lich sich vom Ufer erstreckenden Mole liegen, mindestens 50 m an Steuerbord läßt.

Liegeplätze: Der beste Ankerplatz für Yachten ist 0,5 sm NW-lich von Rt Koromačno.

Versorgung: Lebensmittel und Wasser in beschränkter Menge, Post und Ambulanz.

PRKLOG (45°02'N 014°10'E). Küstenabschnitt an der Landspitze gleichen Namens an der E-Küste Istriens, ca. 2 sm S-lich von Rabac, WT bis zu 39 m.

Ansteuerung: Als Landmarke dient die kleine Kapelle auf Rt Sv Marina.

Liegeplätze: Vor allen Winden, außer vor S-Winden, geschützt. Liege- und Ankerplatz für Yachten nur in Notfällen empfehlenswert (gut haltender Ankergrund), weil die Bora heftig weht und südliche Winde Wellen aufwerfen und den Liegeplatz zu einem unsicheren Aufenthaltsort machen. Kleinere Boote können am Ende der Bucht vor Buganker gehen (NE-lich der Klippen).

Hinweis: Am Ende der Bucht (vor der W-Küste) liegt ein kleines Riff, das bei Niedrigwasser aus dem Wasser ragt.

RABAC (45°06'N 014°10'E). Touristenzentrum und kleiner Hafen an der E-Küste Istriens zwischen den Landspitzen Rt Sv Andrija und Rt Sv Juraj.

Ansteuerung: Als Landmarken dienen

PRKLOG – RABAC

RABAC

der Kirchturm in Labin (NW-lich des Hafens), der viereckige Steinturm (weißes Feuer), die Bauten der Hotelanlagen auf Rt Sv Andrija. Weitere Hotels befinden sich NW-lich von Rt Sv Andrija und am Ende der Bucht. Beim Einlaufen beachte man das ca. 300 m NE-lich von Rt Sv Juraj gelegene Riff.

Liegeplätze: Die Bucht ist teilweise vor Bora, die Wellenschlag aufwirft, geschützt, sie ist jedoch S-Winden und Seegang ausgesetzt. Am N-Teil der Ostseite der Bucht befindet sich ein ausgebauter Kai, dessen Nordteil bis zur Pier (WT: 2–3 m) Fischerboote und Boote der einheimischen Bevölkerung benutzen. Die Pier (WT: 5,5–6 m) ist für Schiffahrtslinien und den Touristen-Schiffsverkehr reserviert. Der ausgebaute Kai der südlichen Pier ist für die Fähren nach Porozina reserviert (falls deren Auslaufen aus Brestova unmöglich ist). Der

südlichste Teil des Kais vor dem Hotel ist für Yachten und kleinere Schiffen vorgesehen (vor Buganker liegen). Dort gibt es Wasser- und Stromanschlüsse. Am NW-Ufer des Hafens befindet sich eine Anlegestelle beim stillgelegten Kohlenbergwerk, an der ein Anlegen bei Bora, die hier sehr stark weht, nicht zu empfehlen ist.

Der beste Ankerplatz für Yachten aller Größen liegt im NE-Teil des Hafens.

Versorgung: Hafenamt-Zweigstelle, Post, Ambulanz, Apotheke, Banken, mehrere Hotels und Hotelanlagen mit Geschäften, Lebensmittelgeschäfte, Tankstelle 500 m vom Ufer entfernt, Campingplatz „Oliva", Kran (5 t). Kleinere Reparaturen können von Firmen in Raža ausgeführt werden.

Sehenswürdigkeiten: Ruinen der Stadtmauern von 1587, einst Stelle der römischen Siedlung Albona; Bauten vom Mittelalter bis zur Barockzeit, Nationalmuseum mit archäologischen Funden. In der Nähe (5 km) liegt Dubrova, wo das „Mittelmeerraum-Bildhauersymposium" stattfindet. Skulpturensammlung.

PLOMINSKA LUKA (45°06,8'N 014°12'E). Bucht (3 sm NE-lich von Rabac) mit ausreichend und steil abfallender Wassertiefe, außer am Ende der Bucht, wo ein Fluß mündet, der den Meeresgrund schnell umgestalten kann. Der kleine Ort Plomin liegt am Ende der Bucht.

Ansteuerung: Man erkennt die Einfahrt in die Bucht an dem Motel, das auf der Landspitze Mašnjak steht, an den Kirchtürmen von Plomin und dem Schornstein des Elektro-Kraftwerkes.

Liegeplätze: Die Bora fällt hier in besonders starken und gefährlichen Böen aus SW ein, auch im Sommer, meistens völlig überraschend. Der Schirokko verursacht Schwell im Hafen. Ankern empfiehlt sich deshalb nur bei schönem Wetter (gut haltender Untergrund). Am unteren Ende der Bucht sollte man nicht ankern, weil der Untergrund dort flach und felsig ist.

Versorgung: Wasser aus der Leitung. Lebensmittel in einheimischen Geschäften.

	BAKAR	BAŠKA	CRES	CRIKVENICA	JABLANAC	KARLOBAG	KOŠLJUN PAG	KRALJEVICA	KRK	LOVRAN	MALINSKA	MALI LOŠINJ	NOVALJA	NOVI VINODOL	OLIB	OPATIJA	RAB	RIJEKA	SELCE	SENJ	SILBA	
		28	30	11	41	55	68	3	24	15	12	59	53	17	61	14	42	10	13	26	61	BAKAR
			43	17	18	31	45	26	12	34	25	42	30	12	38	36	18	33	16	7	38	BAŠKA
				34	59	68	63	28	34	23	26	34	55	40	51	26	51	27	35	48	47	CRES
					30	43	60	9	27	20	16	57	45	5	53	20	33	16	2	14	53	CRIKVENICA
						14	35	39	24	47	39	36	20	25	30	48	8	46	29	17	29	JABLANAC
							31	53	40	58	51	49	30	39	40	61	21	59	42	31	40	KARLOBAG
								66	47	66	58	35	16	56	18	70	30	68	59	50	18	KOŠLJUN PAG
									23	13	10	57	51	15	59	13	40	8	11	24	59	KRALJEVICA
										24	15	43	33	23	40	26	23	24	26	17	40	KRK
											15	50	53	26	60	3	41	7	23	34	59	LOVRAN
												53	43	22	51	16	33	13	18	30	51	MALINSKA
													25	53	22	53	31	54	56	47	18	MALI LOŠINJ
														41	13	55	16	53	44	35	13	NOVALJA
															49	26	29	21	4	10	49	NOVI VINODOL
																63	25	61	53	43	4	OLIB
																	44	5	23	34	63	OPATIJA
																		43	33	23	24	RAB
																			17	30	60	RIJEKA
																				13	53	SELCE
																					43	SENJ
																						SILBA

ENTFERNUNGSTABELLE

HÄFEN AM FESTLAND

MOŠĆENIČKA DRAGA (45°14'N 014°15'E). Kleiner Ort im Golf von Rijeka, 7,5 sm N-lich der Einfahrt zu dem Hafen Plomin.

Ansteuerung: Zur Orientierung dienen: Hoch über der Bucht die Gebäude und der Kirchturm des Ortes Mošćenice, der grüne Turm mit einer Stange (grünes Feuer) auf der SE-Ecke des Kais, die markante Talsenke, die sich von den Bergen bis zur See erstreckt. Nachts orientiert man sich an dem grünen Hafenfeuer auf der SE-Ecke des Wellenbrechers.

Liegeplätze: Die Bucht ist allen Winden, außer jenen aus dem NW-Quadranten ausgesetzt. In der Winterzeit weht ein starker ESE-Wind. Während des Sommers treten vielfach Gewitterstürme auf. Manchmal weht der Maestrale sehr stark aus südlicher Richtung und ist beim Anlegen sehr hinderlich. Die Wolkenkappe oberhalb des Berggipfels Učka ist das Anzeichen eines herannahenden Gewitters aus südlicher Richtung. Yachten können an der Kaimauer des Hafens vor Buganker liegen, aber nur bei gutem Wetter. Der kleine Innenhafen kann nur eine begrenzte Anzahl kleiner Fahrzeuge aufnehmen.

Versorgung: Hafenamt-Zweigstelle, Post, Ambulanz, eine große Hotelsiedlung, Campingplatz, Lebensmittel und Wasser, Kran (3,5 t).

Sehenswürdigkeiten: Mošćenica (mittelalterliches, befestigtes Städtchen, Wehrturm und Stadttor, Loggia aus d. XVII. Jh.); Kirche des Hl. Andreas (von 1780–90, mit barockem Inventar und Museum) – 1,8 km.

LOVRAN (45°17'N 014°17'E). Kleine Stadt und kleiner Hafen S-lich von Opatija.

Ansteuerung: Als Landmarken dienen der Kirchturm, das rote Gebäude am Berghang oberhalb der Stadt, der Hotelkomplex am Gestade NW-lich vom Wellenbrecher und der viereckige grüne Turm (grünes Feuer) auf dem Wellenbrecherkopf.

Liegeplätze: Da der Hafen Bora und Jugo ausgesetzt ist, kann man einen Daueraufenthalt für Yachten nicht empfehlen. Östliche Winde werfen hohen Seegang auf (Vorzeichen sind: Wolkenkappe oberhalb des Berggipfels Učka und hoher Wasserstand). Bei Jugo erschwert der auftretende Strom das Anlege- bzw. Ablegemanöver. Die Liegeplätze sind gewöhnlich ständig belegt. Der Ankerplatz liegt ca. 500 m vor der Kü-

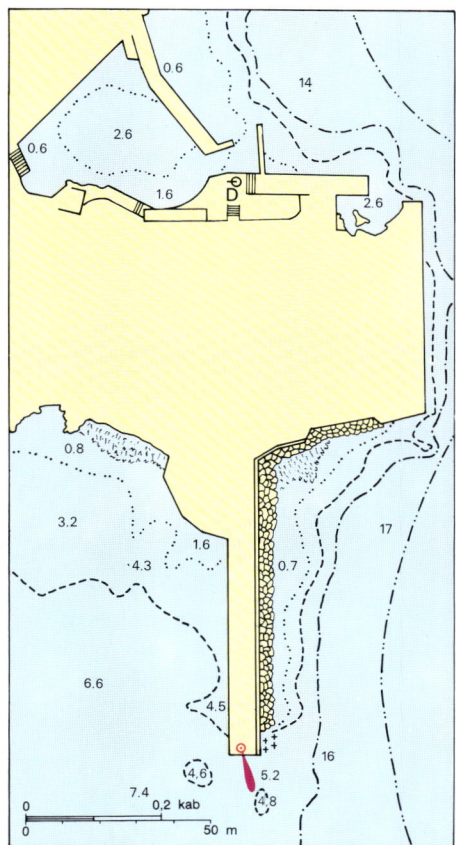

LOVRAN

MOŠĆENIČKA DRAGA

LOVRAN

ste (WT: 30 m), ist aber allen Winden, außer jenen aus dem NW-Quadranten, ausgesetzt (gut haltender Ankergrund).

Versorgung: Wasser, Tankstelle im Ort.

Einrichtungen: Hafenamt-Zweigstelle, bekannter Kurort und Sommerfrische, Post, Ambulanz, Hotels, Restaurants und Geschäfte.

Sehenswürdigkeiten: Stadttor Stubica und Stadtturm (Mittelalter), Kirche des Hl. Georg (Sv Juraj, XIV. Jh., Wandmalereien vor 1479), Kapelle der Hl. Dreifaltigkeit am Ufer (Sveto Trojstvo, XIII. Jh.), um den Marktplatz einige Barockhäuser.

IKA (45°18,3'N 014°17'E). Alte Fischersiedlung an einer buchtartigen Senke gelegen, in die einst der Bach Banina mündete.

Ansteuerung: Als Orientierung dient der unübersehbare, rote Turm mit Pfeiler (rotes Feuer) auf dem Kopf des Anlegestegs. Wegen der Untiefe entlang des Wellenbrechers (Länge ca. 100 m, Breite 20 m) ist es ratsam, sich nur langsam zu nähern. Am Ende der Bucht liegt E-lich vom Anlegesteg eine Unterwasserleitung in SW-Richtung.

Liegeplätze: Der Hafen ist allen Winden, außer jenen aus N-Richtung, ausgesetzt. S- und E-Winde erzeugen in der Bucht grobe See, deshalb ist ein Daueraufenthalt für Yachten nicht zu empfehlen.

Versorgung: Supermarkt, Treibstoff in Lovran (1 sm) erhältlich; Wasseranschlüsse vor dem Hotel.

MARINA OPATIJA (ACI) (45°19,0'N 014°17,7'E) liegt zwischen Opatija und dem Ort Ičići. Ganzjährig geöffnet.

Liegeplätze: 360 Liegeplätze für Yachten bis zu 60 m Länge und 100 Stellplätze an Land. WT: 2,5 m (in Ufernähe) bis 10 m (beim Wellenbrecher).

Geschwindigkeitsbegrenzung in der Marina: 2 kn.

Versorgung: Marinabüro, Wasser- und Stromanschlüsse, Telefon, Restaurant, Supermarkt, Boutiquen, Bootszubehör, Snack-Bar, Café-Bar, Duschen/WC, Wäscherei, Parkplatz, Charterbasis.

Service: Technischer Service (Motor-Reparaturen), Slip, Kran (15 t).

OPATIJA (45°20'N 014°19'E). Stadt und Fremdenverkehrsmittelpunkt mit kleinem Hafen an der NW-Küste des Rijeka zaljev, ca. 4 sm W-lich von Rijeka.

Ansteuerung: Als Landmarken dienen die aus grauem Stein gebaute Kirche mit einer Kupferkuppel, aber ohne Glockenturm, im oberen Teil der Stadt, die zahlreichen Hotels sowie der weiße Rundturm mit Pfeiler und Galerie (rotes Feuer sichtbar von 137° über S bis 254°) auf dem Kopf der Pier und der rote Turm mit Pfeiler und Galerie (rotes Feuer) auf dem Wellenbrecherkopf der Marina vor dem Hotel „Admiral".

Hinweis: In den Sommermonaten ist Wasserfahrzeugen wegen der zahlreichen

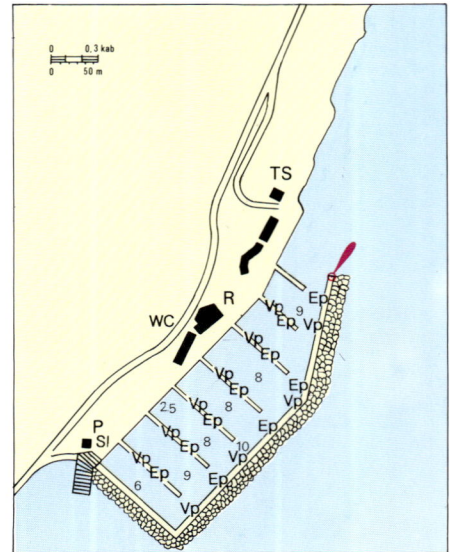

MARINA OPATIJA

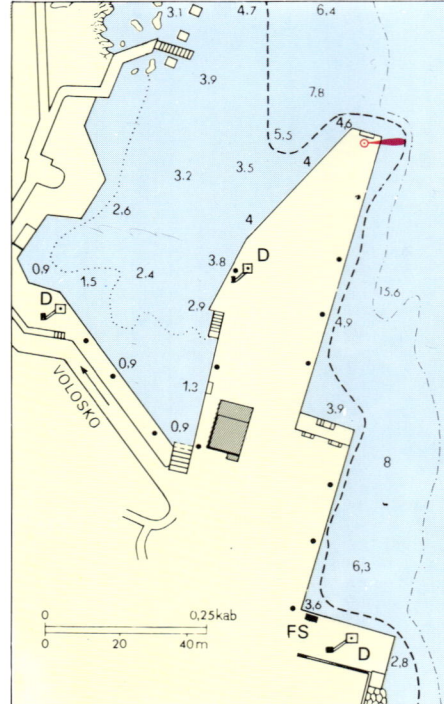

OPATIJA

Badegäste im Meer das Annähern an den Strand unter 100 m untersagt. Eine Ausnahme bilden das Ein- und Auslaufen aus dem Hafen.

Liegeplätze: Die Außenseite der Mole ist für Fahrgast- und Touristenschiffe vorgesehen, jedoch bei schönem Wetter ein günstiger Anlegeplatz. Die Innenseite der Mole ist vor allen Winden außer denen aus dem NE-Quadranten geschützt und als Anlegeplatz für Yachten bis zu 3 m TG geeignet. Bora weht mäßig und immer aus östlicher Richtung. Schirokko und Wind aus E werfen im Hafen grobe See auf. Der innerste Hafenteil ist meist von Booten und kleinen Schiffen der Einheimischen besetzt. Der beste Anlegeplatz für Yachten befindet sich in der Marina vor dem Hotel „Admiral" (0,8 m SW-lich vom Hafen). Der Ankerplatz (ca. 500 m vom Ufer, WT: 50 m) ist bei starken E- und SE-Winden nicht zu empfehlen.

Einrichtungen: Hafenamt-Zweigstelle, Zollamt, Post, Apotheken, Ambulanz, Banken, viele Hotels aller Kategorien.

Zentrale des nautischen Clubs ACI (Adriatic Croatia International Club). Sitz des Segelvereins „Jadran", der im Frühjahr (März) die internationale Regatta „Opatija Cup" für Segelboote der Klasse „Finn" und „Flying Dutchman" organisiert.

Versorgung: Tankstelle am äußeren Teil des Kais; Wasseranschlüsse (Hydranten) am Kai und Stromanschluß in der Nähe des Hafenamtgebäudes, Geschäfte aller Art in der Stadt. Ein Elektrokran (5 t) auf dem inneren Teil des Kais und ein mecha-

nischer Kran (3 t) auf der äußeren Mole. Kleinere Reparaturen in der Marina Admiral, größere in der Werft „Kantrida" in Rijeka.

Sehenswürdigkeiten: Kirche des Hl. Jakobus ad Palum (1506, umgebaut 1774 und 1937), Villa Angiolina (1844, Beginn der Ortschaft als Badeort), Park „Prvi Maj" mit exotischen Pflanzen. – Veprinac (13 km, gotisches Kastell, Stadttor, Loggia, Kirche des Hl. Markus) – Berg Učka (1396 m, 20 km, Aussichten auf Kvarner und Istrien). – Kastav (6 km, Ort mit mittelalterlichem Gepräge, Kirche der Hl. Fabian und Sebastian aus d. XV. Jh., Loggia aus d. XV. Jh.).

MARINA ADMIRAL (45°12,6'N 014°18,4'E) liegt ca. 0,8 sm SW-lich vom Hafen Opatija und ist überwiegend für Hotelgäste bestimmt. Ganzjährig geöffnet. Wassertiefe 6 m.

Ansteuerung: Als Landmarken dienen das große, stufenartig gebaute Gebäude des Hotels „Admiral" oberhalb der Marina und das Küstenfeuer am Wellenbrecher.

Hinweis: Vor allen Winden und Seegang geschützt, jedoch starke Bora und Schirokko erzeugen in der Marina Wellenschlag, besonders entlang des Wellenbrechers (näher zum Kopf hin). Dann ist das Einlaufen nicht leicht, manchmal sogar unmöglich. Die Marinaverwaltung gibt Wetterberichte und Sturmwarnungen aus.

Liegeplätze: 160 Liegeplätze (vor Buganker) für Yachten bis zu 30 m Länge und 40 Stellplätze für Yachten bis zu 8 m Länge. Max. TG 6 m. An Land einige Plätze zur Überwinterung und für Reparaturen.

Versorgung: Marinabüro, Telefon-, Wasser- und Stromanschlüsse, Duschen/WC, Restaurant, Café-Bar, Hotel, Geldwechsel, Supermarkt, Tankstelle (0,5 sm).

Service: Kran (5 t) an den Betonpiers. In den Werkstätten der Marina können Überholungen und Service an Motoren, elektrischen und elektronischen Installationen ausgeführt werden, ebenso Batteriewechsel und Segelreparaturen. Wartung von Yachten während der Wintersaison.

MARINA ADMIRAL – OPATIJA

MARINA ADMIRAL

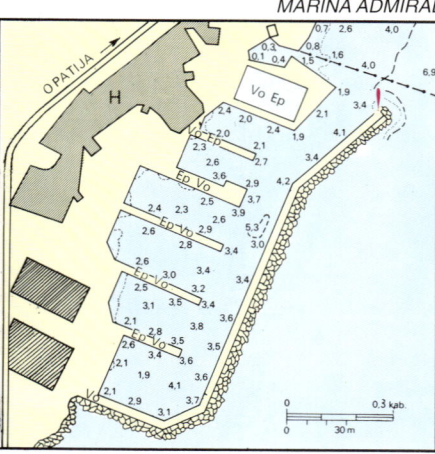

VOLOSKO (45°19,6'N 014°19'E). Eine alte, typisch mediterrane, ehemalige Fischersiedlung, eng um den kleinen Hafen zusammengedrängt.

Ansteuerung: Als Landmarken dienen die Kirche mit 2 Türmen, der rote, runde Eisenturm auf dem Kopf des südlichen Wellenbrechers (rotes Feuer) und der grüne Turm auf dem Kopf des nördlichen Wellenbrechers (grünes Feuer).

Liegeplätze: Der Hafen ist vor Winden aus den SW- und auch NW-Quadranten gut geschützt, die übrigen Winde verursachen im Hafen gefährlichen Seegang, weshalb ein Daueraufenthalt für Yachten nicht empfohlen werden kann. Kleinere Yachten (bis zu 3 m TG) können an der Pier oder an der Innenseite des nördlichen Wellenbrechers anlegen.

Versorgung: Versorgungsmöglichkeiten und sonstige Dienste in Opatija.

VOLOSKO

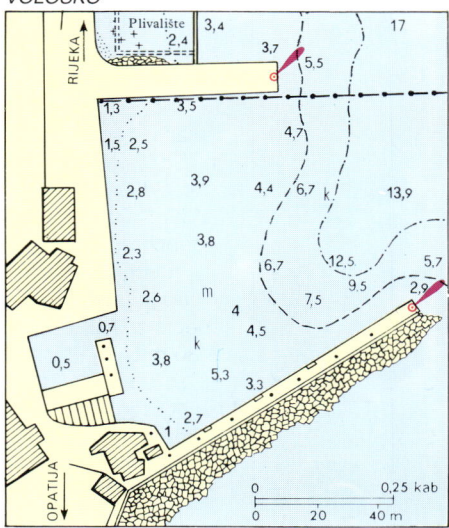

PRELUK (45°21'N 014°20'E). Kleiner Hafen am nördlichsten Zipfel der Bucht Rijeka, ca. 0,3 m nördlich von Volosko.

Ansteuerung: Ca. 120 m vor der E-Spitze der Einfahrt befindet sich eine Untiefe.

Liegeplätze: Der Hafen ist vor SE- und SW-Winden nicht geschützt, auch die Bora weht hier sehr stark, weshalb der Hafen sich auch in den Sommermonaten nur für einen Kurzaufenthalt eignet. Ein Ankerplatz für größere Yachten liegt im NE-Teil des Hafens, wo festhaltender Ankergrund vorhanden ist. Kleinere Fahrzeuge können an der Arbeitspier festmachen (55 m, WT: 1 m).

MLAKA: B Bl 10s 39m 23M

Versorgung: Kran (1,5 t), Versorgungsmöglichkeiten in Rijeka und auf dem nahegelegenen Campingplatz an der Ostküste von Preluk.

RIJEKA (45°20'N 014°25'E). Großstadt und größter Handelshafen an der kroatischen Küste. Seegrenzübergangsstelle ganzjährig geöffnet.

Ansteuerung: Das Einlaufen ist aus drei Richtungen möglich: Aus der Richtung von Kvarnerski zaljev her durch die Meerenge Vela vrata (zwischen der Halbinsel Istrien und der Insel Cres); aus dem Kvarnerić her durch die Meerenge Srednja vrata (zwischen den Inseln Krk und Cres) und aus dem Velebitski-Kanal her durch den Tihi-Kanal (zwischen Krk und dem Festland).

Als Landmarken können dienen der hohe sechseckige Leuchtturm Mlaka (schwarze und weiße Gürtel, weißes Feuer), der spitze, weiße Kirchturm auf dem Berg Kozala oberhalb der Stadt, das große Krankenhausgebäude und der große Turmdrehkran der Werft „Treći Maj" (3. Mai) links von der Hafeneinfahrt sowie der grüne Turm mit Galerie (grünes Feuer) auf dem Wellenbrecherkopf.

W-lich der Einfahrt in den Haupthafen befindet sich der Ort Brgud mit einem kleinen Hafen und der Werft „Treći Maj" (grüner Turm mit Pfeiler über dem Haus, grünes Feuer). Im E-Teil des Hafens ist ein Teil des Kais für den Personenverkehr und das Festmachen von Booten vorgesehen.

Im Frühjahr und im Herbst weht der Schirokko häufig (erkennbar an der Wo-kenkappe auf dem Berg Učka). Nimbus- und Kumulonimbus-Wolken über dem Gebiet Velebit künden westliche und nordwestliche Winde an, die eine rauhe See und heftigen Schwell im Hafen aufwerfen.

Liegeplätze: Der Hafen von Rijeka bietet Yachten keine guten Bedingungen für einen längeren Aufenthalt. Große Yachten finden im Hafen kaum eine geeignete Anlegemöglichkeit, höchstens im äußersten E-Teil des Stadthafens (an der Karolina-Riječka-Pier oder E-lich davon am Kai Senjsko pristanište). Beim Ein- und Auslaufen müssen alle Schiffe rechts und mit mäßiger Geschwindigkeit fahren.

An der Küste von Preluk bis Bakarski zaljev (Bucht von Bakar) befinden sich zahlreiche kleine Sporthäfen („Kantrida", „Treći Maj", „Jeletićevo", „Grčevo"), die allerdings in der Sommersaison sehr belegt sind. Falls nicht schon im voraus ein Platz reserviert wurde, findet man schwer einen Liegeplatz.

Einrichtungen: Hafen-, Zoll- und Gesundheitsamt. Post, Bahn- und Busbahnhof, Flughafen (auf der Insel Krk), Sportflughafen (außerhalb von Rijeka, auf Grobnik), Fremdenverkehrsbüros, Hotels, etliche Krankenhäuser und andere medizinische Einrichtungen (besondere Ambulanz für Seeleute), Universität, Küstenfunkstelle Rijeka.

Versorgung: Einkaufsmöglichkeiten aller Art in der Stadt, sowie Markt am Hafen. Wasser, Tankstelle im Hafen (Diesel, Benzin, Gas). Seekarten und Nautische Publikationen.

RIJEKA

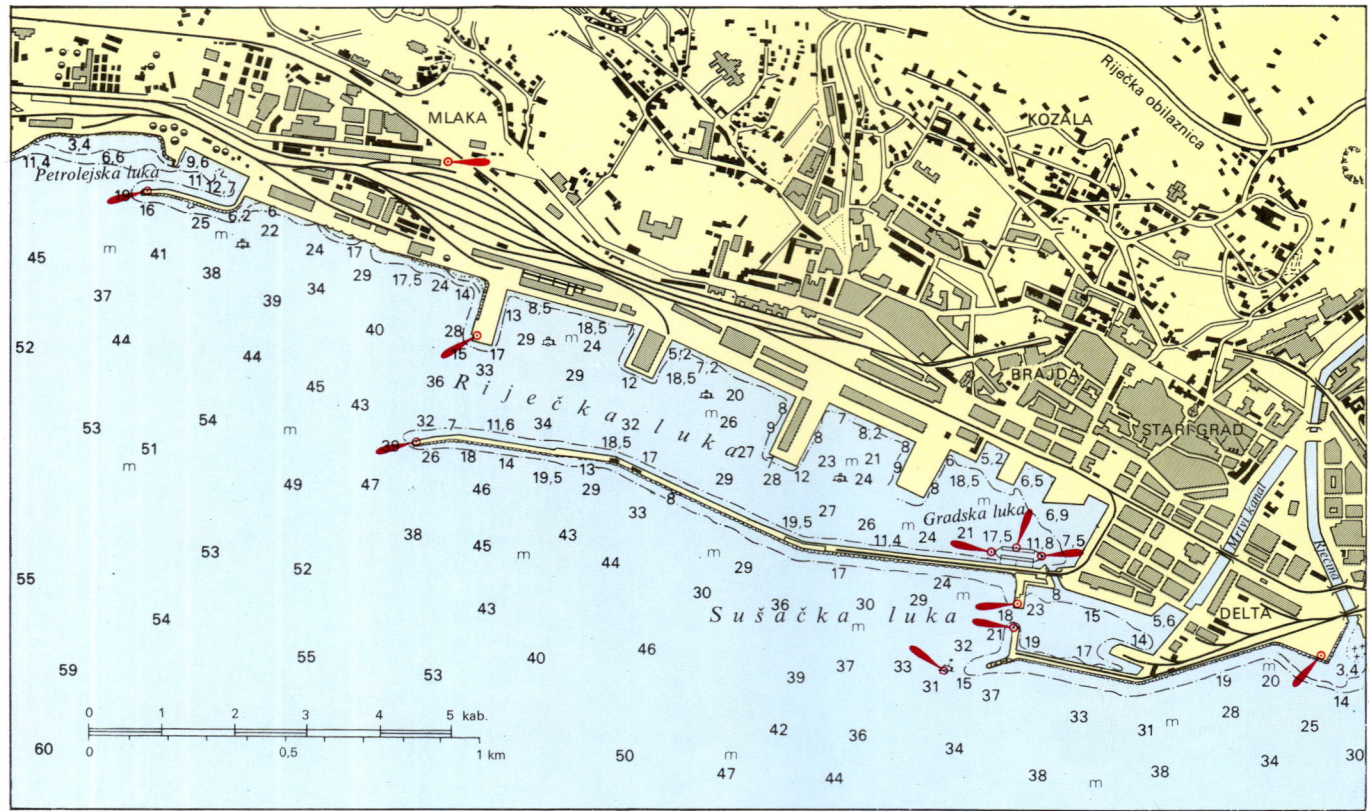

RIJEČKA LUKA (HAFEN)

Service: Reparaturarbeiten aller Art am Schiffsrumpf und am Motor sowie Überholungsarbeiten an Yachten aller Größen durch die Werften „Treći maj" (Rijeka), „Viktor Lenac" (Martinšćica). Kleinere Reparaturen an Yachten sowie an Innenbordmotoren bis zu 184 kW (250 PS) bei der Werft „Kantrida".

Fähren: Rijeka – Porozina (Cres), Rijeka – (M. Lošinj) – Rab – Zadar – (Primošten) – Split – Hvar – Korčula (V.Luka) – Mljet – Dubrovnik.

Sehenswürdigkeiten: Kathedrale der Hl. Maria (XIII. Jh., restauriert 1695 und 1715–26, mit einem schiefen romanischen Glockenturm von 1377), Stadtturm (XVIII. Jh.), Kapuzinerkloster und Kirche des Hl. Hieronymus (Barock aus d. XVIII. Jh., gotische Kapelle), Kathedrale des Hl.Vitus (Sv Vid, Rotunde von 1638–1742), Nationaltheater (1885–86), Kirche der Gottesmutter von Lourdes auf Žabica (1906 und 1929), Kalvarija (Reste des römischen Limes), Kirche (1934) und Friedhof auf Kozala (Aussicht auf den Golf von Rijeka). – Trsat: 538 Stufen des Treppenweges, angelegt von Petar Kružić (der untere Teil aus d. Jahre 1531), Kastell der Fürsten Frankopani (vor 1288, umgebaut im XIX. Jh., Aussicht auf den Golf von Rijeka). Votivkirche der Madonna von Loreto (XII. Jh., reiches Inventar). – Museen: Geschichts-, Marine- und Naturwissenschaftliches Museum, Galerie mit moderner Kunst.

ŽURKOVO (45°18'N 014°29'E). Bucht mit kleinem Hafen, ca. 2,5 sm SE-lich Rijeka.

Ansteuerung: Zur Orientierung dienen die roten Felsen des Steinbruches W-lich vom Hafen.

Liegeplätze: Die Bora weht hier heftig. Der Hafen ist SE- und SW-Winden ausgesetzt, die keinen Seegang aufwerfen. Kleinere Schiffe und Yachten können in der Mitte der Bucht vor Anker gehen.

Versorgung: Motel, Restaurant, Wasser am Kai, Supermarkt und Tankstelle auf der Westseite der Bucht.

Service: Am Kopf der Nordpier befinden sich ein Kran für Yachten sowie zwei kleinere Slipanlagen. Reparaturen auf einer kleinen Werft beim Sportclub „Nauticar". Bootsmotoren-Service „Tomos", Winterlagermöglichkeiten für kleinere Yachten.

BAKARSKI ZALJEV (Bucht von Bakar) liegt 6,5 sm ESE-lich von Rijeka (Riječki zaljev). Steile und hohe Küste, große Wassertiefen, keine Hindernisse für die Schiffahrt. In der NW-lichen Bucht liegen Stadt und Hafen Bakar und in der SE-lichen Bucht das Dorf Bakarac.

An der W-Seite ist der Ölhafen (Raffinerie „Urinj").

Ansteuerung: In die Bucht fährt man durch die Bakarska vrata ein. Bei der Einfahrt in die Bucht beachte man die Untiefen um Rt Oštro, die durch eine zylindrische Spierentonne (grünes Feuer) gekennzeichnet sind (die 5-m-Linie erstreckt sich bis zu 80 m von der Landspitze). Die Einfahrt Bakarska vrata ist durch folgende Feuer gekennzeichnet: Auf der W-Seite Rt Srednji (weiße Blitze) und Rt Babno (rote

BAKARSKI ZALJEV

Blitze); auf der E-Seite eine Spierentonne vor dem Rt Oštro (grüne Blitze) und Rt Kavranić (weiße Blitze).

Der Jugo fällt in die gesamte Bucht ein, aber weder Bora noch Jugo werfen bedeutende Wellen auf. Die Bora weht häufig und sehr stark. Im SE-Teil der Bucht ändert sie die Richtung. Bei heftiger Bora ist zu empfehlen, so nahe wie möglich an das nördliche Ufer der Bucht zu fahren.

Liegeplätze: Liegeplätze für Yachten befinden sich in den kleinen Häfen von Bakar und Bakarac.

BAKAR (45°18,4'N 014°32,2'E). Kleine Stadt und Handelshafen am NW-lichen

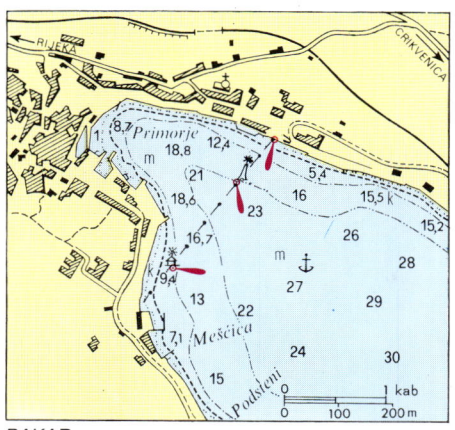

BAKAR

Ende der Bucht von Bakar (Bakarski zaljev).

Ansteuerung: Von der Stadt erkennt man zunächst das Hotelgebäude und die Kirche, sowie die Anlagen an beiden Ufern für die Unterseepipelines, gekennzeichnet mit zwei Leuchttonnen: Die grüne NE-lich (grünes Feuer) und die rote SW-lich (rotes Feuer). Die Einfahrt führt zwischen diesen zwei Leuchttonnen hindurch. In der Winterzeit kann stürmische Bora das Ein- und Auslaufen erschweren oder sogar verhindern.

Liegeplätze: Yachten bis zu 5 m TG können am Masaryk-Kai anlegen und kleinere Yachten an diesem Kai als auch im kleinen Hafen beim Hotel vor Buganker liegen.

Versorgung: Hafenamt-Zweigstelle, Zollamt, Post, Ambulanz, Apotheke, Hotels und mehrere Restaurants, zahlreiche Geschäfte. Nautische Schule, Hydrant am Kai, Tankstelle, Geschäfte aller Art in der Stadt.

Service: Beim Sportklub „Luben" ein Kran (5,5 t) für Schiffe bis 6 m Länge und ein Slip für Schiffe bis zu 12 m Länge.

Sehenswürdigkeiten: Kastell (XVI. Jh., Anbauten im XVIII. Jh.); Kirche des Hl. Andreas (1830); Bischofspalais (1494) und „Plovanija" (Pfarrhaus von 1514); Barockgebäude: Das sog. „Türkische Haus" und „Römische Haus"; die kleine Kirche der Hl. Margarete in Primorju (XVII. Jh.), Stadt- und Seefahrtsmuseum.

BAKARAC (45°16,8'N 014°34,8'E). Kleiner Ort und kleiner Hafen am SE-lichen Ende der Bucht von Bakar (Bakarski zaljev).

Ansteuerung: Als Landmarken dienen der Kirchturm und der rote Turm mit einer Stange (rotes Feuer) auf dem Kopf der Pier.

Liegeplätze: An der Außenseite des Wellenbrechers oder vor Buganker im kleinen Hafen. Die Bora weht heftig und tritt plötzlich auf.

Versorgung: Post, Campingplatz, Motels und mehrere Restaurants, Wasserhydrant. Alle sonstigen Waren sind in Kraljevica erhältlich.

KRALJEVICA (45°16'N 014°34'E) Städtchen an der S-Seite des Bakarski zaljev (Bucht von Bakar), zwischen Rt Fortica und Rt Oštro.

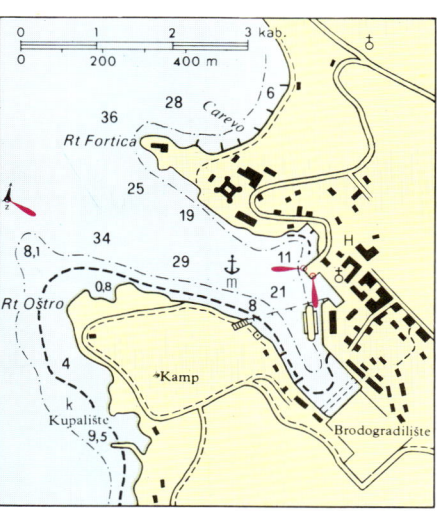

KRALJEVICA

Ansteuerung: Zur Orientierung dienen der alte Kirchturm auf Rt Oštro, die Festung auf Rt Fortica, der Kirchturm im Ort, das Krankenhausgebäude an der N-Küste, die Hafenfeuer an der SW-Ecke (grünes Feuer) und NE-Ecke (rotes Feuer) der Mole und die grüne Zylindertonne (grünes Feuer, mit einem Kegeltoppzeichen), die NW-lich von Rt Oštro auf 20 m WT verankert ist, sowie die Hafenlichter. S-lich von Kraljevica verbindet die Krk-Brücke die Insel Krk mit dem Festland.

Liegeplätze: Am S-Ufers des Hafens oder vor Buganker am Kai vor dem Kastell der Fürsten Frankopani oder in der Bucht Dražica nördlich vom Kai. Kleinere Yachten können in der Bucht Carevo nördlich vom Kai festmachen. Hier sind sie aber der Bora und dem Maestrale ausgesetzt.

Versorgung: Hafenamt-Zweigstelle, Post, Apotheke, Ambulanz, Banken, Hotels, Hotelsiedlung, Campingplatz, mehrere kleine Gaststätten, Tankstelle an der Adria-Magistrale (700 m); Hydrant am Kai.

Service: Nördlich vom Kai befinden sich ein Slip für kleinere Schiffe und ein Kran (3 t). In der Werft „Kraljevica" werden alle Reparaturen ausgeführt.

Sehenswürdigkeiten: Schloß der Zrinski (erste Hälfte d. XVII. Jh., zwei Innenhöfe), Schloß der Frankopani (um 1650 mit Ecktürmen), Kirche des Hl. Nikolaus (XVI. Jh., Vorratskammern, seit 1790 Kirche).

UVALA SCOTT (45°15'N 014°34'E). Hotelsiedlung in der Bucht an der Küste E-lich von der Insel Sv Marko, in der Nähe der N-Einfahrt in den Tihi-Kanal (ca. 1,4 sm S-lich von Kraljevica).

Ansteuerung: Aus NW kommend ist die Einfahrt in den Tihi-Kanal zwischen dem Festland und dem steilen Eiland Sv Marko zu erkennen. Über den Tihi-Kanal spannt sich die Krk-Brücke (Länge 1440 m, Durchfahrtshöhe 67 m, mit zwei Bögen: Festland – Eiland Sv Marko und Sv Marko-Insel Krk, erbaut 1976–80). Durch Mala vrata fahrend öffnet sich unmittelbar vor der Brücke die Sicht auf die Hotelanlage „Uvala Scott", ei-

nem Hotelkomplex mit größeren Gebäuden und kleineren Häusern in 4 Reihen. Wenn man vom S durch den Tihi-Kanal einläuft, passiert man die Brücke. Nach Rt Dubno kommt man an der E-lichen Seite des Hotelkomplex in Sicht. Der Durchfahrt nachts dient das rote Feuer an der NE-Spitze der Insel Sv Marko und am Rt Glavina (Insel Krk).

Liegeplätze: Die Bucht ist N- und SW-Winden ausgesetzt. Anlegemöglichkeit besteht am Kai beim Hotel (WT: 3,5 m) bzw. vor Buganker am zweiten Kai. Ankermöglichkeit in der gesamten Bucht.

Versorgung: Wasserhydrant am Kai, Einkaufsmöglichkeiten in Kraljevica, Tankstelle an der Adria-Magistrale in Kraljevica.

JADRANOVO (45°13,4'N 014°37'E). Siedlung und kleiner Hafen am Ende der Bucht Perčin, 0,4 sm nördlich von Rt Ertak im Tihi-Kanal.

Liegeplätze: Yachten können an die Mole anlegen. Die Perčin-Bucht ist ein vor allen Winden gut geschützter Liege- und Ankerplatz für kleinere Schiffe und Yachten.

Versorgung: Post; Lebensmittel und Wasser in ausreichenden Mengen erhältlich; Kran (3 t).

TIHI-KANAL („Stiller Kanal"). Eine 3,5 sm lange Durchfahrt zwischen der Festlandküste (Rt Oštro – Rt Ertak) und der Insel Krk (Rt Šilo – Rt Bejavec). Die Insel Sv Marko teilt den Kanal in einen östlichen und einen westlichen Teil.

Ansteuerung: Von NW einlaufend dienen als Landmarken das Gebäude des ehem. Leuchtturms Oštro, die Insel Sv Marko und der rote Turm mit einem Pfeiler und Galerie (rotes Feuer) an der NE-Seite der Zufahrt, die Krk-Brücke (Durchfahrtshöhe 67 m über MW), der Hotelkomplex „Uvala Scott", der rote Turm mit Pfeiler und Galerie (rotes Feuer) auf Rt Glavina, der Steinturm mit rotem Käfig neben dem Haus (rotes Feuer) auf Rt Voščica, der rote Eisenpfeiler auf dem weißen Turm (rotes Feuer) auf Rt Turnac (Bejavec), der weiße Rundturm mit Pfeiler und Galerie vor dem kleinen Haus (weißes Feuer) auf Rt Ertak.

Wetterverhältnisse: Bora weht heftig und böig mit Wirbelbildungen, die besonders gefährlich vor der S-Spitze der Insel Sv Marko sind. Der Jugo entwickelt einen beträchtlichen Seegang und Strom bis zu 3 kn. Gute Zufluchtstätten sind die Buchten Scott, Črišnjeva und Perčin (Jadranovo).

Hinweis: Kleinere Yachten setzen den Kurs zwischen den Inseln Sv Marko und Krk ab. Dabei sind die Untiefen und die zwei Klippen 0,4 sm E-lich vom Rt Šilo und die Untiefe an der S-Küste der Insel Sv Marko (grüne Leuchttonne) zu beachten. Von NW in den Kanal einlaufende Yachten haben Wegerecht.

KAČJAK (45°12'N 014°39'E). Kleiner Ort und Ankerplatz ca. 2 sm SE-lich von Rt Ertak.

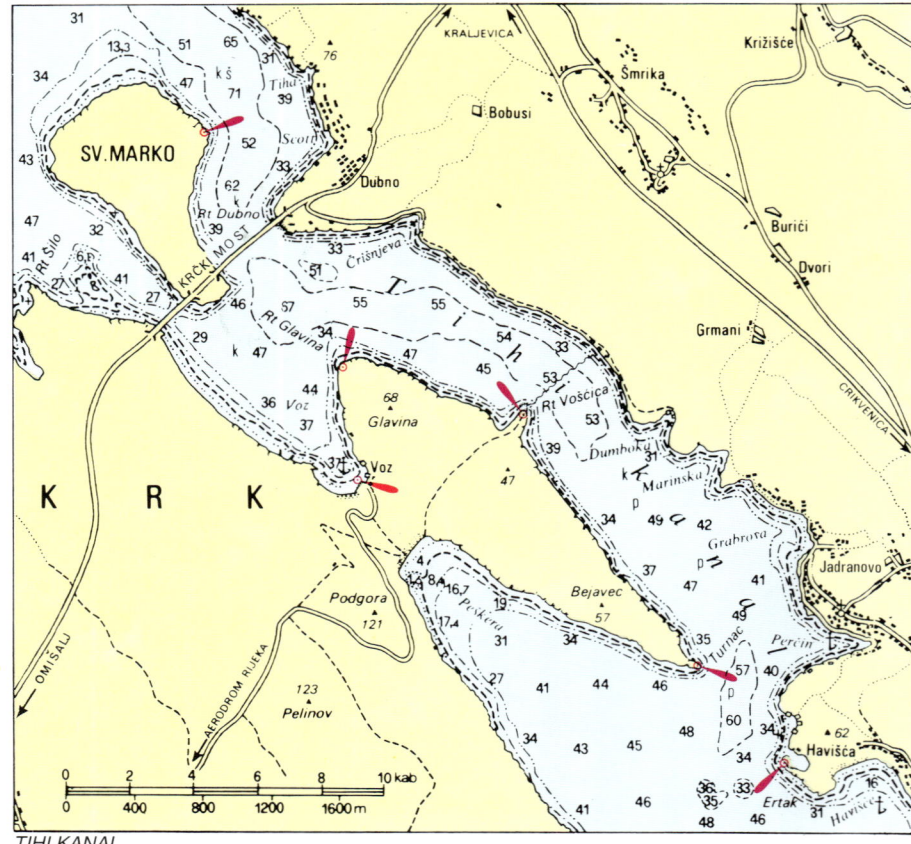

TIHI KANAL

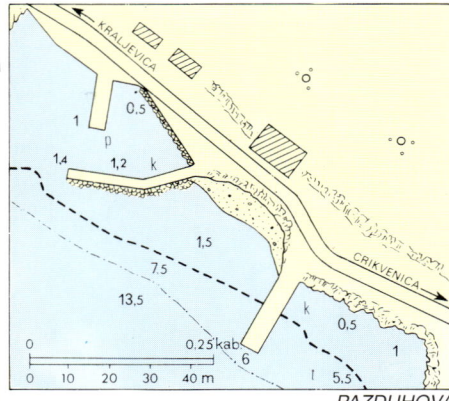

PAZDUHOVA

Ansteuerung: Beim Einlaufen dienen zur Orientierung eine vorspringende weiße Felswand und eine zerstreut liegende Hotelsiedlung.

Liegeplätze: Ein guter Zufluchtshafen vor der Bora liegt N-lich von Rt Kačjak. In der Bucht sind 3 Poller zum Festmachen von Yachten bis zu 2 m TG.

PAZDUHOVA (45°12'N 014°40'E). Kleiner Hafen der Ortschaft Dramalj, ca. 1,5 sm NW-lich von Crikvenica. Der Hafen ist mit einer Pier gegen W und mit einem Wellenbrecher vor dem Hotel „Lanterna" gegen S geschützt.

Liegeplätze: Kleinere Yachten (bis zu 1,5 m TG) können längs des Kais anlegen oder vor Buganker gehen. Der Hafen ist dem Maestrale aus NW ausgesetzt und deshalb für einen Daueraufenthalt nicht zu empfehlen.

CRIKVENICA (45°10,4'N 014°42'E). Städtchen mit Hafen und Fremdenverkehrszentrum des Küstenlandes von Vinodolsko an der Mündung des Baches Dubračina.

Ansteuerung: Beim Einlaufen dienen als Landmarken die weiße Talbrücke oberhalb der Stadt, die Hotels auf der Anhöhe über dem NW-Teil der Stadt und das grüne Hafenfeuer auf dem Wellenbrecherkopf (grüner, viereckiger Turm mit einem Pfeiler).

Hinweis: Beim Einlaufen ist auf eine Untiefe zu achten, die NW-lich des Wellenbrecherkopfes liegt und durch zwei rote zylindrische Tonnen gekennzeichnet ist. Die Tonnen müssen backbords und der Wellenbrecher steuerbords gelassen werden. Zwischen diesen Tonnen und dem Festland ist keine Durchfahrt möglich. Eine weitere Untiefe liegt SE-lich vom Wellenbrecherkopf. Sie ist mit einer grünen Spitztonne gekennzeichnet. Eine Durchfahrt zwischen dieser Tonne und dem Wellenbrecherkopf ist ebenfalls unmöglich.

Liegeplätze: Der Hafen ist vor allen Winden geschützt, außer vor W- und SW-Winden, die im Hafen Schwell aufwerfen. Die Bora weht von N her in Böen und am stärksten beim Wellenbrecherkopf. Der Ankerplatz vor dem Hafen ist allen Winden – insbesondere der Bora – ausgesetzt und daher nicht zu empfehlen. Für kleinere Yachten sind Anlegestellen an der Innenseite des Wellenbrechers; sonst empfiehlt es sich, zwischen dem Wellenbrecher und der Pier vor Buganker zu liegen.

Ca. 100 m von der Mündung des Baches Dubračina liegt der Hafen Podvorska, in dem kleine Yachten anlegen können, (WT: 3–4 m). Mit Winterlager an Land; Kran (4 t), Elektro- und Wasseranschluß.

CRIKVENICA

CRIKVENICA

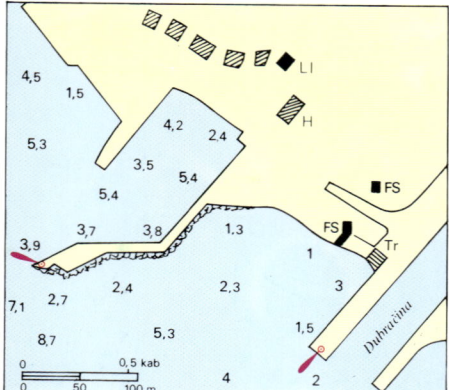

Versorgung: Hafenamt-Zweigstelle, Post, mehrere Hotels und Touristenanlagen, Geschäfte, Ambulanz und Apotheke, Wasseranschluß am Kai, Tankstelle beim Fähranleger.

Service: Reparaturmöglichkeiten für Holz- sowie für Kunststoffyachten. Bootsmotoren-Service bei „Automehanika AMD" und einem Privatservice. Nachfüllstation für Tauchflaschen.

Fährlinie: Crikvenica – Šilo (Insel Krk).

Sehenswürdigkeiten: Kastell (1412, spätere Anbauten, ehemaliges Paulanerkloster), Kirche der Mariä-Himmelfahrt (1659). – Drivenik (11 km, Ruinen eines Kastells) – Bribir (9 km, Schloß der Familie Frankopani, Pfarrkirche, 1740, Kunstsammlung).

SELCE

SELCE (45°09,4'N 014°43'E). Kleine Stadt mit kleinem Hafen in einer nach NW offenen Bucht, ca. 1,5 sm SE-lich von Crikvenica.

Ansteuerung: Als Landmarken dienen der Kirchturm im Ort, die Gebäude des Hotels im N- und S-Teil des Hafens und der weiße Turm mit einer Stange und Galerie (grünes Feuer) auf dem Kopf der nördlichen Pier.

Liegeplätze: Yachten können zwischen den Piers an der Kaimauer vor Buganker gehen. Kleinere Schiffe können einen geschützten Liegeplatz auch hinter dem Wellenbrecher finden. Der Hafen ist Winden aus den SW- und NW-Quadranten ausgesetzt. Bei Bora ist das Anlegen an der S-Seite und bei Jugo an der N-Seite der Pier zu empfehlen. Ein Ankerplatz für größere Yachten liegt W-lich vom Hafenfeuer (WT: 12 m) über fest haltendem Ankergrund.

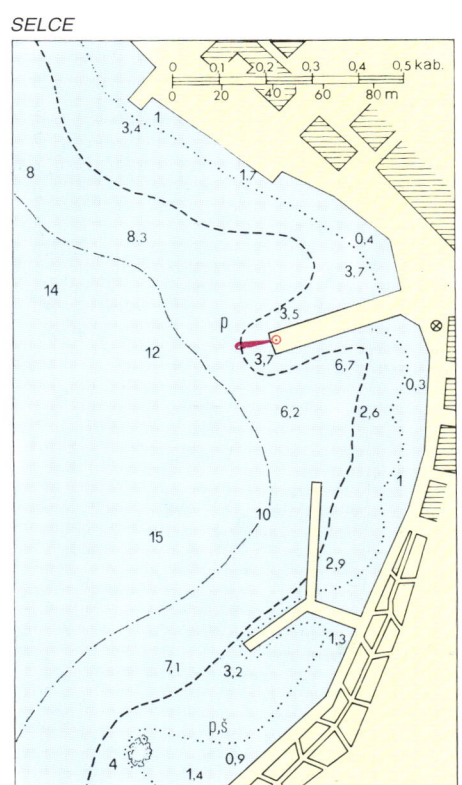

SELCE

Versorgung: Post, etliche Hotels und Restaurants, Fremdenverkehrsbüro, Ambulanz und zahlreiche Geschäfte, Wasser aus der Leitung, Tankstellen in Crikvenica und Novi Vinodolski.

JASENOVA (45°08'N 014°44'E). Bucht ca. 0,3 sm NW-lich von Rt Tokal, SE-lich von Selce.

Liegeplätze. Guter Liegeplatz bei allen Winden, besonders bei Bora geschützt. Kleinere Yachten können bei der Buchteinfahrt ankern oder vor Buganker liegen vor der Hotelsiedlung „Zagori", SE-lich von Rt Tokal.

Versorgung: In Novi Vinodolski.

NOVI VINODOLSKI (45°07,4'N 014°47,4'E). Stadt und kleiner Hafen mit gut entwickeltem Fremdenverkehr an der Mündung des zeitweilig wasserführenden Suha Ričina.

Ansteuerung: Beim Einlaufen dienen als Landmarken der Kirchturm, die Insel Sv Marin mit der Kapelle SE-lich vom Hafen, der Wasserturm auf der Anhöhe E-lich vom Hafen, das grüne Feuer (grüner, viereckiger Turm) auf dem Wellenbrecherkopf und das rote Feuer (weißer Turm mit einem Pfeiler) auf dem Kopf der Pier.

Hinweis: Beim Einlaufen halte man sich in der Mitte der Einfahrt (Untiefe und Riffe unmittelbar beim Wellenbrecherkopf).

Liegeplätze: Der Hafen ist Winden aus den SW- und NW-Quadranten ausgesetzt; besonders gefährlich ist der W-Wind. Liegeplätze für Yachten sind an der Innenseite des Wellenbrechers sowie längs der Kaimauer, an der E-Seite der Pier. Bei Bora und W-Winden wird empfohlen, 200–300 m W-lich vorn Hafen zu ankern; fest haltender Ankergrund.

In der Nähe der Adria-Magistrale gibt es einen 200 m langen Uferstreifen, an dem kleine Yachten bei einer WT: 0,5–1 m anlegen können.

Versorgung: Hafenamt-Zweigstelle, Post, Ambulanz, etliche Hotels und Restaurants, Fremdenverkehrsbüro, eine Vielzahl von

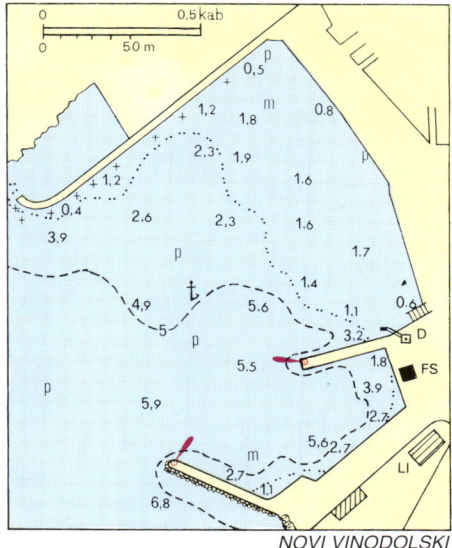

NOVI VINODOLSKI

Geschäften, Campingplatz, Wasseranschluß und Tankstelle am Kai, Kran (3 t) und eine Slipanlage, Bootsmotoren-Service durch die Werkstatt von Marjan Belošević. Werkstatt für Holz- und Kunststoff-Yachten.

Sehenswürdigkeiten: Ruine Lopar (aus der Römerzeit), Turm Kvadrac (XIV./XV. Jh., Reste einer Burg), Kirche der Hl. Philipp u. Jakob (von 1520), Stadtmuseum, Ruinen eines Paulanerklosters am Hügel Osap.

ŽRNOVNICA (45°06,5'N 014°50,3'E). Bucht ca. 2 sm SE lich von Novi Vinodolski, in der NW-lichen Einfahrt aus dem Vinodolski-Kanal in den Velebitski-Kanal.

Liegeplätze: Bei Jugo ein guter Ankerplatz für kleinere Schiffe und Yachten, wobei Winde aus dem SW-Quadranten gefährlich sein können. Gut haltender Schlammgrund. Ein guter Zufluchtshafen vor Jugo ist ebenso die Bucht Teplo, 0,4 sm NW-lich von Novi Vinodolski, mit durchschnittlich 4 m WT bei 30 m vor der Küste.

KLENOVICA (45°06,5'N 014°50,3E). Siedlung und kleiner Hafen, ca. 0,4 sm S-lich von Žrnovnica.

Ansteuerung: Als Landmarken dienen

SENJ

die Klippe Sv Anton, der viereckige Steinturm (weißes Feuer) und die Gebäude der Siedlung. Die Durchfahrt zwischen der Klippe Sv Anton und dem Festland ist seicht.

Liegeplätze: Am Kai. Die Bora weht heftig und in Böen, ist aber für festgemachte Yachten ungefährlich. Winde aus dem SW-Quadranten sind gefährlich.

Versorgung: Post, Hotel und mehrere Gaststätten, Wasser im Ort, sonstige Gebrauchsartikel in den Geschäften, Kran (3 t).

SENJ (44°59,4'N 014°54'E). Stadt und Hafen im Velebitski-Kanal.

Ansteuerung: Beim Einlaufen in den Hafen dienen als Landmarken die alte, viereckige Festung Nehaj auf dem Hügel S-lich der Stadt, der achteckige Steinturm (weißes Feuer) auf dem Kopf des südlichen Wellenbrechers Marija Art und der achteckige Steinturm mit roter Spitze (rotes Feuer) auf dem nördlichen Wellenbrecherkopf (Sv Ambrož), der weiße Turm (grünes Feuer) an der Spitze der Hafenmole Sv Nikola und die Untiefe (ein Steinhaufen) vor dem südlichen Wellenbrecher. Bei stürmischer Bora ist das Einlaufen unmöglich.

Hinweis: Ca. 500 m NE-lich vom Hafen ist eine Unterwasserpipeline verlegt (Abstand ca. 35 m vom Ufer).

Liegeplätze: Der Hafen ist gegen NW offen. Die Bora ist der gefährlichste Wind, der hier in Orkanstärke überraschend schnell und stark auftreten kann, meistens aus Richtung ENE. Somit liegt man nicht sicher im Hafen. Die Anzeichen für das Einsetzen der Bora sind ein über dem Hafen wolkenfreier, blauer Himmel, aber dichte, weiße, scharf horizontal abgeschnittene Wolken über den Velebit-Bergen. Manchmal zweigen von dieser weißen Wolkenmasse kleine Wölkchen ab, die von der Bora gegen SW getrieben werden.

Die beste Anlegestelle für Yachten liegt an der Kaimauer zwischen den Molen. Beim Anlegen am Wellenbrecher Marija Art achte man auf den aus dem Wasser ragenden Sockel des Kais. Bei Jugo ist es am besten, an der Pier Sv Nikola festzumachen. Andere gute Ankerplätze und Schutzhäfen in der Umgebung sind Spasovac (1 sm S-lich) und Jelena (1 sm N-lich).

Versorgung: Ganzjährig geöffnete Grenz-

SENJ

übergangsstelle, Zollamt, Hafenamt-Zweigstelle, Post, Krankenhaus, Ambulanz, Apotheke, Hotel, etliche Restaurants und Geschäfte, Lebensmittel, Wasseranschluß an der Mole Sv Nikola, Tankstelle.

Sehenswürdigkeiten: Teile der Stadtmauer (XV.-XVI. Jh.) mit dem Stadttor „Vela vrata" (von 1779) und dem Turm Šabac; Kathedrale der Hl. Maria (XI. Jh., umgebaut im XVIII. Jh., renoviert 1947); Glockenturm der Kirche des Hl. Franziskus (von 1558), die bei einem Bombenangriff 1943 zerstört wurde; Kastell (1340, später umgebaut), Palais Vukasović (XV. Jh., jetzt Städtisches Museum), kleine Kirche der Hl. Maria von Arta (XV. Jh., restauriert im XVIII. Jh., Votivgaben von Seeleuten), Kastell Nehaj (1558, restauriert 1966-75).

SVETI JURAJ (44°56'N; 14°55'E). Kleiner Ort und Hafen an der Küste des Velebitski-Kanal, ca. 4 sm südlich von Senj.

Ansteuerung: Beim Einlaufen dienen als Landmarken die kahle, vorgelagerte Insel Lisac und ein viereckiger Turm mit rotem Pfeiler am Kopf des L-förmigen Pier (rotes Feuer, sichtbar im NW-Quadranten).

Hinweis: Bei der Ansteuerung beachte man die Untiefe Sika od Malina, ca. 1,3 km S-lich vom Hafen (WT: 2m). Der N-Rand der Untiefe ist durch eine schwarz-rot gestreifte Spiere mit zwei Kugeln als Toppzeichen auf einem Betonblock gekennzeichnet. Die Durchfahrt zwischen der Insel Lisac und der Küste ist nicht möglich.

Bei heftiger Bora ist das Einlaufen nicht zu empfehlen.

Liegeplätze: Der Hafen ist Winden aus den SW- und NW-Quadranten ausgesetzt; vor Jugo jedoch gut geschützt. Die Bora fällt sehr heftig ein, verursacht im Hafen aber keinen Seegang. Westliche Winde können gefährliche See aufwerfen. Yachten können an der knieförmigen Pier oder vor Buganker etwas näher an dem Fuß der Pier anlegen. Daueraufenthalt ist nicht zu empfehlen.

Versorgung: Hafenamt-Zweigstelle, Post, Hotel, mehrere Restaurants, Geschäfte für Lebensmittel und sonstige Waren, Wasser aus der Leitung.

LUKOVO (OTOČKO) (44°51,3'N 015° 53,6'E). Kleiner Ort und Hafen im Velebitski-Kanal.

Ansteuerung: Als Landmarken dienen die weißliche Spitze Rt Malta und die Kirche im Ort, sowie der viereckige Steinturm (weißes Feuer) auf Rt Malta und der rote Turm mit Pfeiler und Galerie (rotes Feuer) am Wellenbrecherkopf.

Liegeplätze: Die Bucht ist der Bora ausgesetzt, aber vor Winden aus den SE- und SW-Quadranten geschützt. Die Bora weht heftig und in Böen. Der kleine Hafen am Ende der Bucht ist vor allen Winden geschützt. Kleinere Yachten können an der Innenseite des Wellenbrechers anlegen oder vor Buganker gehen. Ein sicherer Ankerplatz liegt in der Bucht ca. 200 m NW-lich von der kleinen Kirche.

Versorgung: Post, Fremdenverkehrsbüro, Campingplatz und Geschäfte für Lebensmittel und sonstige Waren, Wasser aus der Leitung.

STARIGRAD (44°48'N 014°53'E). Kleiner Ort im Velebitski-Kanal, ca. 3,5 sm S-lich von Lukovo (Otočko).

Ansteuerung: Als Landmarken dienen die Kapelle N-lich vom Hafen und die Kirche am Hafen und die Häuser des Ortes.

Liegeplätze: Der Hafen ist nur teilweise vor den Hauptwinden – Bora und Jugo – geschützt und außerdem Winden aus den SW- und NW-Quadranten ausgesetzt. Für Yachten bestehen Anlegemöglichkeiten an der Pier (WT: 3–4,5 m) oder vor Buganker am Kai nördlich der Pier.

Versorgung: Post; begrenztes Sortiment in den Geschäften.

VELA STINICA (44°43,5'N 014°54'E). Bucht 1 sm N-lich von Jablanac mit zwei kleinen Buchten.

Ansteuerung: Als Landmarken dienen die Pfeiler der Drahtseilbahn und das Gebäude des ehem. Sägewerks.

Liegeplätze: Die Bucht ist vor allen Winden geschützt. Im Inneren der nördlichen und südlichen Bucht sind Festmachepoller angebracht. Bei Bora ist ein sicherer Ankerplatz am Anfang der nördlichen Bucht (WT: 15–20 m).

Versorgung: Versorgungsmöglichkeit in der Feriensiedlung.

MALA STINICA (44°43,1'N 014°3,6'E). Kleine Bucht S-lich von Vela Stinica.

Ansteuerung: Ein hoher schwarzer Schornstein und mehrere Häuser sind leicht auszumachen.

Liegeplätze: Vor Buganker liegen an der Kaimauer S-lich der Pier und Anlegemöglichkeit an der kleinen Pier (WT: 3–3,9 m). Bei Jugo ist es ratsam, im S-lichem Teil der Bucht vor Anker zu gehen.

Versorgung: Lebensmittelgeschäft, Wasser aus Zisternen.

JABLANAC (44°42,6'N 014°54'E). Ort und Hafen an der engsten Stelle des Velebitski-Kanals.

Ansteuerung: Als Landmarken dienen mehrere Hotelgebäude an der NW-Seite der Einfahrt, ein viereckiger Steinturm mit einem rotem Pfeiler und rotem Feuer auf Rt Gradić, eine Kapelle an der Wasserseite des Ortes, das kleine, weiße Steinhäuschen (weißes Feuer) auf Rt Štokić, der grüne Turm mit einem Pfeiler und einer Galerie (grünes Feuer) auf der südlichen Ecke der Mole.

Hinweis: Beim Einlaufen beachte man die Untiefe (WT: 3,2 m) im SW-Teil des Hafens.

Liegeplätze: Der Hafen ist vor allen Wind gut geschützt, obwohl die Bora merklich zu spüren ist. Kleinere Yachten legen entlang der südlichen Kaimauer an (WT: 3 m) oder vor Buganker an der kleinen Pier. Am äußeren Kaiende legt die Fähre an.

Versorgung: Hafenamt-Zweigstelle, Post, Ambulanz, drei Hotels und ein Erholungsheim, Lebensmittelgeschäfte, Wasserzapfstelle am Fähranleger.

Fähre: Jablanac – Mišnjak (Rab).

STARIGRAD

JABLANAC

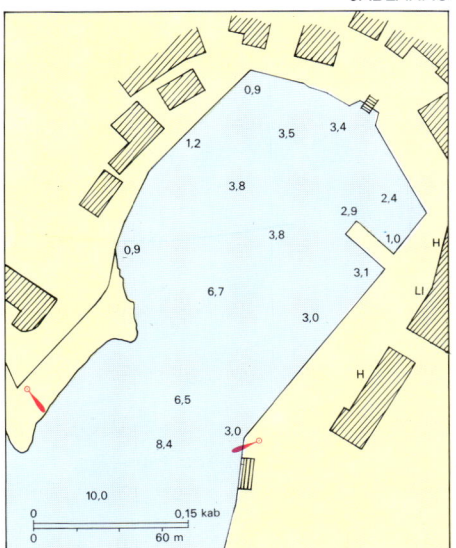

JABLANAC

PRIZNA (44°36'N 014°58,3'E). Bucht und Siedlung, ca. 6,5 sm NW-lich von Karlobag.

Ansteuerung: Fähranleger mit Beleuchtung, kleine Kirche an der Wasserseite des Ortes, die gemauerte kegelförmige schwarz-rot gefärbte Bake mit 2 schwarzen

Bällen auf der riffigen Untiefe Prizna NW-lich von der Bucht. Die Riffe sind nur bei Niedrigwasser sichtbar.

Liegeplätze: Die Bucht ist vor Jugo gut geschützt. Die Bora weht äußerst heftig und erzeugt Schwell in der Bucht. Somit als Daueraufenthaltsort wegen des unsicheren Ankerplatzes nicht zu empfehlen. Fähranleger mit 2 Anlegestellen für Yachten nicht geeignet.

Fähre: Prizna – Žigljen (Insel Pag).

KARLOBAG (44°31,5'N 015°04,6'E).
Kleine Stadt und Hafen im mittleren Teil des Velebitski-Kanal.

Ansteuerung: Als Landmarken dienen der große Hotelkomplex NW-lich des Hafens, der Glockenturm neben der Kirche und der grüne Turm mit einem Pfeiler und Galerie (grünes Feuer) auf dem Kopf des S-lichen Wellenbrechers. Man beachte die bis zu 15 m vor dem Kopf des S-Wellenbrechers aufgeschütteten Steinblöcke.

Liegeplätze: Der Hafen bietet nur geringen Schutz vor Bora und Jugo und eignet sich nicht als Daueraufenthaltsort. Für kleinere Yachten gibt es Anlegemöglichkeiten längs der beiden Molenseiten oder längs des nördlichen Wellenbrechers neben dem Fähranleger. Der S-Wellenbrecher ist wegen der Riffe und unzureichender Tiefe als Anlegestelle nicht geeignet. Kleine Yachten finden Anlegestellen in dem kleinen Hafenbecken im SE-Teil des Hafens. Ankerplatz für größere Yachten vor dem Hafen (WT: 30–40 m) und in der Bucht Baška draga (0,4 sm SE-lich vom Hafen), gut geschützt vor Bora. Am Ufer gibt es zwei Liegeplätze für Schiffe bis 20 m Länge und 4,5, m TG.

Versorgung: Hafenamt-Zweigstelle, Post, Fremdenverkehrsbüro, etliche Hotels und Restaurants, Geschäfte, Ambulanz und Apotheke, Wasserzapfstelle am Kai, Tankstelle an der Adria-Magistrale (ca. 300 m vom Hafen), Lebensmittel und sonstige Waren in den örtlichen Geschäften.

Fähre: Karlobag – Pag.

INSEL CRES

MERAG (44°59'N 014°26,5'E).
Kleiner Ort und Fährhafen in der gleichnamigen Bucht an der NE-Küste der Insel Cres.

Ansteuerung: Als Landmarken dienen der Berggipfel Sv Bartul (374 m), die Kirche im W-Teil des Ortes und ein grüner Turm mit Pfeiler und Galerie (grünes Feuer) auf dem Molenkopf (E-Teil der Bucht). 1sm NW-lich des Hafens liegt ein Felsen.

Liegeplätze: Die Bucht ist teilweise vor Jugo geschützt, doch den N-Winden ausgesetzt. In der Bucht können auch größere Yachten ankern (WT: 9–12 m).

Hinweis: Beim Ankern achte man auf die Unterwasserkabel, die sich in Richtung Insel Krk erstrecken.

Versorgung: Im Geschäft und Restaurant am Ort.

Fähre: Merag (Insel Cres) – Valbiska (In-

sel Krk). Die kürzeste Verbindung des mittleren und des südlichen Teils der Insel Cres und der Insel Lošinj mit Rijeka.

PRESTENICE: B DBl 10s 17m 10M

KOROMAČNA (44°47'N 014°27,5'E).
Bucht an der E-Küste der Insel Cres, W-lich von Rt Sv Duh; die markanten Steilhänge der Insel dienen als Landmarke.

Liegeplätze: Die Bucht ist nur vor N-Winden geschützt, wobei der kleine Hafen an der W-Küste der Bucht vor allen Winden, außer vor NE-Winden, geschützt ist. Kleinere Yachten können nur bei N-Winden im NW-Teil der Bucht ankern. Bei Jugo ist der Aufenthalt in der Bucht nicht zu empfehlen.

KOLORAT (44°38,6'N 014°31,5'E).
Ankerplatz in der ausgedehnten Bucht an der SE-Küste der Insel Cres.

Ansteuerung: Beim Einlaufen achte man auf die Untiefe Kolorat (WT: 4,5 m), ca. 500 m N-lich der Spitze Kolorat, und auf die Untiefe Matešić, etwa 750 m NW-lich von Rt Tanki. Nachts ist das gefährliche Gebiet durch die roten Sektoren der Küstenfeuer auf Rt Suha und dem Riff Bik bezeichnet.

Liegeplätze: Allseits vor Winden geschützt. Kleinere Yachten können unter der NE-Küste (WT: 3,5 m) ankern; gut haltender Ankergrund.

Versorgung: In Punta Križa, 10 Min. Fußweg.

JADRIŠĆICA (44°37'N 014°30,4'E).
Bucht an der SE-Spitze der Insel Cres.

Ansteuerung: Beim Einlaufen achte man auf die Untiefe (WT: 5 m) S-lich der Westspitze der Einfahrt.

Liegeplätze: Der Hafen ist allseits vor Winden geschützt, der Jugo erzeugt jedoch im Hafen leichten Seegang. Größere Yachten können in der Nähe der ersten Häusergruppe des Weilers Bokinić an der rechten Seite der Einfahrt mit einer gegen NW ausgebrachten Heckleine ankern (WT: 12 m). Kleinere Yachten machen bei der Häusergruppe Pogana mit einer ebenso in NW-Richtung ausgebrachten Heckleine fest. Für kleinere Yachten besteht ebenso eine Anlegemöglichkeit an der Innenseite des kleinen Wellenbrechers (WT: 2,5 m).

Versorgung: Auf Punta Križa 2,5 km SE-lich der Bucht, befindet sich der Campingplatz „Baldarin" mit Restaurant, Sportplätzen, Geschäften und einer Post.

MARTINSĆICA (44°37,5'N 014°27,8'E).
Vor Bora gut geschützte, aber dem Jugo ausgesetzte Bucht auf der Insel Cres, SE-

lich von Kaldonta. Von Rt Plantur erstreckt sich südlich ein Unterwasserriff. Ein weiteres Riff liegt im Inneren der Bucht. Yachten ankern in der Buchteinfahrt (WT: 10–20 m) über gut haltendem Ankergrund.

KALDONTA (44°38,3'N 014°27'E).
Bucht im Lošinjski-Kanal an der SW-Küste der Insel Cres.

Liegeplätze: Allseits vor Winden geschützte Bucht mit gutem Liegeplatz für kleinere Yachten, die in der Hafenmitte ankern oder vor Buganker an den Pollern – mit dem Bug südwestwärts gerichtet – festmachen können.

OSORSKI TJESNAC – OSOR (44°42'N 014°23'E).
Siedlung und kleiner Hafen am gleichnamigen künstlichen Durchfahrtskanal (100 m Länge, 12 m Breite und für Schiffe bis zu 2,6 m TG befahrbar) zwischen den Inseln Cres und Lošinj und verbindet den Golf Osor mit dem Lošinjski-Kanal.

Hinweis: Am südlichen Ende des Kanals ist eine Drehbrücke (1,5 m lichte Höhe) Die Brücke wird um 09.00 und um 17.00 Uhr gebührenfrei geöffnet. Die Durchfahrtsgeschwindigkeit ist auf 5 kn begrenzt. Vorfahrtsrecht bei der Durchfahrt haben von S kommende Fahrzeuge. Fahrzeuge, die am Nordeingang warten, können an den Kais für Fahrgastschiffe anlegen. Vor beiden Einfahrten liegen Unterwasserkabel und in der Mitte des Kanals eine Pipeline. Die Strömung im Kanal ist unregelmäßig und kann eine Stärke bis zu 6 kn erreichen! An der N-Kanaleinfahrt weht starke Bora und an der S-Einfahrt starker Schirokko, die beide Dünung entstehen lassen. Winde aus den NE- und SE-Quadranten erschwe-

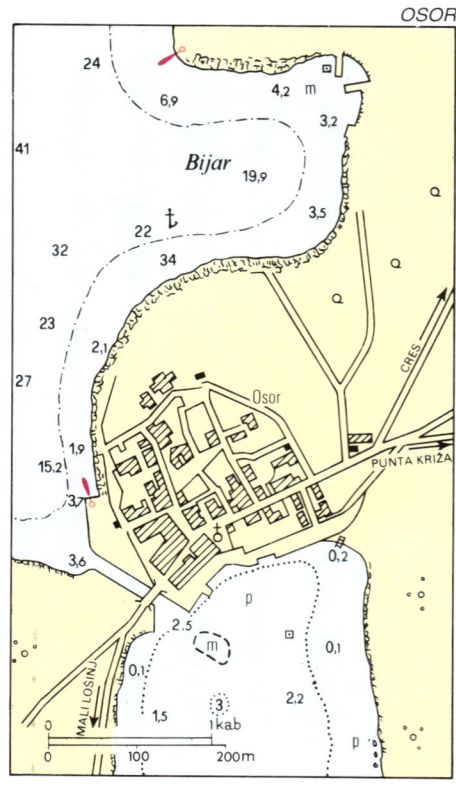

OSOR

ren das Einlaufen in die S-Kanaleinfahrt. Fünf weiße Betonpfähle vor dieser Einfahrt müssen westlich gelassen werden.

Liegeplätze: Anlegestelle für Kurzaufenthalt entlang des E-Kais für Fahrgastschiffe vor der N-Einfahrt in den Kanal (WT: 3,5–4,5 m). Ansonsten ist der Kai für den Linienverkehr vorgesehen. Ankerplatz in der Bucht Bijar, etwas nördlich des Kanals.

Versorgung: Post, Fremdenverkehrsbüro, Geschäfte, Restaurants und Cafés, Wasserzapfstelle.

Sehenswürdigkeiten: Reste römischer Stadtmauern von der Landenge bis zur Bucht Bijar (damals wurde die Landenge durchbrochen); Grundmauern von Tempeln und öffentlichen Gebäuden mit Mosaiken, Reste einer frühchristlichen Kathedrale (VI. Jh.), Benediktinerabtei (XI. Jh.) und romanische Kirchen des Hl. Markus und der Hl. Katharina, Kathedrale der Hl. Maria (1498), mittelalterliches Rathaus (Städtisches Museum mit Archäologische Funde), Ruine der Kirche der Hl. Maria (Ende d. XV. Jh.) in Bijar, Archäologisches Museum und Galerie *Juray Dalmatinac* in Osor.

Veranstaltungen: Jedes Jahr internationale Musik-Veranstaltungen.

BIJAR (44°42'N 014°24'E) Kleine Bucht, ca. 0,5 sm nördlich von der Ortschaft Osor, im E-Teil des Golfs von Osor.

Liegeplätze: Die Bucht bietet bei allen Winden guten Schutz. Günstige Anlegemöglichkeiten (zwei kleine Piers) und Ankerplätze (WT: ca. 1,5 m) für kleinere Yachten. Ein günstiger Ankerplatz für größere Yachten liegt W-lich vom roten Feuer auf der nördlichen Spitze der Bucht, sowie in der Mitte der Bucht (WT: 15 m). Am Ufer stehen einige Poller.

Versorgung: Wasser, Sanitäranlagen, kleiner Supermarkt und Restaurant beim Campingplatz an der Bucht.

LUKA USTRINE (44°45'N 014°23'E). Zwischen Osor und Martinšćica gelegene kleine Bucht.

Liegeplätze: Vor allen Winden gut geschützte Bucht, besonders in ihrem N-Teil (WT: 11–30 m). Der S-Teil ist der Bora und dem Seegang der W-lichen Winde ausgesetzt. Das Ankern wird in SW-Richtung mit Heckleine in NE-Richtung, wo einige Poller stehen, empfohlen; fest haltender Ankergrund.

MARTINŠĆICA (44°49'N 014'°21,5'E). Kleiner Ort mit Hafen im nördlichen Teil der gleichnamigen, schmalen Bucht an der W-Küste der Insel Cres, E-lich vom Rt Tiha.

Ansteuerung: Von S kommend, dient zur Orientierung die Insel Zeča (viereckiger Steinturm, Fl(2) W (194°-176°) R (- 194°)) und die Insel Visoki (steiniger Turm, weißes Feuer), sodann der rote Rundturm mit Pfeiler und Galerie (Feuer) am Molenkopf.

Liegeplätze: Der Hafen ist vor der Bora gut geschützt; SW-Winde werfen in der

OSOR

Bucht jedoch beträchtlichen Seegang auf. Kleinere Yachten (bis zu 2,5 m TG) können an der Innenseite der E-Pier vor Buganker anlegen oder in der Mitte der Bucht (WT: ca. 5 m) vor Anker gehen; fest haltender Ankergrund. Die Außenseite der Pier ist für Fahrgastschiffe vorgesehen. Größere Yachten ankern in der Buchteinfahrt (WT: 40 m). In der Bucht Tiha, wo sich ein Campingplatz befindet, gibt es Liegeplätze für kleine Yachten (WT: 1–3 m).

Versorgung: Wasserhydrant, Treibstoffe in Cres, Lebensmittelgeschäfte im Ort.

Sehenswürdigkeiten: Reste eines römischen Landhauses, Kloster der Franziskaner (XVI. Jh., Votivgemälde der Seeleute), Sommerhaus Sforza (XVII. Jh.). Süßwassersee Vransko (4 km entfernt): Der See liegt 16 m über dem Meeresspiegel, ist 84 m tief und 5,75 km² groß, Fischfang wird betrieben.

VALUN, ein breiter Meerbusen zwischen Rt Pernat und Rt Kovačine, mit überwiegend steiler Küste und sehr tief – außer in Nähe

der SE-Küste. Im S-Teil des Meerbusens liegt das Dorf Valun, und in der Bucht zwischen Rt Kovačine und Rt Križice liegen die Stadt und der Hafen Cres.

Liegeplätze: Große Yachten können etwa 0,4 sm vor der Bucht Nedomisje ankern. Kleinere Yachten finden einen guten Ankergrund in der Mitte der Einfahrt zu dieser Bucht. Bei Bora und NW-Winden ist die Bucht gefährlich.

Im Dorf Valun gibt es eine kleine Mole, an der man am besten mit Heckanker und mit zur Pier gerichtetem Bug anlegt.

Sehenswürdigkeiten: In die Wand der Sakristei der Kirche ist die Steintafel von Valun („Valunska ploča"), eines der ältesten glagolitischen Schriftdenkmäler (XI. Jh.), eingelassen.

CRES (45°57'N 014°24'E). Städtchen und Hafen in der Bucht des Meerbusens von Cres (Creski zaljev).

Ansteuerung: Beim Ansteuern dienen als Landmarken Rt Pernat, der rote Turm auf

CRES

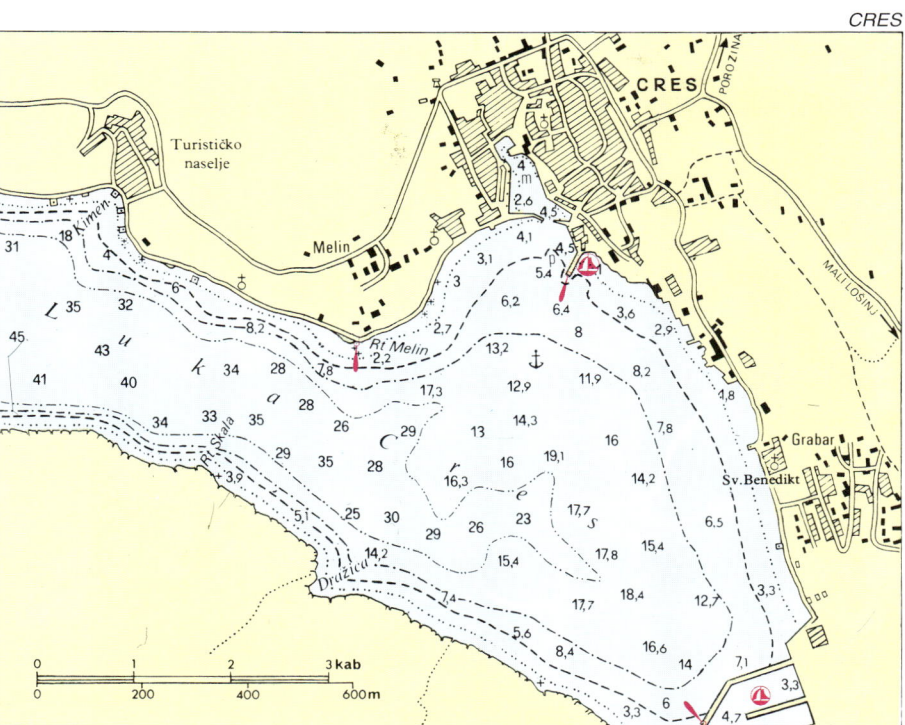

einem Block (weißes Feuer) auf Rt Kovačine, der grüne Turm (grünes Feuer) auf Rt Križice, der rote Turm mit einer Stange und einer Galerie auf einem Betonsockel (rotes Feuer) auf Rt Melin und der weiße Turm mit einer Stange und Galerie (grünes Feuer) am Kopf der S-Pier.

Hinweis: Die Einfahrt erfolgt auf dem engen, ca. 400 m breiten Zufahrtskanal. Entlang der beiden Kanalufer erstrecken sich Untiefen bis zu 100 m Entfernung von den Ufern. Vor Rt Melin (Küstenfeuer) liegt unter Wasser eine Klippe. Von Rt Kovačine bis zum Hafen Cres ist die Fahrgeschwindigkeit auf 5 kn herabzusetzen.

Anlegen entlang der beschädigten Teile des Ufers ist verboten.

Liegeplätze: Der Hafen ist vor allen Winden geschützt, aber ein starker Jugo kann im Hafen bis zu 1 m hohe Wellen erzeugen und den Kai überfluten. Am besten legt man in der Marina von Cres an. In der Bucht Priprajena ist ein 25 m langer Anleger für Yachten mit 3 m TG. Günstige Ankerplätze für Yachten sind die Bucht Gavza, ca. 0,8 sm N-lich von Rt Kovačine (WT: 12–15 m) sowie die Bucht Draga Nedomisje, ca. 1 sm S-lich von Rt Križice (WT: 8–10 m).

Versorgung: Hafenamt-Zweigstelle, Post, Ambulanz, Apotheke, einige Hotels, Campingplatz, Fremdenverkehrsbüro, verschiedene Geschäfte, Wasserzapfstelle und Tankstelle am Kai.

Service: Die Werft „Brodogradilište Cres" d.d. repariert und slippt Schiffe und Yachten bis zu 400 GT, Spezialbetrieb für Holzschiffe, ebenso Motorservice und Winterlager, Dock für Schiffe bis zu 1000 t und Kräne (5 und 7 t).

Personenfähren: s. Mali Lošinj.

Sehenswürdigkeiten: Teilweise erhaltene Stadtmauer mit einem zylindrischen Wehrturm und Loggia (XV./XVI. Jh.), Kirchen: Der Hl. Mariä Himmelfahrt (Sv Marija

Velika, 1554, restauriert 1829), des Hl. Sidar (Isidor, Romanik), der Hl. Maria Magdalena (1402); Minoritenkloster (XIV./XV. Jh., zwei Kreuzgänge), Kloster der Benediktinerinnen (1527, Erneuerung nach dem Brand 1764), Getreidespeicher (XV. Jh., jetzt Hotel), Rathaus (XVI. Jh., im Atrium Sammlung von Steindenkmälern), Paläste Arsan-Petris (XV. Jh., Städtisches Museum) und Rodinis (XV. Jh.).

MARINA „BRODOGRADILIŠTE CRES" d.d. (45°57'N 014°24'E). Neben der gleichnamigen Schiffswerft.

Liegeplätze: 50 Liegeplätze für Yachten bis zu 30 m Länge und 100 Stellplätze an Land.

Versorgung: Marinabüro, Hafenamt-Zweigstelle, Wasser- und Stromanschlüsse, Telefon, WC/Duschen, Parkplatz, Geldwechsel, Yachtausrüster, Touristenbüro, Post.

Service: Technischer Service. Die Werft repariert und slippt Yachten bis 400 GT; Dock für Schiffe bis 1000 t (Lüa 100 m, Büa 11 m), Travellift 100 t, Kräne (5 t und 7 t).

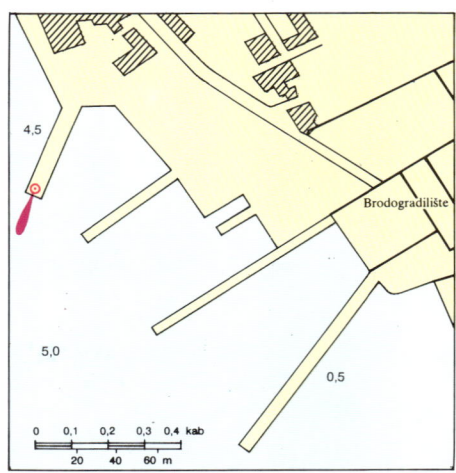

MARINA „BRODOGRADILIŠTE" – CRES

MARINA CRES (ACI) (44°57'N 014°24'E) liegt im südlichen Teil der Hafenbucht von Cres. Ganzjährig geöffnet.

Liegeplätze: 460 Liegeplätze für Yachten bis zu 25 m Länge an den Schwimmstegen und 200 Stellplätze an Land. Max. TG: 2,5 m.

Versorgung: Marinabüro, Wasser- und Stromanschlüsse, Telefon, Restaurant, Bar, Lebensmittelgeschäft, Boutiquen, Dusche/WC, Gasflaschenstation, Tankstelle (Diesel, Super), Parkplatz, Charterbasis.

Service: Kran (10 t), Travellift (30 t), Slip, Mastenkran (20 m), Boots- und Motorenservice.

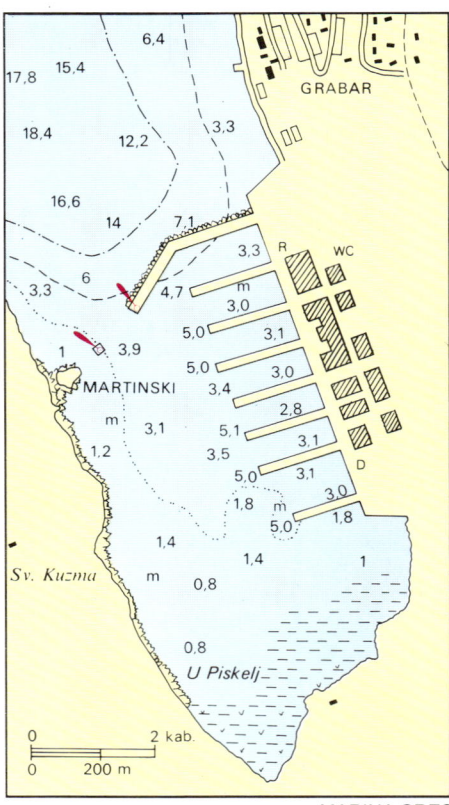

MARINA CRES

POROZINA (45°08'N 014°17'E). Kleiner Hafen und Fähranleger in der gleichnamigen Bucht an der NW-Küste der Insel Cres in der Enge Vela vrata, ca. 1 sm NE-lich von Rt Prestenice.

Ansteuerung: Zur Orientierung dienen der Steinturm mit einer Galerie (weißes Feuer) über einem Haus auf Rt Prestenice, ein Haus auf dem Hügel oberhalb des Hafens und der rote Turm mit Stange und Galerie (rotes Feuer) auf dem Kopf der Pier.

Liegeplätze: Vor allen Winden – außer vor SW- und W-Winden – geschützte Bucht. Yachten können in der Bucht vor Anker gehen oder an der Außenseite der Pier sowie am Kopf der Pier (WT: 4,9 m), wo ein roter Turm mit Stange (rotes Feuer) steht, anlegen.

Versorgung: Post, Restaurant und Übernachtungsmöglichkeiten in Privathäusern.

Fähre: Porozina – Brestova (Istrien).

MARINA CRES

INSEL LOŠINJ

NEREZINE (44°40'N 014°24'E). Siedlung und kleiner Hafen, ca. 2 sm S-lich von der Durchfahrt von Osor entfernt, entlang der Straße Cres-Lošinj.

Ansteuerung: Beim Einlaufen dienen als Landmarken der Glockenturm des Klosters, N-lich vom Hafen, und der rote Pfeiler (rotes Feuer) auf dem südlichen Wellenbrecherkopf.

Liegeplätze: Yachten bis zu 2,5 m TG können an der Innenseite des südlichen Wellenbrechers und an der kleinen, knieförmigen Pier (WT: ca. 1 m) sowie beiderseits der Pier anlegen.

Versorgung: Post, Ambulanz, Hotel und sonstige Versorgungsmöglichkeiten im Ort, Wasserhydrant, Lebensmittelgeschäfte.

Service: Kran (1,5 t) und ein Slip für kleinere Schiffe; Werft für Reparaturen an Holzschiffen und Motoren.

Sehenswürdigkeiten: Franziskanerkloster (1509–15), Kirche mit Kreuzgang (1510), in der Nähe der Wehrturm der Familie Draža (XVI. Jh.), Kirche der Hl. Maria Magdalena (XIII. Jh.), Berg Televrina (588 m, Panoramablick).

NEREZINE

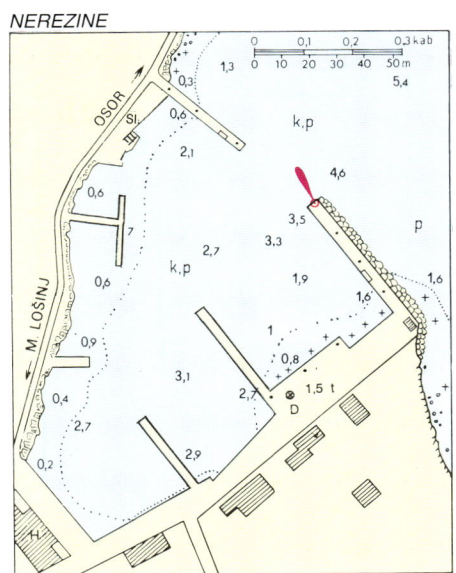

VELI LOŠINJ

Der *kleine Sportboothafen* Nerezine liegt in der Bucht Biskupija und wird von der Werft Nerezine unterhalten, max. WT 3 m.

Liegeplätze: 15 Liegeplätze für Yachten bis 14 m Länge und 30 Stellplätze an Land. Weiter 30 Liegeplätze im kleinen Hafen vor dem Ort Nerezine.

Versorgung: Wasser- und Stromanschlüsse, WC/Duschen (siehe unter Nerezine).

Service: Kran (3,5 t), Slipanlage (20 t, 2 x 50 t und 150 t), Travellift (20 t), Reparaturen von allen Schiffstypen. Technischer Service, besonders für Motoren von Mercruiser, Volvo Penta, Mercury, Mariner und Caterpillar.

PRIVLAKA (44°33'N 014°27,5'E). Durchfahrt an der engsten Stelle der Insel Lošinj (Länge 70 m, Breite 8 m, WT: 2 m), NE-lich des Hafens und der Marina. Sie verbindet die Bucht von Mali Lošinj mit dem Lošinjski-Kanal. Die Brücke wird tagsüber um 09.00 und 18.00 Uhr geöffnet; lichte Höhe unter der Brücke 2 m, gebührenfreie Durchfahrt.

Bei starkem Wind kann die Strömung im Kanal bis zu 3 kn betragen.

VELI LOŠINJ (44°31'N 014°30'E). Städtchen und kleiner Hafen an der E-Küste der Insel Lošinj, ca. 2,2 sm SE-lich von der Durchfahrt Privlaka. In der Nähe liegt der Ort Rovenska.

Ansteuerung: Als Landmarken dienen die Kirche auf dem Hügel Kalvarija (231 m) und der rote Pfeiler (rotes Feuer, sichtbar über dem Wellenbrecher von Rovenska) an der östlichen Einfahrtsspitze in den Hafen.

Liegeplätze: Über dem flachen Grund bei der Einfahrt in den kleinen Hafen und vor dem Küstenstreifen vor Buganker. Der Schirokko wirft hohe Wellen auf, die bis in den Hafen laufen. Der Hafen ist gegen die Bora offen, bei der ein Einlaufen schon riskant ist; um so weniger ist ein Daueraufenthalt zu empfehlen. Anlegen am mittleren, vorspringenden Teil der Einfahrt ist verboten.

Versorgung: Post, Fremdenverkehrsbüro, verschiedene Hotelanlagen, Geschäfte, Ambulanz, Winter-Luftkurort, Lebensmittel und Wasser, Tankstelle in Mali Lošinj.

Sehenswürdigkeiten: Runder Wehrturm (1445), Kirchen: des Hl. Nikolaus (Romanik, später Barock, Klassizismus), des Hl. Antonius des Abtes (1450, restauriert 1774), der Hl. Maria (1510, restauriert 1732).

ROVENSKA (44°31'N 014°30'E). Bucht und kleiner Hafen an der SE-Küste der Insel Lošinj, vom Hafen Veli Lošinj durch eine kleine Halbinsel getrennt; Teil der Ansiedlung Veli Lošinj.

Ansteuerung: Beim Einlaufen beachte

VELI LOŠINJ

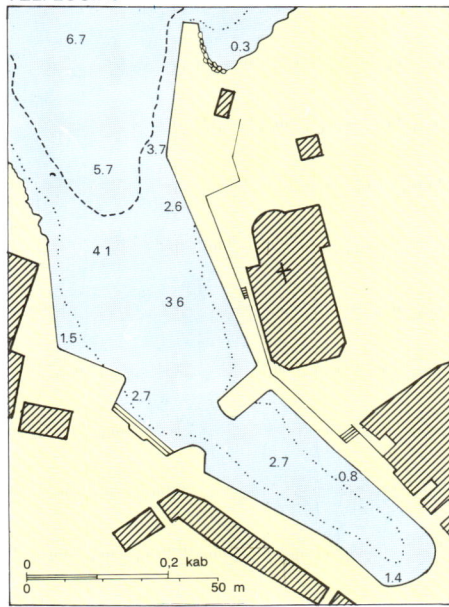

man die Klippen entlang des nördlichen Teils des Wellenbrechers. Ein Umfahren mit einem Mindestabstand von 100 m ist notwendig.

Liegeplätze: Gut vor allen Winden, außer NW-Winden, geschützte Bucht. Bei starkem NE-Wind stürzen die Wellen über den Wellenbrecher, gelegentlich auch über die Pier. Kleinere Yachten können längs der Pier im Innenhafen (WT: 2–3,4 m) anlegen.

Der Seeraum zwischen den Eilanden Orjule und der Insel Lošinj ist eine vor allen Winden (außer vor SSE-Winden) gut geschützte Zufluchtsstätte. Kleinere Wasserfahrzeuge gehen am besten W-lich der Insel Male Orjule, zwischen den beiden Inseln (WT: 20 m) vor Anker. Der flache Grund Batelić liegt 0,25 sm vor der Insel Male Orjule.

Versorgung: Lebensmittel und Wasser.

Auf den Inseln Vele Orjule und Male Orjule, SE-lich von Veli Lošinj, liegt die FKK-Siedlung „Orjule".

BALVANIDA (44°29'N 014°30'E). Bucht an der SW-Küste der Insel Lošinj, ca.3 sm SE-lich vom Hafen Čikat.

Liegeplätze: Gut geschützter Liegeplatz für Yachten, obwohl SW- und W-Winde im Hafen Schwell verursachen. Ankerplatz im inneren Teil (WT: 2–4 m).

KRIVICA (44°29,8'N 014°29,5'E). Kleine Bucht 2,5 sm S-lich von Rt Madona an der SW-Küste der Insel Lošinj.

Liegeplätze: Geschützt vor allen Winden, nur SW-Wind verursacht Schwell. WT: 1–3 m am Ostufer, 6–10 m am N- und S-Ufer der Bucht. Guter Ankergrund, Yachten liegen vor Buganker an Festmachern zum Land.

Versorgung: Restaurant in der Bucht Balvanida (15 Min. Fußweg), Lebensmittel in Veli Lošinj (1 Std. Fußweg).

LUKA ČIKAT (44°32'N 014°27'E). Bucht und bekanntes Touristenzentrum, ca. 0,7 sm W-lich der Ortschaft Mali Lošinj.

Ansteuerung: Als Landmarken dienen der mehreckige Steinturm mit grüner Galerie (grünes Feuer) auf Rt Madona und die Kapelle dahinter, ebenso die Gebäude im Kiefernwald.

Hinweis: Vom 1.5. bis 31.10. bestehen in der Bucht Ankerverbot, Schnellfahrverbot für Gleitboote und Wasserski-Verbot.

Liegeplätze: Eine vor allen Winden geschützte Bucht, außer bei W-Winden, die beträchtlichen Seegang aufwerfen; günstiger Ankerplatz für kleinere Yachten in der Mitte der Bucht (WT: 14–25 m) oder für kurze Dauer an der Pier (WT: 3,5 m) vor dem Hotel im NE-Teil der Bucht.

Versorgung: Im Kiefernwald an der Bucht liegen Hotels und ein Campingplatz.

MALI LOŠINJ (44°32'N 014°28'E). Stadt und Hafen im SE-Teil der gleichnamigen Bucht; eine der am besten geschützten Schutzbuchten für Schiffe und Yachten aller Größen in der Nord-Adria. Seegrenzübergangsstelle ganzjährig geöffnet.

Ansteuerung: Von W kommend, ist der Berg Tovar mit seinen Ruinen (gegenüber

MALI LOŠINJ

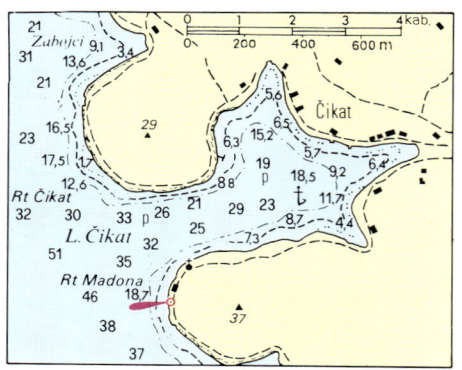

ČIKAT

der Buchteinfahrt) von weitem erkennbar, ebenso die Kirche in der Stadt. Als weitere Landmarken dienen die Insel Zabodaski und der Steinturm mit rotem Gipfel (rotes Feuer), die Insel Murtar mit weißem Turm und einer Galerie (weißes Feuer), der rote, auf einem weißen Sockel angebrachte Turm (Feuer mit Sektoren) auf der nördlichen Einfahrtspitze Rt Torunza, der grüne, auf weißem Sockel angebrachte Turm (grünes Feuer) auf der südlichen Einfahrtspitze Rt Križ (Nordspitze der Insel Koludarc) der rote Turm in Gitterkonstruktion auf einem weißen Sockel (rotes Feuer) auf Rt Poljana und der rote Turm mit Pfeiler und einer Galerie (rotes Feuer) an der NW-Ecke der Mole in Mali Lošinj.

Die Zufahrt nach Mali Lošinj führt gewöhnlich zwischen den Inseln Zabodaski und Murtar hindurch, aber man kann auch zwischen Rt Beli rat und der N-Küste der Insel Zabodaski (nachts im weißen Sektor des Feuers auf Rt Torunza) einfahren. In die Bucht läuft man zwischen Rt Torunza und Rt Križ ein. Nach Insichtkommen des Hafenfeuers auf Rt Poljana ist Kurs auf den Hafen Mali Lošinj zu nehmen, und man fährt dann auf der rechten Seite in die Bucht ein. Vom Hafenfeuer Poljana bis zur Privlaka-Brücke ist die Geschwindigkeit auf 6 kn zu begrenzen, im weiteren muß so langsam wie möglich gefahren werden, ebenso in entgegengesetzter Richtung. Durch die

ČIKAT

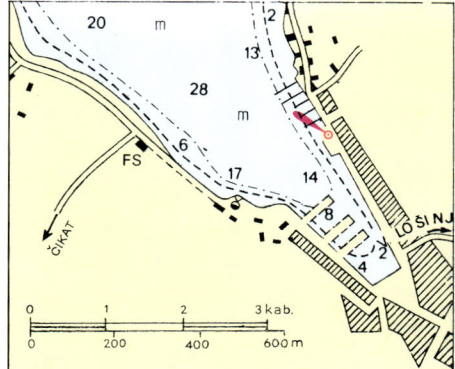

MALI LOŠINJ – LUKA

MALI LOŠINJ

Privlaka-Passage, die den Lošinjski-Kanal und die Bucht verbinden, können Wasserfahrzeuge um 09.00 und um 18.00 Uhr fahren (WT: 3,0 m). Die Brücke wird gebührenfrei geöffnet.

Hinweis: Von Rt Poljana bis zum SE-Teil des Hafens sind Fahrtgeschwindigkeiten, die größere Wellen erzeugen, verboten. Untersagt ist auch das Anlegen an den Piers an der W-Küste der Bucht, von der Most-Passage (Insel Koludarc – Insel Lošinj) bis zur Tankstelle. In der Bucht Kovcanja (NW-Teil der Bucht) sowie an der E-Küste der Bucht Artaturi bestehen Anker-, Anlege- und Annäherungsverbot an die Küste. Es besteht Ankerverbot für den inneren Teil der Hafens sowie entlang der Küste in einem geringeren Abstand als 100 m.

Liegeplätze: Anlegemöglichkeit oder vor Heckanker liegen an der Mole und der Kaimauer an der E-Seite oder im S-Teil des Hafens an drei Schwimmstegen.

Die Mole ist für den regelmäßigen Schiffsverkehr und den Zoll vorgesehen.

Versorgung: Hafenamt-Zweigstelle, Zollamt, Post, Krankenhaus, Apotheke, Supermarkt, Bank, einige Hotels, Campingplatz, Verkaufsstelle von Seekarten und nautischen Publikationen, Wasser aus Zapfstellen am Kai, Tankstelle in der NW-Bucht des Hafens, Reparaturen auf der Werft „Lošinjska plovidba" und in den Werkstätten der Marina. Unweit der Stege (im Ort) „Mini-Marina" mit Duschen, WC und Waschmaschine.

Autofähren: Pula – Mali Lošinj – Zadar; Porozina – Brestova; Merag – Valbiska.

Fähren: Mali Lošinj – Srakane Vele – Unije – Ilovik – Susak – Mali Lošinj; Mali Lošinj – Susak – Unije – Martinšćica – Cres – Rijeka; Pula – Mali Lošinj – Silba – Zadar (s.Zadar.); Mali Lošinj – Trst.

Sehenswürdigkeiten: Die Stadt hat ein Gepräge des späten Barocks und des Klassizismus; Kirche des Hl. Martin und die Kirche Mariä-Geburt (1761, restauriert 1961), venezianischer Wachturm (XV. Jh.).

MARINA MALI LOŠINJ (44°32,4'N 014°28,2'E) liegt NE-lich des Hafens von Mali Lošinj, zwischen dem Kai für Fahrgastschiffe und der Privlaka-Passage, max. WT: 10 m.

Liegeplätze: 130 Liegeplätze für Yachten bis zu 20 m Länge und 120 Stellplätze (davon 60 in einer Bootshalle) für Yachten bis zu 12 m Länge. Vor Buganker liegen an der Kaimauer und der Pier. Größere Yachten machen entlang der äußeren Längspier (WT: 10 m) mit Bug zu den ausgelegten Tonnen fest. Kleinere Yachten gehen ebenso vor Buganker, aber an den inneren Piers und an der Kaimauer, wo auch geringere Wassertiefen bestehen. Yachten auf der Durchreise können im W-Teil der Marina bei der Zollpier festmachen.

Versorgung: Hafenamt-Zweigstelle, Restaurant, Hotel, Café-Bar, Supermarkt, WC und Duschen, Wäscherei, Parkplatz für 100 PKW mit Anhänger, Telefon-, Wasser- und Stromanschlüsse (220 V). Tankstelle an der SW-Küste an der Straße nach Čikat (0,5 sm), Charterbasis.

Service: Kran (2 t), Travellift (12 t), Slipanlage für Yachten bis zu 30 t. Die Schiffswerft „Lošinjska plovidba" führt Reparaturen an Rumpf und Segeln aus. In den Werkstätten der Marina können Reparaturen an Holz-, Metall- und Plastikteilen sowie an Motoren in Auftrag gegeben werden, ebenso Elektro-Reparaturen, Batterieaustausch und Farbanstriche.

ARTATURI (44°34'N 014°24,6'E). Kleine Bucht N-lich der Einfahrt in die Bucht Mali Lošinj.

Liegeplätze: N-lichen Winden ausgesetzt. Kleinere Yachten können vor Buganker an der W-Seite liegen oder am Ende der Bucht bei Kandija vor Anker gehen. Größere Yachten ankern in der Mitte der Bucht (WT: 17 m).

Versorgung: In Turica (N-Ende der Bucht) Supermärkte und Restaurants.

LISKI (44°35,8'N 014°23'E). Kleine Bucht an der W-Küste der Insel Lošinj, ca. 5 sm N-lich von der Einfahrt in die Bucht Mali Lošinj.

Ansteuerung: Als Landmarke dient ein Haus mit einem Türmchen auf dem E-Ufer der Bucht. Von S kommend, halte man sich etwas weiter vom Fels Karbarus frei.

Liegeplätze: Vor S-Winden gut, aber bei Bora weniger geschützter Liegeplatz für Yachten. Ankerplatz am Ende der Bucht (WT: 3–6 m), gut haltender Ankergrund. Festmachestelle an der W-Pier und dem Poller vor dem kleinen Hafen.

MARINA MALI LOŠINJ

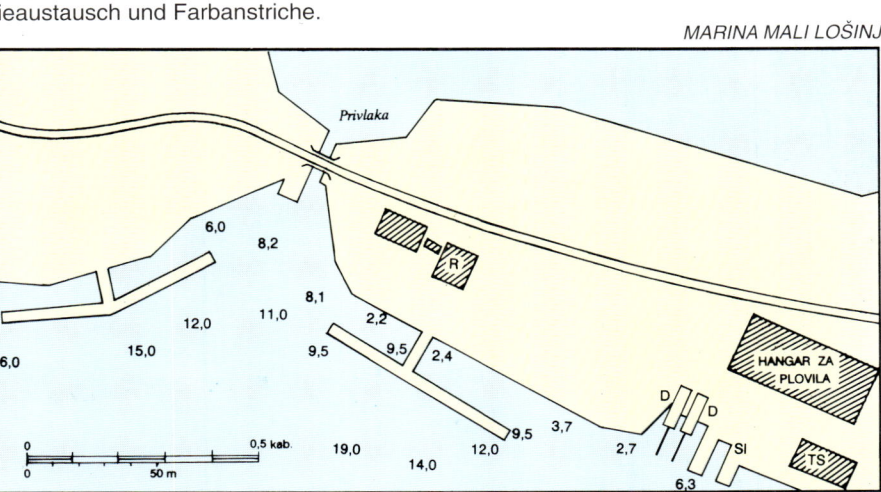

INSEL UNIJE

UNIJE (44°38'N 014°15'E). Dorf und kleiner Hafen an der W-Küste der Insel Unije.

Ansteuerung: Als Landmarken dienen der Kirchturm und die Kapelle auf dem Hügel NE-lich vom Ort sowie der rote Rundturm mit einem Pfeiler und Galerie (rotes Feuer) auf dem Wellenbrecherkopf.

Nachts führt die Einfahrt im roten Sektor des Feuers auf dem Wellenbrecher. Die vorgelagerte Klippe Školjić liegt im roten Sektor des Feuers auf Rt Vnetak (weißer runder Steinturm und Wärterhaus).

Liegeplätze: Der Hafen ist vor S-Winden geschützt, jedoch Winden aus den SW- und NW-Quadranten, die im Hafen hohen Seegang aufwerfen, ausgesetzt. Größere Yachten können NE-lich von der Klippe Školjić, ca. 500 m von der Küste entfernt, ankern (WT: 20–25 m); gut haltender Ankergrund. Yachten bis zu 3 m TG können an der Innenseite des Wellenbrechers, wo auch Fahrgastschiffe anlegen, festmachen.

Bei den ersten Anzeichen von Winden aus W und NW wird empfohlen, den Liegeplatz zu verlassen und in der Bucht Podkujna oder Vognišća an der E-Küste der Insel Schutz zu suchen.

Versorgung: Post, Ambulanz, einige Restaurants und ein Geschäft. Lebensmittel- und Wasserversorgung eingeschränkt.

Fähren: Mali Lošinj und Rijeka.

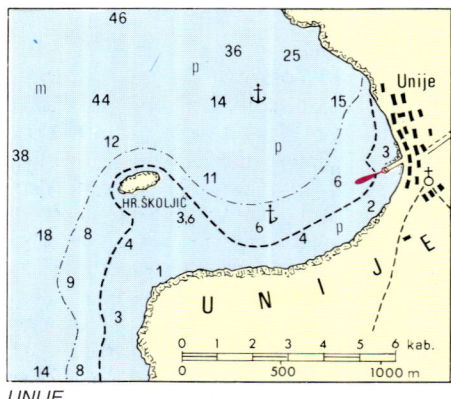

UNIJE

VRULJE (44°37'N 014°15'E). Bucht an der S-Küste der Insel Unije, nur bei Bora ein geschützter Platz.

Liegeplatz: Kleine Yachten können E-lich von Rt Vnetak vor der Küste ankern.

MARAĆOL (44°38,6'N 014°15,4'E). Kleine Bucht an der E-Seite der Insel Unije.

Liegeplätze: Gut geschützter Liegeplatz bei allen Winden, außer bei Schirokko. Kleine Yachten können am Kopf der Pier oder vor Buganker an der Pier festmachen. Ankerliegeplätze befinden sich SE-lich der Pier (WT: 7–9-m).

INSEL SUSAK

DRAGOĆA (44°31'N 014°18'E). Bucht und Hafen des Ortes Susak.

Ansteuerung: Als Landmarken dienen der Leuchtturm Susak (Fl (2) 10 s), der Glockenturm in der Ansiedlung, ein Fabrikschornstein im W-Teil der Bucht und der grüne Rundturm mit Pfeiler und Galerie (grünes Feuer) auf dem Wellenbrecher. Dragoća kann nur von kleineren Yachten angelaufen werden (TG 2,5 m). Beim Einfahren in den ausgebauten Teil des Hafens halte man sich in der Mitte der Einfahrt, zwischen dem Feuer auf dem Wellenbrecherkopf und dem durch eine rote Stumpftonne gekennzeichneten E-Rand des neugebauten Wellenbrechers.

Liegeplätze: Die Bucht ist vor S- und W-Winden geschützt; Winde aus NE sind sehr unangenehm, und bei SE-Winden dreht der Wind in der Bucht sehr stark. Anle-

SUSAK: B Bl 30s 100m 27/25M

gemöglichkeiten beiderseits der Pier oder an dem gemauerten Teil des Wellenbrechers. Bei Winden aus dem NE-Quadranten sowie bei Jugo ist der Liegeplatz am Wellenbrecherkopf zu verlassen. Sicheres Ankern nur im SW-Teil der Bucht.

Versorgung: Hafenamt-Zweigstelle, Post, Geschäft und Ambulanz, Lebensmittel, Wasser (nur aus Zisternen, vor Gebrauch abkochen!) in begrenzter Menge. Treibstoff und sonstige Waren in Mali Lošinj.

Sehenswürdigkeiten: Kirche des Hl. Nikolaus (1770), neben ihr die Reste des Benediktinerklosters (XI. Jh.).

Die Insel ist völkerkundlich sehr interessant. Die Bewohner der Insel leben abgeschlossen und unterscheiden sich im Dialekt, in den Bräuchen und in der Tracht von den Bewohnern der Nachbarinseln. Sie pflegen interessante, alte Bräuche bei Hochzeiten, Weinlese und Karneval.

PORAT (44°31'N 014°17'E). Kleine Bucht an der NW-Küste der Insel Susak.

Liegeplätze: Ein guter Liegeplatz bei Bora, jedoch nicht bei Winden aus SW und NW, deshalb selbst in den Sommermonaten für einen Daueraufenthalt ungeeignet.

Größere Yachten können in 300 m Abstand vor der W-Küste der Insel (WT: 30–40 m) ankern, Peilung des Leuchtturms auf dem Berg Garba in 210° (Feuerhöhe 100 m, LFl(2)10s23M).

INSEL ILOVIK

ILOVIK (44°28'N 014°33'E). Siedlung und kleiner Hafen an der NW-Küste der Insel Ilovik, im Kanal zwischen den Inseln Ilovik und Sv Petar. Die Kanalmitte ist für Yachten bis zu 6 m TG befahrbar.

Ansteuerung: Als Orientierung dienen der weiße Turm mit einem Pfeiler und einer Galerie (weißes Feuer) auf der Insel Sv Petar und der Kirchturm im Ort Ilovik.

Liegeplätze: Der Hafen ist von allen Seiten vor Winden geschützt, bei starkem Jugo dringen jedoch Wellen in den Hafen ein. Die Fahrwassermitte ist für die Berufsschiffahrt freizuhalten. Anlegestellen an der Pier (Länge 60 m, WT: 3,5 m) vor dem Ort; für kleinere Yachten an der Pier im E-Teil.

Versorgung: Post; Lebensmittel und Wasser nur in geringen Mengen.

Fährlinien: Ilovik – Premuda – Silba – Olib – Zadar; Ilovik – Mali Lošinj.

Sehenswürdigkeiten: Gewaltige, vorgeschichtliche Wallburg auf dem Hügel Straža. Auf der Insel Sv Petar Ruinen einer römischen Villa rustica und Reste der Klostermauer der Benediktinerabtei Sanctus

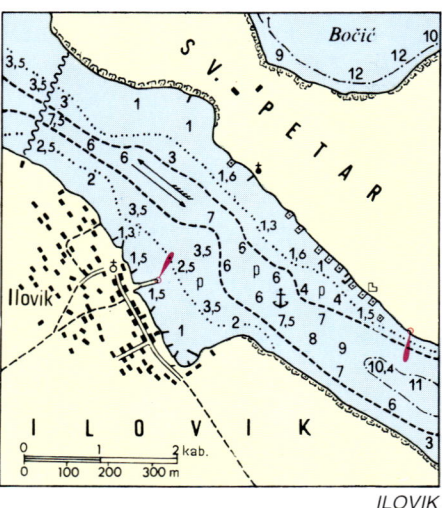

ILOVIK

Petrus in Nembis (XI. Jh.), Festungsturm zum Schutz vor den Uskoken (1597).

INSEL KRK

SOLINE (45°09'N 014°38'E). Bucht an der E-Küste der Insel Krk. Der kleine Hafen und die Hauptsiedlung Klimno befinden sich an der S-Küste. Die Bucht ist vor allen Winden gut geschützt und bietet einen sicheren Liegeplatz für kleinere Yachten.

Ansteuerung: Zur Orientierung dienen ein Steinturm mit rotem Gipfel (rotes Feuer) auf Rt Glavati, der rote Rundturm mit Pfeiler (rotes Feuer) auf einem weißen Block auf der Klippe Crni (ca. 0,3 sm vom Hafen entfernt) und der rote Pfeiler (rotes Feuer) auf dem Wellenbrecher im Hafen Klimno. Beim Einlaufen steuere man wegen der Klippe Solinji dichter an der SE-Küste der Bucht, doch zu beachten sind die Klippe Crni (weißes Feuer), die Klippe V. Školjić und die Untiefe an dieser Klippe (1,8 m).

Liegeplätze: Kleinere Yachten (bis zu 2 m TG) können an der Innenseite des Wellenbrechers oder an der Pier vor dem Ort Čižići am W-Ufer festmachen. Ein guter Ankerplatz liegt im NE-Teil der Bucht (WT: 5–6 m)

und W-lich des Hafens Klimno (Ankerplatz der Marina Punat). Die Bucht und der Hafen sind vor allen Winden gut geschützt. Vorsicht vor Anlagen zur Austernzucht.

Versorgung: Lebensmittelgeschäft, Wasserversorgung begrenzt. Reparaturen und Winterlager bei der Werft und in Punat.

KLIMNO (45°09,4'N 014°37,2'E) Ort und kleiner Hafen in der Bucht von Soline an der E-Küste der Insel Krk, max. WT 3,5 m. Dependance der Marina Punat, 50 Liegeplätze für Yachten bis zu 25 m Länge.

Ansteuerung: Bei der Einfahrt in die Bucht ist auf das Riff Solinji in der Mitte zu achten. Am besten hält man sich in der Einfahrt zunächst gut S-lich, um anschließend NW-lich zu steuern, damit man ebenso von der Untiefe Crni freikommt.

Liegeplätze: Auf der inneren Seite des Wellenbrechers (WT: 2 m), geschützt vor allen Winden.

Ankerplatz: Im NE-Teil der Bucht Soline (WT: 5–6 m).

Versorgung: Restaurant, Café-Bar, Pension, Supermarkt, Hafenamt (8 km).

Service: Kran (5 t), Slip, technischer Service.

KLIMNO

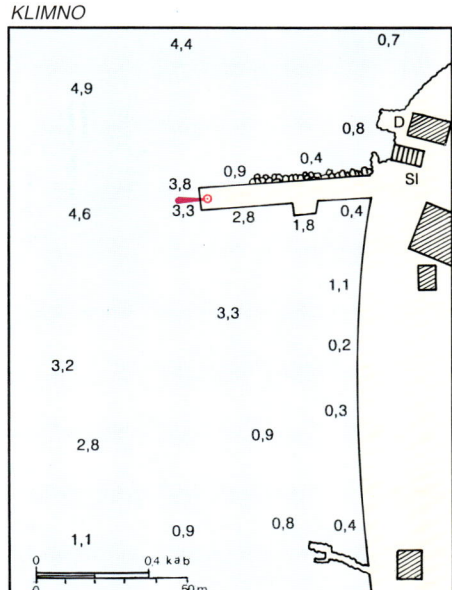

STIPANJA (45°09'N 014°40'E). Bucht und Ankerplatz an der E-Küste der Insel Krk. Der kleine Ort Šilo mit Hafen liegt im Süden der Bucht.

Ansteuerung: Als Landmarken dienen der weiße achteckige Turm mit weißem Feuer auf Rt Šilo, der grüne Turm mit Pfeiler und einer Galerie (grünes Feuer) auf dem Wellenbrecherkopf im Hafen Šilo. Bei der Einfahrt in die Bucht beachte man die vor der Landspitze Šilo ins Meer hinausreichende Untiefe, beim Anlegen den schrägen Unterwasservorsprung des Wellenbrechers.

Liegeplätze: Die Bucht ist von allen Seiten vor Winden geschützt. Kleinere Yachten können im Hafen von Šilo an der Innenseite

des Wellenbrechers (WT: 2,5 m) festmachen oder an die Kaimauer vor Buganker gehen. Ein Teil des Wellenbrechers ist für Fährschiffe reserviert. Ein günstiger Ankerplatz liegt S-lich vom Leuchtfeuer auf Rt Šilo (WT: 28–30 m); man beachte das Unterwasserkabel.

Versorgung: Hafenamt-Zweigstelle, Post, Geschäfte und Restaurants, Fremdenverkehrsbüro, Lebensmittelgeschäfte, Tankstelle in Crikvenica.

Werkstätten für Reparaturen an kleineren Yachten und Booten sowie Motorservice, Winterlager.

Sehenswürdigkeiten: Dobrinj (Kirche des Hl. Stefan des ersten Märtyrers, erwähnt seit 1100, restauriert 1903, goldbestickter Vorhang „Krönung Mariä" aus d. XIV. Jh.); Heimatmuseum mit Trachten und Haushaltszubehör (5 km).

VRBNIK (45°05'N 014°41'E). Kleiner Ort mit Hafen an der E-Küste der Insel Krk im Vinodolski-Kanal.

Ansteuerung: Zur Orientierung dienen die Häuser und der Kirchturm der Ortschaft Vrbnik, die hoch auf der Anhöhe (49 m) oberhalb des Hafens liegt, sowie der rote Turm mit einem Pfeiler und einer Galerie auf dem Wellenbrecherkopf (rotes Feuer).

Liegeplätze: Der Hafen ist von allen Seiten vor Winden geschützt, jedoch ist die Einfahrt in den Hafen bei Bora sehr erschwert und gefährlich. Kleinere Yachten können an der Innenseite des Wellenbrechers (WT: 2 m) sowie am Molenkopf im Hafen festmachen (WT: 4 m). Der Innere Teil des Hafens wird von Fischerbooten belegt.

Versorgung: Post, Geschäfte, Hotel und Ambulanz. Lebensmittelgeschäfte, Wasser aus der Leitung.

Sehenswürdigkeiten: Reste der mittelalterlichen Verteidigungsmauer mit Wehrtürmen, Kirche der Mariä Himmelfahrt (XV./XVI. Jh., restauriert 1966) sowie des Hl. Johannes (auf dem Friedhof, XV. Jh.), Bibliothek des Gelehrten und Politikers

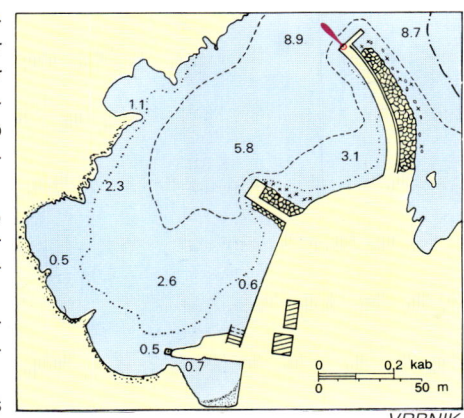

VRBNIK

Dinko Vitezić (15 000 Bände, illustrierte Handschriften, mehrere Frühdrucke).

BAŠKA (44°58'N 014°46'E). Dorf, Touristenort und kleiner Hafen im nördlichen Teil der Bucht Bašćanska Draga.

Ansteuerung: Als Landmarken dienen in der Durchfahrt Senjska vrata ein weißer Turm mit einer Galerie (weißes Feuer) vor dem Haus auf Rt Stražica (Insel Prvić), der rote Turm (rotes Feuer) auf Rt Škuljica (Insel Krk), sodann die Ruine auf Rt Kričin (E-lich des Hafens), der Kirchturm im Ort, der viereckige Turm mit grünem Gipfel (grünes Feuer) auf dem Wellenbrecherkopf und der rote Turm mit Pfeiler und einer Galerie (rotes Feuer) auf dem Kopf der Pier.

Liegeplätze: Kleine Yachten können längs des Kais festmachen, die Basis des Wellenbrechers ist für die Berufsschiffahrt und die Fähre reserviert. Größere Yachten können außerhalb des Hafens, ca. 400 m SW-lich vom Wellenbrecher, ankern (WT: 20–30 m); fest haltender Ankergrund. Der Innenhafen (WT: 1,5–3 m) ist vor allen Winden geschützt, wogegen der Ankerplatz der Bora und den SE-Winden ausgesetzt ist und daher als Daueraufenthaltsort nicht zu empfehlen ist.

NE-lich von Baška liegen die Buchten von Vela luka und Mala luka, und SE-lich liegt die Bucht Bracol. In Vela luka gibt es

VRBNIK

BAŠKA

einen Landesteg (30 m lang, WT: 2 m). Die Bucht ist vor Schirokko und Bora gut geschützt. Bei heftiger Bora empfiehlt es sich, an der E-Küste mit Buganker und Landleinen festzumachen. In Mala Luka findet man eine Naturküste, die vor allen Winden gut geschüützt ist. In der Bucht Bracol gibt es einen Landesteg für kleine Yachten. Die Bucht ist vor allen Winden gut geschützt.

Versorgung: Hafenamt-Zweigstelle, Post, Geschäfte, Hotels, Restaurants, Campingplatz, Ambulanz, Apotheke, Bank, Fremdenverkehrsbüro.

Lebensmittel im Ort. Wasserhydrant am Kai. Zwei kleine Slips und ein Kran (0,8 t).

Fährlinien: Baška – Senj und Baška – Lopar (Rab).

Sehenswürdigkeiten: Reste einer römischen Siedlung und Festung; Kirchen: des Hl. Johannes (Sv Ivan, Frühromanik), der Hl. Dreifaltigkeit (1723), des Hl. Markus (1514); Heimatmuseum (Volkstrachten, maritime Sammlung). – In Jurandvor (2 km): ehemaliges Benediktinerkloster mit Kirche der Hl. Lucia, um 1100, Fundstelle der Tafel „Baščanska ploča", des berühmtesten historischen, in glagolitischer Schrift gemeißelten, Denkmals aus jener Zeit; in

Baščanska Draga (4,5 km): typische dörfliche Ansiedlung, Fasanerie.

Veranstaltungen: Im August finden traditionelle Veranstaltungen wie „Dan ribara" („Fischertag") und „Baščanski starinski pir" („Altertümliche Hochzeit") statt.

STARA BAŠKA (44°57,5'N 014°41'E). Bucht und kleiner Hafen an der SW-Küste der Insel Krk.

Ansteuerung: Als Landmarken dienen der Ort und eine Kirche.

Liegeplätze: Am Kopf des kleinen Anlegers vor Buganker (WT: 2,5–3,7 m). Ankerplatz weiter NE-lich mit dem Heck zur Pier oder zum Land. Guter Ankerplatz bei Rt Klobučac, jedoch nicht sicher bei Winden aus SW und W. Die Bucht ist vor Bora und der Hafen vor Schirokko gut geschützt.

PUNAT (45°01'N 014°37'E). Kleiner Erholungs- und Badeort mit Hafen in der geräumigen, aber seichten Bucht Puntarska draga, im NE-Teil des Golfs von Krk.

Ansteuerung: Als Orientierung dienen ein weißer Turm mit Pfeiler und Galerie (weißes Feuer) vor der kleinen Kapelle auf der östlichen Einfahrtspitze Pod Stražicu, drei grüne Rundtürme (grünes Feuer) auf Betonblöcken im Meer, drei kegelförmige Steinbaken und ein grüner Turm mit Pfeiler und einer Galerie (grünes Feuer) auf dem Kai.

Beim Einlaufen steuere man zwischen den beiden kegelförmigen Steinbaken und den grünen Turmbaken (Feuer) so daß die Feuer steuerbords (östlich) mindestens 10 m entfernt bleiben. Zum Hafen Punat kann erst nach Passieren der nördlichen grünen Turmbake (Feuer) auf ca. 70 m Abstand eingedreht werden. Nachts erst nach Insichtkommen des grünen Hafenfeuers auf dem Kai. Die Höchstgeschwindigkeit für Wasserfahrzeuge ist auf 4 kn festgesetzt.

Liegeplätze: Der Hafen ist vor allen Winden geschützt. Kleinere Yachten können im Hafen längs der Kaimauer festmachen oder vor der Ortschaft sowie auch N-lich der Insel Košljun ankern (sicherer Ankerplatz vor Newera aus NW-Richtung; man beachte das Unterwasserkabel).

Versorgung: Hafenamt-Zweigstelle, Post, einige Hotels, Restaurants, Campingplatz, Geschäfte, Ambulanz, Apotheke, Lebensmittelversorgung in den Geschäften, Wasser-Zapfstelle am Kai, Treibstoff- und Gasversorgung in der Marina und im Hafen Krk. Kleinere Reparaturen an Yachten in der Werft „Punat" und in der Marina.

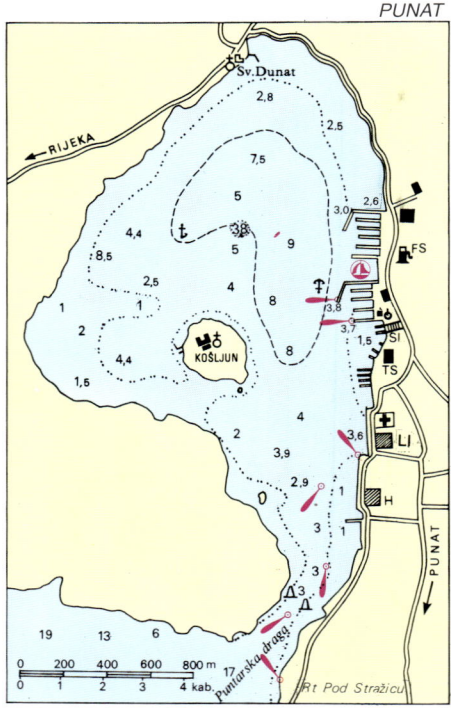

PUNAT

Sehenswürdigkeiten: Kirche der Hl. Dreifaltigkeit (1773, restauriert 1934), „Stari toš" (Haus mit Ölpresse aus d. XVIII. Jh.). Auf der Insel Košljun: Franziskanerkloster, Kreuzgang, Wehrturm, Kapelle des Hl. Bernardinus, Kirche der Mariä Verkündigung (1523, reiches Inventar), archäologische Funde, Sammlung von Volkstrachten.

MARINA PUNAT (45°01,3'N 014°37,6'E) liegt an der Ostküste der Bucht Puntarska Draga, N-lich von Punat, grenzt an die Schiffswerft „Punat". Ganzjährig geöffnet.

Liegeplätze: 860 Liegeplätze für Yachten bis zu 25 m Länge und 300 Stellplätze an Land (5–20 m Länge). Max. TG 5 m.

Versorgung: Hafenamt-Zweigstelle, Wasser- und Stromanschlüsse, Telefon, Hotel, Wechselstube, Selbstbedienungsladen, Geschäfte, Verkaufsstelle von nautischem Zubehör, 2 Restaurants und eine Café-Bar, Skipper-Club (Restaurant, Yachtclub, medizinische Abteilung, Segelschule), WC und Warmwasserduschen, Parkplatz für 500 PKW und Trailer; Apotheke in Krk (8 km), Tankstelle (2 km), Charterbasis.

Service: Kräne (5 und 10 t), Sliprampe

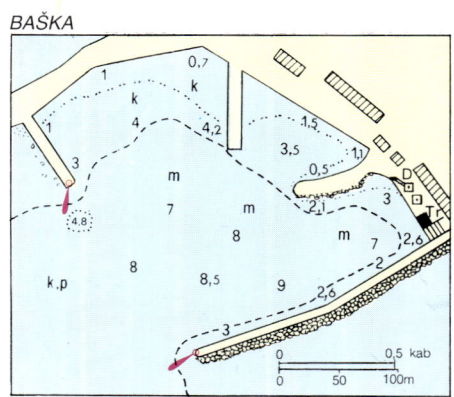

BAŠKA

für Yachten bis zu 30 t, Travellift (30 t), verschiedene Dienstleistungen (Bewachung, Reinigung usw.) das ganze Jahr hindurch. Generalreparaturen von Booten (Holz, GFK, Metall), Instandsetzung, Wartung und Einbauen von Motoren, Reparaturen an elektrischen Installationen, Batterie-Service, Lackiererei, Osmosebehandlung.

MARINA PUNAT

PUNAT

KRK (45°10,6'N 014°34,5'E). Stadt und Hafen im NW-Teil des Golfs von Krk (Krčki zaljev).

Ansteuerung: Beim Einlaufen dienen als Landmarken die Kirche mit dem Kirchturm und einer Statue auf der Turmspitze, der viereckige Ziegelturm (rotes Feuer) am Wellenbrecherkopf und der weiße Rundturm mit einem Pfeiler (grünes Feuer) auf dem Kopf der E-Pier.

Liegeplätze: Der Hafen ist dem Jugo ausgesetzt, vor Bora (E-ENE) ist er teilweise, vor allen übrigen Winden jedoch gut geschützt. Bei Jugo (die Wellen stürzen über den Wellenbrecher) ist für größere Wasserfahrzeuge der sicherste Liegeplatz an der Innenseite der östlichen Pier (WT: 3,5–4 m), die sonst für den Fährverkehr reserviert ist. Kleinere Yachten sollten möglichst tiefer in den Hafen einlaufen. Bei Bora ist es vorteilhafter, an die Kaimauer zwischen den zwei Piers vor Buganker zu gehen. Der Wellenbrecher ist wegen Untiefen und vereinzelten Steinen nicht zugänglich. Zwischen der Haupt- und Fischermole werden im Sommer 25 Gastliegeplätze eingerichtet.

Versorgung: Hafenamt-Zweigstelle, Post, Bank, Ambulanz, Apotheke, Museum, Fremdenverkehrsbüro, einige Hotels, Campingplatz, Geschäfte, Werft, Angelsportverein.

Wasserzapfstelle auf der Hauptmole an der Einfahrt, Tankstelle (auch Wasser) im Hafen bei der kleinen Pier und am W-Ende des Hafens.

Service: Die Werft „Krk" d.d. mit Slipanlage führt alle Reparaturen durch, auch an Dieselmotoren.

Fähren: Valbiska – Merag, Baška – Lopar (Insel Rab).

*Sehenswürdigkeiten: Kathedrale der Mariä Himmelfahrt (Uznesenje Marijino, Romanik XII. Jh.), erbaut auf den Ruinen der ehemaligen frühchristlichen Basilika (V./VI. Jh.) und römischer Thermen (I. Jh.), Inventar von der Antike bis zum Barock; gotische Kapelle der Frankopani-Familie; Bischofsresidenz (Bildersammlung); zweistöckige Basilika des Hl. Quirinus (Romanik, Überreste von Wandmalereien). Kirchen: Muttergottes (Gospa od Zdravlja, frühromanische Basilika aus d. XII. Jh.), Hl. Franziskus (1290); Domherrenhaus (XI. Jh.); Haus Kotter (romanische Fenster), gut erhaltene Stadtmauern (ab XI. Jh.) mit dem Turm Kamplin (1191), Kastell (XV./XVI. Jh.) und Rundturm; römischer Friedhof.

KRK

VALBISKA (45°01'N 0°14'30'E). Bucht mit Fährmole an der SW-Küste der Insel Krk, 3,4 sm westlich vom Hafen Krk. Die Bucht liegt zwischen steilen Berghängen.

Ansteuerung: Zur Orientierung dienen der weiße Turm mit einem Pfeiler und einer Galerie (grünes Feuer) auf Rt Sv Mikula, der Einschnitt des asphaltierten Weges am Ende der Bucht und der rote Turm mit Pfeiler und Galerie (rotes Feuer) auf dem Kopf des Fähranlegers.

Liegeplätze: Die Bucht ist SW-Winden ausgesetzt, ist aber vor Winden aus den NE- und SE-Quadranten geschützt. Die Bora weht hier heftig und in Böen. Kleinere Schiffe gehen gewöhnlich am Scheitel der Bucht vor Anker mit Leinen zu den Pollern an Land.

Versorgung: Tankstelle bei den Geschäften (ca. 200 m entfernt), Wechselstube, Telefon.

Fähren: Valbiska (Insel Krk) – Merag (Insel Cres).

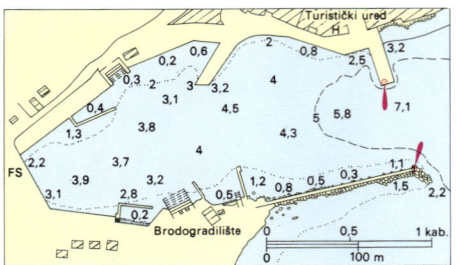

KRK

TORKUL (45°03'N 014°28,2'E). Bucht im Kanal Srednja vrata an der SW-Küste der Insel Krk, ca. 2,5sm SE-lich vom Küstenfeuer auf Rt Manganel.

Ansteuerung: Als Landmarke dient ein hohes, schmales Gebäude (Ruine) an der N-Spitze der Einfahrt.

Liegeplätze: Die Bucht ist von allen Seiten vor Winden geschützt und deshalb als gut geschützter Liegeplatz für kleinere Yachten (TG bis zu 1,30 m) geeignet. Bei Bora ist eine Landleine über Heck (Bug nach NE) auszubringen.

ČAVLENA (45°06'N 014°28'E). Bucht 4 sm SW-lich von Malinska am Eingang in die Meerenge Srednja vrata. Ein vor Bora und Schirokko gut geschützter Liegeplatz. Der Ankerplatz ist für Yachten jeglicher Größe sicher (WT bis zu 40 m). Kleinere Yachten können längs der E-Küste ankern.

MALINSKA (45°08'N 014°32'E). Ort und Seebad an der W-Küste der Insel Krk.

Ansteuerung: Zur Orientierung dienen die grüne Stange mit einem Kegeltoppzeichen (kennzeichnet die Untiefe an der SW-Seite der Einfahrt, die beim Einlaufen steuerbords zu lassen ist), der rote Turm mit einem Pfeiler und einer Galerie (rotes Feuer) auf dem Kopf der Pier und der weiße Turm mit einem Pfeiler und einer Galerie (rotes Feuer) vor dem Hotelkomplex „Haludovo".

Liegeplätze: Der Hafen ist Winden und Seegang aus der NW-Richtung ausgesetzt; im Sommer sind es meistens kurze Newera. Kleinere Yachten können an beiden Seiten der Pier sowie an die Mole im S-Teil des Hafens und an die Kaimauer östlich von der Pier (WT bis zu 2 m) festmachen. Ca. 300 m NW-lich von der Pier ist ein neuer Wellenbrecher (Länge 100 m) im Bau. Der Kopf des Wellenbrechers ist mit einer roten Tonne markiert. Der beste Ankerplatz liegt ca. 0,5 sm WSW-lich vom Hafen (WT: 25–45 m).

In der unmittelbaren Nähe des Hafens liegt die Hotelsiedlung „Haludovo" mit einem ausgebauten kleinen Hafen für kleine Yachten (Kran und ein Slip), der überwiegend für Hotelgäste gedacht ist.

Versorgung: Hafenamt-Zweigstelle, Post, einige Hotels und Restaurants, Geschäfte, Wasserhydrant am E-Kai, Tankstelle im Ort, Fremdenverkehrsbüro, Geschäfte, Ambulanz und Apotheke.

Service: Slip- und Hebeanlage für kleine Boote. Eine kleine Bootswerft fertigt und repariert Planken von kleinen Yachten.

Sehenswürdigkeiten: In Porat: Franziskanerkloster (XV. Jh.) mit Kirche der Hl. Maria Magdalena; in Dubašnica: Kirchturm (1618) der eingestürzten Kirche; in Bogovići: Kapelle der Muttergottes von Karmel (1644); in Žgombići: Kirche des Hl. Andreas (XV. Jh.); in Strilčići: Ruinen der gotischen Kirche des Hl. Nikolaus.

BELI KAMIK (45°10'N 014°32'E). Ankerplatz an der W-Küste der Insel Krk, ca. 3 sm N-lich von Malinska, Ort zu Njivice.

Ansteuerung: Als Landmarke dienen der grüne Rundturm mit einem Pfeiler und einer Galerie (grünes Feuer) auf dem Molenkopf im Ort Njivice und die Hotelgebäude.

Liegeplätze: Der Ankerplatz ist vor Bora und Jugo gut geschützt, jedoch Winden aus den SW- und NW-Quadranten ausgesetzt. Größere Yachten können N-lich von Njivice (WT: 30–40 m) ankern. Kleinere Yachten haben bei Bora und Jugo einen sicheren Liegeplatz in der Bucht Luka Kijac, S-lich

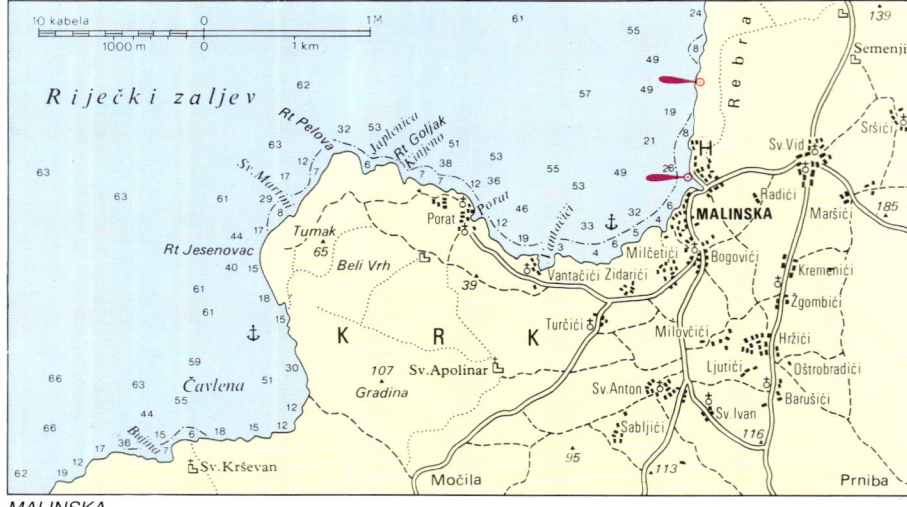

MALINSKA

MALINSKA

vom Ankerplatz Beli Kamik, und bei günstigem Wetter an der Innenseite des Wellenbrechers im Hafen Njivice (WT: 1,5–6 m).

Versorgung: Post, Lebensmittelgeschäft, Wasserhydrant, Hotels und Gaststätten im Ort Njivice.

OMIŠALJ (45°13'N 014°33'E). Hafenstadt an der N-Küste der Insel Krk in der Bucht von Omišalj.

Ansteuerung: Bei der Ansteuerung von W her sind die großen, weißen Erdölbehälter auf der Halbinsel Tenka gut erkennbar. Etwa 1,5 sm NW-lich von Rt Kijac liegt eine rot-weiße Ansteuerungs-Leuchttonne (weißes Feuer). Ein Rundturm (rotes Feuer) steht auf Rt Kijac. Mehrere Leuchttonnen markieren die Wasserstraße für Tanker. Die Richtfeuer von Omišalj kennzeichen den Ansteuerungskurs 151°. Ein weißer Turm mit einem Pfeiler und einer Galerie (rotes Feuer) steht auf dem Kopf der Pier im Hafen Omišalj, schließlich dienen zur Orientierung noch die Hotelgebäude in der Nähe der Pier und der Wasserturm auf dem Hügel.

Hinweis: Am W-Ufer der Bucht befindet sich ein Erdölterminal. Mindestabstand von der Küste 500 m. Am Küstenstreifen der Bucht Sapan hat sich die Erdölgesellschaft „INA" angesiedelt.

Liegeplätze: Lediglich kleinere Yachten (bis zu 3 m TG) können an der Pier im Hafen oder an den Molen in dem kleinen Sporthafen SE-lich der Pier festmachen. Vor dem Hotel „Jadran" ist ein Anleger (50 m, WT: 3,5 m).

Versorgung: Hafenamt-Zweigstelle, Post, Ambulanz und Geschäfte, Lebensmittel, Wasser aus der Leitung, Tankstelle ca. 2 km vom Hafen, Winterlager, kleinere Reparaturen an Holz- und Gleitbooten möglich, Kran (5 t).

Veranstaltungen: Alljährlich wird am 15. August das „Stomarina"-Festival für alle seegehenden Yachten gefeiert.

Sehenswürdigkeiten: Erhaltene gotische Stadtbebauung; Kirchen: Mariä Himmelfahrt (vor 1405, spätere Anbauten, dreischiffige romanische Basilika), Hl. Helena (1470), Hl. Antonius (Romanik), Hl. Johannes (1442), Ruinen des Fürstenpalastes (XIV./XV. Jh.), Loggia (1470), gotisches Haus der Familie Pančirov. In der Bucht Sepen Reste der römischen Siedlung Fulfinium (I.-III. Jh.) mit Basilika (VI. Jh.).

INSEL RAB

RAB (44°45'N 014°46'E). Hafen und Stadt auf gleichnamiger Insel.

Ansteuerung: Als Landmarken dienen die Stadtmauer und vier Kirchtürme, der grüne Rundturm mit einer Galerie (grünes Feuer) auf einem Betonblock auf der Untiefe Frkanj, der viereckige Steinturm mit roter Spitze (rotes Feuer) auf Rt Frkanj, der rote Rundturm auf Rt Sv Ante (rotes Feuer)

OMIŠALJ

und der mehreckige Turm mit grüner Spitze (grünes Feuer) auf der Insel Tunera sowie der weiße Turm mit Pfeiler und Galerie (weißes Feuer) auf Donji rt (Insel Dolin).

Hinweis: Vor der Einfahrt in den äußeren Teil des Hafens liegen die Untiefen Vela Sika (3,8 m) und Frkanj. Für alle Fahrzeuge beträgt die Fahrtgeschwindigkeit in der Einfahrt 3 kn!

Liegeplätze: Der Innenhafen ist von allen Seiten vor Winden – außer vor SE-Winden – geschützt. Jugo verursacht im Hafen Wellen, die einen Teil des W-Kais überfluten; daher ist es besser, in der Marina „Rab" anzulegen. Der beste Ankerplatz für größere Yachten liegt in der Bucht Sv Fumija (WT: 4–28 m) sowie NW-lich der Insel Tunera in der Zufahrt zum Hafen.

Versorgung: Hafenamt-Zweigstelle, Post, mehrere Hotels und Restaurants, verschiedene Geschäfte, Ambulanz, Apotheke, Lebensmittelläden, Wasserhydrant im Hafen, Tankstelle in der Marina „Rab". Auf der Halbinsel Frkanj, SW-lich von der Stadt, eine FKK-Hotelanlage.

Service: Mehrere Bootswerften in Banjol fertigen und reparieren Boote, Gleitboote

und kleinere Yachten aus Holz oder Kunststoff; Reparaturen an Außenbordmotoren.

Fähren: Lopar – Baška (Krk) und Mišnjak – Jablanac (Festland).

Sehenswürdigkeiten: Teilweise erhaltene Stadtmauern (XII./XIII. Jh., später verstärkt, teilweise Anfg. d. XX. Jh. abgerissen) mit dem Stadtturm, Palais des Bischofs (XIII. Jh., Umbauten zur Zeit der Gotik), Loggia (1509), Kathedrale der Mariä Himmelfahrt (Sv Marija Velika, 1177, restauriert 1278 und 1483, Ciborium um 1500, Chorstühle 1455, Pfarrsammlung, Glockenturm von 1181); Kirchen: Hl. Johannes (Sv Ivan, X./XI. Jh., Glockenturm aus d. XII. Jh.), Hl. Andreas (Romanik, umgebaut zur Zeit der Renaissance), Hl. Justina (1573–78); Paläste der Familie Crnota (XV. Jh.), Cassio (Gotik), Dominis-Nimira (XV.–XVI. Jh.), Nimira (XVI. Jh. mit spätgotischem Portal), Tudorin, Kukulić, Marčić-Galzigna. Park Komrčar (Pflanzungen am Ende d. XIX. Jh., dort steht die Kirche des Hl. Franziskus von 1490). Am Trg slobode (Freiheitsplatz) ein Naturdenkmal „Stablo slobode" (der Freiheitsbaum). Im NW-Teil der Insel das bewaldete Naturreservat „Dundo".

MARINA RAB (ACI) (44°45,4'N 014° 46,0'E) liegt an der E-Seite des inneren Stadthafens, unmittelbar hinter dem Wellenbrecher. Die Marina ist nur in der Saison vom 1. April bis 30. September geöffnet.

Vor Winden, außer vor S-lichen, durch den Wellenbrecher geschützt. SE-Wind erzeugt hohe Wellen (im Winter besonders gefährlich). Der Wellenschlag erhöht den Wasserstand bis zu 1 m und kann daher die Festmacher zerreißen und die Stege beschädigen.

Liegeplätze: 150 Liegeplätze für Yachten bis 18 m Länge; an Land gibt es Stellplätze nur für in Reparatur befindliche Yachten.

Versorgung: Marinabüro, Wasser- und Stromanschlüsse, Telefon, Restaurant, Geldwechsel, Geschäfte, Duschen und WC, Parkplatz, Tankstelle.

RAB

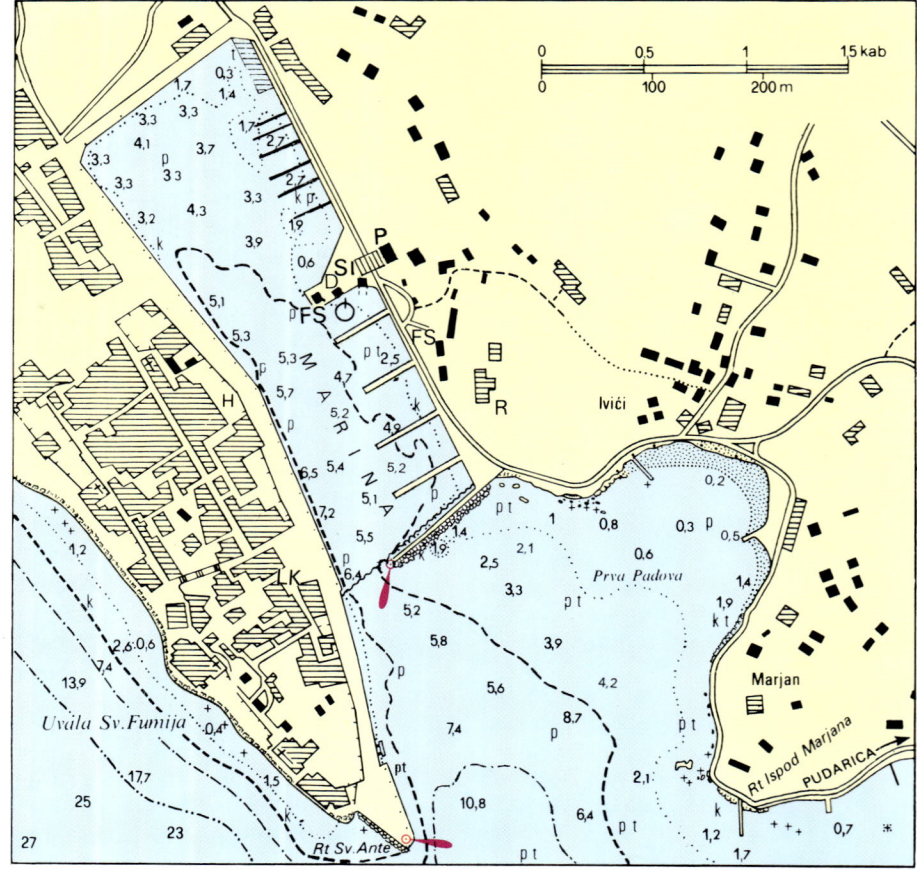

RAB (HAFEN UND MARINA)

stark, aber ohne Seegang aufzuwerfen, und sind deshalb für ankernde Yachten im Hafen ungefährlich. Der beste Ankerplatz für kleine Yachten (auch vor NW-Winden geschützt) liegt inmitten der Bucht von Dumići (S-lich der Insel Sajlovac); gut haltender Ankergrund. Größere Yachten können inmitten der Bucht Supetarska draga (WT: 21–28 m) ankern.

Sehenswürdigkeiten: Romanische Kirche des ehemaligen Benediktinerklosters des Hl. Petrus, gegründet 1059, aufgegeben im XVI. Jh.

MARINA SUPETARSKA DRAGA (ACI)

(44°48,2'N 014°43,8'E) liegt an der NE-Küste der gleichnamigen Bucht. Ganzjährig geöffnet.

Ansteuerung: Bei der Ansteuerung dienen als Landmarken die weißen Türme (weißes Feuer) auf Rt Kalifront und auf Rt Krištofor, ein roter Turm mit einem Pfeiler und einer Galerie (rotes Feuer) auf dem Wellenbrecherkopf der Marina, die niedrigen Werkstätten und das Verwaltungsgebäude der Marina. Die Marina ist von einem Kiefernwald und einem Olivenhain umgeben.

Gegen Winde aus dem NW-Quadranten schützt ein 160 m langer Wellenbrecher. Die flachen Stellen an der Pier aus aufgeschichteten Steinen fallen über steil abfallendem Untergrund rapide ab, bis auf 10–25 m in der Mitte der Bucht.

Liegeplätze: 275 Liegeplätze an Stegen und am Wellenbrecher (für Yachten bis zu 20 m Länge) und 150 Stellplätze an Land.

Versorgung: Marinabüro, Strom- und Wasseranschlüsse, Telefon, Restaurant, Lebensmittelgeschäft, Geldwechsel, Dusche/WC, Parkplatz. Tankstelle in der Marina Rab, sonstige Waren in den Geschäften der Marina und in der Stadt Rab.

Service: Kran (10 t), Slipanlage, Boots- und Motorenservice. Wetterberichte werden ausgehängt.

LOPAR

(44°50'N 015°43'E). Ort und kleine Bucht an der N-Küste der Insel Rab.

Ansteuerung: Beim Ansteuern dienen als Landmarken der weiße Turm (weißes Feuer) auf Rt Sorinj, der Glockenturm der Kirche der Hl. Maria auf dem Hügel oberhalb des Ortes, das gelbe Haus neben der Pier und der grüne Turm mit einem Pfeiler und einer Galerie (grünes Feuer) auf dem Kopf der Pier.

Hinweis: Beim Ansteuern achte man auf die Untiefen Pregiba und Vela sika (zylindrisches gelb-schwarz-gelbes Seezeichen, zwei Kegel mit Spitzen zueinander als Toppzeichen) im N-Teil der Bucht, W-lich von Rt Stojan.

Liegeplätze: Die Bucht ist dem NW-Wind ausgesetzt, der Wellen entwickelt. Bora und Jugo wehen heftig.

Kleinere Yachten können am Kopf oder

Service: Kran (5 t), Slipanlage, Boots- und Motorenservice. Im Büro der Marina ein Wetterdienst (Überwachungs- und Alarmdienst, Wetterberichte, Wettervorhersage und Seefahrernachrichten).

SVETA MARA

(44°47'N 014°40'E). Bucht, ca. 0,7 sm ESE-lich von Rt Donja punta (weißes Feuer) an der SW-Küste der Insel Rab.

Ansteuerung: Als Landmarke dienen das weiße Häuschen auf der Anhöhe oberhalb der Kapellen-Ruine an der E-Seite der Bucht und ein weißer Rundturm (weißes Feuer) auf Rt Donja punta.

Liegeplätze: Ein vor Bora und Jugo gut geschützter Liegeplatz für Yachten. Kleinere Yachten ankern inmitten der Bucht mit ausgebrachter Landleine an den aus den Felsen gemeißelten Steinpollern; gut haltender Ankergrund.

KAMPORSKA DRAGA

(44°47'N 014° 42'E). Bucht E-lich von Rt Kalifront an der NW-Küste der Insel Rab.

Ansteuerung: Als Landmarke dient die leicht auszumachende Insel Maman, die diese Bucht von der benachbarten Bucht Supetarska Draga trennt.

Liegeplätze: Wegen der Untiefen entlang der NE- und der SW-Küste der Bucht sowie vor der Insel Maman ist diese Bucht als Ankerplatz und Aufenthaltsort für Yachten nicht sehr geeignet. Außerdem ist sie Winden und Seegang aus NW ausgesetzt; Bora und Jugo wehen stark, doch ohne größere Wellen aufzuwerfen. Kleine Yachten können S-lich von Rt Kaštelina mit Heckleine an den Pollern an Land ankern.

Versorgung: Supermarkt im W-Teil des Ortes Ružići.

Sehenswürdigkeiten: Kirche der Hl. Euphemia (1237) mit dem Franziskanerkloster (1446, Bibliothek, kulturhistorische Sammlung, archäologische Funde) und die Klosterkirche des Hl. Bernardin (1458, später im Barockstil renoviert). In der Nähe Reste einer römischen Villa rustica. Mahn- und Erinnerungsfriedhof an der Stelle eines ehemaligen Konzentrationslagers von 1942–43, ein Park mit Grabplatten, angelegt in den Jahren 1950–55.

SUPETARSKA DRAGA

(44°48'N 014° 42'E). Bucht, Dorf und Marina in der gleichnamigen Bucht am NW-Teil der Insel Rab, ca. 2,5 sm SE-lich von Rt Sorinj.

Ansteuerung: Bei der Ansteuerung beachte man die Klippe ca. 50 m N-lich der Insel Sridnjak, SW-lich von der Einfahrt in die Bucht. Die Klippe ist nur bei Ebbe sichtbar bzw. bei bewegter See zu erkennen und mit einer Untiefentonne gekennzeichnet.

Liegeplätze: Die Bucht ist N- und NW-Winden ausgesetzt. Bora und Jugo wehen

an der S-Seite der Pier vor dem Hotel anlegen. Die N-Seite und die Außenseite der Pier dienen als Fähranleger. Bei Bora ist der Ankerplatz in der kleinen Bucht Makućina im SW-Teil der Bucht Lopar nur für kleinere Yachten geeignet.

Im Touristenort San Marino auf der NE-Seite von Lopar ist ein kleiner Hafen für Yachten bis 10 Länge.

Versorgung: Post und Ambulanz, Lebensmittel, Wasser aus Zisternen.

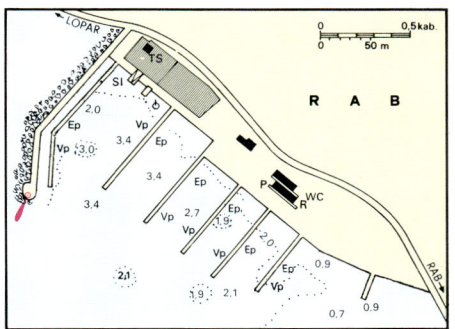

MARINA SUPETARSKA DRAGA

MARINA SUPETARSKA DRAGA

Autofähre: Lopar – Senj und Lopar – Baška.

Sehenswürdigkeiten: Überreste antiker Befestigungen.

INSEL PAG

STARA NOVALJA (44°36'N 014°52'E). Ort in der gleichnamigen Bucht an der N- Küste der Insel Pag.

Ansteuerung: Als Landmarken dienen der viereckige Turm auf einem Sockel (weißes Feuer) auf der nördlichen Einfahrtsspitze Rt Deda, der dem Rt Deda gegenüber gelegene Berg Veli vrh (131 m) und die Häuserreihe entlang der NE-Seite der Bucht.

Liegeplätze: Vor Bora und Jugo gut geschützt, auch der Seegang ist in der Bucht unbedeutend. Der Anlegeplatz für kleinere Yachten (bis zu 3,5 m TG) befindet sich an der Außenseite der knieförmigen Pier vor dem Ort. Der beste Ankerplatz für größere Yachten ist S-lich der Bucht Drljanda und NW-lich vom Ort Stara Novalja (WT: 27–38 m). Kleinere Yachten können im NW-Teil der Bucht Drljanda, östlich von der Einfahrt in die Bucht ankern. Das ist ein gut geschützter Liegeplatz bei Bora und Schirokko. Bei Bora ankert man mit dem Bug in SW-Richtung und mit einer nach NE ausgebrachten Landleine. Die Mole in der Bucht Drljanda (NE-lich vom Ort) ist für die Fähre vorgesehen.

Autofähre: Stara Novalja – Prizna (Festland).

Sehenswürdigkeiten: Überreste antiker Mauern, spätantike Nekropole. Ruinen der vorromanischen Kirche des Hl. Kreuzes.

PAG (44°27'N 015°03'E). Stadt und Hafen an der SE-Küste des Meerbusens Paški zaljev.

Ansteuerung: In die Bucht von Paški zaljev gelangt man durch die Paška-vrata-Passage zwischen Rt Krištofor und Rt Sv Nikola. In dem Meerbusen gibt es mehrere Buchten: Slana, Ručica, Metajna, Caska und den Hafen von Pag.

Die Bora weht in dem Meerbusen heftig, am stärksten weht sie in der Paška-vrata-Passage und in der Bucht Slana; im NW-Teil des Meerbusens weht sie aus E, und im SE-Teil aus N. Bei heftiger Bora wird die Einfahrt in den Meerbusen durch aufgepeitschte Gischt (herabgesetzte Sicht) und einer Kreuzsee erschwert. Bei Jugo überflutet das Meer manchmal den Kai beim Salzwerk. Tidenströme aus unterschiedlichen Richtungen können bis zu 4 kn erreichen.

Zur Orientierung dienen der weiße Turm (weißes Feuer) auf Rt Krištofor, der rote Turm (rotes Feuer) auf Rt Sv Nikola, dann weiter innerhalb des Meerbusens der grüne Turm mit einem Pfeiler und einer Galerie (grünes Feuer) auf Rt Zaglava, der Kirchturm im Ort, das große Lagergebäude für Salz am Hafenende und die Hotelgebäude am SW-Ufer, der rote Turm mit einem Pfeiler und einer Galerie (rotes Feuer) auf dem Kopf des Fähranlegers und der rote Turm mit Pfeiler und Galerie (rotes Feuer) auf dem Kopf der S-Pier.

Den Hafen Pag steuert man durch eine Fahrrinne (50 m breit, WT: 4,5 m) an. Die Fahrrinnenmitte ist durch zwei Eisenkonstruktionen des ehemaligen Feuers (eine vorne, eine weiter hinten) markiert. Jede trägt an der Spitze ein schwarzes Dreieck mit vertikalem weißen Strich. Die Steuerbordseite der Einfahrt ist durch zwei grüne Spitztonnen und – weiter in Richtung Brücke – durch zwei grüne Spieren mit je einem Kegeltoppzeichen gekennzeichnet. Die Backbordseite der Einfahrt ist durch einen roten Rundturm mit einem Pfeiler (rotes Feuer) auf dem Kopf des Fähranlegers und einen roten Turm mit Pfeiler und Galerie (rotes Feuer) auf dem Kopf der S-Pier markiert. Bei der Einfahrt steuere man ca. 15–20 m steuerbord vom roten Feuer an der Fährstelle vorbei, sodann halte man direkt auf das Feuer am Kopf der S-Pier (rotes Feuer) zu. Man beachte die Gezeitenströmung (bis 4 kn).

Liegeplätze: Der Hafen ist von allen Seiten vor Winden geschützt, außer W-Winden, die hier selten wehen. Kleinere Yachten (TG bis zu 3,5 m) können vor Buganker an die Innenseite der kleinen N-Pier im kleinen Hafen gehen oder an der Kaimauer bei der Brücke anlegen. Der beste Ankerplatz für größere Yachten ist an der E-Küste, ca. 1,5 km S-lich von der Ruine der Kapelle Sv Nikola (WT: 24–38 m). Bei Schönwetter ankern kleinere Yachten vor der Ruine der Kapelle Sv Katarina.

Versorgung: Hafenamt-Zweigstelle, Post, einige Hotels und Restaurants, Ambulanz, Apotheke, Bank, gute Einkaufsmöglichkeiten, Hydrant am Kai, Tankstelle in Pag. Kran (1 t) und Slipanlage im Hafen.

Autofähren: Žigljen – Prizna (Festland) und Pag – Karlobag (Festland).

Sehenswürdigkeiten: Der Ausbau der Stadt begann 1433 nach dem Plan von Juraj Dalmatinac (Baumeister und Bildhauer). Teile der Stadtmauern mit dem Uhrturm (nach 1433), Bischofspalais (1467, unvollendet), Kathedrale der Mariä Himmelfahrt (1443–88), Kirchen: Hl. Georg (Sv Juraj, Renaissance) und Hl. Margarete (zweite Hälfte d. XV. Jh.). – Starigrad (3 km, Hauptort der Insel vor der Gründung der heutigen Stadt): Kirche aus d. XIV. Jh., daneben Ruinen eines Benediktinerklosters; Aufstieg zu den Gipfeln Sv Vid (348 m) und Sv Juraj (263 m), Panoramablick.

PAG

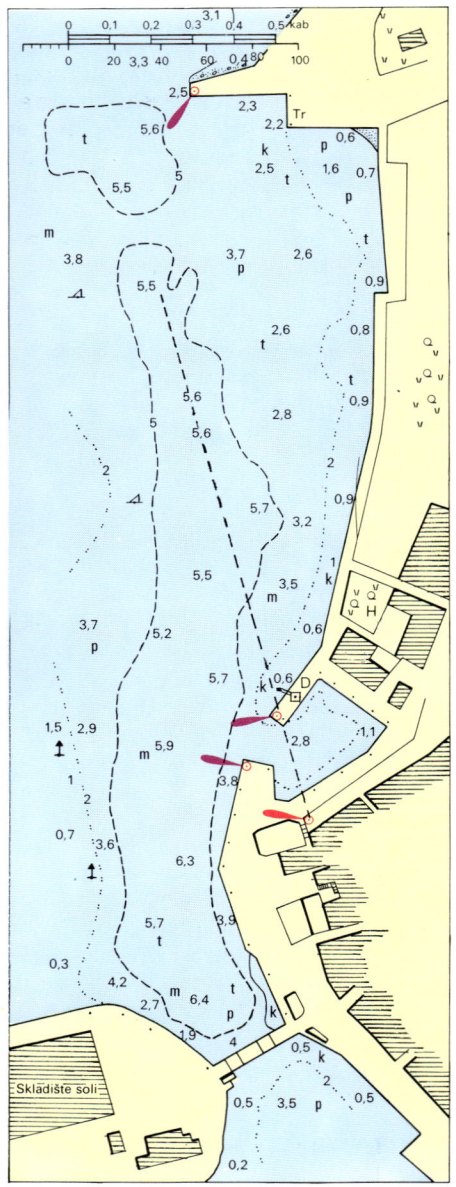

PAG

Die Käserei erzeugt den weithin bekannten Pager Käse. Aus den Weinkellern stammt der Qualitätswein Žutica. Das Camp Bašaca veranstaltet alljährlich vom 26.–28. Juli einen Sommerkarneval. Thermalheilstätte Lokunja (radioaktiver Schlamm zur Heilung von rheumatischen Krankheiten) am SW-Ufer der Bucht, gegenüber der Stadt Pag.

Ungefähr acht Jahrhunderte alte Tradition der Spitzenherstellung; 1906 wurde eine Schule für die Herstellung von Spitzen gegründet.

CASKA (44°33'N 014°56'E). Bucht und Dorf im NW-Teil des Busens von Pag (Paški Zaljev). Sehr guter, vor Bora geschützter Ankerplatz. Größere Yachten ankern am besten in der Bucht Zrće, ca. 0,5 sm SE-lich vorn Ort Caska (WT: 17 m). Kleinere Yachten ankern vor dem Dorf im Scheitel der Bucht.

Versorgung: Lebensmittel und Wasser in beschränkter Menge.

Sehenswürdigkeiten: Von dem römischen Militärlager Cissa erhaltene Ruinen von Gebäuden, Straßen, eines Aquädukts, einer Akropolis; frühmittelalterliche Kirche des Hl. Georg (Sv Juraj).

METAJNA (44°31'N 015°05'E). Bucht und Siedlung in der Bucht von Pag (Paški Zaljev).

Ansteuerung: Zur Orientierung dienen der Berg Zaglava (117 m), der grüne Turm mit Pfeiler und Galerie (grünes Feuer) auf Rt Zaglava, die Kirche mit dem Glockenturm im S-Teil der Bucht und die Fähranlegestelle.

Liegeplätze: Die Bucht ist vor Bora und Schirokko gut geschützt. Ein guter Ankerplatz für größere Yachten liegt ca. 0,5 sm WNW-lich der Kapelle Sv Marija am S-Rand der Siedlung. Für kleinere Yachten (TG bis zu 2 m) bestehen Ankermöglichkeiten in Küstennähe.

Versorgung: Lebensmittel und Wasser in begrenzter Menge.

DINJIŠKA (44°22'N 015°10'E). Siedlung und Bucht im SE-Teil der Insel Pag, NW-lich der Meerenge Ljubačka vrata.

Liegeplätze: Die Bucht ist sehr gut vor der Bora geschützt, der Jugo fällt dagegen stark ein. Größere Yachten ankern an der NE-Küste, die kleineren weiter im Inneren der Bucht (WT: 13 m); guter Ankergrund. Bei der Einfahrt beachte man die Klippen auf beiden Seiten der Einfahrt. Weitere Anlegemöglichkeit SE-lich des Dorfes Miškovići an der Pier.

STARA POVLJANA (44°19'N 015°10'E). Unbesiedelte Bucht im SE-Teil der Insel Pag, vor Bora geschützt, aber S-Winden ausgesetzt, die hier stark, aber ohne Seegang wehen. Als Ankerplatz für größere Yachten ist der Ankerplatz Škamica (WT: 36 m), für kleinere auch die Bucht Gradac, SE-lich vom Ort Smokvica, empfehlenswert.

NOVA POVLJANA (44°21'N 015°06'E). Bucht und Siedlung an der SW-Küste der Insel Pag.

Ansteuerung: Beim Einsteuern dienen als Landmarke der rote runde Eisenturm mit einem Pfeiler und einer Galerie (rotes Feuer) auf Rt Dubrovnik, die Hotelsiedlung und die Kapelle Sv Nikola an der E-Seite der Bucht.

Liegeplätze: Der Hafen ist vor den vorherrschenden Winden, Bora und Jugo, gut geschützt, er ist jedoch Winden aus den SW- und NW-Quadranten ausgesetzt. Yachten bis zu 3 m TG können an der Innenseite des Wellenbrechers anlegen. Als Ankerplatz bei Bora und Jugo ist für größere Yachten die Mitte der Bucht geeignet, für kleinere der Platz in der Nähe der Kapelle Sv Nikola.

Versorgung: Lebensmittel- und Wasserversorgung im Ort Povljana (0,8 km).

Sehenswürdigkeiten: Kirche des Hl. Nikolaus (frühes Mittelalter, Überreste von Wandmalereien) und des Hl. Georg (XVIII. Jh.).

KOŠLJUN (44°22,8'N 015°05'E). Siedlung und Hafen in der weiten Bucht Košljunski Zaljev, an der SW- Küste der Insel Pag, zwischen Rt Tihovac und Rt Zminka.

Ansteuerung: Als Landmarken dienen der weiße viereckige Eisenturm mit Pfeiler und Galerie (weißes Feuer) auf Rt Zaglav und der rote Turm (Sektorenfeuer) am Wellenbrecherfuß.

Hinweis: Bei der Einfahrt beachte man die Untiefen um Rt Zminka und Rt Tihovac. Nachts führt der grüne Sektor des Hafenfeuers am Wellenbrecherfuß an den Untiefen vorbei.

Liegeplätze: Die Bucht ist nur vor Winden aus dem NE-Quadranten geschützt (gilt als Ersatzhafen von Pag bei Bora). S-Winde erzeugen im Hafen hohen Seegang. Kleinere Yachten können entweder am Wellenbrecherkopf (WT: ca. 2 m) anlegen oder vor Buganker entlang des übrigen Teils des Wellenbrechers (WT: unter 1 m) liegen.

Größere Yachten können WSW-lich von der Ruine an der NE-Küste, ca. 700 m vom Land entfernt (WT: 18–23 m), ankern. Ein Daueraufenthalt – besonders bei Schlechtwetter – ist nicht zu empfehlen.

Versorgung: Lebensmittel und Wasser in begrenzter Menge.

ŠIMUNI (44°28'N 014°57'E). Bucht und Siedlung an der W-Küste der Insel Pag im Maunski-Kanal.

Ansteuerung: Bei der Einfahrt dient als Landmarke der weiße Rundturm mit Pfeiler und Galerie (grünes Feuer) auf Rt Šimuni (S-Spitze der Einfahrt). An Backbord liegen Unterwasserfelsen und die Untiefe Šimuni (WT: 1,3 m), so daß man sich bei der Einfahrt weit genug von der Landspitze freizuhalten hat und sich nach Steuerbord orientiert. Nächtliche Einfahrt ist nicht zu empfehlen, besonders nicht bei Bora.

Liegeplätze: Der Hafen ist von allen Seiten vor Winden und Seegang geschützt. Bei Bora ist für kleine Yachten der Ankerplatz im SE-Teil (WT bis zu 1,5 m) zu empfehlen, guter Ankergrund. Yachten bis zu 2 m TG können vor Buganker an der kleinen Mole in der NE-Bucht liegen.

Versorgung: Lebensmittel- und Wasserversorgung eingeschränkt.

MARINA ŠIMUNI (ACI) (44°28'N 014° 57'E) liegt in einer kleinen Bucht im W-Teil der Šimuni-Bucht (Maunski-Kanal). Ganzjährig geöffnet.

MARINA ŠIMUNI

Liegeplätze: 150 Liegeplätze für Yachten bis zu 18 m Länge und 30 Landstellplätze.

Versorgung: Marinabüro, Wasser- und Stromanschlüsse, Restaurant, Duschen/WC, Mini-Markt, Geldwechsel, Charterbasis. Slipanlage für Yachten bis 8 m Länge, Kran (15 t).

Service: Kran (15 t), Slipanlage für Yachten bis 8 m Länge, technischer Service.

MANDRE (44°29'N 014°55'E). Bucht und Siedlung an der W-Küste der Insel Pag im Maunski-Kanal.

Liegeplätze: Gut geschützter Liegeplatz für kleinere Yachten, die vor Buganker an der Mole vor dem Hotel liegen können. Der Hafen ist vor allen Winden geschützt, außer vor jenen aus SW (WT: 2 m).

Versorgung: Lebensmittelgeschäft, Wasser aus der Leitung.

NOVALJA (44°33'N 014°53'E). Siedlung und kleiner Hafen in gleichnamiger Bucht an der NW-Küste der Insel Pag.

Ansteuerung: Als Landmarken dienen der Kirchturm im Ort, der hohe weiße Gittermast des Senders, der rote Turm mit Pfeiler und Galerie (Sektorenfeuer) auf der S-Ecke des Kais. Nachts verläuft die Ansteuerung im grünen Sektor des Hafenfeuers an der S-Ecke des Kais an den Riffen Gaj (N-lich) und Vrtlic (S-lich) vorbei.

Liegeplätze: Die Bucht ist vor Winden aus den NE- und SE-Quadranten ge-

schützt; Winde aus SW und NW wehen hier im Sommer sehr stark.

Yachten bis zu 2,5 m TG können an der Innenseite des Wellenbrechers und an der Mole anlegen, dessen Vorderseite für Fahrgastschiffe reserviert ist. Kleinere Yachten können vor Buganker zwischen dem Kai und dem Wellenbrecher liegen. Ein guter Ankerplatz für mittelgroße Yachten liegt in der Mitte der Bucht (WT: 5–8 m).

Versorgung: Hafenamt-Zweigstelle, Post, Lebensmittelgeschäfte, Wasserzapfstelle und Tankstelle am Kai, Ambulanz, Bank, Campingplatz, mehrere Hotels und ein Restaurant.

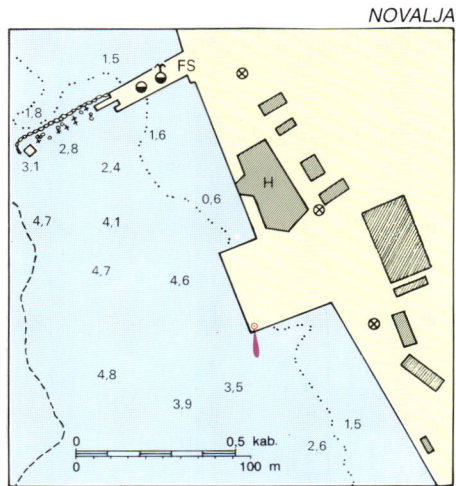

NOVALJA

77

Service: Kleinere Reparaturen an Yachten sind möglich; ein Slip am Wellenbrecherfuß für kleinere Yachten; Motoren-Service für alle Motoren.

Sehenswürdigkeiten: Reste der Mauern eines römischen Kastells; der etwa 1 km lange Tunnel eines unterirdischen Aquäduktes aus d. I. Jh., Säulenfragmente; in der Umgebung einige Hügelgräber aus illyrischer Zeit, frühchristliche Sarkophage auf dem Friedhof, Reste einer frühchristlichen Basilika mit Mosaikboden (V. Jh.).

TOVARNELE (44°41,5'N 014°44,1'E). Kleiner Hafen in gleichnamiger Bucht am NW-Ende der Insel Pag, ca. 0,8 sm S-lich von Rt Lun.

Ansteuerung: Als Landmarke dient der weiße viereckige Turm mit Pfeiler und Galerie (weißes Feuer) an der S-Spitze der Einfahrt. Bei der Einfahrt beachte man das NW-lich der Bucht vorgelagerte Riff Tovarnele, das durch eine rot-schwarz-gestreifte, auf einem weißen Betonblock stehende Eisenspiere mit einem schwarzen Doppelball als Toppzeichen markiert ist. Nachts wird das Riff durch den roten Sektor des Hafenfeuers Tovarnele markiert.

Liegeplätze: Die Bucht ist vor N-Winden geschützt. Der Ankerplatz für kleinere Yachten liegt in der Mitte der Bucht (WT: 2–3 m); es ist zu empfehlen, mit dem Bug nach SW zu ankern und eine Heckleine gegen NE auszubringen. Festmachemöglichkeit vor dem Restaurant (WT: 3 m) sowie an der knieförmigen Pier.

Versorgung: Lebensmittel und sonstige Waren im Ort Lun. Wasser in begrenzter Menge aus der Zisterne. Kleine Reparaturen in Rab.

Sehenswürdigkeiten: Reste antiker Mauern, Ruine der romanischen Kirche des Hl. Martin.

BIOGRAD	BOŽAVA	FILIP-JAKOV	IST	IŽ VELI	NIN	NOVIGRAD	OBROVAC	OLIB	PAKOŠTANE	PAŠMAN	POSEDARJE	PREKO	PREMUDA	SALI	SILBA	UGLJAN	ZADAR	ZVERINAC	ŽDRELAC	
	29	2	38	17	40	61	67	43	4	3	62	14	46	17	43	19	15	28	9	BIOGRAD
		27	11	11	23	44	50	19	33	26	44	16	19	17	18	11	16	2	19	BOŽAVA
			36	16	39	60	66	41	6	2	61	13	43	15	41	18	13	26	8	FILIP-JAKOV
				20	23	42	48	10	41	35	43	23	11	26	10	18	23	10	29	IST
					28	49	55	27	22	15	49	13	29	9	27	10	14	11	9	IŽ VELI
						25	31	26	44	37	26	27	28	36	25	23	26	22	33	NIN
							8	46	65	58	4	47	49	55	45	44	46	43	53	NOVIGRAD
								52	71	64	10	53	55	61	51	50	52	49	59	OBROVAC
									46	40	47	28	9	34	4	24	28	18	34	OLIB
										7	66	18	48	17	46	23	19	34	13	PAKOŠTANE
											59	12	43	14	40	17	12	26	6	PAŠMAN
												48	50	56	46	44	47	44	54	POSEDARJE
													31	12	28	5	3	17	6	PREKO
														36	11	27	31	18	37	PREMUDA
															34	17	13	18	8	SALI
																23	28	18	34	SILBA
																	6	12	10	UGLJAN
																		16	7	ZADAR
																			19	ZVERINAC
																				ŽDRELAC

HÄFEN AM FESTLAND

STARIGRAD (44°17,7'N 015°26,4'E). Ort und kleiner Hafen im NE-Teil des SE-lichen Endes des Velebitski-Kanals.

Ansteuerung: Als Landmarken dienen der rote Rundturm mit Pfeiler und Galerie (rotes Feuer) auf dem Wellenbrecherkopf, die Kirche Sv Juraj sowie das Hochhaus der Hotelsiedlung „Alan".

Hinweis: Von SE kommend, beachte man die bis zu 500 m vor der Küste liegenden Untiefen, Riffe und Klippen; der S-Rand der Untiefe ist durch eine schwarz-gelbe Tonne mit zwei Kegeln mit nach unten gerichteten Spitzen als Toppzeichen gekennzeichnet. Zwischen der Tonne und der Küste liegt eine flache Riffbank.

Liegeplätze: Der Hafen ist der Bora ausgesetzt; Jugo weht mäßig, entwickelt aber Wellen; W-Wind weht im Sommer stark und ist gefährlich. Für kleinere Yachten wird empfohlen, vor Buganker an der E-Seite des Wellenbrechers (WT: 2–4 m) zu liegen. Bei normalen Wetterverhältnissen kann man an beiden Seiten des Wellenbrechers anlegen. Der Ankerplatz vor der Küste ist unsicher und der Bora ausgesetzt, daher nicht zu empfehlen. Das Anlegen an der beschädigten E-Mole ist verboten.

Versorgung: Hafenamt-Zweigstelle, Post, Ambulanz, Apotheke, Hotel, Fremdenverkehrsbüro, einige Geschäfte und Restaurants und Campingplatz, Lebensmittel und Wasser im Ort, Tankstelle an der Adria-Magistrale (1 km SE-lich).

Sehenswürdigkeiten: Ein größerer Turm (wahrscheinlich aus der Zeit der Osmanen-Einfälle im XVI.-XVII. Jh.), Kirche des Hl. Petrus (Vorromanik, X. Jh.), in der Nähe Reste eines Friedhofs mit 20 alten Grabsteinen, 2 prähistorische Hügelgräber am Eingang in die Schlucht Velika Paklenica. – Nationalpark Velika Paklenica (10 km lange Karstschlucht im südlichen Teil der Velebit-Kette zwischen bis zu 450 m hohen Bergen), Möglichkeiten zum Bergsteigen und Bergklettern; Grotte Manita peć; Schutzhaus Borisov dom (550 m), Ausgangspunkt für Wanderungen zum Gipfel des Velebit.

VINJERAC (44°15,5'N 015°28'E). Dorf und kleiner Hafen, 2,6 sm W-lich von der Einfahrt in den Sund Novsko ždrilo.

Ansteuerung: Als Landmarken dienen der weiße Turm mit Galerie (weiß-rotes Sektorenfeuer) am Wellenbrecherkopf und die Kirche an der E-Spitze der Einfahrt.

Bei der Einfahrt in den Hafen beachte man die Untiefe Štanga, ca. 0,5 sm NW-lich vom Hafen; gekennzeichnet durch eine schwarz-gelbe Spiere mit zwei schwarzen Kegeltoppzeichen mit nach oben gerichteten Spitzen. Wegen dieser Untiefe steuere man nachts, von NW kommend, im Bereich des weißen Sektors des Hafenfeuers auf den Wellenbrecher; von E kommend, halte man genügend Abstand von der seichten Küste nördlich vom Dorf, und sobald der rote Sektor des Hafenfeuers in Sicht kommt, steuere man das Hafenfeuer an. Eine ganze Kette von Untiefen liegt zwischen Vinjerac und der Einfahrt in Novsko ždrilo, ca. 800 m von der Küste, durch eine grüne Tonne mit einem Radar-Reflektor gekennzeichnet.

Liegeplätze: Der Hafen ist vor allen Winden geschützt, außer vor der Bora, die hier sehr heftig weht; als Daueraufenthaltsort nicht geeignet. Kleinere Yachten können an der Innenseite des Wellenbrechers und an beiden Seiten der Pier anlegen. Bei Bora und NW-Winden ist zu empfehlen, vor Buganker an der NW-Seite der Pier zu liegen. Beim Anlegen beachte man den vorgeschobenen Teil des Wellenbrechers unter Wasser.

Versorgung: Post, Hotel, Fremdenverkehrsbüro, ein Geschäft, Lebensmittel- und Wasserversorgung.

Sehenswürdigkeiten: Reste einer illyrischen Siedlung (III./II. Jh. v. Chr.), Kirche des Hl. Markus (Mittelalter, Teil eines Paulanerklosters), Ruinen des venezianischen Sommerhauses der Familie Venier (daher der Name des Ortes).

RAŽANAC (44°17'N 015°21'E). Siedlung und kleiner Hafen, ca. 5 sm SE-lich von der Durchfahrt Ljubačka vrata.

Ansteuerung: Als Landmarken dienen die Turmruine, das Hotelgebäude, die Kirche und der rote Pfeiler auf dem Wellenbrecher (rotes Feuer). Dem Hafen sind die flachen und kahlen Inseln Ražanac Veli (weißer Turm mit Pfeiler; weißes Feuer), Ražanac Mali und Donji Školj vorgelagert.

Hinweis: Von SE kommend, achte man auf die Untiefe in der Nähe der Außenseite des Wellenbrecherfußes.

Liegeplätze: Der Hafen ist vor allen Winden geschützt, außer vor Bora, die hier sehr heftig weht; deshalb ist er für einen Daueraufenthalt bei Bora und NW-Winden nicht geeignet. Anlegestelle am Wellenbrecher; bei Bora gehe man mit dem Bug an den Wellenbrecher und bringe Heckleinen zu den Pollern auf der gegenüberliegenden Seite aus.

Versorgung: Post, Ambulanz, Hotel, Campingplatz und Fremdenverkehrsbüro, Geschäfte, Wasser aus der Leitung.

Sehenswürdigkeiten: Ruinen einer illyrischen Wallburg und Grabhügel (III./II. Jh. v. Chr.), Kirche der Rosenkranzmutter (Gospa od Ružarija, 1682, neue Kirche 1856, restauriert 1983); in der Nähe (2 km) die Kirche des Hl. Andreas (Mittelalter), Ruinen eines Wehrturmes gegen die Osmanen (1507, am Hafen).

NOVSKO ŽDRILO (44°15'N 015°31'E). Ein Kanal, der das Binnenmeer Novigradsko more mit dem Velebitski-Kanal verbindet (Länge ca. 1,5 sm und ca. 0,15 sm breit).
Eine Brücke überquert diesen Sund (NW-lich von Rt Ždrijac, 1991).

Ansteuerung: Zur Orientierung dienen die grüne Tonne (grüner Kegel als Toppzeichen, grünes Feuer) an der N-Spitze des Sundes und die rote Tonne (roter Zylinder als Topzeichen, rotes Feuer), der rote viereckige Betonturm (rotes Feuer) auf der E-Spitze Rt Baljenica (mit gut sichtbarer gelbbrauner Färbung) und gegenüber der runde grüne Turm mit Pfeiler und Galerie (grünes Feuer) an der anderen Einfahrtseite auf Rt Korotanja.

An dem Kanalufer findet man folgende Feuer: Der grüne Turm mit Pfeiler und Galerie (grünes Feuer) auf Rt Vranine und der rote Turm (rotes Feuer) auf Rt Brzac. Beim Rt Ždrijac ist ein Ladekai für eine Autofähre. Auf der W-Seite der Südeinfahrt in den Kanal steht ein grüner Rundturm mit Pfeiler und Galerie (grünes Feuer).

Der ständige Strom im Kanal setzt in NW-Richtung und erreicht durchschnittlich 1 kn; er kann aber bei Schirokko bis auf 4 kn ansteigen.

Sonderbestimmungen für die Schiffahrt im Kanal: Die zulässige Höchstgeschwindigkeit im Kanal beträgt 8 kn. Der Kanal darf nur von jeweils einem Schiff durchfah-ren werden. Deshalb muß jedes Schiff, das zum Einfahren in den Kanal ansetzt, vor der Einfahrt – und zwar 500 m nördlich vom Rt Baljenica bzw. 500 m vor der S-Spitze Ždrijac – zwei lange Tonsignale (je 5 Sekunden lang) abgeben. Ein Schiff, welches zu dieser Zeit schon im Kanal fährt, gibt daraufhin 5 kurze Tonsignale (je 1 Sekunde lang) ab. Schiffe, die einzufahren beabsichtigen und diese 5 kurzen Tonsignale hören, müssen warten, bis das im Kanal fahrende Schiff den Kanal verlassen hat. Nach der Einfahrt in den Kanal muß jedes Schiff 5 kurze Tonsignale, als Warnung für kleinere Schiffe und Boote, abgeben. Das Überholen von Schiffen im Kanal ist verboten.

Versorgung: In Maslenica am E-Ufer vor der Einfahrt in den Kanal (Handelshafen und alter Fähranleger), am NE-Ufer neben der Brücke ein Motel mit ca. 150 Betten, Schwimmbecken, Supermarkt und Fremdenverkehrsbüro.

Sehenswürdigkeiten: Rovanjska (Kirche des Hl. Petrus, Frühromanik, an der Stelle der ehemaligen römischen Villa rustica); Jasenice (Kirche des Hl. Georg).

NOVIGRADSKO MORE. Ein Meerbusen, der durch den Sund Novsko ždrilo mit dem Velebitski-Kanal und mit dem Karinsko more durch den Sund Karinsko ždrilo verbunden ist.

Die N- und E-Küsten sind steil; die S- und W-Küste, von Wald und Olivenhainen bewachsen, senkt sich sanft dem Meer zu. Im E-Teil mündet der Fluß Zrmanja.

Die Bora weht heftig, der Jugo mäßig.

Größere Ortschaften in der Nähe sind Novigrad, Posedarje (flaches Ufer mit vorgelagerten Riffen) und Maslenica (Seegrenzübergangsstelle).

NOVIGRAD (44°11'N 015°33'E). Ort und Hafen an der S-Küste des Novigradsko More, am Ende einer engen tiefen Bucht.

Ansteuerung: Als Landmarken dienen der Turm (rotes Feuer) auf Sv Nikola und die Kapelle.

Liegeplätze: Die Bucht ist vor allen Wind geschützt – außer vor der Bora, die hier heftig weht und im Hafen Wellenschlag hervorruft (erhebliche Wasserstandschwankungen).

Kleinere Yachten sollten am Kai im inneren Teil der Bucht festmachen. Weht die Bora, ist es angebracht, mit zu beiden Ufern ausgebrachten Landleinen vor Buganker zu liegen.

Versorgung: Hafenamt-Zweigstelle, Post, Ambulanz, Apotheke, Hotel, Geschäfte, Restaurants, Lebensmittelgeschäfte, Wasserzapfstelle beim Hafenamtgebäude, Muschelzucht (Miesmuscheln).

Sehenswürdigkeiten: Im Kastell von Novigrad wurde die Witwe des ungarischen Königs Ludwig I. von Anjou, Königin Elisabeth ermordet (1387) und ihre Tochter Maria, die spätere Gattin des Kaisers Sigis-

NOVIGRAD

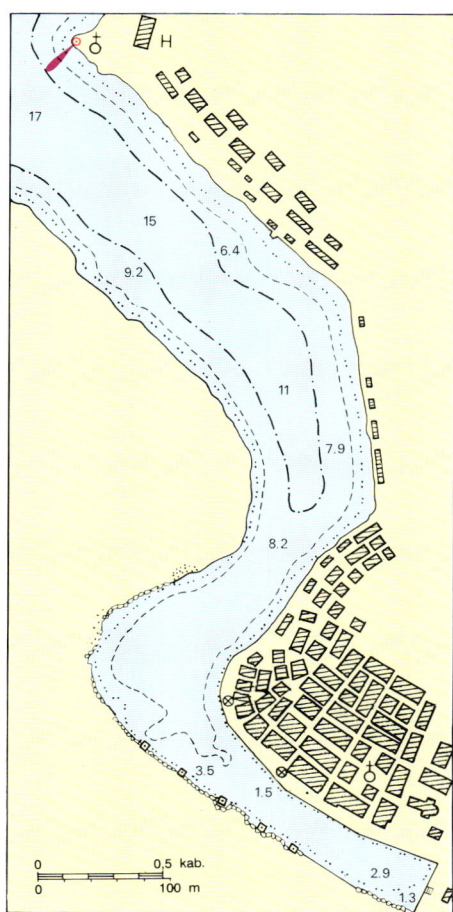

NOVIGRAD

Luka zwischen der Klippe Veli školj und der Insel mit einer Kapelle.

Versorgung: Post, Ambulanz, Lebensmittel- und Wasserversorgung in ausreichender Menge, Tankstelle an der Adria-Magistrale.

Sehenswürdigkeiten: Kirche Mariä Himmelfahrt (XII./XIII. Jh., später im Barockstil renoviert), Kirche der Muttergottes vom Rosenkranz (barocke Rekonstruktion um 1700), Kirche des Hl. Geistes (Sv Duh) auf der Insel in der westlichen Bucht (XV. Jh.); 5 km SW-lich an einer Straßenkreuzung befindet sich „Zeleni hrast" (Grüne Eiche), ein Naturschutzdenkmal, ca. 150 Jahre alt.

KARINSKO MORE. Seichte, kleine Bucht mit Novigrad more durch den Kanal Karinsko ždrilo (Länge ca. 1 sm, Breite ca. 100 m, Tiefe in der Mitte 10–20 m) verbunden. Bei der Einfahrt in den Karinsko more sollte man sich gut von der Untiefe Ždrilo freihalten, die mit einem grünen Dreieck auf einer Stange gekennzeichnet ist.

In der Bucht weht die Bora stark, die anderen Winde wehen mäßig. An der S-Küste befindet sich ein Kloster mit einem kleinen Anleger (WT: 2,5–3m). Entlang der NE-Küste befinden sich einige Felsen, an denen

man sehr gut mit ausgebrachtem Buganker und Landleinen festmachen kann. Ankermöglichkeiten in der ganzen Bucht (WT: 11–13 m).

OBROVAC (44°12'N 015°41'E). Städtchen und Hafen am S-Ufer des Flußes Zrmanja, 6 sm flußaufwärts von der Mündung.

Sonderbestimmungen für die Flußschiffahrt auf dem Zrmanja: Die Flußfahrt ist Yachten nur mit Sondergenehmigung, die auf Antrag des Schiffsführers vom Hafenamt in Novigrad ausgegeben wird, nur bei Tage gestattet. Die Fahrrinne ist 40–60 m breit; beiderseits liegen Schlammbänke. Bei der Flußfahrt müssen Yachten sich an das rechte Ufer halten, damit entgegenkommende Yachten passieren können. Geschwindigkeitsbeschränkung auf 8 kn. Auf dem Fluß ist jedes Stoppen sowie Überholen und Ankern verboten.

Liegeplätze: Der Hafen Obrovac ist vor allen Winden, sogar vor der Bora geschützt, obwohl sie in diesem Gebiet äußerst stark weht. Kleinere Yachten können am vorspringenden Kai (WT: ca. 2,6 m) anlegen.

Versorgung: Post, Ambulanz, Apotheke, Motel, Lebensmittelgeschäfte, Wasserzapfstelle am Kai.

mund von Luxemburg, gefangengehalten. Festung oberhalb der Stadt (XIII. Jh.) mit teilweise erhaltenen Stadtmauern; Kirche der Hl. Katharina (Reste von Flechtornamentik, Altarschränke). – In der Umgebung: Pridraga (Kirche des Hl. Michael, X./XI. Jh.), sechseckiger Grundriß; Kirche des Hl. Martin, ein Teil frühchristlich; altkroatisches Gräberfeld Goričine (6 km gegen SSE); „Kugin čunj" (der „Pestkegel", aufrechtstehendes Steinmerkmal auf dem Hügel oberhalb des Ortes, schützt der Überlieferung nach den Ort vor der Pest); Islam Grčki (Festungsbau des Nationalhelden Stojan Janković aus dem XVII. Jh.).

POSEDARJE (44°13'N 015°29'E). Siedlung und kleiner Hafen im W-Teil des Novigradsko more.

Ansteuerung: Als Landmarken dienen der Kirchturm im Ort, das Hotel „Luna" und die Kapelle auf der Insel im westlichen Teil der Bucht Luka.

Hinweis: Die Zufahrt zum Hafen führt durch eine mit Holzstangen markierte, ausgebaggerte ca. 2,5 m tiefe Fahrrinne. Man beachte die Klippe Veli školj E-lich vom Hafen.

Liegeplätze: Der Hafen ist von allen Seiten vor Winden geschützt, mit Ausnahme des Jugo; die Bora weht mäßig. Festmachemöglichkeit im Hafen nur für kleinere Yachten (bis zu 1,5 m TG). Ankerplatz für kleinere Yachten in der Mitte der Bucht von

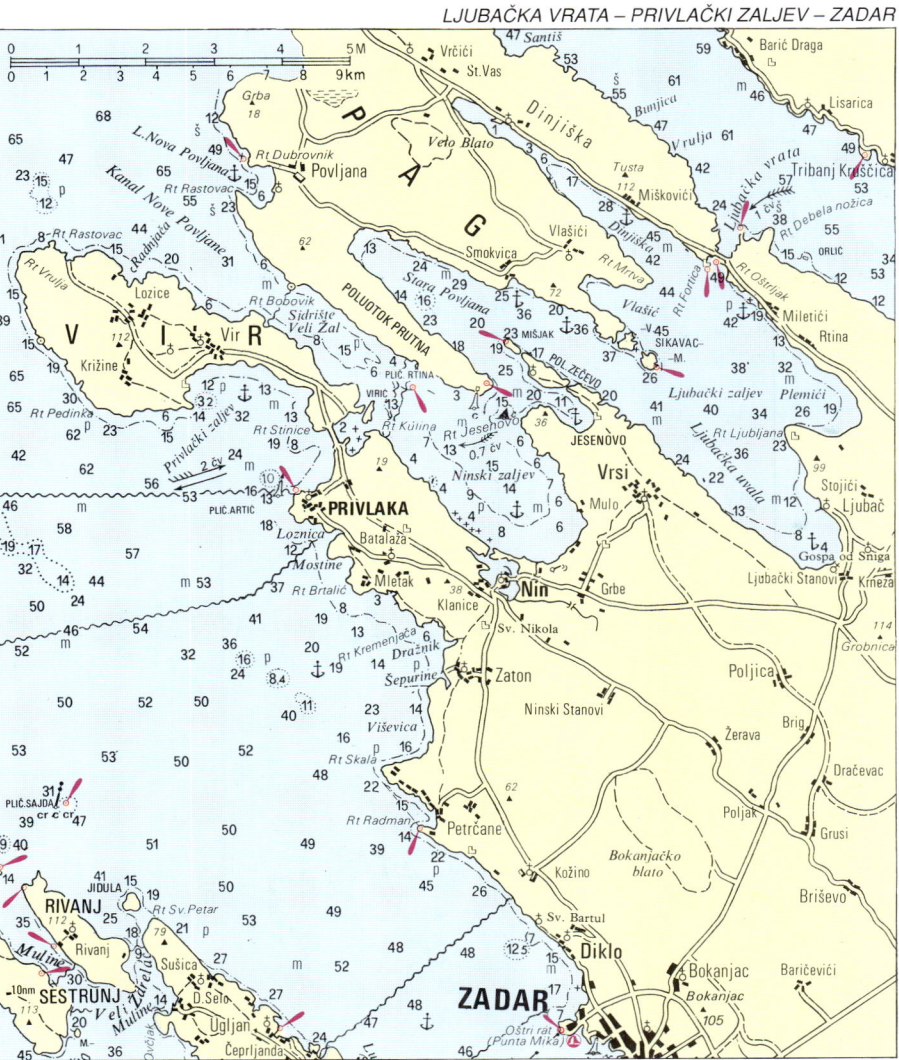

LJUBAČKA VRATA (44°20'N 015°16'E). Durchfahrt, die den Velebitski-Kanal mit der Bucht Ljubački zaljev verbindet.

Ansteuerung: Als Landmarken dienen die Brücke, die das Festland mit der Insel Pag verbindet und der pyramidenförmige Steinturm mit einer Galerie (weißes Feuer) auf Rt Tanka nožica, der viereckige Steinturm mit roter Spitze (rotes Feuer) auf Rt Fortica und der viereckige Turm mit grüner Spitze (grünes Feuer) auf Rt Oštrljak.

Hinweis: Die Durchfahrt ist nur am Tage möglich und für Schiffe, deren Masthöhe 30 m nicht übersteigt. Vom Velebitski-Kanal kommend, muß man Rt Tanka nožica in ausreichendem Abstand wegen der vorgelagerten Untiefen umfahren.

Sonderbestimmungen für die Durchfahrt: Schiffe über 50 GT sowie Schleppfahrzeuge mit Schleppkähnen – gleich welcher Tonnage – müssen vor der Einfahrt in den Kanal ein langes Tonsignal mit dem Signalhorn oder einem Typhon abgeben. Das Schiff, das zuerst sein Signal abgibt, hat das Vorfahrtsrecht, sofern sich in der Durchfahrt nicht schon ein anderes Fahrzeug befindet, das auf das Tonsignal des zur Durchfahrt ansetzenden Schiffes mit 4 kurzen Tonsignalen warnen muß. Diese Tonsignale sind bei nebeligem oder schlechtem Wetter nicht anzuwenden, weil in diesem Falle die Kollisionsverhütungsvorschriften für See und somit die entsprechenden Schallsignale anzuwenden sind.

Im Kanal Ljubačka vrata ist der gefährlichste Wind die Bora, die hier Sturmstärke erreicht, aus verschiedenen Richtungen weht und Kreuzsee hervorruft. Der Strom steht aus dem Velebitski-Kanal normalerweise in der Stärke von 1 kn, ausnahmsweise auch 2–3 kn.

Sehenswürdigkeiten: Im Ort Ljubač illyrische Wallburg und illyrische Grabhügel, frühmittelalterliche Kirche des Hl. Johannes (Sv Ivan); auf Rt Ljubljana Ruinen einer mittelalterlichen Templerresidenz mit der Kirche der Hl. Maria (XII./XIII. Jh.).

NIN (44°14'N 015°11'E). Historisches kroatisches Städtchen in seichter Lagune der Bucht von Nin (Ninski zaljev). Von der Küste erstreckt sich ein flacher und sandiger Strand weit ins Meer hinaus.

Ansteuerung: Als Landmarken dienen der Fabrikschornstein NE-lich vom Ort, der Glockenturm im Ort und die Kapelle NE-lich vom Hafen Privlaka.

Liegeplätze: Die Bucht ist der Bora und dem Jugo ausgesetzt, wobei diese sehr heftigen Winde hier keinen hohen Seegang aufwerfen. Der beste Ankerplatz für kleine Yachten (TG bis zu 1,20 m) liegt im E-Teil der Bucht; für größere Yachten liegt der beste Ankerplatz am NE-Ufer der Bucht in NNE-Richtung vom Kirchturm in Nin. Am Kai (einlaufend Backbordseite) sind Liegeplätze für Yachten bis 2 m TG.

Versorgung: Post, Ambulanz, Apotheke, Lebensmittel und Wasser.

Sehenswürdigkeiten: Funde aus dem Neolithikum und aus der illyrisch-liburnischen Zeit (die Stadt Aenona): Keramik, Totenstadt, Grabmäler; aus der Römerzeit stammen Stadtmauer, Brücken, Friedhof, Aquädukt, Dianatempel (um d. J. 70); mittelalterliche Kirchen: Hl. Kreuz (Sv Križ, XI. Jh.?), Hl. Asel (Anselmus, restauriert 1573 und 1965, mit der Kapelle des Hl. Johannes d. Täufers – Ivan Krstitelj), Hl. Ambrosius (Gotik, restauriert, an der Stelle des ehemaligen Benediktinerklosters), auf dem Friedhof die Kirche der Rosenkranzmadonna (Gospa od Ruzarija, erwähnt bereits 1228), Hl. Nikolaus in Prahulje (Ende XI. Jh.), eine slawische Nekropole am Strand von Ždrijac (250 Gräber aus d. VIII./IX. Jh.).

In diesem Ort residierten zeitweise die kroatischen Könige, von denen Petar Krešimir hier im Jahre 1069 seine Schenkungsurkunde, bekannt als „Mare Nostrum", erließ. In der Nähe der Stadt wurden die Reste eines altkroatischen Schiffes aus dem X./XI. Jahrhundert entdeckt.

VIR (44°18'N 015°06'E). Kleiner Hafen an der S-Küste der Insel Vir, im N-lichen Teil der Bucht Privlački zaljev.

Ansteuerung: Durch die Mitte der Bucht. Man sollte sich wegen der flachen Stellen nicht näher als 400 m der Küste nähern.

Liegeplätze: Am Molenkopf, geschützt vor allen Winden, außer aus dem S-Quadranten.

Versorgung: Lebensmittel, Wasser, Post, Restaurant.

VIR: B Bl 10s 21m 11M

PRIVLAKA (44°16'N 015°07'E). Kleiner Hafen an der SE-Küste des Privlački zaljev.

Ansteuerung: Während der Zufahrt in den Hafen muß auf den verlängerten Teil des Wellenbrechers, der sich unter Wasser befindet, geachtet werden (20 m Abstand!).

Liegeplätze: Seitlich der beiden Kaimauern (WT: 2–3,5 m).

Versorgung: Lebensmittel, Wasser, Post, Restaurant.

PETRČANE (44°11'N 015°09'E). Dorf und kleiner Hafen in der gleichnamigen Bucht, ca. 4,8 sm NW-lich von Zadar.

Ansteuerung: Als Ansteuerungshilfe dienen der weiße viereckige Turm (weißes Feuer) auf Rt Radman und der Kirchturm mit einer viereckigen Spitze und einer Uhr in der Mitte.

Hinweis: Das Anlegen entlang der Pier mit dem Wellenbrecher (S-Teil des kleinen Hafens) ist wegen der Beschädigung verboten.

Liegeplätze: Der Hafen ist vor Bora sowie vor südlichen Winden geschützt. Kleinere Yachten können an der Pier, die den kleineren Hafen umschließt sowie an der Landungsbrücke, östlich vom nördlichen Wellenbrecher, anlegen.

Versorgung: Post und Ambulanz, Lebensmittel- und Wasserversorgung im Ort, Tankstelle beim Hotelkomplex „Pinija" auf der bewaldeten Halbinsel (Rt Radman), FKK-Hotel und -Campingplatz „Punta Skala" (2 km NW-lich).

Sehenswürdigkeiten: Kirche des Hl. Bartholomäus (Sv Bartul) aus d. XII./XIII. Jh., später zu einem Wohngebäude umgestaltet.

DIKLO (44°09'N 016°12'E). Siedlung und Ankerplatz, ca. 2 sm NNW-lich von Zadar.

Ansteuerung: Als Landmarken dienen der Kirchturm im Dorf und der kleine Wald auf dem Hügel. Bei Kurs auf Oštri rat (Punta Mika) beachte man die gefährliche Untiefe (WT: 0,5 m) ca. 1,8 sm SE-lich vom Ort.

Liegeplätze: Der Ankerplatz ist vor Bora geschützt, er ist jedoch Winden und Seegang von See her ausgesetzt. Bei Bora sollte man WSW-lich (WT: 17–20 m) und bei Jugo SSW-lich vom Dorf ankern (WT: 23 m). Bei südlichen Winden sollten kleinere Yachten näher unter der Küste ankern, W-lich von Oštri rat (Punta Mika).

Versorgung: Lebensmittel- und Wasserversorgung in der benachbarten Hotelsiedlung „Borik" (Zadar), wo auch eine Tankstelle vorhanden ist.

Sehenswürdigkeiten: Mittelalterliche Kirchen des Hl. Martin (XII. Jh.) und des Hl. Petrus (XIII. Jh.).

MARINA BORIK (44°08,0'N 015°13,0'E) liegt in der Bucht Uvala fratara, 500 m E-lich des Leuchtturms Oštri rat. Durch zwei Wellenbrecher vor allen Winden geschützt;

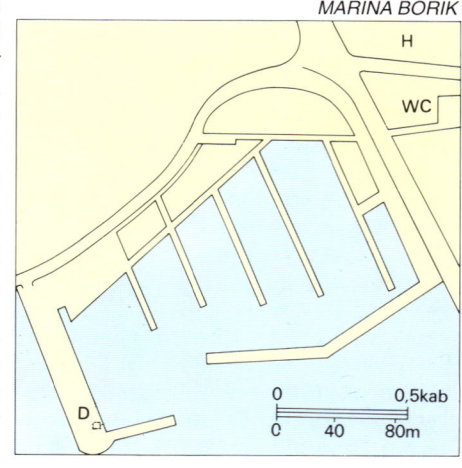

MARINA BORIK

es gibt dort 5 Schwimmstege, (WT: 1,5–5 m).

Liegeplätze: 200 Liegeplätze an Schwimmstegen für Yachten bis zu 20 m Länge und 100 Stellplätze an Land für Yachten bis zu 20 m Länge. Max. TG 5 m.

Versorgung: Telefon-, Wasser- und Stromanschlüsse, Duschen/WC, Café-Bar, Geldwechsel, Restaurant, Hotel, Supermarkt, Bank, Post, Tankstelle (500 m), Charterbasis.

Service: Kran (5 t) auf dem E-lichen Wellenbrecher, technischer Service.

MARINA VITRENJAK (44°08'N 015°012'E), 0,7 sm NW-lich vom Hafen Zadar. Die Marina ist durch zwei Wellenbrecher geschützt; es gibt 8 Betonstege. Die Wassertiefen nehmen zum Ufer hin allmählich ab: in der Einfahrt ca. 6 m, in Ufernähe ca. 1,5 m. Liegeplätze für 120 kleine Yachten,

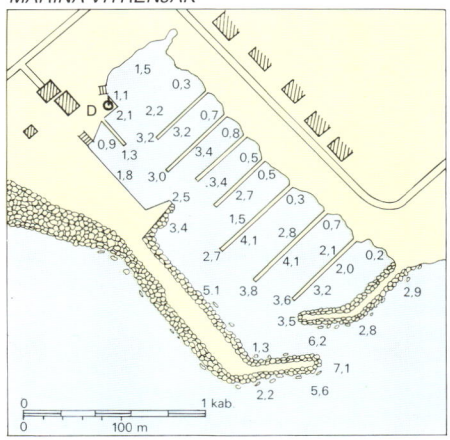

MARINA VITRENJAK

MARINA BORIK

ein Teil dieser Plätze ist für die Marina Borik reserviert.

Versorgung: Lebensmittel und sonstige Waren in der Feriensiedlung Borik (1 km) oder in Zadar, Tankstelle in der Marina.

Service: Am Ende der Bucht befinden sich das Gebäude des Segelclubs „Uskok" und eine große Bootshalle sowie zwei Slipanlagen und zwei Kräne (2,5 und 5 t).

ZADAR (44°07'N 015°13'E). Stadt und Hafen im Zadarski-Kanal. Ganzjährig geöffnete Seegrenzübergangsstelle.

Ansteuerung: Als Landmarken dienen zwei Kirchtürme in der Stadt, der Leuchtturm auf Oštri Rat, der weiße, runde Steinturm (weißes Feuer), der Betonturm mit grüner Kuppel (grünes Feuer) auf der N-Ecke des „Istra"-Kais, der Betonturm mit roter Kuppel (rotes Feuer) auf dem Wellenbrecherkopf.

Hinweis: Ankerverbot gilt im Kanal von Zadar in folgenden Bereichen:
– im ca. 1,4 sm breiten Seebereich zwischen dem Festland und der Küste der Insel Ugljan. Die SE-Grenze dieses Gebiets geht von der Kirche in Arbanasi in Richtung 213° bis zum Hafen Kali (0,2 sm E-lich vom Hafenfeuer). Die NW-Grenze geht von der kleinen Pier am Kai „Obala kralja Petra Krešimira IV." in Zadar in

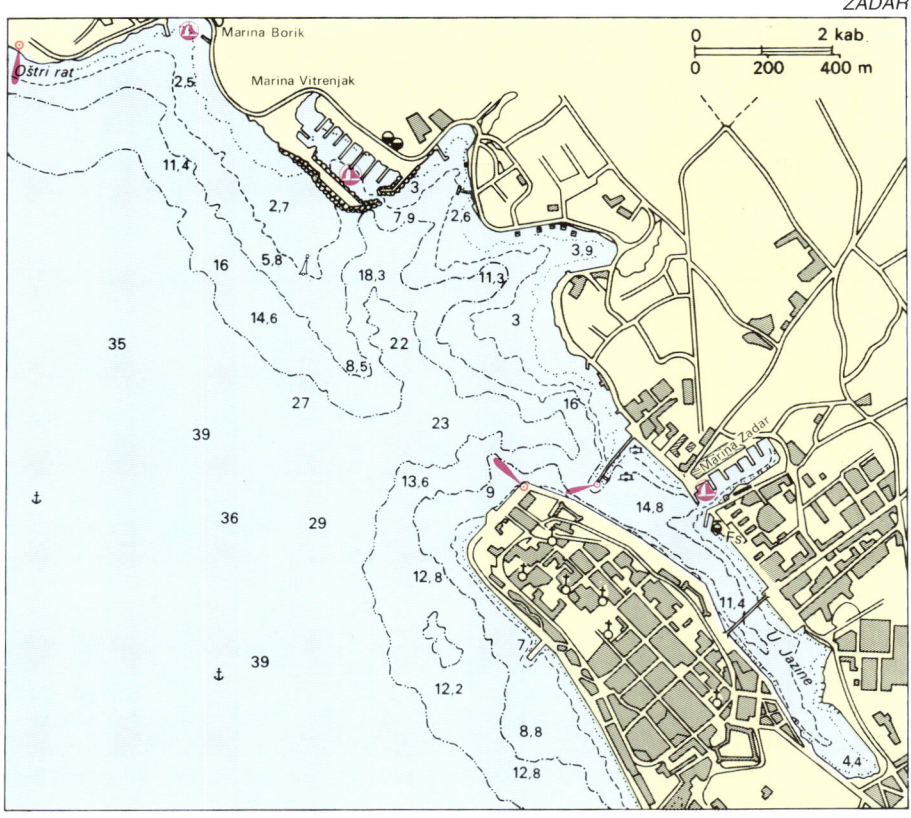

ZADAR

83

MARINA ZADAR

Richtung 220° bis zum Hafen Preko (0,2 sm NW-lich vom Hafenfeuer).

– im ca. 0,5 sm breiten Seebereich zwischen der Festlandsküste und der Küste der Insel Ugljan: Die SE-Grenze dieses Bereiches geht vom Feuer Oštri rat (Punta Mika) in Richtung 230° bis zur Position ca. 0,4 sm NW vom Feuer auf Sv Grgur. Die NW-Grenze geht von der Position ca. 0,7 sm SE-lich von der Kirche in Diklo in Richtung 235° bis zur Position ca. 0,4 sm NW vom Hafenfeuer in Lukoran Veli.

Wetterbedingungen: Die Bora weht hier etwas schwächer; der Jugo kann sehr stark auftreten, aber er wirft keinen Seegang auf. Die Sommerstürme aus NNW-Richtung werfen im Hafen hohe See auf. Der NW-Wind und der Jugo erzeugen Schwell, sie sind aber für das Einlaufen und den Aufenthalt im Hafen ungefährlich. Der SW-Kai der Stadt „Obala kralja Petra Krešimira IV." ist NW- und SE-Winden und dem Seegang ausgesetzt.

Liegeplätze: Der Hafen ist durch die Halbinsel, auf der der alte Stadtkern liegt, und den Wellenbrecher geschützt. Die Hafeneinfahrt ist 70 m breit. Yachten legen an den Anlegestellen der Marina „Zadar" in der Bucht Vrulje an. Die Liegeplätze im Hafen sind für Handelsschiffe reserviert. Guter Ankerplatz liegt ca. 1 sm S-lich vom Leuchtturm Oštri rat.

Versorgung: Einklarierungshafen, Hafenamt, Zollamt, Krankenhaus und Post, Eisenbahnstation, Lebensmittelgeschäfte in der Stadt, Wasserzapfstellen und Tankstellen am Kai und in der Marina. Seekarten- und Publikationsvertriebsstelle im Büro „PLOVPUT – Plovno područje Zadar", Flughafen in Zemunik (15 km).

Kulturelle und sonstige an die See- und Schiffahrt gebundene Institutionen: Das Marinemuseum der Kroatischen Akademie der Wissenschaften und Künste befindet sich im Stadtteil Brodarica in einem Park. Im historischen Archiv, gegründet im Jahr 1625, befindet sich unter anderem ein reicher Fundus von Urkunden zur Geschichte der Schiffahrt und der Fischerei an der Adria-Küste. NW-lich der Altstadt befindet sich der Freizeitpark „Borik" mit Hotels, Motel, Campingplatz und Strandbad.

Veranstaltungen: Während der Sommersaison werden in Zadar in der Kirche Sv Donat die „Večeri glazbe u Donatu" („Musikabende in Donat") abgehalten.

Autofähren: Zadar – Preko; Zadar – Zaglav (Dugi Otok); Zadar – Brbinj (Dugi Otok); Zadar – Ancona (Italien), Rijeka – Zadar – Dubrovnik.

Fähren: Zadar – Olib – Silba – Premuda – Ilovik; Zadar – Premuda – Silba – Olib; Zadar – Molat – Brgulje – Ist – Zapuntel – Olib – Silba – Premuda – Ilovik – Mali Lošinj; Zadar – Rivanj – Molat – Brgulje – Zapuntel – Ist; Zadar – Rivanj – Sestrunj – Dragove – Božava – Zverinac – Soline – Veli Rat; Zadar – Iž Mali – Iž Veli – Brbinj – Savar – Mala Rava – Rava; Zadar – Sestrunj – Božava – Zverinac – Molat – Brgulje – Ist – Zapuntel – Premuda – Olib – Silba; Zadar – Mali Lošinj – Pula.

Sehenswürdigkeiten: Überreste eines römischen Marktplatzes (I. Jh., Grundmauern eines Tempels, einer Basilika, Säulen, Mauern der Verkaufsstellen); vorromanische Kirchen: Hl. Donatus (Sv Donat, Beginn d. IX. Jh., zweigeschossig, kreisförmiger Grundriß), Hl. Peter (Sv Petar Stari, X.Jh., zweischiffig), Hl. Laurentius (Sv Lovro, X. Jh., Teil eines Kaffeehauses). Kirchen: Hl. Maria (1091, Romanik, Umbauten im XVI. Jh. im barocken Stil, Inventar von der Romanik bis zum Barock; Glockenturm aus d. XI. Jh.), Kathedrale der Hl. Anastasia (Sv Stošija, Romanik XIII. /XIV. Jh., Chorstühle von 1418–50; Krypta), Hl. Simeon (Sv Šimun, XII./XIII. Jh., mehrmalige Umbauten; silberner Sarkophag des Hl. Simeon von 1377–80), Hl. Franziskus (Sv Franjo, 1283, Umbauten, Chorstühle von 1394, reicher Bilderschatz; Kreuzgang aus der Renaissance).

Teile der Stadtmauer am alten Stadthafen (XVI. Jh.), Stadttor Porta Terraferma (1543), Festungsturm Bablja kula (XIII.-XIV. Jh.), Waffenlager (1752), Palast des venezianischen Gouverneurs (1607), Stadtloggia (1565), Hauptwache (1562, Völkerkundemuseum).

Sammlungen: Archäologisches Museum, Nationalmuseum, Naturhistorisches Museum, Völkerkundemuseum, Seefahrtsmuseum, Kunstgalerie und ständige Ausstellung kirchlicher Kunst.

MARINA ZADAR

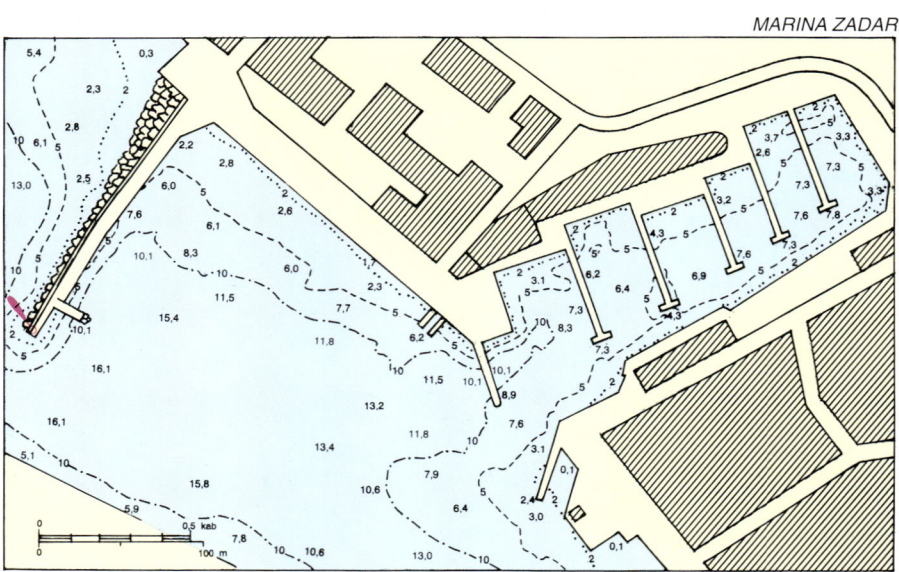

MARINA ZADAR – TANKERKOMERC d.d. (44°07,1'N 015°14,0'E) liegt an der NE-Küste des Stadthafens und in der Bucht von Vrulje. Ganzjährig geöffnet.

Liegeplätze: 300 Liegeplätze (vor Buganker) an der Innenseite des Wellenbrechers des Stadthafens (Yachten bis 40 m Länge), entlang der Kaimauer und der Pier (Schiffe bis 25 m Länge), und längs der 5 Stege in der Bucht von Vrulje, sowie 200 Stellplätze an Land und in der Halle (4000 m²) für Yachten bis zu 14 m Länge. Wassertiefe in der Bucht 3–6 m, entlang der NE-Küste und am Wellenbrecher 1,5–2 m, in der Nähe des Wellenbrecherkopfes ca. 7 m.

Versorgung: Marinabüro, Restaurant, Hotel (500 m), Geldwechsel, Snackbar, Wäscherei, Duschen/WC, Geschäfte für Lebensmittel, Ersatzteile und maritimes Zubehör. Wasser- und Stromanschlüsse sowie Telefon am Kai und auf den Stegen. Tankstelle am SE-Kai in der Einfahrt in die Bucht von Vrulje.

Service: Travellift (50 t) und Kräne (6,5 und 15 t), Slipanlage. Alle Reparaturen an Rumpf, Motor und Elektroinstallation; umfassender Service für Wasserfahrzeuge und Motoren verschiedenster Art in den Werkstätten der Marina.

MARINA ZLATNA LUKA – SAS (44°03,6'N 015°18,0'E) liegt in der gleichnamigen Bucht, 4,5 sm S-lich von Zadar (unweit von Sukošan), vor allen Winden geschützt. Ganzjährig geöffnet, max. WT 7 m.

Liegeplätze: 600 Liegeplätze für Yachten bis zu 101 m Länge und 6 m TG und 600 Stellplätze an Land (200 davon in Hallen); 400 m Uferstreifen sind zum Anlegen von Yachten, deren Länge über 25 m und deren Tiefgang bis 5 m beträgt. Die Marina umfaßt ein Fläche von 125 ha.

Versorgung und Einrichtungen: Marinabüro, Telefon-, Wasser- und Stromanschlüsse, Supermarkt, Restaurant, Café-Bar, Geschäfte für nautische Ausrüstung und Ersatzteile, Wäscherei, Ambulanz und Apotheke, WC und Duschen, Tankstelle, Gasstation, Yacht-Club, Casino, Hotel (400 Betten, Appartements für weitere 400 Personen), Parkplatz, Sportgelände (Tennis sowie Wassersport und Hallenschwimmbecken von olympischen Ausmaßen).

Service: Travellifte (2 x 30 t, 65 t); Arbeitsstätten für die Reparatur von Motoren (Ersatzteillager), von Rümpfen und Takelagen sowie an Elektro- und Elektronikgeräten.

Die Marina besitzt ihre eigene Charterbasis (über 200 Segel- und Motorboote, 6 – 13 m Länge, sowie das Motorboot „Adria 1000" für 8 Personen).

SUKOŠAN (44°03'N 015°18'E). Stadt und kleiner Hafen in einer ausgedehnten, aber seichten Bucht im S-Teil des Zadarski-Kanals.

Ansteuerung: Als Landmarken dienen vor Rt Podvara ein viereckiger Betonturm

MARINA ZLATNA LUKA

MARINA ZLATNA LUKA

auf einem Block im Meer, die Ruine auf der Untiefe im S-Teil des Hafens und die Kirche mit niedrigem Glockenturm.

Liegeplätze: Der Hafen ist von allen Seiten geschützt, außer vor SW-Winden, die hier geringen Seegang aufwerfen. Kleinere Yachten können am Kopf des langen Wellenbrechers (WT bis zu 3 m) anlegen; auf dem Kopf befindet sich ein roter Pfeiler mit einem roten Feuer. Empfehlenswert ist das Anlegen in der Marina Zlatna Luka.

Versorgung: Lebensmittel und Wasser,

Tankstellen in Biograd und Zadar.

Einrichtungen und Service: Auf der Privat-Werft Reparaturen an Holzbooten möglich. Post, Ambulanz, Eisenbahnstation, mehrere Hotels und ein Campingplatz am Rt Podvara.

Sehenswürdigkeiten: Kirche des Hl. Cassian (XI. Jh. (vermutlich), restauriert 1673); auf der kleinen Insel in der Bucht Reste des Sommerhauses von M. Valaresso, dem Erzbischof von Zadar (1470).

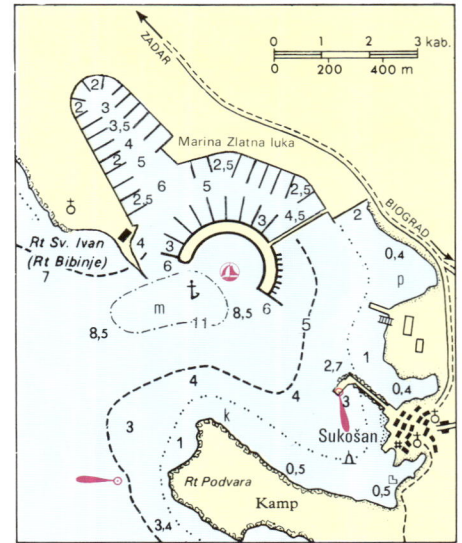

SUKOŠAN

PAŠMANSKI-KANAL

PAŠMANSKI-KANAL (Kanal von Pašman). Durchfahrt zwischen dem Festland und der Insel Pašman. In seinem SE-Teil ist er eng und seicht, mit vielen Untiefen und kleinen Inseln. Die Inseln Komornik, Babac, Frmić, Planac und Sv Katarina bilden in diesem Kanalteil für Schiffe bis 6 m TG zwei Durchfahrten: eine östliche und eine westliche.

Die Bora weht im Pašmanski-Kanal viel stärker als im Zadarski-Kanal, im Winter kann sie sogar Orkanstärke erreichen. Ebenso der Jugo, der besonders bei entgegenstehender Strömung unangenehm ist. Der SW-Wind wechselt hier seine Richtung und weht aus S oder SSE. Der NW-Wind kann hier, besonders im Gebiet nördlich der Insel Bisage, sehr stark wehen und sehr hohen Seegang aufwerfen. Der NW-Strom (Flutstrom) erreicht im Kanal eine Geschwindigkeit von 1–2,5 kn, der SE-Strom (Ebbstrom) 1–2 kn. Am stärksten sind die

PAŠMANSKI-KANAL – BIOGRAD

Strömungen an der engsten Steile des Kanals sowie bei den Ortschaften Turanj und Sv Filip i Jakov. S-Winde beeinflussen die Stromrichtung und rufen oft sehr starke Wirbel hervor.

Für das Befahren des Pašmanski-Kanals gelten besondere Vorschriften.

Die Grenzen des Pašmanski-Kanals sind:

– Im Nordwesten: Verbindungslinie von Rt Tukljačan – Feuer Ričul – Feuer Galešnjak – Westspitze der kleinen Insel Bisage Male und der Nordspitze der Insel Garmenjak.

– im Südosten: Verbindungslinie von der Bucht Soline (S-lich von Biograd) zum Rt Studenac (Insel Pašman).

Die befahrbaren Passagen sind:

– Die Südwest-Durchfahrt ist durch folgende Linien begrenzt: Nordspitze der Insel Garmenjak – Rt Brižine -Hafenfeuer im Ort Pašman – Feuer Čavatul – Schnittpunkt der Deckpeilung der Feuer Babac und Čavatul mit der südöstlichen Grenze des Kanals – Schnittpunkt der S-Grenze des Kanals mit der Deckpeilung des SW-Spitze der Insel Planac und des Feuers der Insel Sv Katarina – Feuer Sv Katarina – Feuer Babac – Schnittpunkt der Deckpeilung Mitte der kleinen Insel Čavatul und Feuer Babac mit der nordwestlichen Grenze der Enge von Pašman.

– Die Nordost-Durchfahrt wird durch folgende Linien begrenzt: Bucht Soline – Hafenfeuer von Biograd – Feuer der Untiefe Kočerka – Feuer der Untiefe Minerva – Feuer Ričul – Feuer Galešnjak – Westspitze der kleinen Insel Bisage Male – Schnittpunkt der Deckpeilung Inselmitte der kleinen Insel Čavatul und des Feuers Babac mit der Nordwest-Grenze der Enge – Schnittpunkt der Deckpeilung Mitte der kleinen Insel Čavatul und des Feuers Babac mit der Verbindungslinie N-Küste der

kleinen Insel Garmenjak und des Feuers Galešnjak – Westspitze der Insel Komornik – Feuer der kleinen Insel Komornik – Feuer an der E-Küste der Insel Babac – Feuer Planac – Nordspitze der kleinen Insel Sv Katarina – Schnittpunkt der südöstlichen Grenze der Enge mit der Deckpeilung Südwestspitze der kleinen Insel Planac und des Feuers der kleinen Insel Sv Katarina.

Schiffe über 50 GT sind verpflichtet, bei der SE- Fahrt (von NW kommend) durch die Südwest-Passage und bei der NW-Fahrt (von SE kommend) durch die Nordost-Passage zu fahren.

In den Durchfahrten des Pašmanski-Kanals haben Schiffe über 50 GT ihre Geschwindigkeit bis auf 10 kn in folgenden Gebieten herabzusetzen:

– in der Südost-Durchfahrt von Rt Brižine bis zur S-Grenze der Enge,

– in der Nordost-Durchfahrt von der Einfahrt bis zum Feuer Komornik.

Schiffe über 50 GT müssen bei der Fahrt

– aus SW in die Nordost-Passage in der Deckpeilung Ort Pašman – Ort Turanj sowie Ort Tkon – Biograd bleiben,

– aus NE in die Südwest-Passage in der Deckpeilung Biograd – Tkon sowie Turanj – Pašman bleiben,

– bei der Fahrt von Biograd – Tkon bzw. Tkon – Biograd ihren Kurs am Tage zwischen den Inseln Planac und Sv Katarina absetzen.

Kurse und Richtungen im Kanal:

1. Bei der Einfahrt aus NW in West-Durchfahrt steuere man in Deckpeilung 143,5° (W-Spitze der Insel Babac – Spitze der Insel Čavatul). In Höhe des grünen Turms mit Pfeiler (grünes Feuer) am Rande der Untiefe (S-lich der Insel Galešnjak) gehe man auf Kurs 148°. Dieser Kurs führt durch die Mitte der Passage zwischen dem Hafenfeuer im Hafen Pašman und dem Küstenfeuer (Steinturm und Häuschen, weißes Feuer) auf der Insel Babac hindurch. Nach dem Passieren dieses Feuers läßt man die Untiefen südlich von Babac (WT: 4,8 und 5,3 m) backbord und steuert einen Kurs von 131° Richtung weißer Leuchtturm auf der kleinen Insel Sv Katarina. Auf diesem Kurs bleibt man, bis der grüne Turm mit einer Galerie (grüne Feuer) auf der Untiefe, die vor dem N-Kap der kleinen Insel Čavatul liegt, querab ist, dann steuerbords eindrehen in den Kurs, der westlich der kleinen Insel Sv Katarina (weißer Turm auf Unterbau, weißes Feuer) vorbeiführt.

2. Bei der Einfahrt aus SE in Ost-Durchfahrt steuere man auf die Mitte der Verbindungslinie des Hafenfeuers in Biograd mit der Insel Planac. Dabei ist auf die Untiefe (WT: 3,5 m) östlich der Insel Sv Katarina zu achten. Von der Mitte dieser Verbindungslinie drehe man auf die kleine Insel Ričul zu (weißer Turm mit Pfeiler und Galerie, weißes Feuer) und steuere einen Kurs von 320°, bis der rote Turm mit Pfeiler und Galerie (rotes Feuer) auf der Insel Komornik querab ist. Dann wende man Kurs nach S,

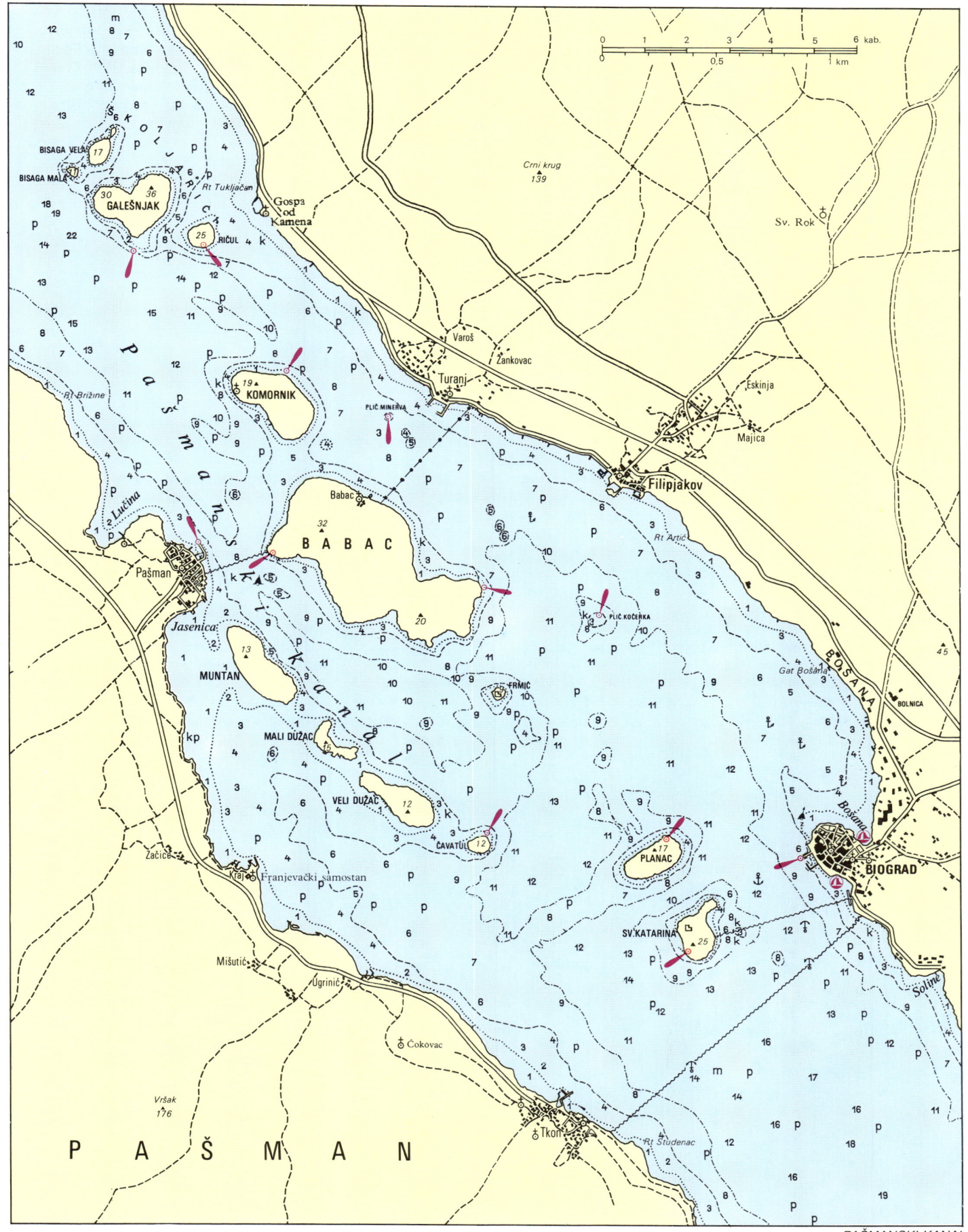

PAŠMANSKI-KANAL

auf das Feuer der Insel Galešnjak zu (grüne Säule auf Unterbau im Meer, grünes Feuer).

Hinweis: Es besteht vor den Ein- und Ausfahrten der beiden Passagen, sowie in den Passagen Ankerverbot. Sobald die Sicht unter 0,2 sm sinkt, sind Einfahrt und Schiffahrt in der Enge für Schiffe und Boote verboten.

KRMČINA (43°59,6'N 015°22'E). Siedlung und Ankerplatz im Pašmanski-Kanal, SE-lich von der gleichnamigen Landspitze.

Liegeplätze: Vor Bora geschützt und für alle Yachten geeignet. Man ankert (WT: 12 m) S-lich des Ortes an der S-Seite der Landspitze, die durch einen roten Erdrutsch zu erkennen ist.

Sehenswürdigkeiten: Im benachbarten Dorf Tukljača steht am Meer die kleine Kirche der Gottesmutter (Gospa), eine Stiftung von Mikuc Mogorović, dem Befehlshaber der Flotte des Fürsten Miroslav (Gedenkinschrift mit der Jahreszahl 845, als Türsturz eingebaut).

TURANJ (43°58'N 015°25'E). Siedlung und kleiner Hafen auf dem Festland an der engsten Stelle des Pašmanski-Kanal.

Ansteuerung: Als Landmarken dienen der Kirchturm im Ort, sowie der grüne Turm mit Pfeiler und Galerie auf dem Kopf des langen knieförmigen Wellenbrechers (grünes Feuer). Größere Yachten sollten auf die dem Hafen vorgelagerte Untiefe Minerva achten (WT: 4,5 m), die durch einen grünen Turm mit Pfeiler und Galerie (grünes Feuer) auf einem Sockel im Meer gekennzeichnet ist.

Liegeplätze: Der Hafen ist dem Jugo ausgesetzt, deshalb ist bei Auftreten von Winden aus dieser Richtung der Ankerplatz zu verlassen. Kleinere Yachten können entweder im Hafen oder an der Außenseite des Wellenbrechers anlegen.

Versorgung: Lebensmittel und Wasser. Tankstelle in Biograd.

Sehenswürdigkeiten: Römische Funde (Grabstätten, architektonische Bruchstücke), Ruinen einer Festung aus dem XVI. Jh.

SV FILIP I JAKOV (43°57'N 015°26'E). Siedlung und kleiner Hafen im Pašmanski-Kanal, ca. 1,5 sm NW-lich von Biograd.

Ansteuerung: Zur Orientierung dienen der Kirchturm, der grüne Rundturm mit Pfeiler und Galerie (grünes Feuer) auf der Untiefe Kočerka (etwa 600 m S-lich des kleinen Hafens), der rote Pfeiler des früheren Feuers auf dem Kopf der Pier und weiter die E-lich vom Ort liegenden Gewächshäuser mit ihren halbkreisförmigen und sich bis zum Meer erstreckenden Dächern.

Liegeplätze: Der Hafen ist von allen Seiten geschützt. Kleinere Yachten können an der Pier des kleinen Fischereihafens anlegen. Anlegemöglichkeiten gibt es auch an der W-Pier (WT: 2 m) und an dem Wellenbrecher (Innenseite WT: 2 m; Außenseite WT bis zu 4 m).

Versorgung: Post und Ambulanz, Lebensmittelgeschäfte, Wasserzapfstelle am Kai und an der Pier; Tankstelle in Biograd.

Sehenswürdigkeiten: Kirche des Hl. Michael (Sv Mihovil, aus d. XIV. Jh., umgebaut 1707); in der Ansiedlung Rogovo Reste des Kastells „Dvorine" (ehemals Benediktinerkloster mit der Kirche des Hl. Rochus, „Sv Rok", von 1374); „Folco-Borelli"-Park, ein Denkmal der Gartenarchitektur.

BIOGRAD NA MORU (43°56'N 015°27'E). Stadt und Hafen im S-Teil des Pašmanski-Kanal.

Ansteuerung: Beim Einsteuern in den Hafen dienen als Landmarken der Kirchturm im Ort, das gelbliche, halbkreisförmige Krankenhaus mit zwei viereckigen Schornstein an der W-Seite, der weiße Turm mit Pfeiler und Galerie (grünes Feuer) auf dem Kopf der Pier, der rote Turm mit Pfeiler und Galerie (rotes Feuer) auf dem Kopf des N-Wellenbrechers der Marina, der grüne Turm mit Pfeiler und Galerie (grünes Feuer) auf dem Kopf des W-Wellenbrechers, der rote Turm mit Pfeiler und Galerie (rotes Feuer) auf der Insel Planac, der weiße Turm (weißes Feuer) auf der Insel Sv Katarina und die grüne Signaltonne auf der Untiefe W-lich vom Fährhafen und schließlich das Hotel „Adriatic".

Liegeplätze: Der Hafen ist von allen Seiten vor Winden und Seegang geschützt, mit Ausnahme der Winde aus dem SE-Quadranten. Manchmal setzen gefährliche Wellen aus dem SW-Quadranten ein. Der Kai im Stadthafen ist für die Berufsschiffahrt vorbehalten. Im kleinen Hafen neben dem Hotel „Adriatic" sind 170 Liegeplätze für Yachten (bis 7 m Länge), die für Hotelgäste reserviert sind. Die Marina Kornati-Biograd befindet sich ca. 0,5 sm W-lich vom kleinen Hafen oder 0,1 sm W-lich vom Fähranleger.

Versorgung: Hafenamt-Zweigstelle, Ambulanz, Apotheke, orthopädische Klinik, Post, Lebensmittelgeschäfte, Wasser aus der Leitung, Tankstelle am Kai und an der Adria-Magistrale (1 km), zahlreiche Hotels, Motel, Restaurants, Campingplätze in der Umgebung, Sportanlagen, Netzfabrik, Seeforschungszentrum.

Autofähre: Biograd – Tkon (Insel Pašman).

Sehenswürdigkeiten: Funde aus liburnischer und römischer Kultur (Reste einer Wasserleitung, Villa rustica), Reste von Wohnhäusern und Kirchen der mittelalterlichen, königlichen Stadt (XI.-XIII. Jh.), archäologische Sammlung (Eisenzeit, Römerzeit und Mittelalter), beachtenswert die Sammlung „Schätze vom Meeresgrund" von einem im XVI. oder XVII. Jahrhundert bei der Insel Gnalić gesunkenen Schiff.

Östlich von Biograd liegt der See Vrana (Vransko jezero, 14 x 4 km, WT bis zu 4 m), durch den Prosika-Kanal mit dem Meer verbunden; nicht schiffbar, bekannt als Fischzuchtstätte und Jagdrevier auf Sumpfvögel. Nördlich vom See befinden sich Ruinen eines befestigten Klosters der Templer und Johanniter (XIII. Jh.), sowie eine teilweise erhaltene Karawanserei (Mašковića han) von 1644.

MARINA KORNATI – BIOGRAD (43°56,2'N 015°26,7'E) liegt in einer natürlichen Bucht,

BIOGRAD

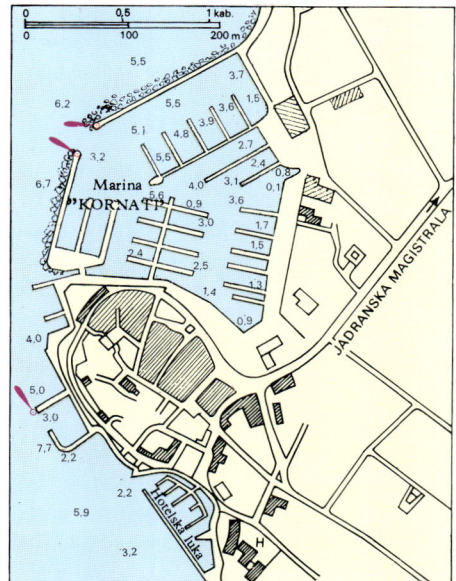

MARINA KORNATI – BIOGRAD

N-lich des Fähranlegers im Stadthafen, durch 2 Wellenbrecher geschützt. Ganzjährig geöffnet.

Liegeplätze: 500 Liegeplätze für Yachten bis zu 20 m Länge und über 200 Stellplätze für Yachten bis zu 15 m Länge. Max. TG 4 m.

Versorgung: Marinabüro, Telefon-, Wasser- und Stromanschlüsse, Restaurant, Hotel (500 m), Geschäfte, Supermarkt, WC und Duschen, Verkauf von nautischem Zubehör, Ersatzteilen, Werkzeugen und Sportzubehör, Parkplatz für 600 PKW, Tankstelle, Charterbasis.

Service: Kran (10 t), Mastenkran, Mechanikerwerkstatt und Service für Volvo- und andere Motoren, auch Segelreparaturen. Reinigung und Wäsche von Booten, Bewachung und Betreuung von Booten außerhalb der Saison. Wartung und Pflege von Yachten. Reparatur- und Überholungsarbeiten von Booten und Motoren in der Marina in Zadar.

CRVENA LUKA (43°56'N 015°30'E). Bucht, Hotelkomplex (27 Bungalows, 13 Hotels) und kleiner Hafen, ca. 2 sm SE-lich von Biograd in der gleichnamigen Bucht.

Ansteuerung: Als Landmarke dient der weiße Turm mit Pfeiler (Sektorenfeuer) auf der Insel Oštarije, SW-lich von der Buchteinfahrt.

Hinweis: Zwischen der Insel Oštarije und dem Festland liegt eine klippige Untiefe, die sich bis auf 100 m SE-lich der Insel erstreckt. Beim Einlaufen in die Bucht halte man sich mindestens 100 m südlich der Insel.

Liegeplätze: Die Bucht ist vor Bora geschützt, der Jugo entwickelt beträchtlichen Seegang. Yachten können an der Pier (WT: 3 m am Kopf) an der NW-Küste der Bucht festmachen oder in der Mitte der Bucht vor Anker gehen; guter Ankergrund (WT: 3–6 m). Bei ersten Anzeichen von Jugo sind der Ankerplatz und die Anlegestelle zu verlassen.

Versorgung: Lebensmittel in Geschäften und im Restaurant, Wasser im Ort, Tankstelle in Biograd. Unweit von Crvena Luka in der Bucht Božakovica liegt der „Club Méditerranée", im Stil einer Eingeborenensiedlung auf den Pazifischen Inseln angelegt (300 Bungalows und Hotelgebäude).

PAKOŠTANE (43°55'N 015°31'E). Siedlung und kleiner Hafen in der S-Einfahrt in den Pašmanski-Kanal.

Ansteuerung: Als Landmarken dienen der Kirchturm im Ort, die der Hafeneinfahrt vorgelagerten kleinen Inseln (Babuljaš, Veli Školj und Sv Justina) und der grüne Turm mit Pfeiler und Galerie (grünes Feuer) auf dem Wellenbrecherkopf.

Hinweis: Von den vier Durchfahrten ist die NE-lich der Insel Sv Justina (Kapelle) gelegene Durchfahrt die günstigste. NE-lich dieser Insel ist ein Poller auf einem Betonblock im Meer angebracht. Zwischen der Insel und dem Poller liegt eine Untiefe (WT: 1,8 m). Die Einfahrt in den Hafen führt zwischen dem Poller und der Festlandsküste (man halte dicht unter der Küste) hindurch mit Kurs auf den Wellenbrecherkopf.

Liegeplätze: Der kleine Hafen (am Eingang WT: 3 m) ist nur teilweise vor dem Jugo geschützt; SW-Winden jedoch völlig ausgesetzt. Anlegemöglichkeit nur für Yachten (bis 3 m TG) an der Innenseite des Wellenbrechers.

Versorgung: Post und Ambulanz, Lebensmittelgeschäfte und Wasser an der Pier, Tankstelle in Biograd.

Sehenswürdigkeiten: Im Meer zwischen dem Festland und der Insel im Hafen kann man Reste eines römischen Hafendamms sehen. Auf dem Gelände einer zuvor dort erbauten Pfarrkirche liegt die Kapelle der Hl. Justina, im Jahre 1670 zum Gedächtnis an die Niederlage des türkischen Geschwaders bei Lepanto (1571) errichtet.

INSEL OLIB

SVETI NIKOLA (44°21'N 014°47'E). Bucht an der SW-Küste der Insel Olib, ca. 1,6 sm SE-lich von Rt Tale.

Ansteuerung: Zur Orientierung dienen die Kapelle und die drei Steinpoller an den Landspitzen der Bucht; die gelbe Tonne mit schwarzen Gürtel (weißes Feuer) auf Rt Tale.

Liegeplätze: Die Bucht ist vor Bora und N-Winden gut geschützt, jedoch offen gegen Jugo, der Seegang aufwirft und deshalb einen Aufenthalt gefährlich macht. Ankerplatz in der Mitte der Bucht (WT: 12 m). Kleinere Yachten können auch vor Buganker an die Poller am Buchtende gehen.

Sehenswürdigkeiten: Ruinen eines Klo-

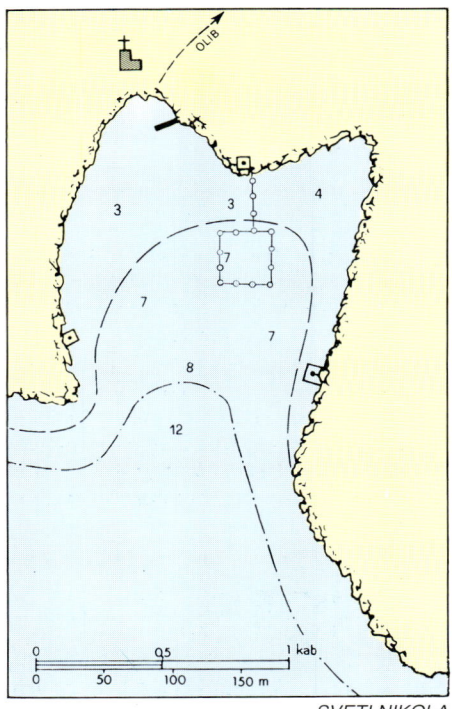

SVETI NIKOLA

PAKOŠTANE

sters und einer Kirche (Ende d. XVII. Jh.) in der Bucht von Banve.

OLIB (44°23'N 014°47'E). Siedlung und kleiner Hafen in weiter Bucht an der W-Küste der Insel Olib.

Ansteuerung: Beim Ansteuern dienen als Landmarken die Kapelle Sv Stošija im Ort, die kleine Kapelle an der N-Küste der Bucht und der rote Turm mit Pfeiler und Galerie (rotes Feuer) auf dem Wellenbrecherkopf.

Hinweis: Beim Einlaufen beachte man das seichte S-Ufer des Hafens. Nachts führt der Sektor des Feuers auf dem Wellenbrecherkopf sicher an der Klippe Kurjak vorbei (an der NW-Seite). Von SE die Bucht ansteuernd, läßt man die gelbe Untiefentonne mit einem schwarzen Streifen (weißes Feuer) vor Rt Tale steuerbords liegen.

Liegeplätze: Kleinere Yachten können an der Innenseite des Wellenbrechers (WT: ca. 2,5 m) festmachen. Ein Teil des Wellenbrecherkopfes dient als Anlegestelle für die Berufsschiffahrt. Der Ankerplatz vor dem Hafen (WT: 8–20 m) ist nur vor Winden aus dem NE-Quadranten geschützt.

OLIB

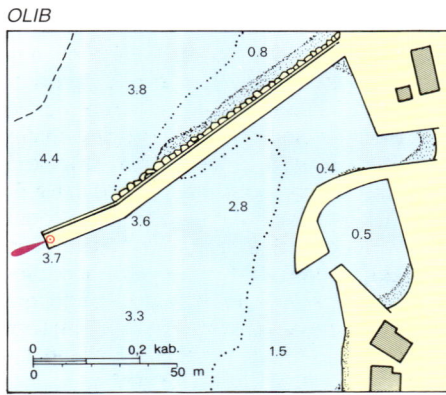

Versorgung: Post, Ambulanz, mehrere Geschäfte und Restaurants, Lebensmittelgeschäfte.

Fähren: siehe Zadar.

Sehenswürdigkeiten: Am Hafeneingang steht eine Festung, die im XVII.-XVIII. Jh. wegen der Piratengefahr errichtet wurde; Kirche der Hl. Anastasia („Sv Stošija", XVII. Jh.).

GRUJICA: B Bl 15s 17m 10M

INSEL SILBA

SILBA (44°22,5'N 014°42,4'E). Siedlung und E-Hafen der Insel Silba.

Ansteuerung: Als Landmarken dienen der rote, viereckige Turm mit Pfeiler und

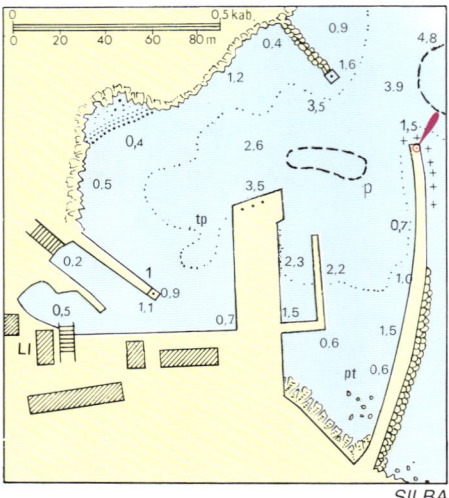

SILBA

Galerie (rotes Feuer) auf dem Wellenbrecherkopf und der Kirchturm im Ort.

Liegeplätze: Der Hafen ist vor allen Winden außer Bora und Tramontana (NW-Wind) geschützt. Bei diesen Winden ist es ratsam, an der W-Küste der Insel Schutz zu suchen. Kleinere Yachten können an der Innenseite des Wellenbrechers (WT: 2–3 m) festmachen, der wie eine Marina mit Mooringleinen angelegt ist. An dem Wellenbrecherkopf liegt unter Wasser ein Steindamm. Am Kopf des inneren Kais legen Linienschiffe an. Ankerplatz für Yachten ca. 250 m vor dem Hafen (WT: 10–25 m).

Versorgung: Hafenamt-Zweigstelle, Post, Ambulanz, Apotheke, Geschäfte und Restaurants, Lebensmittelgeschäfte, Wasser in begrenzter Menge, zwei Slipanlagen für kleine Schiffe.

Fähren: siehe Zadar und Mali Lošinj.

Sehenswürdigkeiten: Kirche der Mariä Himmelfahrt (Uznesenje Marijino, von 1637) hier befindet sich auch die barocke silberne Krone des „Bauernkönigs", der alljährlich vom 26.12. bis 6.1. „regierte"; Reste von Befestigungsanlagen gegen die Piraten (XVI. Jh.); Aussichtsturm „Toreta" (zweite Hälfte d. XIX. Jh.).

SVETI ANTE (44°21'N 014°42'E). Bucht an der SW-Küste der Insel Silba.

Ansteuerung: Als Landmarken dienen das Haus auf Rt Mavrova und die Kapelle auf der Spitze zwischen der N- und der S-Bucht. Bei der Einfahrt beachte man die Untiefen um die beiden Eingangsspitzen.

Liegeplätze: Der nördlichste Teil der Bucht ist vor allen Winden geschützt, die anderen Teile sind nur W-Winden ausgesetzt. Der beste Ankerplatz für kleinere Yachten liegt im S-Teil der Bucht, besonders bei Jugo zu empfehlen.

ŽALIĆ (44°22,4'N 014°41,8'E). Bucht und Westhafen des Ortes Silba.

Ansteuerung: Als Landmarken dienen der weiße Turm mit Pfeiler und Galerie (rotes Feuer) auf dem Molenkopf und der Kirchturm im Ort Silba.

Hinweis: Am Rande der unter Wasser liegenden Reste des zerstörten Wellenbrechers, ca. 80 m NW-lich der Pier, ist eine rote Stumpftonne verankert, die beim Einlaufen backbords zu lassen ist.

Liegeplätze: Der Hafen ist nur vor Bora und Winden aus E geschützt; bei W- oder NW-Winden ist der Hafen verlassen. Die SE-Seite der Pier wird für den Linienverkehr benötigt. Kleinere Yachten können nur bei normalen Wetterverhältnissen und bei Bora an beiden Seiten der Pier anlegen (WT: 1,5–5,4 m) oder, falls alle Liegeplätze belegt sind, vor Buganker gehen. Ein günstiger Ankerplatz für größere Yachten liegt NW-lich vom Hafen (WT: 25–40 m). Für kleinere Yachten liegt ein vor Bora geschützter Ankerplatz ca. 400 m NW-lich des zerstörten Teils des Wellenbrechers.

Versorgung: Wasser in begrenzter Menge, Lebensmittel und sonstige Waren in den Geschäften.

INSEL PREMUDA

KRIJAL (44°20'N 014°36'E). Kleine Bucht der SW-Küste der Insel Premuda. Oberhalb der Bucht, auf der Spitze der Insel liegt der Ort Premuda.

Ansteuerung: SW-lich der Bucht liegt eine Klippenreihe (Hripa, Masarine, Plitka Sika, Bračić, Mala Sika). Als Landmarken dienen der rote Turm mit Pfeiler (rotes Feuer) auf dem Kopf des N-Wellenbrechers und die Kapelle.

Hinweis: Man kann in den Hafen aus SE und NW kommend einfahren, wenn man sich ganz nahe unter der Küste der Insel hält. Zwischen den Klippen hindurchzufahren ist wegen der Untiefen und Unterwasserriffs äußerst gefährlich.

Liegeplätze: Der kleine Hafen ist von allen Seiten geschützt, außer vor NW-Winden, die mäßig Wellen aufwerfen. Der Ankerplatz ist nur vor Bora und SW-Winden gut geschützt. Den Innenhafen können kleinere Yachten anlaufen und an der Innenseite des Wellenbrechers anlegen oder vor Buganker gehen. In der Bucht liegen 40 Mooringbojen für Yachten aus.

Versorgung: Lebensmittelgeschäfte, Post im Ort Premuda auf der Anhöhe (1 km), am Buchtende ein Slip für kleinere Schiffe.

Fähren: Siehe Mali Lošinj und Zadar.

INSEL ŠKARDA

GRIPARICA (44°16,6'N 014°43,4'E). Bucht im S-Teil der Insel Škarda.

Ansteuerung: Als Landmarken dienen das verlassene Häuschen am Buchtende, der Gipfel (102 m) NE-lich der Einfahrt und die Kalkbrennereien an beiden Seiten der Einfahrt in die Bucht.

Liegeplätze: Eine vor Winden aus den NE- und NW-Quadranten geschützte, aber dem Jugo, der hier hohen Seegang aufwirft, stark ausgesetzte Bucht, die, sobald Vorzeichen von Jugo bemerkbar werden, zu verlassen ist.

Guter Ankerplatz für Yachten aller Größen (WT: 6–25 m).

INSEL IST

IST (44°16'N 014°46'E). Kleiner Hafen am Ende der Bucht Široka an der SE-Seite der Insel Ist. Die Ortschaft selbst ist ca. 600 m vom Hafen entfernt.

Ansteuerung: Als Landmarken dienen der grüne Turm mit Pfeiler (grünes Feuer) auf dem Wellenbrecherkopf und die Kapelle auf dem Hügel Straža (175 m). Die schwarz-rot gestreifte Spiere mit 2 schwarzen Bällen als Toppzeichen bezeichnet eine Untiefe (WT: 2 m) in der Einfahrt.

Liegeplätze: Unsicherer Ankerplatz. Die Bora weht stark, und der Schirokko wirft starke Wellen auf. Die NW-Seite der Hauptmole ist für die Berufsschiffahrt reserviert. Yachtliegeplätze siehe Marina Ist. An der SE-Küste der Insel liegen in der Bucht Mljaka (44°46'N 014°47,8'E) 20 Mooringbojen für Yachten aus.

Der Kopf der Pier ist für die Berufsschiffahrt reserviert.

Versorgung: Hafenamt-Zweigstelle, Post, Lebensmittelgeschäfte, Wasser- und Stromanschluß.

Fähren: Siehe Mali Lošinj und Zadar.

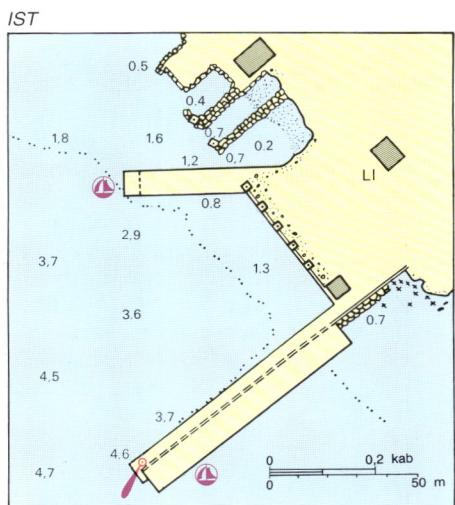

IST

MARINA IST d.o.o. – IST (44°16'N 014°46'E) liegt an der SE-Küste der Insel, neben dem kleinen Hafen vor dem Ort. Max. WT 4 m.

Liegeplätze: An der Südseite der Hauptmole sowie an der Südseite und am Kopf der Innenmole. Man macht mit Bugleine und an Ankerbojen (40) fest.

Versorgung: Marinabüro, Wasser- und Stromanschlüsse, WC, Geldwechsel, Restaurant „Maestro" im Ort Ist.

KOSIRAČA (44°17'N 014°45'E). Bucht an der NW-Küste der Insel Ist.

Ansteuerung: Zur Orientierung dienen die Kapelle am Hügel Straža, die 3 kleinen

Häuser S-lich von Rt Kok und die Häuser am Ende der Bucht. Beim Einlaufen in die Bucht von NW her achte man auf die Untiefe (WT: 3 m), die Klippe und die Insel Križica (Kabelhäuschen) im W von Rt Kok.

Liegeplätze: Die Bucht ist vor Winden aus den SE- und SW-Quadranten geschützt, jedoch N- und NW-Winden ausgesetzt. Die Bora weht hier stark und aus verschiedenen Richtungen.

Ein Ankerplatz ist am Ende der Bucht (WT: 5–20 m).

INSEL MOLAT

ZAPUNTEL (44°15'N 014°49'E). Bucht und Dorf in der gleichnamigen Durchfahrt zwischen den Inseln Ist und Molat.

Ansteuerung: Als Ansteuerungshilfe bei der Einfahrt von Virsko more her dienen der weiße, kegelförmige Turm (weißes Feuer) auf Rt Vranač auf der Insel Molat und die Berggipfel Vrh gore und Straža (Insel Ist). Bei der Einfahrt von offener See her ist wegen der Inseln, Felsen und Untiefen in Küstennähe der Inseln Molat und Ist Vorsicht geboten.

Hinweis: In der Durchfahrt (im mittleren Teil WT: 20–40 m) steht starker Strom von offener See her (manchmal bis zu 3 kn); bei starker, dem Strom entgegengesetzter Bora entstehen kurze Wellen mit aufgepeitschter Gischt.

Liegeplätze: Die Bucht ist vor allen Winden geschützt. Yachten legen an der Pier an oder liegen vor Buganker (WT: 3,5 m). Am Kopf der Pier legen Fährschiffe an. Ankerverbot besteht in der Mitte der Durchfahrt und im engen westlichen Teil (wegen verlegter Unterwasserkabel). An der N-Seite der Durchfahrt (Insel Ist) liegen 20 gebührenpflichtige Ankerbojen. Der Ankerplatz ist sicher, nur bei rauhen NE-Winden wird es etwas unruhig.

Versorgung: Lebensmittel und Wasser in sehr beschränkter Menge.

JAZI (44°13'N 014°53'E). Bucht an der SE-Küste der Insel Molat.

Ansteuerung: Als Ansteuerungshilfe dienen die der Bucht vorgelagerte Insel Tovarnjak und die Dorfkirche auf einem Hügel im Ort Molat.

Liegeplätze: Die Bucht ist Winden aus dem NE-Quadranten ausgesetzt. Bei Auftreten von stärkeren Winden sollte man in der Bucht Lučina im Brguljski zaljev an der SW-Küste der Insel festmachen. Kleinere Yachten können entweder ca. 300 m NNE-lich von der kleinen Pier (WT: 5–8 m) oder in der Bucht Pržina ca. 0,6 sm NW-lich von der Bucht (WT: 4–6 m), wo sie auch vor Buganker gehen können, vor Anker gehen. Ein günstiger Ankerplatz (WT: 8–20 m) liegt für größere Yachten in der Deckpeilung: Inselmitte von Tovarnjak- Dorfkirche.

Versorgung: Lebensmittel und Wasser nur in beschränkter Menge im Ort Molat.

BRGULJSKI ZALJEV (Bucht von Brgulje). Ausgedehnte Bucht zwischen Rt Bonaster und Rt Golubinjka an der SW-Küste der Insel Molat, die mit den kleineren Buchten Lučina, Podgarbe und Luka den besten natürlich geschützten Liegeplatz für Yachten und Schiffe aller Größen bietet. In der Bucht (44°13,7'N 014°52,6'E) liegen 85 Mooringbojen für Yachten aus.

Ansteuerung: Als Ansteuerungshilfe dienen der pyramidenförmige Steinturm (weißes Feuer) auf Rt Bonaster, der weiße Turm mit Pfeiler und Galerie (weißes Feuer) auf der Insel Golac, der Kirchturm, sowie einige Häuser des Ortes Molat, der rote Rundturm mit Pfeiler und Galerie (rotes Sektorenfeuer) in der Bucht Lučina, der weiße kegelförmige Turm mit einer Galerie (grün-weißes Sektorenfeuer) auf Tun Veli, der rote Turm mit Pfeiler und Galerie (rotes Feuer) auf Tun Mali.

Für größere Yachten ist es ratsam, die Durchfahrt Maknare zwischen den Inseln Molat und Golac bei Insichtkommen des

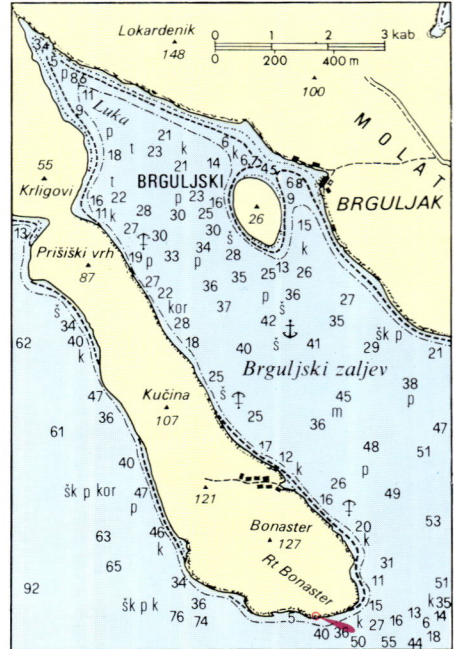

BRGULJSKI ZALJEV

weißen Feuers von Tun Veli zu benutzen. Erst wenn man das Feuer auf Rt Bonaster passiert hat, kann man den Kurs in die Bucht absetzen. Aus dem Zadarski-Kanal kommend, kennzeichnet der zweite weiße Sektor des Feuers Tun Veli die sichere Einfahrt in die Bucht. Die Passage Malo Žaplo zwischen Molat und dem Inselchen Mali Tun wird in nur 10 m Höhe von einem Stromkabel überspannt.

Hinweis: Ungefähr 1 sm N-lich des Feuers auf Rt Bonaster ist eine unbefeuerte Festmachetonne für Kriegsschiffe ausgelegt.

Liegeplätze: Kleinere Yachten können an der Mole in der Bucht Lučina anlegen. Der beste Ankerplatz liegt NW-lich der Insel Brguljski in der Bucht Studena (WT: bis zu 4,5 m), und zwar dichter an der NE-Küste. Ein guter Ankerplatz liegt auch im SE-Teil der Bucht Podgarbe (Zufluchtsstätte auch vor S-Wind) sowie in der Bucht Luka am NW-Ende der Bucht.

Versorgung: Lebensmittel und Wasser im Ort Lučina.

Fähren: Ist – Molat – Zadar.

BRGULJE (44°14'N 014°50'E). Kleiner Hafen im N-Teil der Brguljski-Bucht, NE-lich der Insel Brguljski.

Ansteuerung: Problemlos. Lediglich bei der Ansteuerung der Brguljski-Bucht muß umsichtig gesteuert werden (s. Brguljski Zaljev).

Liegeplätze: Am Kai, vor allen Winden geschützt.

Versorgung: Wasser und Lebensmittel in Lučina.

MOLAT (44°13'N 014°53'E). Kleiner Hafen in der Bucht Lučina an der SE-Küste der Insel Molat. Der Ort Molat ist 1 km vom Hafen entfernt.

Liegeplätze: Von allen Winden geschützt, außer Winden aus SW und W.

Versorgung: Lebensmittelgeschäft, Wasser, Post, Restaurant.

SEDMOVRAĆE. Seegebiet zwischen den Inseln Molat, Tun Mali, Tun Veli, Zverinac und Dugi Otok. Es gibt folgende Durchfahrten:

– Maknare: zwischen Rt Bonaster auf der Insel Molat und Rt Borji auf der Insel Dugi Otok

– Velo Žaplo: zwischen den Inseln Tun Mali und Tun Veli

– Malo Žaplo: zwischen Rt Žaplo (Insel Molat) und der Insel Tun Mali (s. Brguljski Zaljev). Diese Durchfahrt wird von einer Hochspannungsleitung überquert (lichte Höhe 10,5 m).

Strömungen: In der Durchfahrt Velo Žaplo setzt ein Flutstrom von 2,5 kn in E-Richtung und aus dem Sestrunjski-Kanal ein weiterer Strom von 2,5 kn in N-Richtung. Bei der Insel Vrtlac stoßen die beiden Strömungen zusammen, was durch die dort entstehenden Wirbel erkennbar ist. Der Ebbstrom erreicht bis zu 1,5 kn.

Hinweis: Bei der Ansteuerung von offener See, aus NW kommend, beachte man die Klippe Bačvica, (ca. 0,5 sm SE der Insel Tramerka). Von See her, aus S-Richtung kommend, beachte man die kleinen Inseln Lagnići (ungefähr 0,7sm NW-lich von Rt Veli Rat), die von seichten, klippenartigen Untiefen umschlossen sind. Zwischen den Inseln Golac und Brščak (in der Maknare-Durchfahrt) liegt eine Untiefe (WT: 3m). Die Durchfahrt Maknare, zwischen den Küstenfeuern auf Rt Bonaster (weiße Blitze) und auf der Insel Golac (weiße Blitze), ist durch den weißen Sektor des Feuers auf der Insel Tun Veli gekennzeichnet.

Bei der Ansteuerung aus dem Zadarski-Kanal und von Virsko more her beachte man die durch eine viereckige schwarz-rot gestreifte Steinbake mit 2 schwarzen Bäl-

len als Toppzeichen (weiße Blitze) gekennzeichnete Untiefe Sajda (ca. 1,5 sm N-lich der Insel Rivanj). Ein Riff befindet sich 700 m NW-lich der Inselgruppe Tri Sestrice; es wird durch eine schwarz-rot-schwarze Spiere auf einem Betonblock mit 2 schwarzen Bällen markiert. Eine Untiefe (WT: 5,8 m) befindet sich E-lich vom NW-Ende der Insel Sestrunj; sie ist jedoch nur für tiefgehende Yachten gefährlich. Bei Nacht steuere man im weißen Sektor des Küstenfeuers auf der Insel Tun Veli (weißer kegelförmiger Turm mit einer Galerie), der zwischen der Insel Trata (roter Turm mit einem Pfeiler und einer Galerie, rote Blitze) und der Insel Vrtlac (weißer Turm mit einem Pfeiler und einer Galerie, weiße Blitze) hindurchführt. Hat man die Insel Tun Mali (rote Blitze) und die NW-Spitze der Insel Tun Veli passiert, gelangt man in das Seegebiet Sedmovraće.

Vom Seeraum Sedmovraće fährt man in den Srednji-Kanal am besten und problemlos durch den Tunski-Kanal.

INSEL SESTRUNJ

HRVATIN (44°10'N 015°00'E). Bucht an der NE-Küste der Insel Sestrunj.

Liegeplätze: Vor Jugo geschützter Ankerplatz. Kleinere Yachten können an der Pier anlegen, wo sie von allen Seiten geschützt liegen.

Versorgung: Lebensmittel und Wasser im Ort Sestrunj.

Fähren: Siehe Zadar.

KABLIN (44°08'N 015°01'E). Tief eingeschnittene Bucht an der SW-Küste der Insel Sestrunj, ungefähr 1,5 sm NW von Rt Mavrovica, der südlichsten Landspitze der Insel. Anlegestelle für das Dorf Sestrunj.

Liegeplätze: Kablin ist ein vor Bora und N-Winden gut geschützter Liegeplatz für kleinere Yachten. Bei Jugo sind Liegeplätze der NE-Seite der Insel aufzusuchen. Anle-

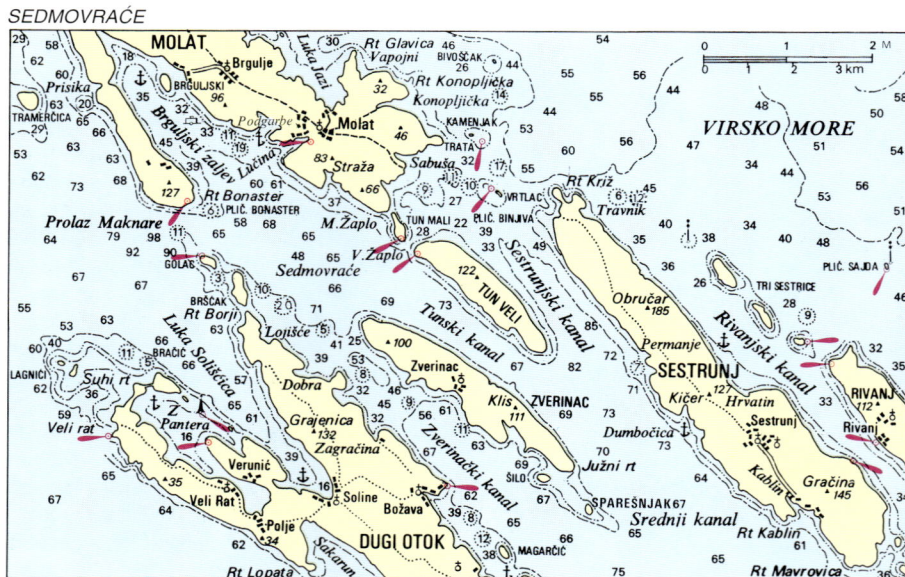

SEDMOVRAĆE

gemöglichkeit an den inneren Piers; die erste Pier ist für die Berufsschiffahrt reserviert.

Versorgung: Im Dorf Sestrunj (1 km).

DUMBOČICA (44°08'N 014°59'E). Bucht an der SW-Küste der Insel Sestrunj. Vor Bora und N-Winden gut geschützter Liegeplatz für kleinere Yachten; Ankerplatz am Ende der Bucht (WT: 1–5 m).

Versorgung: Im Dorf Sestrunj (1,5 km).

INSEL RIVANJ

RIVANJ (44°09'N 015°03'E). Kleiner Hafen an der W-Küste der gleichnamigen Insel mit Dorf Rivanj auf der Anhöhe oberhalb des Hafens.

Ansteuerung: Als einzige Landmarke dient der weiße Turm mit einem Pfeiler und einer Galerie (grünes Feuer) auf dem Wellenbrecherkopf.

Hinweis: In den Rivanjski-Kanal setzen sehr starke Gezeitenströmungen (bis zu 4 kn), deshalb als Ankerplatz ungeeignet.

Liegeplätze: Der Hafen ist vor N-Winden, teilweise auch vor Jugo durch die Wellenbrecher geschützt. Kleinere Yachten können nur am inneren Teil des größeren Wellenbrechers (WT: bis zu 3 m) anlegen. An der Außenseite legen Schiffe der Berufsschiffahrt an.

Versorgung: Lebensmittel und andere Waren in den örtlichen Geschäften.

Fähren: Siehe Zadar.

INSEL UGLJAN

UGLJAN (44°08'N 015°07'E). Dorf und kleiner Hafen an der NE-Küste der Insel Ugljan.

Ansteuerung: Als Landmarke dienen das Kloster auf dem N-Kap der Einfahrt und der rote Pfeiler auf dem Wellenbrecherkopf. Man beachte die felsartigen Untiefen NW-lich von der Einfahrt (WT: 1 m).

Liegeplätze: Der Hafen ist vor S-Winden geschützt, jedoch der Bora ausgesetzt. Kleinere Yachten können entweder am inneren Teil des Wellenbrechers anlegen

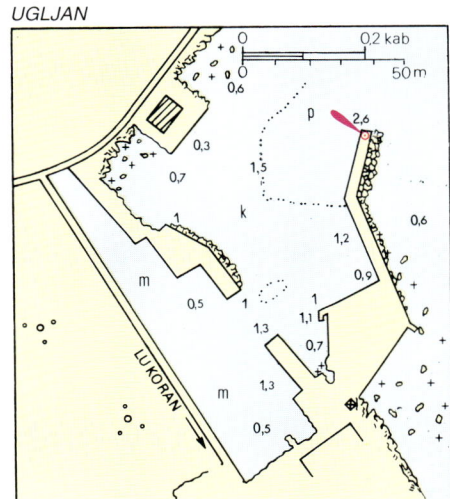

UGLJAN

oder in der Nähe des Wellenbrecherfußes (WT: 0,5–1 m) vor Buganker gehen. Im inneren kleinen Hafen (im SW-Teil) ist eine WT von nur 1 m. Der Ankerplatz für Yachten ca. 0,5 sm SE-lich vom Feuer (WT: 6–10 m) ist nur bei Jugo geeignet; bei Bora ist er nicht zu empfehlen.

Versorgung: Post, Ambulanz, Hotel, Restaurant, Lebensmittel und Wasser in örtlichen Geschäften.

Sehenswürdigkeiten: Franziskanerkloster (1430) mit Kreuzgang und Kirche des Hl. Hieronymus (Jerolim) von 1447; neben der Bucht Reste einer römischen Villa rustica; in der Region von Stivan Ruinen eines frühchristlichen Gebäudes (IV.-VI. Jh.).

ČEPRLJANDA (44°07'N 015°07,5'E). Kleine vor allen Winden gut geschützte Bucht SE-lich vom Hafen Ugljan (ca. 0,7 sm). Wassertiefe in der Bucht bis zu 3 m ermöglicht kleineren Yachten das Anlegen an den kleinen Molen oder vor Buganker zu gehen.

LUKORAN VELI (44°06,2'N 015°10'E) Dorf Lukoran in der Bucht Lukoran Veli an der NE-Küste der Insel Ugljan.

Ansteuerung: Als Landmarken dienen die Kirche des Dorfes auf dem Berg und ein alter Pinienwald am W-Teil der Bucht.

Liegeplätze: Vor Jugo gut geschützte, aber der Bora ausgesetzte Bucht. Kleinere Yachten können an der Mole vor dem Dorf anlegen oder in der Bucht vor Anker gehen; gut haltender Ankergrund.

Versorgung: Post und Ambulanz. Lebensmittel und Wasser in den Geschäften am Ort.

Sehenswürdigkeiten: Auf dem Friedhof die Kirche des Hl. Laurentius (Sv Lovro, Romanik); in Mali Lukoran Reste eines Sommersitzes der Familie Da Ponte (XVII. Jh.).

SUTOMIŠĆICA (44°06'N 015°10'E). Dorf und kleiner Hafen in der gleichnamigen Bucht an der NE- Küste der Insel Ugljan.

Ansteuerung: Als Ansteuerungshilfe dienen der rote Pfeiler (rotes Feuer) auf Rt Sv Grgur und der Kirchturm im Ort.

Hinweis: Ein Unterwasserkabel verläuft von 370 m östlich vom roten Feuer in Lukoran bis zur Landspitze Oštri rat.

Liegeplätze: Vor allen Winden und Seegang geschützt, nur der Bora ausgesetzt. Kleinere Yachten und Boote können an mehreren kleinen Piers im Hafen anlegen (WT: bis zu 2 m). Ankerplatz für kleinere Yachten in der Mitte der Bucht (WT: 8–12 m). Bei Bora wird empfohlen, an der NE-Küste zu ankern.

Versorgung: Lebensmittel und Wasser in den örtlichen Geschäften.

Sehenswürdigkeiten: Kirche der Hl. Eufemia (1349, restauriert im XVII. Jh.); Kapelle des Hl. Gregor (Sv Grgur, restauriert im XV. Jh.); Ruinen des Franziskanerklosters; Sommerhaus der Familie Lantana (1684) mit einem Park.

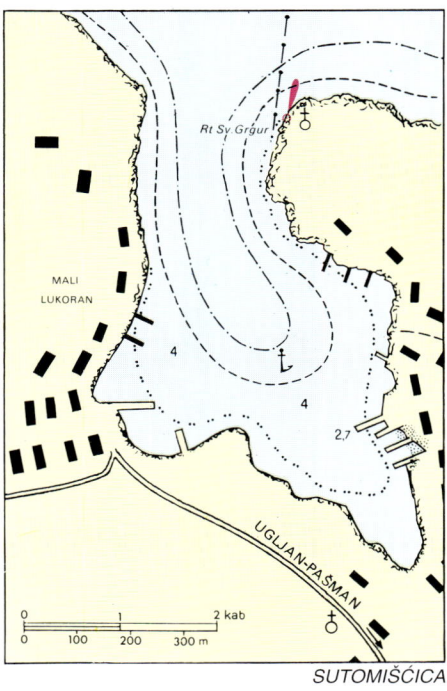

SUTOMIŠĆICA

POLJANA (44°05'N 015°12'E). Dorf und Bucht am der E-Küste der Insel Ugljan, nördlich von Preko.

Ansteuerung: Als Landmarken dienen der grüne Rundturm mit einem Pfeiler und Galerie (grünes Feuer) auf der Untiefe (WT: 2 m) auf ca. 100 m vor Rt Sv Petar, die Kapelle auf Rt Sv Petar und der rote Eisenpfeiler (rotes Feuer) auf dem Wellenbrecher S-lich der Einfahrt.

Hinweis: Bei der Einfahrt achte man auf die Untiefe SE-lich von Sv Petar: Eine Durchfahrt zwischen dem grünen Rundturm (grünes Feuer) und der Spitze Sv Petar ist tunlichst zu unterlassen! Beim Manövrieren im Hafen ist wegen einer Unterwasser-Steinaufschüttung an der N-Küste zwischen der Kapelle und dem ersten Dorfhaus Vorsicht geboten.

Liegeplätze: Die Bucht ist E- und SE-Winden ausgesetzt.

Versorgung: Lebensmittel und Wasser in begrenzten Mengen erhältlich.

PREKO (44°06'N 015°02'E). Siedlung und kleiner Hafen an der E-Küste der Insel Ugljan, gegenüber von Zadar.

Ansteuerung: Bei der Einfahrt in den Hafen dienen als Landmarken die bewaldete Insel Galovac mit dem Kloster, der rote Pfeiler (rotes Feuer) auf dem Wellenbrecherkopf und der weiße Turm (grünes Feuer) auf dem Fähranleger. Der Hafen besteht aus einem nördlichen und einem südlichen Teil. Über die Durchfahrt zwischen den Inseln Galovac und Ugljan verläuft eine Hochspannungsleitung (lichte Höhe 10 m).

Liegeplätze: Der S-Teil des Hafens ist der Bora ausgesetzt, der innere N-Teil ist von allen Seiten vor Winden geschützt. Anlegestellen für kleinere Yachten (TG bis zu 1,20 m) befinden sich am Wellenbrecher im S-Teil des Hafens, sowie an der äußeren S-

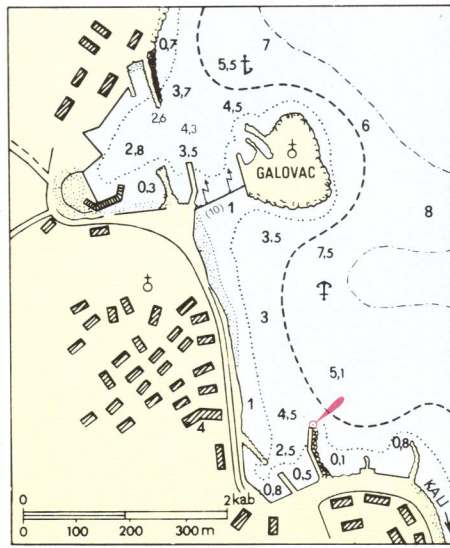

PREKO

PREKO

Pier im N-Teil des Hafens. Ca. 300 m dieser Pier werden von der Fähre beansprucht. Der Ankerplatz liegt vor der Siedlung, N-lich der Insel Galovac (WT: 5–10 m), er ist jedoch der Bora ausgesetzt.

Versorgung: Hafenamt-Zweigstelle, Post, Ambulanz und Apotheke. Lebensmittel in Geschäften, Wasser aus der Leitung. Tankstelle an der Mole, ca. 50 m vom Fähranleger.

Autofähre: Preko – Zadar.

Sehenswürdigkeiten: Reste antiker Bauten (Zisterne, Mosaiken) in der Region von Gradina; romanische Kirche des Hl. Johannes des Täufers (Sv Ivan Krstitelj) aus d. XII./XIII. Jh.; Kirche der Rosenkranzmadonna (Gospa od Ružarija, 1765). Auf der Insel Galovac: Franziskanerkloster (bis zum XIV./XV. Jh. ein Paulanerkloster, restauriert im XVI. Jh.) mit der Kirche des Hl. Paulus (1569) und einer Bibliothek aus dem XV. Jh.; Park mit subtropischer Vegetation. Auf dem Berge Sv Mihovil ein gleichnamiges Dominikanerkloster, früher Benedektinerkloster, 1202 von den Venezianern in eine Hauptfestung umgewandelt, von der sie die Inselwelt um Zadar kontrollierten.

KALI (44°04'N 015°12'E). Dorf und Fischerhafen an der SE-Küste der Insel Ugljan.

Ansteuerung: Als Landmarken dienen der rote Pfeiler (rotes Feuer) auf dem Kopf des E-lichen Wellenbrechers, der Kirchturm im Ort und die vorgelagerte Insel Ošljak (weißes Feuer), NE-lich vom Hafen.

Liegeplätze: Der Hafen ist N-Winden ausgesetzt, die im Hafen Wellen aufwerfen. Anlegemöglichkeit für kleinere Yachten (bis zu 3,5 m TG) an der Innenseite der Wellenbrecher und im Inneren des kleinen Hafens (WT: 0,5–2 m); der kleine Hafen wird vor allem mit Fischerbooten belegt.

Versorgung: Post und Ambulanz. Lebensmittel und Wasser.

Service: Kleinere Motor-Reparaturen sind in einer Werkstatt möglich; Slip. In der Bucht Lamjana Vela befindet sich die Reparaturwerft „Zadar".

Veranstaltungen: Alljährlich werden am 10. August eine Regatta mit Ruderbooten, die sog. „Kaljska ribarska noć" („Fischernacht von Kali") und andere Wettkämpfe durchgeführt.

KUKLJICA (44°02'N 015°15'E). Dorf in der gleichnamigen Bucht am SE-lichen Teil der Insel Ugljan.

Ansteuerung: Als Landmarken dienen die Appartement-Anlage an der Hafeneinfahrt, der grüne Rundturm mit Pfeiler und Galerie (grünes Feuer) am Kopf des N-Wellenbrechers; die Insel Mišnjak (ca. 0,8 sm SE-lich von der Bucht) und die Kirche im Ort.

Liegeplätze: Die Bucht ist vor Bora und N-Winden gut geschützt, so daß auch die Anlegeplätze vor allen Winden geschützt sind. Yachten können entweder an den Wellenbrechern festmachen oder vor Buganker an den Kai gehen.

Im W-Teil der Bucht sind einige kleinere Piers. In der Mitte der Bucht beträgt die WT 1,5–6 m. Ein guter Ankerplatz liegt in der Hafenmitte (WT: 5–6 m).

Versorgung: Post und Ambulanz, Lebensmittel und Wasser, Tankstelle in Preko.

Service: Kleine Werft für Holzschiffe mit Slip für mittlere Yachten.

Veranstaltungen: Alljährlich am 5. August wird das traditionelle religiöse Fest abgehalten, bei der die Hl. Mutter Gottes vom Schnee von der Kapelle in Mali Ždrelac von

KUKLJICA

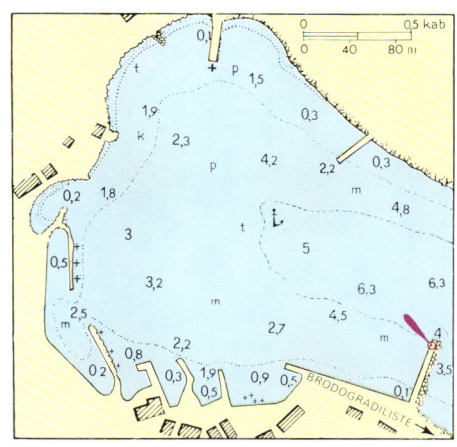

KUKLJICA

Eseln nach Kukljica getragen wird.

Sehenswürdigkeiten: Kirche des Hl. Petrus und Paulus (1666, glagolitische Inschriften); romanisch-gotische Kirche des Hl. Hieronymus (Sv Jerolim).

LAMJANA VELA und LAMJANA MALA.

An der W-Küste der Insel Ugljan liegen im S-Teil diese beiden Buchten am Sdrednji-Kanal. Die Bucht Lamjana Mala ist vor allen Winden aus NW bis SE sehr gut geschützt.

In **Lamjana Vela** liegt die Werft „Zadar-Kali" mit ca. 370 m Kailänge; hier gibt es 2 Schwimmdocks, Kräne (5, 6 und 32 t), Mobilkräne (9 und 40 t) und 1 Schwimmkran. Die Werft führt alle Reparaturen aus.

In **Lamjana Mala** ist wegen der Fischzuchtanlagen die Fahrgeschwindigkeit auf 7 kn begrenzt. Von Sonnenauf- bis Sonnenuntergang dürfen Schiffe mit mehr als 16 m Lüa und 60 kW Maschinenleistung nicht einlaufen. Außerdem ist Tauchen und jede andere Unterwassertätigkeit verboten.

MULINE (44°08,3'N 015°04,5'E).

Bucht und Dorf an der NW-Küste der Insel Ugljan in der Durchfahrt Veli Ždrelac (in der Durchfahrt keine Leuchtfeuer, daher nur tagsüber schiffbar).

Liegeplätze: Anlegemöglichkeit für Yachten bis zu 3 m TG am betonierten Teil der Pier. Die Bucht ist vor allen Winden und Seegang geschützt, ausgenommen aus dem SW-Quadranten. Es ist ratsam, bei SW-Winden 0,4 sm N-lich der SE-Spitze der Insel Rivanj zu ankern.

Versorgung: Lebensmittel und Wasser in beschränkter Menge im Dorf Donje Selo im E-Teil der Bucht.

Sehenswürdigkeiten: Überreste einer vorgeschichtlichen Wallburg, frühchristlicher Gebäudekomplex.

INSEL PAŠMAN

MALI ŽDRELAC (44°01'N 015°17'E).

Enge Seedurchfahrt zwischen den Inseln Ugljan und Pašman. Diese Passage führt aus dem Srednji-Kanal in die Bucht (mit dem gleichnamigen Hafen) Ždrelac und weiter in den Zadarski-Kanal, max. WT 4 m. Die Durchfahrt wird an der engsten Stelle von einer Brücke überquert: Lichte Höhe 18 m, Breite 20 m, max. Geschwindigkeit 8 kn, Strömung bis zu 4 kn. Kleine Fahrzeuge bis zu 15 GT dürfen die Fahrt größerer Schiffe nicht behindern. Jedes Fahrzeug muß vor dem Einlaufen in die Passage ein Schallsignal (1 langer Ton) geben.

Ansteuerung: In der Durchfahrt stehen 7 Leuchtfeuer an der Küste, sowie 2 dreieckige reflektierende Zeichen (grün, bzw. rot). Die Brückenträger (ab 3 m unter MW) sind mit grün- bzw. rot-reflektierender Farbe bis 1 m über MW angestrichen. Sie bezeichnen die Kanalseiten nach lateralem System. Vom Srednji-Kanal kommend ist die Steuerbordseite durch grüne Türme (grünes Blitzfeuer), die Backbordseite durch rote Türme (rotes Blitzfeuer) gekennzeichnet. Im mittleren Teil der Bucht Ždrelac steht 270 m N-lich von der Brücke auf der Mittellinie der Durchfahrt ein Kardinalzeichen (schwarz-gelber Turm, weißes Blitzfeuer) mit zwei schwarzen Kegeln mit nach unten gerichteten Spitzen als Toppzeichen. Man steuere südlich von diesem Seezeichen.

ŽDRELAC (44°01'N 015°17'E).

Dorf und kleiner Hafen (Sv Luka) im äußersten NW-Teil der Insel Pašman.

Ansteuerung: Als Landmarken dienen die Friedhofskapelle (E-lich von der Einfahrt) und die rote Spiere (ehemaliges Feuer) auf dem Wellenbrecherkopf.

Liegeplätze: Der kleine Hafen ist von allen Seiten vor Winden geschützt. Yachten bis zu 1,5 m TG können am Kai anlegen. Guter Ankerplatz für Yachten unter 4 m TG.

Versorgung: Post; Lebensmittel und Wasser erhältlich.

BANJ (44°00'N 015°18'E).

Dorf und Bucht im NE-Teil der Insel Pašman. Die bewaldete Küste der Bucht bietet angenehmen Aufenthalt und Ankerplatz für kleinere Yachten.

Versorgung: Lebensmittel und Wasser erhältlich.

DOBROPOLJANA (43°59'N 015°20'E).

Dorf und kleine Bucht im NE- Teil der Insel Pašman.

Liegeplätze: Der kleine Hafen ist vor S- und W-Winden geschützt. Am Kai sind Lie-

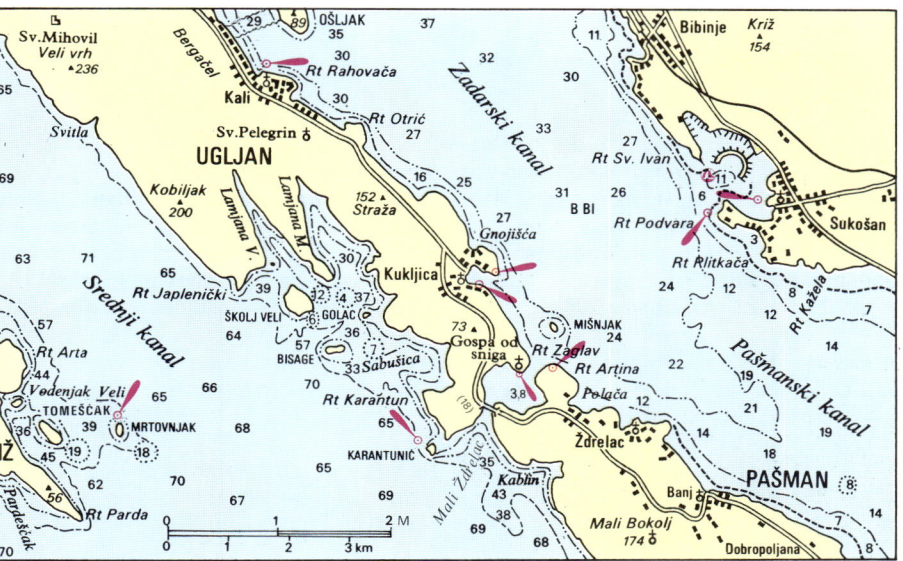

MALI ŽDRELAC

MALI ŽDRELAC

geplätze für Boote bis zu 2,5 m TG vorhanden. Östlich der knieförmigen Pier ist ein knieförmiger Wellenbrecher aus Natursteinen (Länge ca. 120 m) im Bau.

NEVIĐANE (43°58,5' N 015°21'E). Dorf und Bucht an der NE-Küste der Insel Pašman.

Ansteuerung: Als Landmarken dienen der Kirchturm und die Häuser in den Olivenhainen, sowie der rote Turm mit Pfeiler und Galerie (rotes Feuer) am Wellenbrecherkopf.

Liegeplätze: Die Bucht ist der Bora und N-Winden ausgesetzt. Der Wellenbrecher schützt kleinere Yachten vor SE- und SW-Winden.

Versorgung: Post; Lebensmittel und Wasser erhältlich.

Sehenswürdigkeiten: Neben der heutigen Kirche Unserer lieben Frau (Gospa od Zdravlja) aus d. XIX. Jh. stehen Ruinen einer Kirche von 1670; auf dem Friedhof Ruinen der Kirche des Hl. Michael (Sv Mihovil) von 990 und westlich vom Ort die Überreste der Kirche des Hl. Martin (XI. Jh.).

PAŠMAN (43°57,5'N 015°23,5'E). Siedlung und kleiner Hafen an der engsten Stelle im Pašmanski-Kanal.

Ansteuerung: Als Landmarken dienen ein grüner zylindrischer Turm mit einem pyramidenförmigen Gittergerüst (grünes Feuer) auf dem Kopf des östlichen Wellenbrechers und der Kirchturm in der Bucht Lučina, NW- lich von der Siedlung. Das Einlaufen sowie das Auslaufen werden durch eine sehr starke Strömung in der Einfahrt erschwert (s. Pašmanski-Kanal).

Liegeplätze: Der Hafen ist vor allen Winden geschützt, außer vor denen aus dem NW-Quadranten. Der Innenhafen wird hauptsächlich von Fischerbooten belegt. Kleinere Yachten können am Wellenbrecher anlegen. Durchschnittliche WT im Hafen 1–4 m.

Versorgung: Post und Ambulanz, Lebensmittel und Wasser erhältlich.

Sehenswürdigkeiten: Kirche der Geburt Mariä (Rođenje Marijino) aus d. IX. Jh. (Anbauten im XVIII.Jh.). In Pašman Mali stehen zwei altkroatische Kirchen.

TKON (43°55'N 015°25'E). Dorf an der SE-Küste der Insel Pašman.

Ansteuerung: Zur Orientierung dienen der Glockenturm und die Kapelle mit Teilen des Klosters (90 m über Wasser), NW-lich oberhalb des Dorfes und ein roter Turm mit Pfeiler und Galerie (rotes Hafenfeuer) am Kopf des Wellenbrechers.

Liegeplätze: Der Hafen ist von allen Seiten vor Winden und Seegang geschützt. Kleinere Yachten können am Wellenbrecher festmachen (WT: 1,5–2,5 m). Etwa 200 m SE-lich vom Hafen liegt die Anlegestelle der Autofähre. Ein Teil dieses Kais (etwa 45 m Länge) ist beschädigt und deswegen zum Anlegen nicht geeignet.

Versorgung: Post, Lebensmittel im Selbstbedienungsladen und Wasser, Tankstelle in Biograd, Reparaturwerkstatt für Motoren.

Autofähre: Tkon – Biograd.

Sehenswürdigkeiten: Sommerhaus des Adelsgeschlechts der Familie d'Erco (XVIII. Jh.); auf dem Berg Čokovac (90 m) Reste eines Benediktinerklosters mit Kirche des Hl. Kosmas und Damian (Sv Kuzma i Damjan) von 1367–1418.

TRILUKE (43°53,5'N 015°27'E). Unbesiedelte Bucht im südlichsten Teil der Insel Pašman, ca. 0,5 sm W- lich von Rt Borovnjak.

Ansteuerung: Von N und NE kommend, beachte man die Untiefen S-lich von Rt Borovnjak (WT: 4,8 m) und in der Nähe der E-Küste der Insel Žižanj (WT: 4,6 m).

Liegeplätze: Die Bucht ist von allen Seiten vor Winden geschützt, jedoch wirft der Jugo merklichen Seegang auf und macht dadurch den Aufenthalt unsicher. Guter Ankerplatz auch für größere Yachten.

SOLINE (43°55,6'N 014°21,6' E). Unbesiedelte Bucht an der SW- Küste der Insel Pašman.

Ansteuerung: Man orientiert sich an dem Berg Zaglav (127 m) an der S-Seite.

Liegeplätze: Der SE-Teil der Bucht ist von allen Seiten vor Winden geschützt (Winde aus dem NW- Quadranten rufen Dünung hervor). Ankerplätze für kleinere Yachten liegen im SE- und NW-Teil der Bucht (WT: 2–8 m); im SE-Teil gibt es Riffe, die nur bei Ebbe sichtbar sind. Ein Ankerplatz für größere Yachten liegt in der Mitte der Bucht (WT: 16–22 m). Bei Bora ist eine Landleine auszubringen. In der Bucht liegen 65 Mooringbojen für Yachten aus.

0,5 sm NW-lich von Soline liegen in der Bucht Sv Ante 20 Mooringbojen für Yachten aus.

INSEL ZVERINAC

ZVERINAC (44°10'N 014°55'E). Dorf in der gleichnamigen Bucht an der SW-Seite der Insel Zverinac.

Ansteuerung: Als Landmarken dienen die Häuser des Dorfes und der Kirchturm am Ende der Bucht.

Liegeplätze: Die Bucht ist von allen Seiten vor Winden geschützt, außer vor SW-Winden, die starken Seegang aufwerfen. Wegen des Seegangs ist sie als Dauerliegeplatz ungeeignet.

Am Kopf der L-förmigen Pier legen Fahrgastschiffe an. Kleinere Schiffe können am Kopf der geknickten Pier (WT: 2 m) anlegen oder am Poller, ca. 5 sm östlich, festmachen. Größere Yachten können in Küstennähe mit Landleinen vor Anker gehen.

Fähren: Siehe Zadar.

Versorgung: Lebensmittel und Wasser in Geschäften am Ort.

Sehenswürdigkeiten: Barockpalast der Familie Fanfogna (1746) mit kleiner Kirche.

INSEL IŽ

VELI IŽ (44°03'N 015°07'E). Siedlung und Hafen an der NE-Küste der Insel Iž.

Ansteuerung: Als Landmarken dienen der rote Eisenturm mit einem Pfeiler (rotes Feuer) auf der südlichen Seite der Hafeneinfahrt und das Hotel „Korinjak" an der N-Seite des Hafens. Ca. 0,4 sm vor dem Hafen liegt die Insel Rutnjak. Bei der Ansteuerung achte man auf die durch eine Spiere mit zwei schwarzen Bällen als Toppzeichen gekennzeichnete Untiefe, ca. 400 m NW-lich von der Insel Knežak.

Liegeplätze: Der Hafen ist von allen Seiten vor Winden geschützt. Yachten können in der Marina Veli Iž an der E-Seite der Bucht festmachen. Gute Ankerplätze liegen im kleinen Hafen Drage (ca. 0,4 sm N-lich), in der Bucht Knež (ca. 1,4 sm SE-lich) oder in der Bucht Komoševa (Dorf auf Mali Veli Iž, ca. 1,8 sm SE-lich). Bei Jugo können kleinere Yachten nördlich der engsten Stelle der Durchfahrt zwischen den Inseln Iž und Knežak gut ankern; bei Bora dagegen sollte man E-lich von dieser Stelle ankern.

Versorgung: Post, Ambulanz, Hotel und mehrere Restaurants; Lebensmittel in Geschäften erhältlich.

VELI IŽ

Service: Kleine Werft für den Bau und das Überholen von Holzschiffen und für Reparatur und Wartung von Schiffsmotoren; Slipmöglichkeit für Yachten. Größere Reparaturen in der Werft „Zadar" in Lamjana Vela (Insel Ugljan).

Veranstaltungen: Alljährlich werden Ende Juli die traditionellen „Iške fešte" („Feiern von Iž") durchgeführt.

Sehenswürdigkeiten: Überreste einer illyrischen und römischen Siedlung. Schlösser der Familien Canagietti und Fanfogna; oberhalb des Ortes Mali Iž die Kirche der Hl. Maria (IX./XI. Jh.); Museum.

MARINA VELI IŽ (44°03'N 015°06,8'E) liegt an der E-Küste der Insel Iž W-lich der Insel Ugljan, max. WT 3 m.

Liegeplätze: 50 Liegeplätze am Kai (Moorings) und 150 Landstellplätze für Yachten bis zu 14 m Länge. WT an der Kaimauer ca. 2 m, in der Mitte der Bucht ca. 3 m.

Versorgung: Wasser- und Stromanschluß, Telefon, Duschen/WC, Geldwechsel, Gasflaschen, Restaurant, Post, Hotel.

Service: Kran (50 t), Slipanlage, technischer Service, Reparaturen an Bootsrümpfen und -motoren. Reinigung und Wartung von Wasserfahrzeugen das ganze Jahr über.

MARINA VELI IŽ

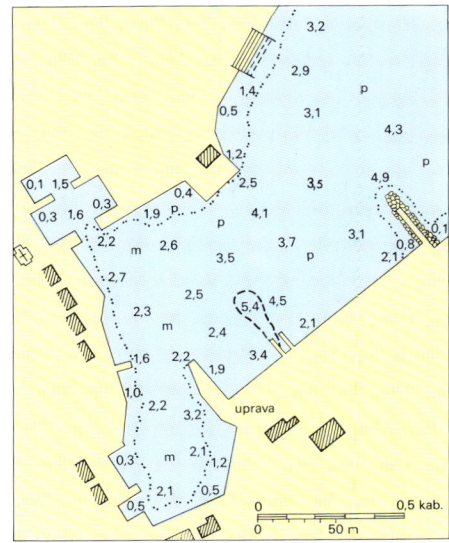

INSEL RAVA

RAVA (44°02'N 015°04'E). Dorf und kleiner Hafen auf der gleichnamigen Insel vor der NE-Küste der Insel Dugi Otok.

Liegeplätze: Die nach SW offene Bucht Marinica an der W-Küste der Insel ist ein guter Ankerplatz für mittelgroße Yachten.

Versorgung: Post; Lebensmittel sehr begrenzt erhältlich.

Fähren: Siehe Zadar.

VELI RAT: B BI (2) 20S 41M 22M

INSEL DUGI OTOK

SOLIŠĆICA (44°09'N 014°52'E). Weite Bucht an der NW-Seite der Insel Dugi Otok; im SE-Teil der Bucht die Siedlung Soline.

Ansteuerung: Von offener See kommend, dienen als Landmarken der aus großer Entfernung erkennbare Rundturm (41 m) des Leuchtturmes Veli rat (weiße Blitze, Reichweite 18 sm), in der Bucht der rote Turm mit einem Pfeiler (weißes Feuer) auf Tanki rt und die gelbe Kirche im Ort Soline.

Liegeplätze: Die Bucht ist vor allen Winden gut geschützt, außer vor Winden aus dem NW- Quadranten, bei denen kleinere Yachten am besten in der Bucht Lučica, (ca. 0,6 sm NW-lich vom Soline), ankern. Für größere Yachten ist der Ankerplatz ca. 750 m NNW-lich der Kirche in Soline geeignet (WT: 24–30m). Bei Winden aus SW und NW ist es ratsam, in der Bucht von Brgulje (Brguljski Zaljev) auf der Insel Molat vor Anker zu gehen. Die flache Bucht Pantera, im W-Teil der Bucht Solišćica, ist vor allen Win-

den und Seegang geschützt. Im NW-Teil dieser Bucht befindet sich ein guter Ankerplatz (WT: bis zu 16 m). Am Ende der Bucht liegt das Dorf Veli Rat.

Versorgung: Post im Ort Veli Rat. Lebensmittel und Wasser erhältlich.

PANTERA (44°09'N 014°51'E). Diese Bucht öffnet sich im Westen der Bucht Solšćica. Max. WT 16 m. Sie ist vor allen Winden und Seegang gut geschützt.

Ansteuerung: Beim Einlaufen aus der Bucht Solšćica beachte man die ca. 0,4 sm lange Untiefe, die sich unter Wasser von der Landzunge Oključić nach SE fortsetzt. Die grüne Tonne muß an Steuerbord bleiben, nachts deckt der rote Sektor des Leuchtfeuers auf Tanki rt diese Untiefe ab.

Liegeplätze: Im NW-Teil der Bucht Pantera liegen 100 Mooringbojen und in der nach SE anschließenden Bucht Čuna (44°04,4'N 014°51,8'E) 40 Mooringbojen für Yachten aus.

BOŽAVA (44°08'N 014°55'E). Dorf, Hafen und Touristenort an der NE-Küste der Insel Dugi Otok. Seegrenzübergangsstelle, vom 1. 4.–31. 10. geöffnet.

Ansteuerung: Als Landmarken dienen der weiße Turm mit Pfeiler und Galerie (grünes Feuer) auf Rt Sv Nedjelja (Kiefernwald) und der Kirchturm im Ort.

Liegeplätze: Der Hafen ist vor allen Winden – außer S-Winden – und Seegang geschützt. Es empfiehlt sich, in der Bucht Dragove (2 sm SE-lich von Božava) zu ankern. An der N-Küste ist eine Anlegestelle für

SOLIŠĆICA

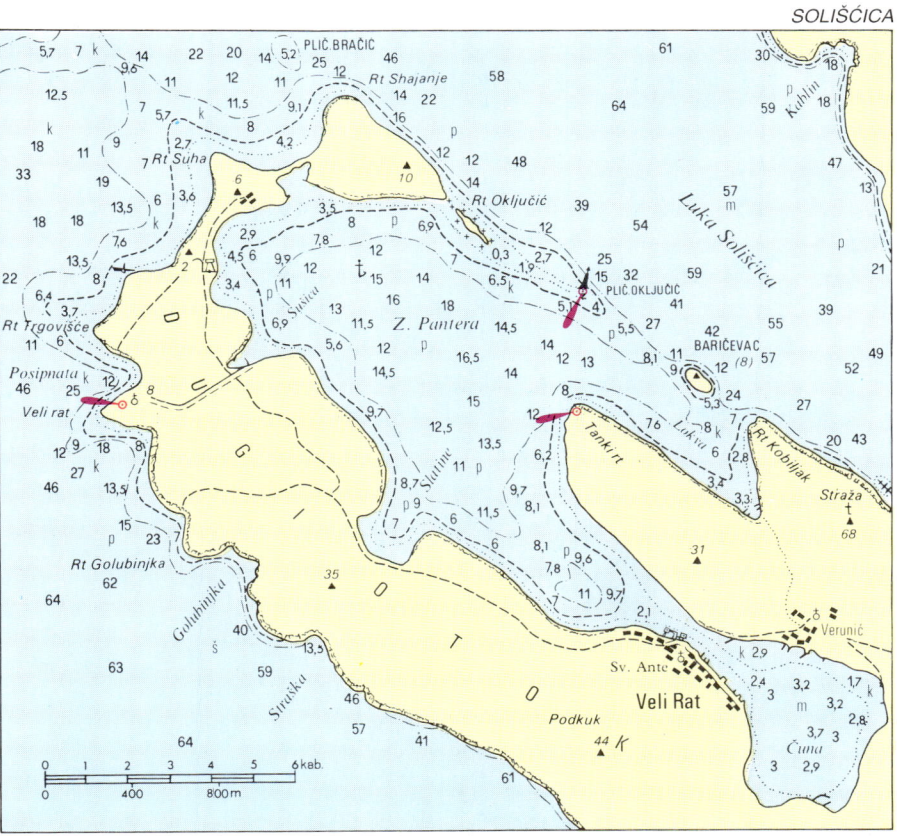

BOŽAVA

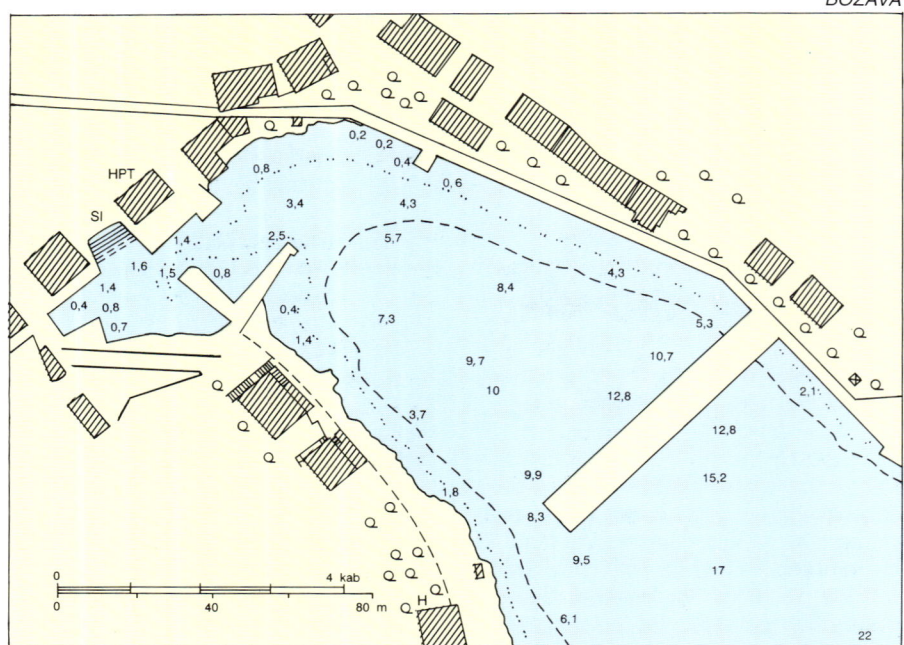

BOŽAVA

Fähren. Westlich davon ist ein Wellenbrecher, der einen kleinen Hafen für ca. 20 Yachten schützt (WT am Wellenbrecher: 2–6 m). Vor dem Hotel im Süden der Bucht ist ein Anleger mit 2–3 m WT. Yachten liegen an der W-Seite des neuen Wellenbrechers am N-Ufer.

Versorgung: Hafenamt-Zweigstelle, Zollamt, Post, Ambulanz sowie der Hotel-Komplex „Božava", Lebensmittelgeschäfte, Wasser in begrenzter Menge (bei Privathäusern oder im Hotel).

Fähren: Siehe Zadar.

Sehenswürdigkeiten: In der Nähe zwei illyrische (später römische) Siedlungen, Friedhofskirche des Hl. Nikolaus (IX. Jh. (vermutlich), restauriert), Höfe längs der Küste sind umgeben von Steinmauern mit Schießscharten als Schutz vor plündernden Seeräubern (XVIII. Jh.).

BRBINJ (44°04,4'N 015°00,6'E). Kleines Dorf und Bucht an der NE-Küste der Insel Dugi Otok.

Ansteuerung: Als Landmarke dient der weiße Turm (weißes Feuer) auf der äußersten nördlichen Ecke von Rt Koromašnjak.

Liegeplätze: Der N-Teil der Bucht ist von allen Seiten geschützt, der äußere Teil der Bucht ist der Bora ausgesetzt. Kleinere Yachten können an der Pier (WT: 1 m) und im N-Teil der Bucht am Kai vor der Ortschaft, der allerdings auch vom lokalen Schiffsverkehr benutzt wird, anlegen. NW-lich des Ortes liegt die Bucht Lučina, die im N-lichen Teil vor allen Winden geschützt ist, während die anderen Bereiche N- und NW-Winden ausgesetzt sind, die hier auch stärkeren Seegang verursachen. 35 Mooringbojen (44°04,9'N 015°00'E) liegen für Yachten aus. Am E-Ufer liegt eine Fährmole, WT ca. 1 m.

SE-lich des Ortes öffnet sich die kleine Bucht Bok (44°04,4'N 015°00,7'E), hier liegen 25 Mooringbojen für Yachten aus.

Versorgung: Post. In der Bucht Lučina gibt es eine Werft, auf der Bootsneubauten aber auch Reparaturen an Booten und kleinen Schiffen aller Art ausgeführt werden.

LUKA (43°59'N 015°06'E). Dorf in der gleichnamigen Bucht, ca. 4,4 sm NW-lich von Sali, an der NE- Küste der Insel Dugi Otok.

Ansteuerung: Man sollte den Kurs auf einen Punkt in der Mitte zwischen der Kirche (links) und der Kapelle (rechts) absetzen.

Die Durchfahrt zwischen der Insel Luški

und Rt Gubac ist wegen des stark setzenden Stromes und Flachwasser zu vermeiden. Eine schwarz-rot-weiß gestreifte Spitzbake mit zwei schwarzen Bällen als Toppzeichen kennzeichnet das Riff 200 m E-lich der Insel Luški.

Liegeplätze: Die Bucht ist Winden aus dem NW-Quadranten, die Seegang aufwerfen, ausgesetzt. Kleinere Yachten können am Kai (WT: 1–1,5 m) vor dem Dorf festmachen. Guter Ankerplatz SW-lich der Insel Luski (WT: 24 m).

Versorgung: Lebensmittel und Wasser (aus der Leitung) erhältlich.

ŽMAN (43°58,3'N 015°07,3'E). Dorf in der kleinen Bucht Žmanšćica.

Ansteuerung: Am N-Ufer der nach E offenen Bucht steht der grüne Leuchtturm Žmanšćica, SE-lich vor der Bucht liegt die kleine Insel Krknata.

Liegeplätze: Kleine Boote können im Fischerhafen liegen, größere Yachten finden unter dem SW-Ufer der kleinen Insel Krknata einen geschützten Ankerplatz.

ZAGLAV (43°57'N 015°09'E). Dorf mit Hafen im N der Bucht Triluke.

Ansteuerung: Man orientiert sich am roten Leuchtturm auf der kleinen Insel Pohlib sowie an dem grünen Leuchtturm auf der Fährmole in Zaglav.

Liegeplätze: Man geht vor Anker. Dieser Platz ist vor allen Winden geschützt, außer vor Bora.

Versorgung: Lebensmittel und Wasser im Geschäft. Tankstelle am Kai.

SALI (43°56'N 015°10'E). Hauptort und Fischerhafen an der NE-Küste der Insel Dugi Otok. Seegrenzübergangsstelle, vom 1. 4. bis 31. 10. geöffnet.

Ansteuerung: Zur Orientierung hilft der viereckige Turm auf Rt Bluda in der Hafeneinfahrt, der rote Turm mit Pfeiler und Galerie (rotes Feuer) auf dem Kopf des äußeren Wellenbrechers, der Kirchturm im Dorf und der Fabrikschornstein am SE-Rand der Siedlung.

Liegeplätze: Der äußere Teil der Bucht ist SE-Winden ausgesetzt. Der innere Teil mit dem kleinen Hafen ist vor diesen Winden genügend geschützt. Für Yachten ist es am besten, vor Buganker zu gehen. Den größten Teil des Hafens belegen Fischerboote. Ein Ankerplatz für kleinere Yachten liegt im äußeren Teil des Hafens; bei einsetzendem Wind aus dem SE-Quadranten ist es ratsamer, den Ankerplatz in der Bucht Sašćica, 0,5 sm NW-lich von Sali, aufzusuchen (WT: bis zu 26 m).

Versorgung: Hafenamt-Zweigstelle, Zollamt, Post und Ambulanz. Lebensmittel und Wasser erhältlich.

Service: In der Bucht Sašćica führt eine kleine Werft Reparaturen an Booten, Bootsrümpfen und Motoren aus. In der Werkstatt der Fischkonservenfabrik „Mardešić" besteht ein Service-Dienst und Reparaturmöglichkeit für Motoren jeder Art.

Veranstaltungen: Alljährlich werden im August hier die sog. „Saljske užance" (Fest der Fischer) abgehalten.

Sehenswürdigkeiten: Kirche der Mariä Himmelfahrt (Uzašašća Marijina, 1465, der Altarraum von 1584, archäologische Funde); einige Patrizier-Wohnhäuser (seit der Renaissance). In der Umgebung Reste einer römischen Villa rustica. In Stivanje Polje die Kirche des Hl. Johannes (Sv Ivan) von 1060, auf dem Hügel Citorij die Kirche des Hl. Viktor (IX./XI. Jh.).

MIR, JEZERO

SALI

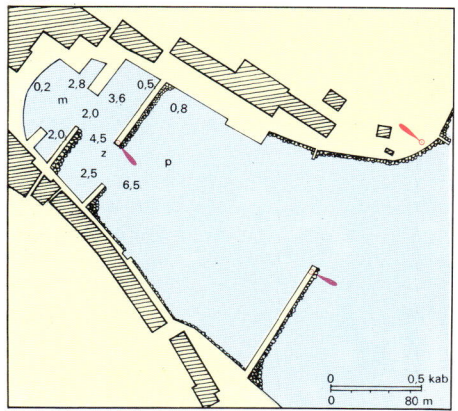

TELAŠĆICA (43°55'N 015°10'E). Weite und tief in die Insel hineinreichende unbewohnte Bucht im SE-Teil der Insel Dugi Otok.

Ansteuerung: Beim Ansteuern von offener See her dienen als gute Landmarken der Berggipfel Grpašćak, der Leuchtturm Sestrica Vela (Eisenturm mit spiralförmigen, rot-weißen Streifen neben dem zweistöckigen Wärterhaus; weißes Licht) und der rote Turm auf Rt Vidilica (rotes Feuer).

Liegeplätze: Die Bucht ist ein guter Zufluchts- und Ankerplatz für Yachten jeder Größe; besonders geeignet für Daueraufenthalt. Die Bora weht stark, und auffri-

SESTRICA VELA: B Bl 8s 47m 20M

schender Jugo kann in der Bucht einen starken Seegang aufwerfen. Vor dem Restaurant liegen ein Dutzend Festmachetonnen für Yachten. Für das Betreten des Naturschutzgebietes wird Eintrittsgeld verlangt, mit dem gleichzeitig das Liegegeld an den roten Ankerbojen in der Bucht für zwei Nächte abgegolten ist. Den Abfall holen abends Nationalparkangestellte mit Booten ab.

Ankerplatz: Gute Ankerplätze für größere

Yachten liegen bei Bora ca. 800 m WNW-lich der Insel Korotan, bei Schirokko ca. 400 m W-lich der Insel Korotan. Für kleinere Yachten besteht zusätzlich die Möglichkeit, E- oder SE-lich des Riffs Školjić zu ankern; jedoch ist dabei auf Reste einer Steinbake (Untiefenbezeichnung) ca. 200 m SW-lich vom Riff Školjić zu achten.

Versorgung: Obst, Gemüse und Getränke in kleinen Mengen kann man an Fischerbooten kaufen. In Sali sind Lebensmittel und Wasser erhältlich.

MIR (43°54'N 015°10'E). Kleine Bucht im vorderen Teil der Bucht Telašćica.

SE-lich von der Bucht Mir liegt der Brackwasser-See Jezero (0,23 km2, WT: 5,6 m).

Liegeplätze: Der SW-Teil der Bucht ist von allen Seiten vor Winden geschützt. Yachten bis 3 m TG können vor Buganker vor dem Restaurant und dem Campingplatz „Mir" liegen. Guter Ankerplatz in der Mitte der Bucht. An den drei Molen auf der E-Seite der Bucht legen Ausflugsschiffe an.

Versorgung: Post, Ambulanz und Hotels, Supermarkt, Wasserhydrant am Kai, Tankstelle und ein Motel an der Adria-Magistrale.

Sehenswürdigkeiten: Teile einer Verteidigungsmauer (1505), Kirche der Mutter vom Karmel (Gospa od Karmela, von 1506, der Barockumbau erfolgte im XVIII. Jh.). Auf der Insel Sustipanac stehen Überreste aus der Römerzeit und eine Klosterruine aus dem Jahre 1511. Das Waldgebiet Sopalj – nahe dem Dorf Dazlin – ist ein Naturschutzgebiet.

TRIBUNJ (43°45'N 015°45'E). Siedlung und kleiner Hafen, 1,2 sm W-lich von Vodice.

Ansteuerung: Zur Ansteuerung dienen die auf dem einsamen Hügel (51 m) liegende Kirche Sv Nikola, NW-lich vom Ort, der schwarz-rote Turm mit Pfeiler und Galerie (Toppzeichen 2 schwarze Bälle) auf dem Riff Bačvica und der grüne Pfeiler (grünes Feuer) inmitten der Hafenmole.

Man steuert von SE her in den Hafen ein, doch kleinere Yachten können auch die enge Durchfahrt (WT: 3 m) zwischen den Inseln Lukovnik und Logorun, S-lich vom Hafen, benutzen. Dabei achte man auf die W-lich vom Hafen liegenden 3 Untiefen (WT: 2 m, 2,5 m und 6,5 m) sowie auf den seichten Grund E-lich vom Hafen.

BETINA	BETINA	KAPRIJE	KRAPANJ	PELEŠ/KREMIK	PIROVAC	PRIMOŠTEN	PRVIĆ LUKA	ROGOZNICA	SKRADIN	ŠEPURINE	ŠIBENIK	TIJESNO	TRIBUNJ	VODICE	VRGADA	ZATON	ZLARIN	ŽIRJE	
	4	10	17	22	3	20	11	25	23	10	15	3	8	9	6	18	12	11	BETINA
		8	14	19	7	17	8	22	20	7	12	2	5	7	10	16	10	9	JEZERA
			11	14	12	12	7	17	19	8	11	8	8	7	14	15	8	4	KAPRIJE
				9	19	7	6	11	14	7	7	14	10	8	22	40	5	12	**KRAPANJ**
					24	2	12	4	21	12	13	20	16	15	28	17	11	14	PELEŠ/KREMIK
						23	13	27	25	12	17	5	16	11	8	21	15	14	PIROVAC
							10	7	19	10	12	19	13	12	25	15	10	13	PRIMOŠTEN
								14	12	2	4	9	4	3	16	8	23	8	**PRVIĆ LUKA**
									23	15	16	23	18	17	30	19	14	16	ROGOZNICA
										13	9	20	15	14	28	6	11	19	SKRADIN
											6	7	2	15	10	3	9		ŠEPURINE
												14	7	6	20	5	4	11	**ŠIBENIK**
													5	7	8	16	10	9	TIJESNO
														2	13	11	5	9	TRIBUNJ
															15	10	5	8	VODICE
																24	18	14	**VRGADA**
																	8	15	ZATON
																		9	ZLARIN
																			ŽIRJE

ENTFERNUNGSTABELLE

MARINA TRIBUNJ (IN BAU)

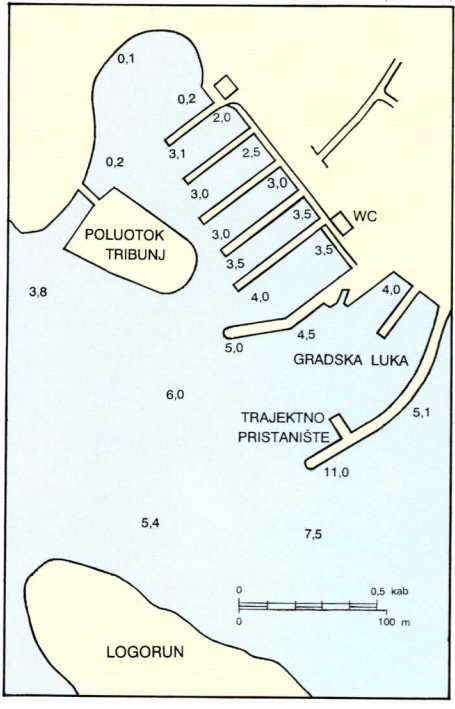

HÄFEN AM FESTLAND

PIROVAC (43°49'N 015°40'E). Siedlung und kleiner Hafen im SE-Teil des Meerbusens von Pirovac (Pirovački Zaljev).

Ansteuerung: Als Landmarken dienen der grüne Rundturm mit Pfeiler (grünes Feuer) auf dem L-förmigen Teil der Mole (das Feuer ist über die flache Landzunge, ca. 400 m W vom Hafen, sichtbar) und der Kirchturm im Ort. Zu beachten ist die Insel Sustipanac (Ruine) in der Mitte der Bucht von Pirovački Zaljev. Westlich vom Hafen liegt eine Untiefe.

Liegeplätze: Der Hafen ist von allen Seiten geschützt, außer vor W-Winden, die unangenehme Wellen aufwerfen. Yachten bis 2 m TG können entweder an der knieförmigen Pier oder an der Kaimauer bis zum Hafenfeuer anlegen. Ein für kleinere Yachten geeigneter Ankerplatz befindet sich W-lich vom Hafen; beim Ankern achte man auf das Unterwasserkabel, das zwischen Rt Sv Jure und der anderen Seite der Bucht liegt. Der Hafen ist als Dauerliegeplatz, besonders bei Jugo und W-Winden, nicht zu empfehlen.

Hinweis: Festmachen am Handelskai vom Leuchtfeuer bis zur Mole (85 m) ist untersagt.

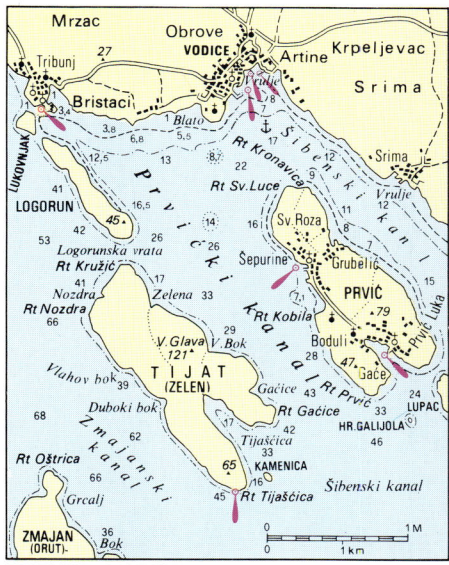

TRIBUNJ – VODICE

TRIBUNJ

VODICE

Liegeplätze: Der Hafen ist S-Winden und dem Seegang ausgesetzt; die Bora weht mäßig. Im Hafen können nur kleinere Yachten (TG bis 0,8 m) festmachen. Ein Ankerplatz (WT: 7–9 m) liegt SE-lich der Siedlung.

NE-lich vom Hafenfeuer ist die Marina Tribunj im Bau, die ein ca. 200 m langer, halbkreisförmiger Wellenbrecher abschließen wird. Es sind 350 Liegeplätze und 150 Landstellplätze für Yachten bis 11 m Länge geplant.

Hinweis: Für Sportboote ist das Anlegen am Handelskai bis auf weiteres untersagt.

Versorgung: Wasser- und Stromanschlüsse, Post und Ambulanz; Lebensmittel erhältlich. Die Werft in der Bucht Sovlje baut kleine Boote und führt Reparaturen aus.

Sehenswürdigkeiten: Kirche des Hl. Nikolaus (1452). In der alten Ansiedlung Jurjevgrad Reste einer mittelalterlichen Festung.

VODICE (43°45'N 015°47'E). Ortschaft und Fremdenverkehrszentrum am N-Ende des Šibenski-Kanals.

Ansteuerung: Als Landmarken dienen das große Gebäude des Hotels „Punta" (SW-lich vom Ort), der rote Turm mit Pfeiler und Galerie (rotes Feuer) auf dem Wellenbrecherkopf und der Kirchturm im Ort. Beim Einlaufen ist wegen der Untiefe (WT: 1,3 m) E-lich von der Hafeneinfahrt Vorsicht geboten. Sie ist durch eine schwarze, mit zwei roten Streifen versehene Spiere und zwei schwarzen Bällen als Toppzeichen markiert. Nachts liegt die Untiefe im verdunkelten Sektor des Hafenfeuers.

Liegeplätze: Der Hafen ist der hier besonders im Winter stark wehenden Bora ausgesetzt; auch der Jugo weht stark und erzeugt hohen Wasserstand im Hafen. Ein knieförmiger Wellenbrecher schützt den Hafen von S her. Die Anlegestelle für Schiffe im Lokalverkehr ist am Anfang des

Wellenbrechers. Yachten bis zu 3 m TG können am anderen Teil des Wellenbrechers anlegen oder vor Buganker an die Innenseite des Wellenbrechers (an den Teil ohne Schutzmauer) gehen; diese Anlegestelle ist bei stärkerer Bora zu empfehlen. Kleinere Yachten können auch vor Buganker am Kai vor dem Hotel „Imperial", gehen. Der kleine Innenhafen wird von Fischerbooten belegt. Ein guter Ankerplatz, obwohl der Bora und dem Jugo ausgesetzt, liegt

zwischen der Untiefenbezeichnung und der N-Spitze der Insel Prvić (WT: 15–17 m).

Versorgung: Hafenamt-Zweigstelle, Post, Ambulanz, Apotheke und Schiffsausrüster. Lebensmittelgeschäfte, Wasserzapfstellen am Fuß des Wellenbrechers sowie am Kai beim kleinen Hafendamm, Tankstelle an der Adria Magistrale (ca. 800 m). Auf der Halbinsel Punta, SW-lich vom Ort, befinden sich einige erstklassige Hotels mit großzügig angelegten Sportplätzen.

101

Fähren: Vodice – Šibenik.

Sehenswürdigkeiten: Teile einer Verteidigungsmauer (XVI. Jh.), Kirche des Hl. Kreuzes von 1421, Kirche der Entdeckung des Hl. Kreuzes (Našašće Sv Križa, Barockbau von 1749); im Hafen ein Denkmal für die Gefallenen des Zweiten Weltkriegs (1971 errichtet).

Veranstaltungen: Alljährlich werden am 27. Juli die „Fischernacht" und im August Eselrennen, ein Schwimmarathon und andere Veranstaltungen abgehalten.

MARINA VODICE (ACI)

MARINA VODICE (ACI) (43°45,2'N 015°47,0'E) liegt im NE-Teil des Hafens Vodice (Bucht Vrulje), von 2 Wellenbrechern (120 bzw. 80 m Länge) geschützt. Ganzjährig geöffnet.

Ansteuerung: Die Ansteuerung ist nachts erschwert, da die Untiefen unmittelbar vor der Einfahrt und die Wellenbrecher unbefeuert sind (s. Vodice).

Liegeplätze: 415 Liegeplätze für Yachten bis zu 22 m Länge an der E-Pier und den 5 Schwimmstegen und 150 Stellplätze für Yachten bis zu 20 m Länge. Max. TG 4,2 m.

Versorgung: Marinabüro, Wasser- und Stromanschluß, Telefon, Restaurant, Hotel, Post, Bank, Fischgeschäft, Taverne, Grill-Room, Café-Bar, Snack-Bar, Supermarkt, verschiedene Geschäfte, WC und Duschen, Skipper-Club, Tankstelle, Gasversorgung, Charterbasis, Parkplatz.

Service: Kran (10 t), Travellift (40 t), Slip, technischer Service, Ersatzteile.

MARINA VODICE

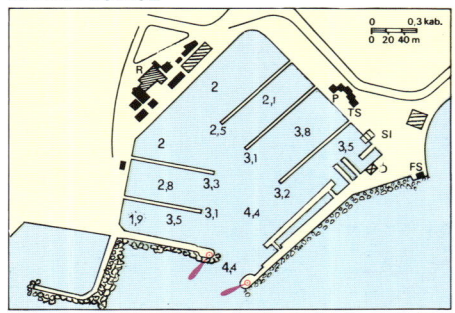

ŠIBENIK

ŠIBENIK (43°44'N 015°54'E). Stadt und Handelshafen, den man durch den Kanal Sv Ante (Länge ca. 1,4 sm, Breite in der Einfahrt 220 m, geringste Breite 140m, WT: 11–30 m, zulässige Höchstgeschwindigkeit: 6 kn) erreicht. Der Fluß Krka mündet im NW-Teil der Bucht. Ganzjährig geöffnete Seegrenzübergangsstelle.

Ansteuerung des Kanals: Der Kanal ist mit Küstenfeuern (laterales System) gut befeuert. Bei der W-Einfahrt in den Kanal Sv Ante dienen als Landmarken der grüne Turm neben der Festung Sv Nikola (grünes Feuer), ein Steinturm neben der Signalstation (rotes Feuer) auf Rt Jadrija und der grüne Turm (grünes Feuer) auf Riff Ročni. Die E-Ausfahrt ist markiert mit einem roten Turm (rotes Feuer) auf Rt Sv Križ und einem grünen Turm (grünes Feuer) auf der Untiefe Paklena.

Navigation im Kanal: Die Bora fällt stark ein. Im Kanal setzt ein ständiger, der Ausfahrt entgegengerichteter Strom, der in der Sommerzeit ca. 0,5 kn und in den Wintermonaten nach starkem Regen bis zu 3 kn erreichnen kann, bei starker Bora noch höher. Schiffe bis 50 GT – außer Schleppern mit geschleppten Fahrzeugen – und Boote können den Kanal jederzeit und ohne besondere Genehmigung befahren. Dabei müssen sie sich steuerbords halten, allen größeren Schiffen über 50 GT ausweichen und ihnen bei der Einfahrt bzw. Ausfahrt Wegerecht einräumen. Bei der Kanal-Durchfahrt achte man auf die Untiefe vor Rt Senišna, die in einem Abstand von mehr als 10 m zu umfahren ist. Ankerverbot im Kanal und im Seegebiet von der Kanaleinfahrt, das durch die Parallelen des Feuers Sv Nikola (E-Seite) und der Untiefe Roženik (W-Seite) sowie durch die Meridiane des Feuers Sv Nikola (E-Seite) und der E-Spitze der Insel Lupac (W-Seite) eingegrenzt wird.

Liegeplätze: Die Liegeplätze am Kai werden vom Hafenamt zugewiesen. Geeignete Ankerplätze für Yachten gibt es überall in der Bucht, außer in einem engen Bereich ca. 100 m NNW-lich vom Hafenfeuer an der Pier Krka; unsicherer Ankergrund. Falls man unbedingt ankern will, liegt man am besten SW-lich der Kathedrale des Hl. Jakobus (WT: 25–30 m) in Ufernähe, wo durch eine ausgebrachte Landleine zu den Pollern am Kai die Verankerung verstärkt werden kann. Im Buchtgebiet von Rt Burnji Turan sowie in der Umgebung der Buchten Panikovac, Dumboka und Sv Petar besteht Zufahrts- und Anlegeverbot für alle Fahrzeuge. Die Mole Krka und der ausgebaute Kai SW-lich der Mole (300 m) sind für die Berufsschiffahrt bestimmt (WT: 3,4 m); dort gibt es Wasserzapfstellen. Vom Ende des

Kais Obala palih omladinaca dient eine 50 m lange Betonmauer kleineren Booten zum Anlegen. Die Bucht Dolac (gemauert, WT: 2–3 m) ist Winden und Schwell ausgesetzt. Im Hafenamt bekommt man ausführliche Auskünfte über Sperrgebiete.

Versorgung: Einklarierungshafen, Hafenamt, Zollamt, Post, Krankenhaus, Ambulanz, Apotheken, Bahnstation, Lebensmittelversorgung in zahlreichen Geschäften, Wasser aus Zapfstellen am Kai, Tankstelle am Kai Obala hrvatske mornarice (größere Mengen werden mit Tanklastern herbeigeschafft), Seekarten und Seepublikationen im Büro von PLOVPUT – „Plovno područje Šibenik", Reparaturen und Wartung von Booten aller Größen auf der Werft „Šibenik" (Bucht Ungrad im SE-lichen Hafenteil); bei der Firma „Brodoservis" Boots- und Motorreparaturen für Yachten bis 350 GT.

Fähren: Šibenik – Zlarin – Obonjan – Kaprije – Žirje; Šibenik – Zlarin – Obonjan – Prvić Luka – Šepurine – Vodice.

Sehenswürdigkeiten: Kathedrale des Hl. Jakob (Gotik u. Renaissance, 1431–1505, Entwurf vom Baumeister und Bildhauer Juraj Dalmatinac, fortgesetzt von Nikola Firentinac; Altar, Baptisterium, Löwenportal, Fries mit 71 Köpfen um die Apsis); Kirchen: Hl. Franziskus (Sv Frane, XIV. Jh., kassetierte Decke aus d. XVII. Jh.), das Franziskanerkloster (Gotik/Renaissance, mit einer kulturgeschichtlichen Sammlung von Handschriften); die sog. neue Kirche (Nova Crkva, Gotik/Renaissance); Hl. Johannes (Sv Ivan; 1485, 1544 und 1643 umgebaut, äußerer Treppenaufgang, Glockenturm mit einer türkischen Uhr); Hl. Barbara (1447–51, Sammlung sakraler Gegenstände und Teil des Städtischen Museums), Mariä Himmelfahrt (Uspenje Bogorodice, um 1390 erbaut, Barock, bis zum Beginn d.

ŠIBENSKI KANAL

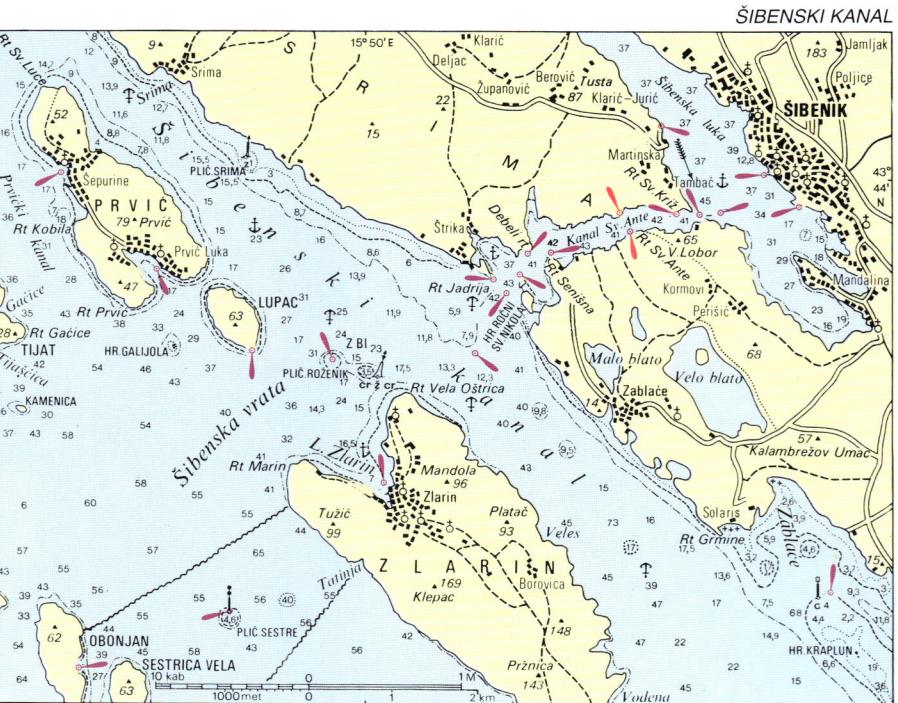

XIX. Jh. Klosterkirche der Benediktinerinnen). Loggia (1534–42, zerstört im 2. Weltkrieg, danach restauriert); Rektorenpalast (XIV. Jh., Anbauten und Restaurierungen, jetzt Städtisches Museum mit Gemälden alter Meister und Sammlung archäologischer Funde, mit kulturgeschichtlicher Sammlung, Archive, moderne Kunst); zahlreiche Paläste von der Romanik bis zum Barock (Rossini, Mišić, Fontana, Foscolo, Orsini-Juraj Dalmatinac, Divnić, Dragojević, Lavčić); große Zisterne (Velika čatrnja) von 1446. Festungen: Sv Ana (Verstärkung im XVI./XVII. Jh.), Sv Ivan (1645–49), Šubićevac (XVII. Jh, mit dem Gedenkpark für erschossene Freiheitskämpfer); Sv Nikola (1540–47) befindet sich an der Einfahrt in den Kanal Sv Ante.

Im Juni und Juli werden alljährlich das Internationale Kinderfestival und im Laufe der Sommersaison Musik- und Theaterveranstaltungen abgehalten. Ausflugsziele sind der Prukljansko jezero, Skradin, der Skradinski-buk-Wasserfall sowie der Wasserfall Roški slap am Krka-Fluß

ZATON (43°47'N 015°50'E). Siedlung und Bucht am Unterlauf des Flusses Krka, ca. 1 sm NW-lich von Rt Triska.

Ansteuerung: Als Landmarken dienen der grüne Turm (grünes Feuer) auf Rt Triska, der grüne Pfeiler (grünes Feuer) am SE-Ende des Kais und der Kirchturm am Ende der Bucht.

Liegeplätze: Die Bucht ist von allen Winden geschützt, ausgenommen vor Jugo, der am Eingang der Bucht beträchtlichen

ŠIBENIK

ŠIBENIK

ZATON – PRUKLJANSKO JEZERO

Seegang aufwirft. Yachten bis 2,5 m TG können längs des Kais festmachen. Bei Jugo geht man vor Buganker mit nach SE gerichtetem Bug. Ein guter Ankerplatz ist im äußeren Teil der Bucht.

Versorgung: Post; Lebensmittel, Wasser.

Sehenswürdigkeiten: Kirchen des Hl. Georg und des Hl. Rochus (von 1533, spätere Renovierungen); Ruinen mittelalterlicher Gebäude in Bankovac.

SKRADIN (43°49'N 015°55,6'E). Städtchen am rechten Ufer (flußaufwärts) des Flusses Krka, 4,5 sm NNE-lich von Šibenik.

Ansteuerung: Der Fluß Krka und die Durchfahrt Prukljanski tjesnac sind mit Seezeichen sowie Feuern markiert und führen in den See Prukljansko jezero. Von dort bis Skradin verengt sich das Flußbett der Krka stellenweise bis auf 100 m (WT in der ersten Hälfte: 7–13m), später bis auf 80 m (WT: 7–8m). Das linke Ufer des Flusses ist sehr seicht. Zu den Wasserfällen der Krka fahren Taxiboote.

Der Fluß Krka fällt in etwa 17 Stufen (höchste Stufe 45 m) vom Visovac-See herunter. Die Wasserfälle an der oberen Krka (Skradinski buk) sind eines der bedeutendsten Naturphänomene Kroatiens und liegen in einem Naturschutzgebiet. Die Wasserfälle sind bis zu 36 m hoch und 500 m breit. Dieses Naturreservat kann nur mit einem kleinen Boot erreicht werden.

Hinweis: Die Einfahrt in den Hafen von Skradin ist durch den roten Leuchtturm (rotes Feuer) auf Rt Lukovo und den grünen Leuchtturm (grünes Feuer) auf Rt Dut gekennzeichnet.

Liegeplätze: Yachten können in der Marina Skradin festmachen.

Versorgung: Post, Hotel, Ambulanz und Apotheke, Lebensmittel und Wasser, Tankstelle.

Sehenswürdigkeiten: Bauwerke, Grabstätten, Inschriften aus der Römerzeit; Scardona, die Hauptstadt des illyrischen Liburnien (später römisches Municipium); oberhalb des Städtchens Biskupija Reste türkischer und venezianischer Festungen.

Kirchen: Mariä Geburt (Porođenje Marijino, 1745), Friedhofskirche (XVI. Jh.), alte orthodoxe Kirche des Hl. Spiridon (restauriert 1745, Ikonenaltar und Ikonensammlung in der neuen Kirche). Auf der Insel Visovac befinden sich ein Franziskanerkloster (kulturgeschichtliche Sammlung und Bibliothek) und eine Kirche (1576, restauriert), flußaufwärts liegt der Wasserfall Roški slap und das orthodoxe Kloster Krka (gegründet Mitte des XIV. Jh., mehrmals zerstört und wieder restauriert). In Drniš (33 km): Kirche des Hl. Anton, umgebaute Moschee; einige Skulpturen des Bildhauers Meštrović; Ort Otavice (42 km) mit dem Haus von Ivan Meštrović.

MARINA SKRADIN (ACI) (43°49,0'N 015°55,6'E) liegt in einer Bucht, NW-lich der Mole von Skradin. Ganzjährig geöffnet.

Hinweis: Beim Einlaufen achte man auf Fisch- und Muschelzuchtanlagen entlang der südlichen Einfahrtsspitze; die Anlage ist mit Bojen markiert.

Liegeplätze: 220 Liegeplätze für Yachten bis zu 60 m Länge an Stegen, längs der SW- und NE-Küste der Bucht, und an zwei längeren Stegen in der S-Einfahrt der Bucht sowie an einem Steg in der N-Einfahrt (WT: 4 m); 10 Stellplätze an Land.

Versorgung: Marinabüro, Wasser- und Stromanschlüsse, Telefon, Restaurant direkt am Hafen, Geldwechsel, Lebensmittelgeschäft und Apotheke im Ort, WC und Duschen.

Service: Technischer Service und Reparaturen.

SOLARIS (43°42'N 015°52'E). Hotelkomplex bei Rt Grmine (Siedlung Zablaće) im Šibenski-Kanal.

Liegeplätze: Der Hafen besitzt zwei Piers und ist vor allen Winden und Seegang geschützt, außer vor Jugo. Yachten bis 2,5 m TG können an der südlichen Pier anlegen.

Beiderseits der Einfahrt darf nicht geankert werden, da hier die Endpunkte von Unterwasserkabeln liegen.

Versorgung: Lebensmittel, Wasser und Treibstoff.

MIRINE (43°38,5'N 015°57'E). Bucht im äußersten SE-Teil des Šibenski-Kanal.

Ansteuerung: Als Landmarken dienen ein Steinkreuz auf der östlichen Landspitze der Einfahrt und eine hohe, alte Mauer, die sich vom Ende der Bucht über die Halbinsel Vela oštrica zieht.

Hinweis: In der Mitte der Einfahrt liegt eine Untiefe (WT: 6,8 m) und in der Einfahrt zu der benachbarten westlichen Bucht ein fast in Höhe des Wasserspiegels befindliches *gefährliches* Riff.

Liegeplätze: Die vor allen Winden gut geschützte Bucht ist ein guter Zufluchtshafen, der sich auch als Dauerliegeplatz für Yachten eignet. Der Ankerplatz für Yachten liegt in der Mitte der Bucht (WT: ca. 7 m).

Sehenswürdigkeiten: Eine Steinmauer

MARINA SKRADIN

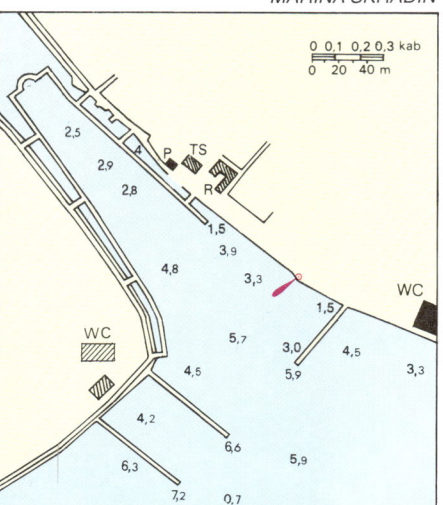

SKRADIN

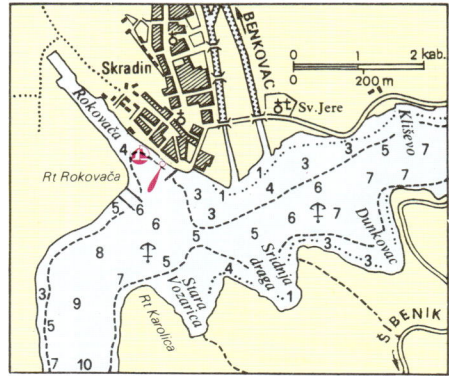

MARINA SKRADIN

(6–8 m hoch), wurde im XV. Jh. quer über die Halbinsel Oštrica zur Abwehr von Angriffen der Osmanen erbaut.

GREBAŠTICA (43°38'N 015°58'E). Dorf in der Bucht Luka Grebaštica, SE-lich von der S-Einfahrt in den Šibenski-Kanal.

Ansteuerung: Als Landmarken dienen der weiße, viereckige Turm mit einem Pfeiler und einer Galerie (grünes Feuer) auf Rt Oštrica Vela an der N-Seite der Einfahrt und die sich quer über die Halbinsel erstreckende, alte Steinmauer.

Liegeplätze: Vor Bora gut geschützt, jedoch dem W-Wind ausgesetzt. Der Ankerplatz für größere Yachten liegt SE-lich vom Berg Oštrica (97 m). Kleinere Yachten können in den Buchten längs der N-Küste ankern (WT bis zu 5 m). Beim Ankern im inneren Teil der Bucht achte man auf das Unterwasserkabel.

Versorgung: Lebensmittel und Wasser im Dorf Grebaštica (E-lich vom Hafen).

PRIMOŠTEN (43°34'N 015°55'E). Ortschaft und Fremdenverkehrszentrum, S-lich von Šibenik.

Ansteuerung: Als Landmarken dienen der hohe Kirchturm zwischen den Häusern, der rote, viereckige Turm mit einem Pfeiler und einer Galerie (rotes Feuer) auf dem Wellenbrecherkopf, der rote Turm mit einem Pfeiler und einer Galerie (rotes Feuer) auf dem Molenkopf in der Bucht Vojska und das fächerförmige Gebäude des Hotels „Marina Lučica" an der rechten Seite der Einfahrt.

Liegeplätze: Der Hafen ist vor Winden aus den NE- und NW-Quadranten geschützt. Yachten bis zu 3 m TG können am Wellenbrecher festmachen. In der Bucht Vojska, ca. 400m E-lich vom Wellenbrecher, befindet sich ein Fähranleger (WT: 5,5 m). Am Wellenbrecher, E-lich vom alten Hafen, legen Schiffe des lokalen Linienverkehrs an. Ein geeigneter Ankerplatz ist im inneren Teil des Hafens (WT: 14–30 m).

Versorgung: Hafenamt-Zweigstelle, Post, Hotels aller Kategorien, Campingplatz (3 km von Primošten), Apotheke und Ambulanz. Reparaturen und Motorservice auf der Werft „Primošten", Kran.

Sehenswürdigkeiten: Die Kirchen des Hl. Georg (Sv Juraj, restauriert 1760), des Hl. Rochus (1680) und Muttergottes der Gnaden (Gospa od Milosti, erwähnt 1553); im Weiler Kruševo die mittelalterliche Kirche des Hl. Martin (umgeben von alten Grabmälern); in Široke die Kirche des Hl. Hieronymus (Sv Jere, 1460); in Prhovo die Kirche des Hl. Georg (XI. Jh., rest. 1724).

MARINA KREMIK (43°34,2'N 015°56,6'E) liegt in der Bucht der Bucht Peleš, ca. 2 sm S-lich von Primošten. Vor Winden gut geschützte Bucht. Oberhalb der Marina verläuft die Adria-Magistrale. In der Saison (1.4.–31.10.) geöffnete Seegrenzübergangsstelle.

Liegeplätze: 280 Liegeplätze für Yachten bis 25 m Länge und 110 Stellplätze für Yachten bis 15 m Länge.

Versorgung: Zollamt, Hotel, Restaurant, Café-Bar, Mini-Markt, Telefon-, Wasser- und Stromanschlüsse, WC und Duschen, Wechselstube, Geschäfte, Yachtausrüster, Parkplatz (200 PKW) in der Nähe, Tankstelle, Charterbasis.

Service: Slipanlage und Travellift für Yachten bis zu 40 t, Kran (5 t), Reparaturen an Rumpf, Motoren und Elektroinstallationen. Größere Reparaturen und Überholungen von Wasserfahrzeugen in der Werft in Trogir. Winterlager und Betreuung der Wasserfahrzeuge außerhalb der Saison.

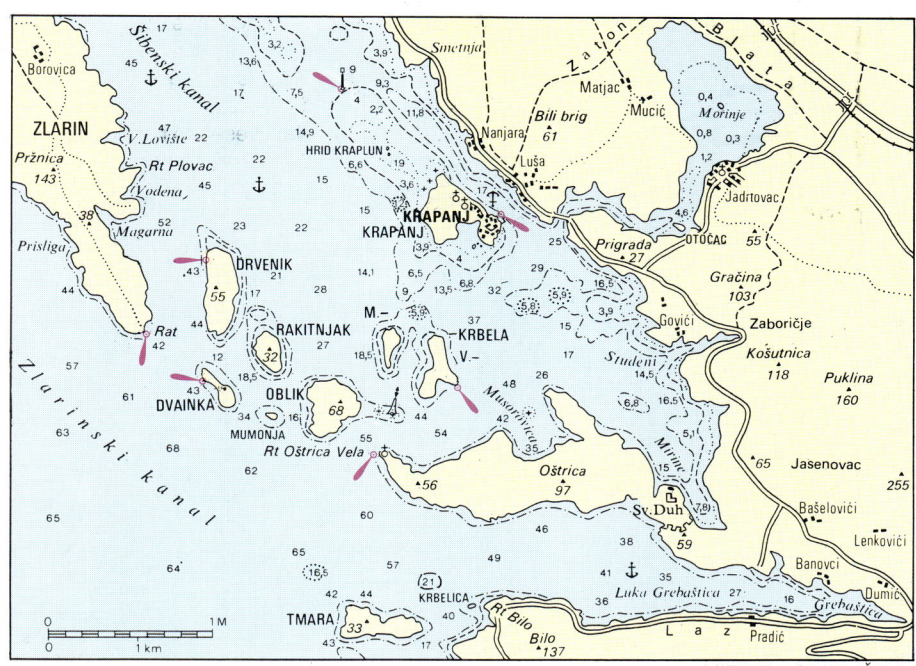

MIRINE – GREBAŠTICA

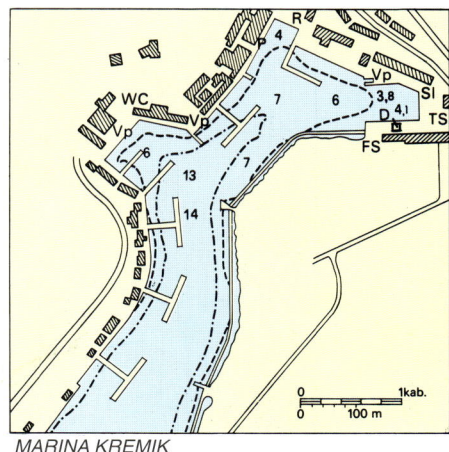

MARINA KREMIK

PRIMOŠTEN

PRIMOŠTEN

ROGOZNICA (43°31'N 015°58'E). Ortschaft in der gleichnamigen Bucht, N-lich von dem Rt Ploča; der bestgeschützte Zufluchtshafen für Yachten aller Größen an diesem Küstenabschnitt.

Ansteuerung: Als gut erkennbare Landmarken dienen der Berg Movar (124 m) und ein achteckiger Turm, der Leuchtturm Mulo und ein Steinturm neben dem Wärterhaus (weiße Blitze). Bei der Ansteuerung von offener See her sind erkennbar der schwarze Turm mit Pfeiler, Galerie und schwarz-roten Streifen (weißes Feuer) sowie mit 2 schwarzen Bällen als Toppzeichen auf dem Riff Kalebinjak (in der Durchfahrt zwischen der Insel Smokvica Vela und Rt Konj), der rote, viereckige Turm (rotes Feuer) auf Rt Gradina (in der Bucht) und der grüne Pfeiler (grünes Feuer) auf dem Kai vor dem Ort.

Hinweis: Im N-Teil der Bucht Ložica (NNW-lich von Rogoznica) besteht Fisch- und Fahrverbot. Das Gebiet ist durch folgende Linien begrenzt: Südspitze der Insel Jaz – Insel Lukvenjak und von dort eine Linie zum Festland in der Peilung 30°. Ankerverbot gilt auch im Seegebiet, das durch folgende Linien begrenzt ist: Von der NW-Spitze der Insel Smokvica Vela zum Festlande zu in der Peilung 38,5°, von Rt Gradina in der Peilung 90° zur Insel Rogoznica, von Rt Varoš in der Peilung 360° bis zur Küste der Insel Rogoznica und von der SW-Spitze der Insel Smokvica Vela in der Peilung 128° zum Festland.

Anlegen am Handelskai am Teil zwischen 20 und 60 m (gemessen vom Wellenbrecherkopf) untersagt. In der Bucht Soline ist das Gebiet zwischen den Markierungsbojen und dem Ufer für jegliches Befahren sowie für Tauchen und Unterwasserarbeiten

ROGOZNICA (BUCHT)

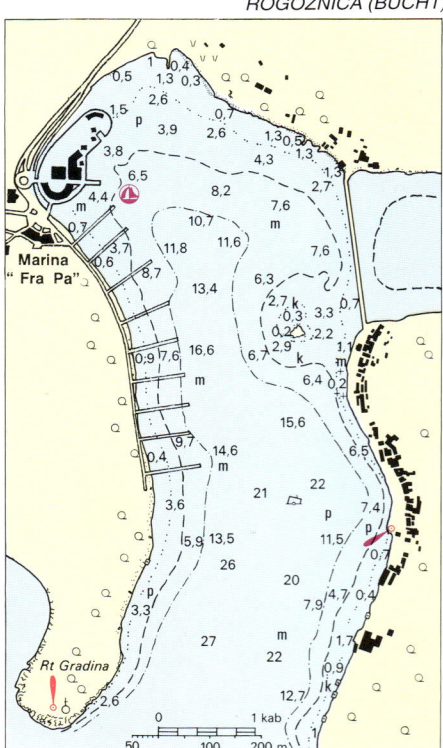

ROGOZNICA

MARINA "FRAPA" – ROGOZNICA

gesperrt. Das gilt auch für ein kreisförmiges Gebiet mit 500 m Radius, dessen Mittelpunkt Rt Zečevo (43°33,3'N 015°55,7'E) ist.

Liegeplätze: Die Bucht ist vor allen Winden geschützt. 300 Yachten bis zu 3,3 m TG können entweder am S-Teil des Kais vor der Ortschaft anlegen oder vor Buganker am N-Teil des Kais liegen. Ein Ankerplatz für größere Yachten liegt im E-Teil der Bucht, NE-lich von Rt Artić (WT: 25–31 m). Kleinere Yachten können auch im W-Teil der Bucht, WNW-lich des Hafenfeuers (WT: 21–23 m), oder in der Bucht Stupin (WT: 3–6 m), NNE-lich des Ortes, ankern.

Versorgung: Hafenamt-Zweigstelle, Post, Ambulanz. Lebensmittel, Wasser erhältlich.

Sehenswürdigkeiten: Kirche Mariä Himmelfahrt (Uznesenje Marijino, 1615, restauriert 1746); in Stara Rogoznica die Kirche des Hl. Nikolaus, oberhalb des Dorfes eine alte Windmühle und Reste einer Befestigungsanlage (1809).

MULO: B Bl 5s 23m 21M

MARINA FRA-PA. Neuer Yachthafen auf einer künstlichen Insel in der Bucht Soline, an der NW-Küste der Bucht Rogoznica. Eröffnung voraussichtlich 1998.

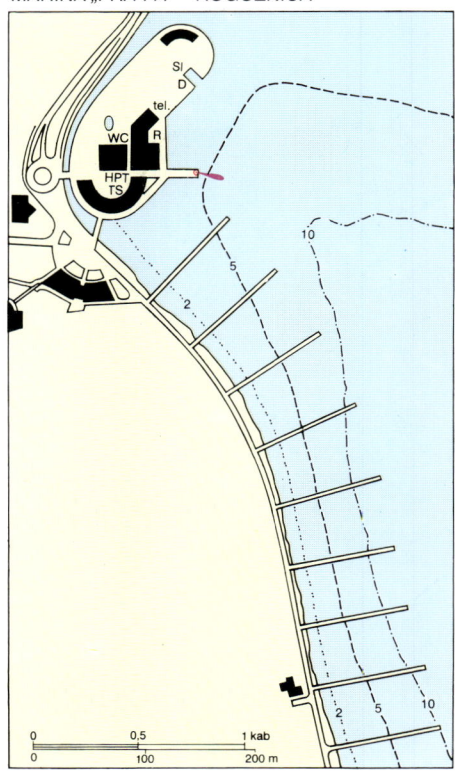

MARINA „FRA-PA" – ROGOZNICA

Ansteuerung: Am Tage beachte man das Einzelgefahrzeichen auf dem Riff Kalebinjak, nachts orientiert man sich am roten Leuchtturm (rotes Feuer) auf Rt Gradina.

Liegeplätze: 300 Liegeplätze an festen Stegen, 30 längsseits am Ufer. 150 Stellplätze an Land.

Versorgung: Marinabüro, Wasser- und Stromanschlüsse, Telefon, WC/Duschen, Restaurants, Supermarkt, Appartements, Discothek, Captain's Club, Tennisplätze, Schwimmbad.

Service: Technischer Service, Travellift, Reparaturhalle, Ersatzteillager.

INSEL VRGADA

SVETI ANDRIJA (43°51'N 015°29,5'E). Bucht an der N-Seite der Insel Vrgada.

Ansteuerung: Als Landmarken dienen ein rotbrauner Erdrutsch an der SW-Seite und eine einsame Kapelle an der E-Seite. Die NE-lich der Bucht vorgelagerte Klippe im N-Teil der Insel ist durch eine runde, gelb-schwarz-gelbe Betonbake mit 2 schwarzen gegeneinanderstehenden Kegelspitzen gekennzeichet. Die Durchfahrt führt westwärts an der Bake vorbei.

SVETI ANDRIJA

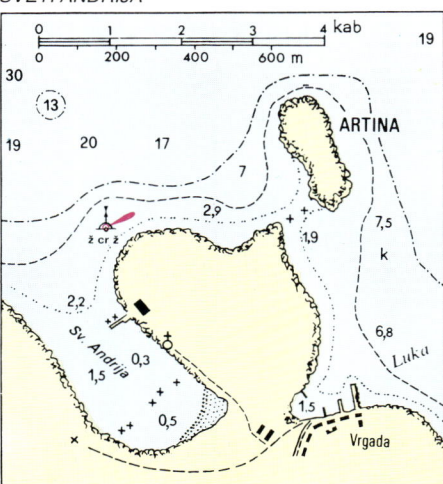

Liegeplätze: Die Bucht ist gegen NW offen, ist aber ein vor Bora geschützter Liegeplatz. Starke S-Winde erzeugen jedoch in der Bucht Schwell. Yachten bis zu 2 m TG können an der Innenseite der kleinen Pier anlegen und zwar nur 15 m vom Wellenbrecherfuß gegen den Kopf (WT: 2 m). Am Ende der Bucht WT von 0,5–1 m.

Sehenswürdigkeiten: Auf dem Friedhof die Kirche des Hl. Andreas (Sv Andrija).

LUKA (43°51'N 015°30'E). Bucht und Hafen des Ortes Vrgada.

Ansteuerung: Als Landmarken dienen die auf dem höchsten Punkt der Insel liegende Kirche und die Insel Artina vor der NE-Spitze der Insel.

Liegeplätze: Ein vor W-Winden gut geschützter Zufluchtshafen für kleinere Yachten, bei Bora jedoch wegen schwieriger

Einfahrt ungeeignet. An der Innenseite des langen Wellenbrechers können nur Yachten bis 2 m TG anlegen; empfehlenswerter ist es, vor Buganker zu gehen; kein gut haltender Ankergrund.

Versorgung: Lebensmittel und Wasser.

INSEL MURTER

BETINA (43°49'N 015°36'E). Ort mit kleinem Hafen an der NE-Küste der Insel.

Ansteuerung: Von der Bucht Pirovački her ansteuernd, dienen als Landmarken der weiße Turm (weißes Feuer) auf Rt Rat und die Steinbake im Meer vor der dem Hafen nördlich vorgelagerten Untiefe bei Rt Artić und der grüne Pfeiler (grünes Feuer) auf dem Wellenbrecher.

Liegeplätze: Ein vor Winden aus den SW- und NW-Quadranten gut geschützter Liegeplatz für Yachten, die an der Innenseite des Wellenbrechers anlegen können. Das Ankern im Hafen ist wegen ungünstigem Ankergrund nicht zu empfehlen (WT: 3 m). Der kleine Innenhafen wird von Fischerbooten belegt.

Versorgung: Post, Ambulanz, Restaurant, Geschäfte, Parkplatz für 100 PKWs, Hafenamt in Tisno, Lebensmittel und Wasser.

Service: Die Werft in der Marina baut Boote von 7–40 m Länge und führt sämtliche Reparaturen an Booten und Wartungsarbeiten an Motoren aus sowie Wartung und Instandhaltung außerhalb der Saison. Zudem gibt es eine kleinere Werft für sämtliche Reparaturen.

Sehenswürdigkeiten: Überreste einer antiken Siedlung (Steinfragmente, Grabsteine, Keramik), Kirche des Hl. Franziskus von Assisi (Sv Franjo Asiški, 1601, erweitert 1720).

MARINA BETINA (43°49'N 015°36'E) liegt in der Bucht Zdrače, NW-lich des Ortes Betina, an der N-Einfahrt des Murterski-Kanals, max. WT 4,5 m.

Liegeplätze: 190 Liegeplätze für Yachten bis zu 15 m Länge am ausgebauten Kai und 80 Stellplätze für Yachten bis zu 15 m Länge.

Versorgung: Marinabüro, Telefon-, Wasser- und Stromanschlüsse, Restaurant, Hotel (3 km), Café-Bar, Geldwechsel, Le-

MARINA BETINA

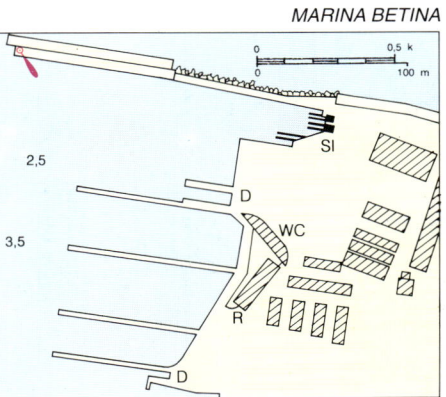

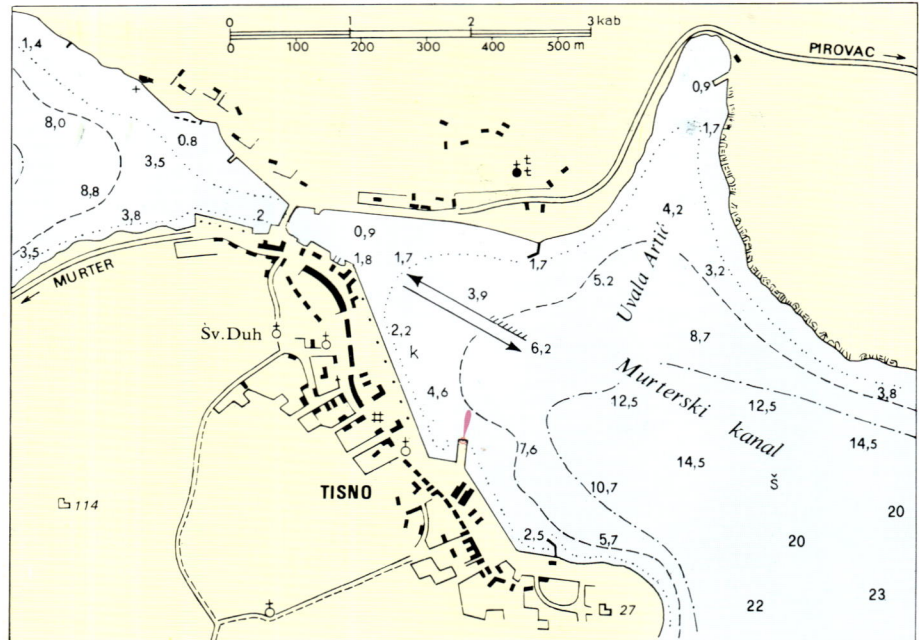

TISNO

MARINA JEZERA

bensmittelladen, WC und Duschen, Wäscherei, Werft zum Bau, zur Überholung und für Reparaturen an Holz-, Stahl- und GFK-Booten bis zu 44 m, Bootsmotoren-Service, Charterbasis, Tankstelle (500 m).

Service: Travellift (20 und 260 t), Slipanlage (30 t), 6 Slips bei der Schiffswerft in der Nähe, Elektro- und Elektronik-Service.

TISNO (43°48,5'N 015°39'E). Ort mit kleinem Hafen auf der Insel Murter an der engsten Stelle des Murterski-Kanals (WT: 2,5 m). Eine Drehbrücke verbindet die Insel Murter mit dem Festland (Öffnungszeiten: Mo, Mi, Fr: 09.00–09.30; 15.5.–01.09. täglich: 09.00–09.30, 17.00–17.30).

Ansteuerung: Die Einfahrt in den W-Teil erfolgt von NW her von der Bucht Pirovački (Pirovački Zaljev), beschrieben bei Betina. Bei der Einfahrt in den E-Teil (von SE her, von Mutersko more) dienen als Landmarken ein weißer, kegelförmiger Turm mit grünem Feuer auf der Insel Maslinjak und der rote Pfeiler (rotes Licht) auf dem Wellenbrecherkopf.

Hinweis: Die Bora weht im Kanal sehr stark und aus verschiedenen Richtungen, wirft jedoch keinen Seegang auf. Der Hafen ist vor dem Jugo, der hier etwas mäßiger weht, besser geschützt. In der Durchfahrt setzt ein starker SE-Strom, der bei Winden aus den SE- und NE-Quadranten eine Stärke bis zu 4 kn erreichen kann.

Etwa 900 m E-lich vom Hafen (auf der Tiefe von 65 m) verläuft in Peilung 143° eine 800 m lange Rohrleitung.

Liegeplätze: Yachten bis zu 2 m TG können an der Innenseite des Wellenbrechers (SE-lich von der Brücke; roter Turm mit rotem Feuer) oder an der ausgebauten Kaimauer (WT bis zu 2,5 m) NW-lich vom Ort festmachen. Ein geeigneter Ankerplatz befindet sich am SE-Ende der Durchfahrt, NW-lich der Insel Ljutac (WT: 20–25 m).

Versorgung: Hafenamt-Zweigstelle, Ambulanz, Post, Apotheke, Lebensmittelgeschäfte, Wasser aus der zentralen Wasserleitung.

JEZERA (43°47'N 015°38'E). Ort in der gleichnamigen Bucht an der NE-Küste der Insel Murter.

Ansteuerung: Als Landmarke dient der grüne Pfeiler (grünes Feuer) auf dem Kopf des knieförmigen Wellenbrechers und der rote Rundturm mit einem Pfeiler (rotes Feuer) am Wellenbrecherkopf in der Marina. Die Zufahrt ist beiderseitig der Insel Školjić möglich

Liegeplätze: Ein von allen Seiten vor Winden geschützter Liegeplatz für kleinere Yachten. Möglichkeit, vor Buganker zu liegen, an der Innenseite der zweiten Pier.

Versorgung: Hafenamt-Zweigstelle, Ambulanz und Apotheke in Tisno, Lebensmittel und Wasser.

Service: Die Werft „Školjić" übernimmt Reparaturen an Booten und Yachten sowie die Wartung von Bootsmotoren.

MARINA JEZERA (ACI) (43°47,1'N 015°39,2'E) liegt im S-Teil der Bucht Jezera. Durch einen Wellenbrecher (an der E-Seite) und einer Mole (W-Seite) geschützt. Ganzjährig geöffnet.

Liegeplätze: 200 Liegeplätze an fünf Schwimmstegen für Yachten bis zu 14 m Länge und 250 Stellplätze an Land.

Versorgung: Marinabüro, Wasser- und Stromanschlüsse, Telefon, Restaurant,

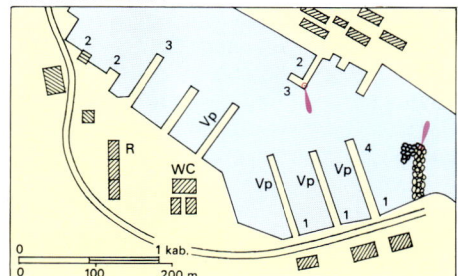

MARINA JEZERA

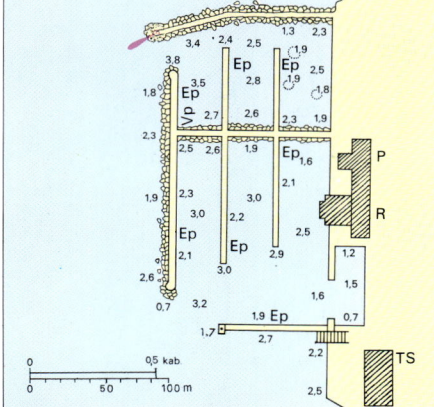

MURTER

Geldwechsel, WC und Duschen, Tankstelle (Diesel, Super), Gasversorgung, Charterbasis, Segelschule.

Service: Kran (10 t), alle Reparaturdienste.

MURTER (43°49'N 015°36'E). Die größte Ortschaft auf der Insel Murter, ca. 500 m vom Meer entfernt.

Liegeplätze: In der Bucht Hramina gibt es eine vor allen Winden gut geschützte und daher für kleinere Yachten sehr geeignete Marina. In der Bucht Slanica befinden sich ein schöner Badestrand sowie die Hotelsiedlung „Colentum".

Versorgung: Hafenamt-Zweigstelle, Post, Ambulanz, mehrere Restaurants und Geschäfte, private Gästehäuser, Verwaltung des Nationalparks „Kornati", Sportfischerverein „Kornatar", Lebensmittel, Wasser und Treibstoff.

Service: Die Bootswerft „Slanica" repariert Boote, kleine Yachten und Bootsmotoren, ebenso bietet sie Betreuung und Instandhaltung im Winterlager.

MARINA HRAMINA (43°49'N 015°36'E) liegt in der gleichnamigen Bucht, W-lich des Ortes Hramina (Insel Murter), ist nach N und W durch zwei Wellenbrecher geschützt. In der Saison geöffnet, max. WT 4 m.

Ansteuerung: Aus dem Murtersko more kommend, halte man sich zwischen den Inseln Zminjak und Vinik Veli, umfahre die Insel Tegina (weißes Feuer auf weißem, rundem Turm) und laufe sodann mit SW-Kurs in die Bucht ein. Die Durchfahrten zwischen den Inseln Vinik Veli, Vinik Mali und Tegina weisen geringe Wassertiefen auf.

Liegeplätze: 500 Liegeplätze an der Kaimauer und an 4 Stegen für Yachten bis zu 23 m Länge (WT: 1,5–3 m) und 250 Stellplätze (davon 20 in der Bootshalle) für Yachten bis zu 23 m Länge.

Versorgung: Marinabüro, Wasser- und Stromanschlüsse, Telefon, Restaurant, Ho-

MARINA HRAMINA

tel, Café-Bar, Supermarkt, Geldwechsel, Duschen/WC, Verkaufsstelle von Seekarten und nautischen Publikationen, Tankstelle, Gasnachfüllstation (im nördlichen Teil), Charterbasis.

Service: Kran (15 t), Travellift (50 t), Slip am Fuß der S-lichen Pier, Vorrichtung zum Setzen von Masten; Reparaturen an Rümpfen, Motoren, Elektronik- und Elektroinstallation.

INSEL TIJAT

TIJAŠĆICA (43°42'N 015°47'E). Unbesiedelte Bucht an der SE-Seite der Insel Tijat.

MARINA HRAMINA

Ansteuerung: Zur Orientierung dient der viereckige Steinturm (weißes Feuer) auf Rt Tijašćica. Kommt man von N, ist der Turm nicht zu sehen.

Liegeplätze: Die Bucht ist vor der Bora gut geschützt, jedoch gen SE offen. Ein Ankerplatz für kleinere Yachten liegt dicht an der E-Küste; es wird empfohlen, zusätzlich zum Anker eine Landleine in NW-Richtung zum Ufer auszubringen; WT: 10–17 m.

INSEL PRVIĆ

PRVIĆ LUKA (43°43'N 015°48'E). Dorf und kleiner Hafen im E-Teil der Insel Prvić.

Ansteuerung: Als deutliche Landmarke dient der grüne Rundturm mit Pfeiler und Galerie (grüne Blitze) auf dem Wellenbrecher. Die der Einfahrt vorgelagerte Klippe Galijola sollte man wegen der Unterwasserriffe in ca. 50 m Abstand umfahren.

PRVIĆ LUKA

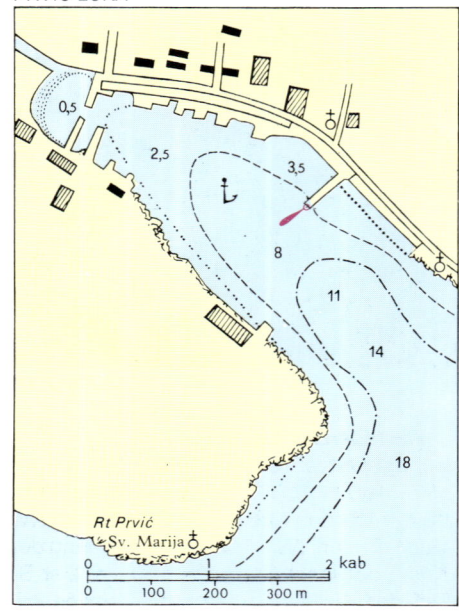

Liegeplätze: Die Bucht ist nach SE hin offen. Yachten bis zu 3 m TG können an der Innenseite des Wellenbrechers, wo sie vor Jugo geschützt liegen, festmachen. Yachten bis zu 2 m TG können am Wellenbrecherfuß vor Buganker liegen. Ankerplatz in der Mitte der Bucht (WT: 5–6 m).

Versorgung: Post und Ambulanz, Lebensmittel, Wasser vom Tanklastzug.

Fähren: Siehe Šibenik.

Sehenswürdigkeiten: Kirche der barmherzigen Madonna (Marija od Milosti, XV. Jh.), Grabsteine, auch jener des vielseitigen Gelehrten und Erfinders Fausto Vrančić (1551–1617); Franziskanerkloster (1461).

PRVIĆ ŠEPURINE (43°44'N 015°47'E). Dorf an der W-Seite der Insel Prvić.

Ansteuerung: Als Landmarke dient ein weißer runder Turm (grünes Feuer) am Kopf der alten Pier.

Liegeplätze: Der Hafen ist vor Bora geschützt, doch Winden und Seegang von S ausgesetzt. Kleinere Yachten können an der Innenseite des Wellenbrechers (WT: 1,5 m) oder an der alten Pier anlegen. Bei südlichen Winden kann man leichter am Wellenbrecher anlegen, bei nördlichen Winden an der alten Pier. Ein geeigneter Ankerplatz für größere Yachten liegt ca. 500 m W-lich vom Ort (WT: 18–20 m).

Versorgung: Post, Lebensmittel und Wasser sind erhältlich.

Fähren: Siehe Šibenik.

Sehenswürdigkeiten: Ehemaliges Sommerhaus der Familie Draganić-Vrančić (kulturgeschichtliche Sammlung, Gemälde, Handschriften), Kirche des Hl. Rochus (1620).

INSEL ZLARIN

ZLARIN (43°42'N 015°50'E). Ortschaft und Bucht (Luka Zlarin) an der NW-Küste der Insel Zlarin.

Ansteuerung: Als Landmarken dienen der weiße Turm mit einem Pfeiler (rotes Feuer) am Kopf der N-Pier und die Kirche. Bei der Zufahrt von N her beachte man die Untiefe Roženik, 1,5 sm NW-lich, auf ein grüner Rundturm (weißes Feuer) steht.

Liegeplätze: Die Bucht Luka Zlarin ist vor Bora und Jugo geschützt, aber Winden aus dem NW-Quadranten ausgesetzt. Größere Yachten können an den vor dem Ort liegenden Piers, von denen die N-Pier für den Lokalverkehr reserviert ist, festmachen. Yachten von 3 m TG (unter 40 m Länge) können auch zwischen der zweiten und dritten Pier (von N betrachtet) vor Buganker liegen oder an den Piers längsseits gehen. Den Innenhafen belegen Fischerboote. Vor der E-Küste liegt ein günstiger Ankerplatz.

Versorgung: Post, Ambulanz; Lebensmittel und Wasser sind erhältlich.

Sehenswürdigkeiten: Barockkirchen: Ma-

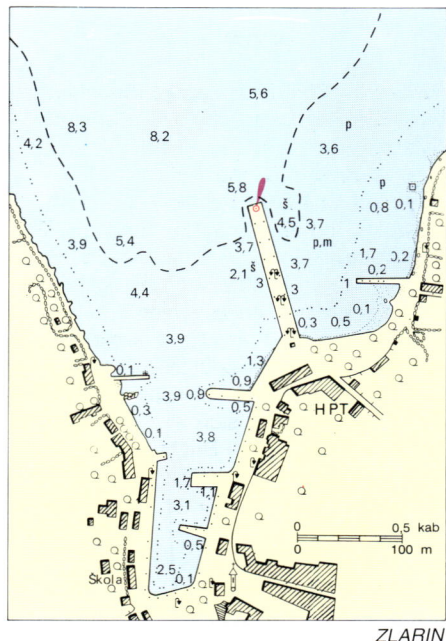

ZLARIN

riä Himmelfahrt (Uzašašće Marije), Hl. Rochus, Hl. Simon (Sv Simon), die Madonna von Rašelj (Gospa od Rašelja). Einige Sommerhäuser (XVI.-XVII. Jh.).

Auf der Insel Obonjan, ca. 2 sm SSW-lich von Zlarin, in der Nähe der Insel Zmajan, befindet sich ein internationales Trainings- und Erholungszentrum für Jugendliche. An der N-Spitze eine 20 m lange Mole (WT: ca 3,5 m).

Veranstaltungen: Alljährliche Veranstaltung „Zlarinske večeri ispod leroja" am 27. Juli: Ausstellung von Erzeugnissen der Volkskunst, Wettspiele, Kunst-Workshop in den Kunstwerkstätten von Zlarin.

INSEL KRAPANJ

KRAPANJ (43°40,4'N 015°55'E). Ortschaft und Hafen auf der Insel Krapanj, im S-Teil des Šibenski-Kanals.

Ansteuerung: Als Landmarke dient der

KRAPANJ

rote Turm (rotes Feuer) auf dem Wellen-brecherkopf.

Liegeplätze: Im Hafen weht die Bora sehr stark; der Jugo wirft mäßigen Seegang auf. Für Yachten bis zu 2 m TG gibt es Liege-plätze am Wellenbrecher oder am E-Ende der Pier. Man kann auch am Kai der kleinen Schiffswerft (WT: 2,5 m), ca. 500 m W-lich von der Kirche mit dem Spitzdach, festma-chen.

Versorgung: Post, Ambulanz, Lebensmit-tel im Supermarkt von Brodarica auf dem Festland, Wasser vom Tanklastzug.

Sehenswürdigkeiten: Kloster der Fran-ziskaner mit der Kirche des Hl. Kreuzes (Sv Križ, 1446–1523, Erweiterung 1626, Klo-stergang, kulturgeschichtliche Sammlung).

Krapanj besitzt eine Fabrik zur Weiter-verarbeitung von Naturschwämmen und eine kleine Korallenschleiferei (seit Jahr-hunderten eingebürgertes Gewerbe, Schwammtaucherei seit 1704).

INSEL ŽUT

PINIZEL (43°53'N 015°15'E). Bucht an der NW-Seite der Insel Žut, S-lich der Insel Pi-nizelić.

Ansteuerung: Der kürzeste Weg führt von See her (von W) am markanten Leuchtturm Sestrice vorbei durch die Passage Pro-versa Vela – und von Zadar her durch die Durchfahrt Mali Ždrelac. Fahrten in der Nacht sind nicht zu empfehlen.

Liegeplätze: Die Bucht ist von allen Sei-ten vor Winden geschützt, ausgenommen vor denen aus dem NW-Quadranten. Vor der Bucht befindet sich ein improvisierter Wellenbrecher, in der Bucht 2 kleine Piers; WT im Hafen: 1–1,3 m. Daher ist das An-kern vor dem Wellenbrecher und näher an der Insel Pinizelić zu empfehlen.

Versorgung: In der kleinen, nur im Som-mer bewohnten Dorfsiedlung Pinizelić (0,5 km nach N).

ŽUT (43°53'N 015°18'E). Ausgedehnte Bucht an der NE-Küste der Insel Žut.

Ansteuerung: Siehe Pinizel.

Liegeplätze: Die Bucht ist von allen Sei-ten vor Winden geschützt. Größere Yach-ten können in der Mitte der Bucht ankern (WT: 35–50 m). Die W-Bucht Pod ražanj (WT: 3 m) ist eine gute Zufluchtsstätte vor Bora. Im Fall aufkommender S-Winde gel-ten die E-Buchten Strunac und Sarušćica (WT: 19–22 m) als sichere Ankerplätze.

Versorgung: In der Marina Žut.

MARINA ŽUT (ACI) (43°53,2'N 015°17,4'E) liegt in der Bucht Pod ražanj (ein Teil der Bucht Žut). Während der Saison geöffnet (1.4.–30.9.).

Liegeplätze: 120 Liegeplätze an den Stegen für Yachten bis zu 20 m Länge. Max. TG 4 m.

Versorgung: Marinabüro, Wasser- und Stromanschlüsse, Telefon, Restaurant, Le-bensmittelgeschäft, Geldwechsel, Du-

MARINA ŽUT

MARINA ŽUT

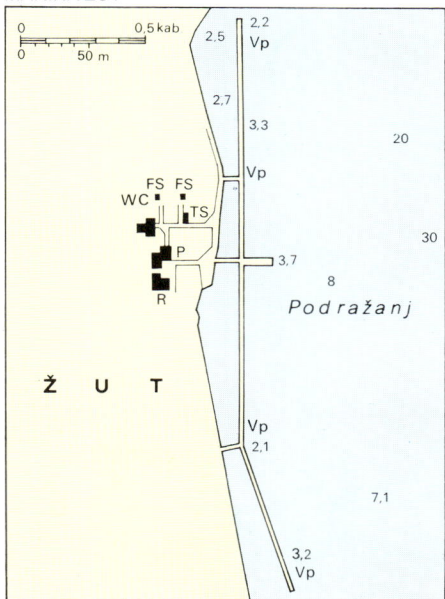

schen/WC, Tankstelle, Gasversorgung und technische Betreuung. Drei aufeinander aufbauende Segel- und Navigationslehr-gänge bietet die „Adriatic Nautical Aca-demy" des ACI an.

HILJAČA (43°51,5'N 014°20'E). Ausge-dehnte Bucht an der N-Küste der Insel Žut.

Ansteuerung: Siehe Pinizel.

Liegeplätze: Guter Ankerplatz in der Mitte der Bucht (WT bis zu 10 m). Bei Bora und W-Winden wird empfohlen, in der NW-Bucht Sabuni (WT: 1–3 m) oder entlang der Küste der Insel Gustac zu ankern. Der S-Teil der Bucht, die Bucht Pristanišće mit etwa 20 in den Sommermonaten bewohn-ten Häusern, bietet Schutz bei allen Win-den, sogar bei stärkerer Bora. Hier befin-den sich 2 kleine Piers; an der Außenseite der äußeren Pier (WT: 1,7 m) können kleinere Yachten festmachen.

PROVERSA VELA. Durchfahrt zwischen der NW-Küste der Insel Kornat und der In-sel Katina; verbindet den Srednji-Kanal mit der offenen See.

Ansteuerung: Die Passage ist befahrbar für Yachten bis zu 2 m TG. Der engste Teil wird durch 4 Steinbaken gekennzeichnet; es gibt keine Befeuerung. Die Bora weht hier heftig und böenweise aus verschiede-nen Richtungen; Jugo erzeugt Wellen-gang. In der Meerenge setzt eine östliche Strömung (bis zu 2 kn); bei Fahrt gegen die Strömung halte man dichter an die Insel Kornat.

PROVERSA MALA. Durchfahrt zwischen der Insel Dugi Otok und der Insel Katina.

111

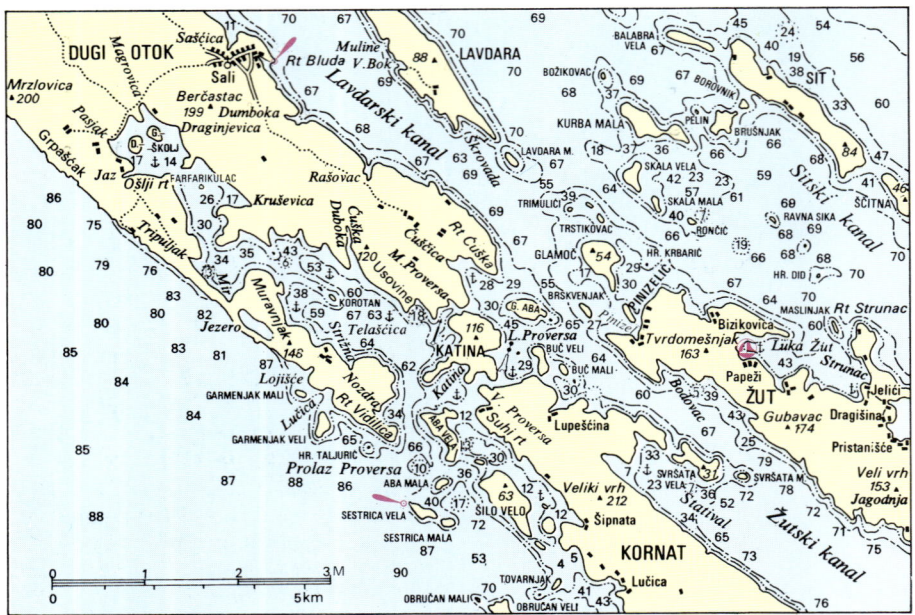

PROVERSA VELA / MALA

Die Passage ist zeitweilig gesperrt wegen der Arbeiten zur Vertiefung dieser Durchfahrt.

Hinweis: Empfehlenswert sind die Seekarten 100–20 des Staatlichen Hydrographischen Instituts in Split.

Liegeplätze: Für kleinere Yachten gibt es Ankerplätze in der Bucht Proversa Mala, E-lich oder SSE-lich vom Fels Školjić (ein weißer Betonkegelstumpf). Die Untiefe – etwa 200 m vor Školjić – ist durch eine Spiere mit einem Kegel als Toppzeichen (schwarz) gekennzeichnet. An der S-Küste der Insel Katina liegt eine Bucht (kleine Pier, WT: 1,5 m), die guten Schutz gewährt (am Ufer das Gasthaus „Kod Mare Tonine"). In der weiter W-wärts gelegenen, etwas geräumigeren Bucht kann man ankern (WT: 3–10 m); gut haltender Ankergrund; Yachten können zu den Felsblöcken Landleinen ausbringen.

KATINA (43°53'N 015°014'E). Kleiner Hafen in der Durchfahrt Proversa Vela (WT: 2 m) zwischen der Insel Kornat und der Insel Katina.

Liegeplätze: Für kleinere Schiffe (TG 2 m) längs des Kais vor dem Restaurant.

Ankerplatz: In der Bucht des Restaurants (WT: 3–10m).

INSEL KORNAT

Die Inseln Kornat, Žut, Sit und eine Inselgruppe an der SW-Küste der Insel Kornat sind ein Teil des Nationalparks „Kornati".

Hinweis: Es empfiehlt sich, das Archipel von Kornat nur tagsüber und mit Hilfe der Seekarten 100–20 des Staatlichen Hydrographischen Instituts in Split zu befahren.

LUPEŠĆINA (43°52'N 015°14'E). Bucht im

N-Teil der Insel Kornat, etwa 1 sm SE-lich vom äußersten N-Kap der Insel Kornat (s. Proversa Vela).

Liegeplätze: Guter Schutz vor S-Winden; den N-Winden ausgesetzt. Ein längerer Aufenthalt wird nicht empfohlen. Im S-Teil der Bucht stehen einige Häuser, sie sind nur während der Sommermonate bewohnt. Vor ihnen sind einige Piers; am Kopf der längsten beträgt die Tiefe 1,60 m. Vor der N-Küste eine Untiefe (0,2–0,8 m); deswegen sollte man sich bei der Einfahrt nahe der Pier halten.

Versorgung: Wasser aus Zisternen.

OPAT (43°44'N 015°27'E). Bucht im äußersten S-Teil der Insel Kornat.

Ansteuerung: Als Orientierungspunkte können der auffällige kegelförmige Gipfel Opat (108m) und ein Steinkreuz am S-Ende des Kaps dienen.

Hinweis: SW-lich von der Bucht befindet sich eine Untiefe (2,3 m); deswegen wird die Ansteuerung aus Richtung SE empfohlen.

Liegeplätze: Die Bucht ist S-lichen Winden ausgesetzt, vor Bora jedoch geschützt. Die Küste ist felsig und deshalb nicht geeignet zum Ausbringen von Landleinen. Ankerplatz für kleinere Yachten im SE-Teil (WT: 4 m) oder an der kleinen steinernen Pier, S-lich von den Häusern (WT: 1,5 m); gut haltender Ankergrund. Größere Boote können am Eingang in die Bucht (WT: 28 m) mit Heckleinen zum Ufer ankern.

In der Bucht liegen viele Fischerboote.

LOPATICA (43°47'N 015°20'E). Bucht im mittleren Teil der W-Küste der Insel Kornat, N-lich der Insel Piškera (Jadra); an der S-Seite liegt die Insel Koritnjak.

Ansteuerung: Von See her fällt der Berggipfel (84 m) am NW-Ende der Insel Piškera auf. Größere Yachten sollten sich dicht unter Piškera halten, um die Untiefe zu meiden (5,7 m).

Liegeplätze: Die Bucht ist Winden aus den SE- und SW-Quadranten ausgesetzt. Bei stärkerem Jugo sollte man in der Bucht der Insel Lavsa oder in der Marina Piškera Zuflucht suchen. Vor dem Haus am Ende der Bucht ist eine Mole für kleine Yachten (WT: 1–1,5 m). Im äußeren Teil zwischen den Inseln Kornat und Koritnjak besteht Ankermöglichkeit für größere Yachten (WT: 12–20m); gut haltender Ankergrund.

Versorgung: In der Marina Piškera.

VRULJA oder **VRULJA VELA** (43°48'N 015°18'E). Bucht mit während der Saison bewohnter Siedlung an der W-Küste der Insel Kornat, am NW-Ende des Kornatski-Kanals.

Ansteuerung: Die Bucht kann von See her oder von dern Innenseite des Kornati-Archipels angesteuert werden. Zwischen den Inseln Rašip Mali und Mana liegen die Riffe Kamičići. Interessanter ist die Fahrt von SE her durch den Kornatski-Kanal. Als

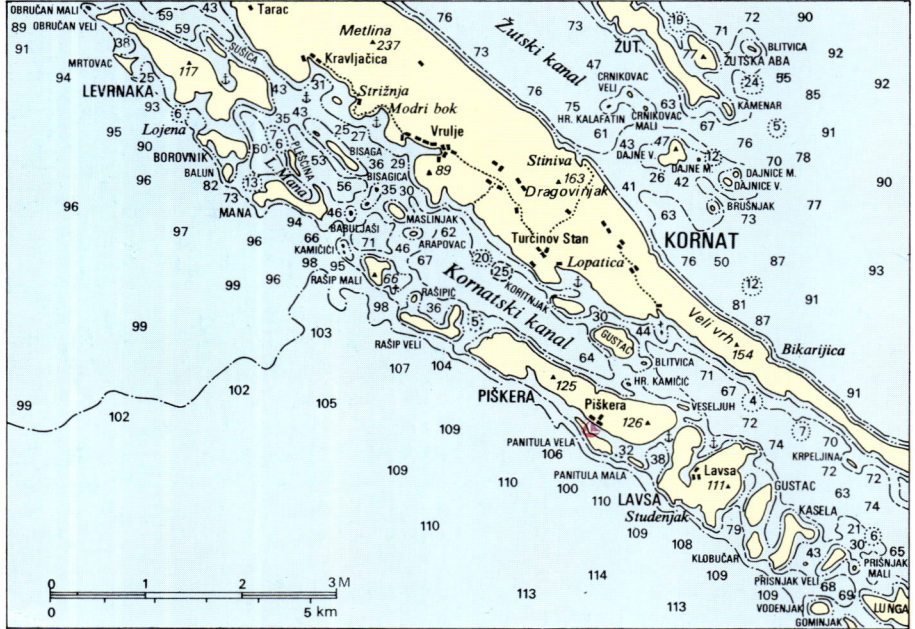

KORNAT – KORNATSKI KANAL

Orientierungshilfe bei der Einfahrt dient das Steinkreuz auf Rt Pivčena, südlich der Einfahrt in die Bucht.

Liegeplätze: Die Bucht eignet sich für einen längeren Aufenthalt. Ankerplatz im mittleren Teil der Bucht (WT: 8–18 m), hier ist auch eine kleine Pier (1,5 m). Im E-Teil (genannt Mandrač) ist der Grund überwiegend seicht (an den Köpfen der kleinen Piers WT: 1,5–2 m). Hier kann man Landleinen ausbringen. Der SE-Teil der Bucht wird nicht empfohlen (WT bis zu 1 m).

Versorgung: Wasser aus der Zisterne; alle andere Waren in der Marina Piškera. Etwa 700 m NW-lich ist eine Wetterwarte.

Sehenswürdigkeiten: Überreste aus illyrischer Zeit (Hügelgräber, Wallreste); aus der Römerzeit ein Landsitz (Villa rustica).

KRAVLJAČICA (43°49'N 015°17'E). Bucht an der W-Küste des NW-lichen Teils der Insel Kornat (NE-lich der südlichsten Spitze von Levrnaka).

Ansteuerung: Zufahrt entspricht der von Vrulje. Als Orientierungspunkt dienen die Ruinen der Festung Toreta (auf der Höhe 58 m), etwa 0,5 sm NW-lich der Bucht.

Liegeplätze: Schutz vor allen außer SE-Winden. Vor den Häusern sind Molen aus aufgeschütteten Steinbrocken (WT: 0,7–1 m). Die Außenseite der Molen kann zum Ankern (WT: 3–4 m) genutzt werden. Ankerplätze für größere Yachten (WT bis zu 20 m) vor der NE-Küste; dort können auch Landleinen ausgebracht werden. Für kleinere Boote ist nur der kleine SE-liche Hafen von Strižnja (WT: 2–2,5 m) geeignet.

Versorgung: Wasser aus Zisternen. Alle weiteren Einkaufsmöglichkeiten in der Marina Piškera.

Sehenswürdigkeiten: Auf der Ebene Tarac (NW-lich der Bucht) steht die Kirche Mariä Tempelgang (Ende des Mittelalters), erbaut inmitten der Ruinen einer mittelalterlichen, dreischiffigen Basilika (VI. Jh.?). Daneben sind noch Reste eines größeren Gebäudes. Auf dem Gipfel Toreta Überreste einer illyrischen Festung (etwa 1000 v. Chr.) mit Hügelgräbern und Funden aus der Römerzeit.

BELE LUČICE (43°50,6'N 014°16'E). Bucht an der W-Küste des NW-lichen Teils der Insel Kornat. (E-lich der nördlichsten Spitze der Insel Levrnaka).

Ansteuerung: Von See her, indem man die Insel Levrnaka und die Nachbarinseln umfährt. Fahrt durch den Kornatski-Kanal, s. Vrulja.

Liegeplätze: Die Bucht ist vor Bora und Jugo geschützt. Im inneren E-Teil liegt ein kleiner Hafen (WT: 0,5–1 m), der durch 2 kleine Piers (aufgeschüttete Steinbrocken) geschützt ist. An der Pier-Außenseite (doch nicht vor dem Eingang in den kleinen Hafen) kann geankert werden (WT: 3,5 m). Der äußere Teil der Bucht (WT: 17–21 m) ist kein sicherer Ankerplatz, deshalb sollte man bei W-Winden rechtzeitig die Bucht

Kravljačica oder die Bucht auf der Insel Levrnaka aufsuchen.

SUHI RT (43°52'N 015°14'E). Bucht und kleine Fischersiedlung N-lich von der gleichnamigen Spitze im äußersten NW-Teil der Insel Kornat (Meerenge Proversa Vela).

Ansteuerung: Als Orientierungshilfe dienen zwei einstöckige Häuser (nur in den Sommermonaten bewohnt).

Liegeplätze: Bora kann aus verschiedenen Windrichtungen in Böen auftreten. Vor den Häusern sind einige kleine Piers (WT: 0,5 m; am Kopf der mittleren Pier 1,3 m). Hier können Yachten mittlerer Größe vor Buganker liegen. Größere Yachten ankern vor der Bucht (WT: 14 m).

INSEL LEVRNAKA

LEVRNAKA (43°49'N 015°16'E). Bucht an der N-Küste der gleichnamigen Insel.

Ansteuerung: Der höchste Gipfel (117 m) auf der Insel dient als Orientierung. Die Bucht wird von der N-Seite durch die Insel Sušica abgeschlossen. Die enge Durchfahrt SE-lich der Insel ist nicht befahrbar. In der Durchfahrt zwischen Levrnaka und Kornat weht der Jugo heftig, und es setzt eine etwas stärkere Strömung.

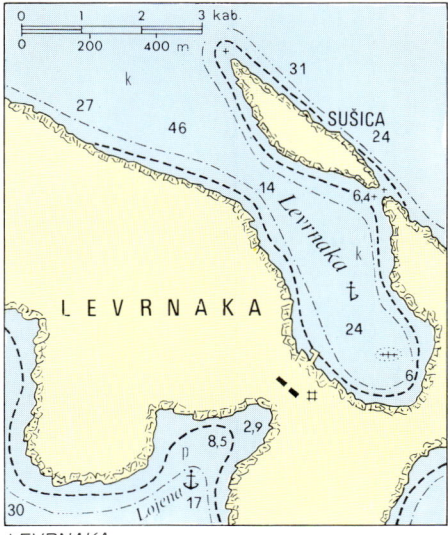

LEVRNAKA

Liegeplätze: Die Bucht ist Winden nicht ausgesetzt. Der sicherste Ankerplatz liegt im SE-Teil der Bucht (WT: 10–24 m); gut haltender Ankergrund; Landleinen zu den Steinen am Ufer ausbringen. Hier ist eine kleine Pier aus aufgeschütteten Steinen, vor der man mit Buganker liegen kann.

Versorgung: Auf der flachen Landenge zur Bucht Lojena am S-Teil der Insel befindet sich in der Nähe von zwei Häusern eine Zisterne; alle andere Waren in der Marina Piškera.

LOJENA (43°49'N 015°15'E). Breite Bucht an der S-Küste von Levrnaka.

Liegeplätze: Vor Bora geschützte Bucht,

S-Winden ausgesetzt, so daß ein längerer Aufenthalt nicht zu empfehlen ist. In der Mitte der Bucht können größere Yachten vor Anker gehen (WT: 8–15 m), im inneren NE-Teil aber nur kleine Yachten (WT bis zu 3 m). Beim Einsetzen eines stärkeren S-Windes sollte man schnellstens in der Bucht Levrnaka, im N-Teil der Insel, Zuflucht suchen.

Versorgung: Siehe Levrnaka.

INSEL PIŠKERA

PIŠKERA oder **JADRA** (43°45'N 015°21'E). Bucht an der SE-Küste der gleichnamigen Insel, von offener See her durch die Insel Panitula vela geschützt.

Ansteuerung: Vor der Einfahrt in die Bucht liegen die Inseln Panitula vela und Panitula mala sowie das Riff Škanji. Die Zufahrt in die Bucht ist nur aus SE-Richtung möglich. Die NW-Zufahrt zwischen Panitula vela und Piškera ist flach und durch verstreut liegende Klippen gefährlich.

Liegeplätze: Der Seeraum vor der Marina Piškera (WT: 1,5–3 m) ist vor Bora geschützt. Bei SE- und W-Winden entsteht Schwell. Der beste Ankerplatz (WT: 2–3 m) ist vor der Kapelle; der Grund hält gut. Bei Wind aus den SE- und SW-Quadranten sollte man den Ankerplatz verlassen und in der Bucht Lavsa Zuflucht suchen.

Versorgung: In der Marina Piškera.

Sehenswürdigkeiten: In der Vergangenheit war Piškera ein Zentrum für den saisonalen Fischfang (Fischerhäuser, Lager, Molen für Fischerboote); Sitz des venezianischen Administrators (Fischfang-Überwachung, Abgabeneinnahme). Die kleine Kirche (1560; renoviert 1968). Während des 2. Weltkrieges diente die Kirche als Lazarett für Partisanen. In der Nähe steht ein Denkmal mit Krypta der gefallenen und im Krankenhaus verstorbenen Partisanen, erbaut 1956.

MARINA PIŠKERA (ACI) (43°45,6'N 015°21,2'E) liegt an der N-Küste der Insel Panitula vela. In der Saison geöffnet (1. 4.– 30. 9.).

Liegeplätze: 150 Liegeplätze an 6 Stegen

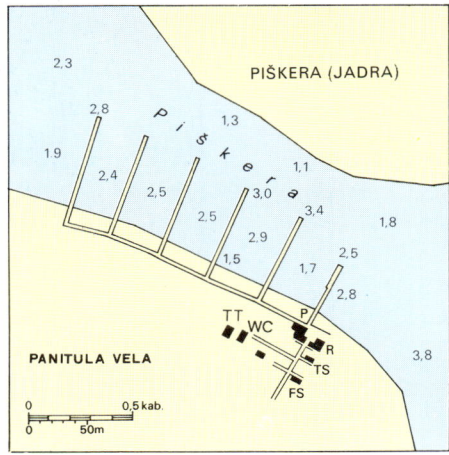

MARINA PIŠKERA

MARINA PIŠKERA

LAVSA

für Yachten bis zu 15 m Länge (WT: 2,5–3,5 m).

Versorgung: Marinabüro, Restaurant, Geschäfte, Wasser- und Stromanschlüsse, Duschen/WC, Verkauf von Sportzubehör, Gas, Treibstoff und Wasser im Notfall, Werkstatt für kleinere Reparaturen.

INSEL LAVSA

LAVSA (43°45'N 015°22,5'E). Bucht an der N-Seite der Insel (Kornati-Archipel).

Ansteuerung: Von See her ist die Insel Gustac anhand der rötlichen Felsen leicht zu erkennen. Die Durchfahrt zwischen Piškera und Lavsa hat nur 6 m WT; im N-Teil dieser Durchfahrt zwischen Lavsa und der Insel Gustac liegt eine Untiefe (WT: 5 m).

Bei der Ansteuerung von SE her fährt man in den Kornatski-Kanal zwischen Rt Opat und der Insel Smokvica vela (Küstenfeuer, rote Blitze) oder zwischen den Inseln Smokvica vela und Škulj. Die Berggipfel dieser Inseln und der Insel Kurba vela sind von weitem erkennbar. Empfehlenswert ist die Seekarte 100–20 des Staatlichen Hydrographischen Instituts in Split.

Liegeplätze: Die Wassertiefe in der Bucht nimmt vom Eingang (WT: 30 m) bis zum Ende der Bucht (WT: 3 m) kontinuierlich ab. Die Bucht ist ein sicherer und geschützter Ankerplatz. Bei stärkeren N-Winden sollte man aber den Ankerplatz NE-lich der Insel Panitula mala aufsuchen (WT: ca. 30 m).

Im inneren Teil der Bucht liegt der Ankerplatz der Marina Piškera mit Festmachetonnen.

Versorgung: In der Marina Piškera.

PRIŠNJAK: B Bl(3) 10s 19m 9M

INSEL RAVNI ŽAKAN

RAVNI ŽAKAN (43°43'N 015°26'E). Bucht an der S-Seite der gleichnamigen Insel im SE-lichen Teil der Kornati-Inseln. In der Saison (1. 4.–31. 10.) geöffnete Seegrenzübergangsstelle.

Ansteuerung: Als Orientierungspunkte dient der höchste Berg (109 m) auf der Halbinsel Opat (Insel Kornat) sowie die Gipfel der Inseln Škulj (145 m) und Smokvica vela (94 m), ein viereckiger Turm (rote Blitze) an der N-Spitze der Insel und die Insel Purara (steile Felswand an der SW-Küste).

Hinweis: Bei der Zufahrt aus S (von offener See her) sollte man auf die Untiefe (6,3 m) SSE-lich der Insel Kameni Žakan achten und zwischen den Inseln Kameni Žakan und Škulj durchlaufen. Die Tiefe zwischen den Inseln Ravni Žakan und Lunga beträgt 6 m.

Liegeplätze: Die S-Bucht ist vor Bora geschützt, aber den Winden aus den SE- und SW-Quadranten ausgesetzt. Die N-Bucht ist der Bora ausgesetzt. An der E-Seite der Bucht ist eine L-förmige Pier (Länge 35 m, Tiefe am Kopf der Pier 1 m; 2m weiter in der See WT: 2 m). An der Außenseite liegen aufgeschüttete Steinstücke (WT: 2,5 m), vor denen man vor Buganker liegen kann. Innerhalb der Mole ist ein kleiner Fischerhafen (WT: 0,5–2 m). Ein guter, vor allen Winden – außer Bora – geschützter Ankerplatz für größere Yachten ist S-lich der In-

BLITVENICA: B Bl(2) 30s 38m 24M

sel Ravni Žakan, dicht unter der Insel Kameni Žakan (WT: 15–30 m).

Versorgung: Restaurant in Hafennähe, Zollamt. In der NW-Bucht der Insel befindet sich der „Club Méditerranée". Ankern ist nur mit Genehmigung der Clubleitung möglich.

INSEL SMOKVICA VELA

LOJENA (43°43'N 015°29'E). Bucht mit in der Saison bewohnten Siedlung an der S-Seite der Insel Smokvica vela, in der SE-Einfahrt in den Kornatski-Kanal.

Ansteuerung: Wie bei der Bucht Ravni Žakan. Die beste Zufahrt ist aus SE oder aus dem Murtersko more. Die Zufahrt zwischen Smokvica vela und Smokvica mala ist nicht zu empfehlen.

Liegeplätze: Schutz vor Winden aus den NE- und NW-Quadranten, doch den südlichen Winden ausgesetzt. Im innersten Teil der Bucht ist ein kleiner Fischerhafen (WT bis zu 1,3 m). Am Kai vor Buganker zu liegen, ist möglich. Bei Anzeichen eines Unwetters aus S sollte man in der Bucht La-

vsa oder bei einem der Ankerplätze zwischen den Inseln Ravni Žakan und Kameni Žakan Zuflucht suchen.

Versorgung: Wasser aus der Zisterne in der Siedlung.

INSEL ŽIRJE

MIKAVICA (43°40,5'N 015°36,5'E). Bucht im NW-Teil der Insel Žirje.

Ansteuerung: Als Landmarke dient die gut sichtbare Kapelle am Ende der Bucht. Bei der Ansteuerung achte man auf die Untiefe (WT: 2 m), die sich bis zu 250 m südlich der Insel Mikavica erstreckt.

Liegeplätze: Die Bucht ist vor S-Winden geschützt, jedoch Winden aus den NE- und NW-Quadranten ausgesetzt; W-Winde erzeugen Wellen. Yachten bis zu 2 m TG können an der kleinen Pier und am Poller im E-Teil der Bucht festmachen. Der Ankerplatz (WT: 6–8 m) liegt in der Mitte der Bucht, etwas näher zur Pier.

Versorgung: Der Ort Žirje ist die größte Siedlung auf der Insel und befindet sich im

mittleren Teil der Insel, 5 km SE-lich von der Bucht Mikavica. Post im Dorf.

MALA STUPICA, Bucht im S der Insel Žirje, früher militärisches Sperrgebiet, heute ist dieses aufgehoben; vor Landgang wird jedoch wegen noch nicht beseitigter Minen gewarnt.

INSEL KAPRIJE

KAPRIJE (43°41'N 015°042'E). Ort und kleiner Hafen am Ende der Bucht an der W-Küste der Insel Kaprije.

Ansteuerung: Sichere Zufahrt durch die Mitte der Bucht.

Liegeplätze: Am Kai (WT: 2 m), geschützt vor allen Winden.

Ankerplatz: In der Mitte des Hafens (WT: 5 m).

Versorgung: Lebensmittelgeschäft, Restaurant.

Hinweis: In der Bucht vor dem Hafen Kaprije besteht Ankerverbot. Nur im Notfall darf hier geankert werden, dabei darf die Berufsschiffahrt nicht behindert werden.

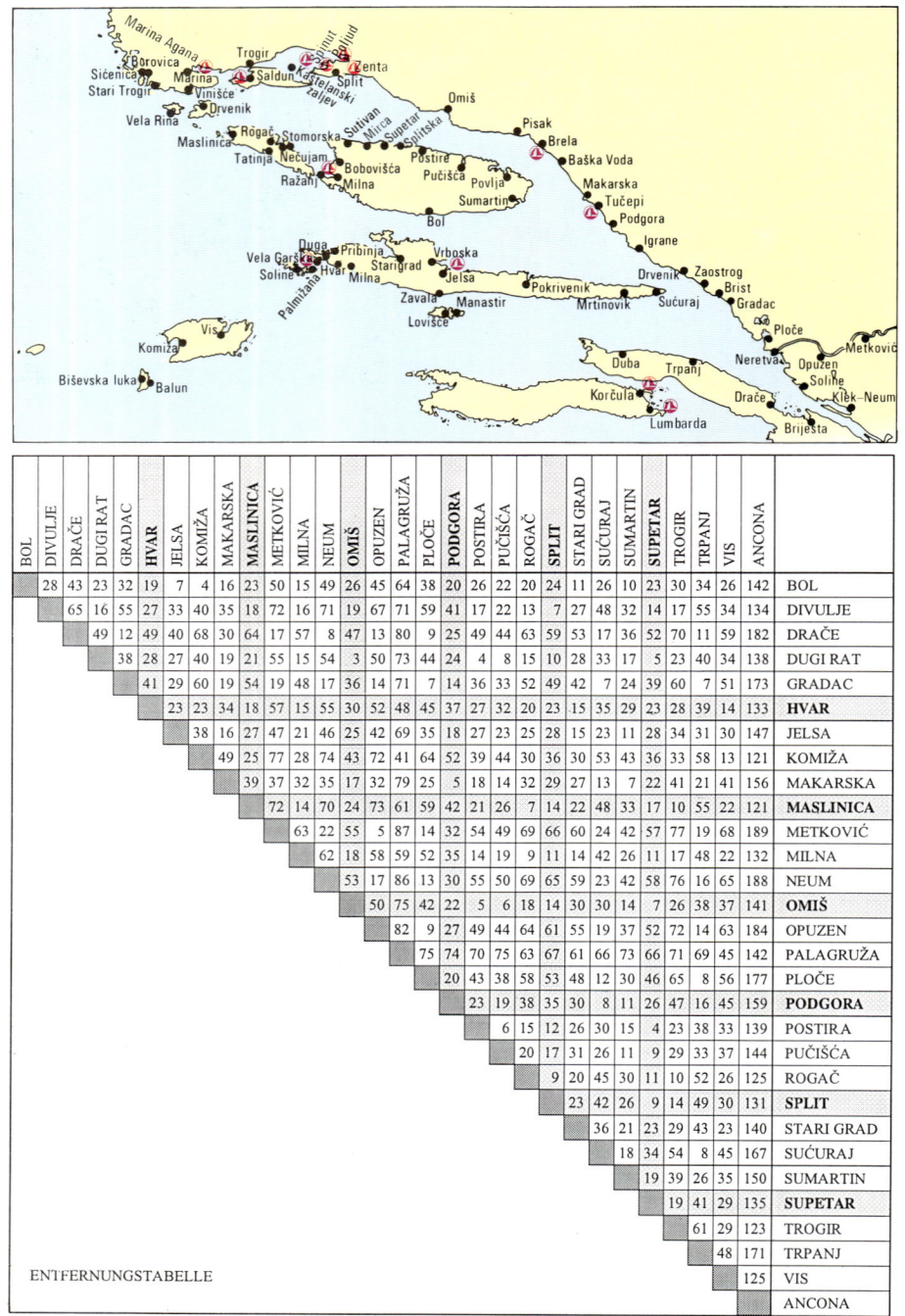

BOL	DIVULJE	DRAČE	DUGI RAT	GRADAC	HVAR	JELSA	KOMIŽA	MAKARSKA	MASLINICA	METKOVIĆ	MILNA	NEUM	OMIŠ	OPUZEN	PALAGRUŽA	PLOČE	PODGORA	POSTIRA	PUČIŠĆA	ROGAČ	SPLIT	STARI GRAD	SUĆURAJ	SUMARTIN	SUPETAR	TROGIR	TRPANJ	VIS	ANCONA	
	28	43	23	32	19	7	4	16	23	50	15	49	26	45	64	38	20	26	22	20	24	11	26	10	23	30	34	26	142	BOL
		65	16	55	27	33	40	35	18	72	16	71	19	67	71	59	41	17	22	13	7	27	48	32	14	17	55	34	134	DIVULJE
			49	12	49	40	68	30	64	17	57	8	47	13	80	9	25	49	44	63	59	53	17	36	52	70	11	59	182	DRAČE
				38	28	27	40	19	21	55	15	54	3	50	73	44	24	4	8	15	10	28	33	17	5	23	40	34	138	DUGI RAT
					41	29	60	19	54	19	48	17	36	14	71	7	14	36	33	52	49	42	7	24	39	60	7	51	173	GRADAC
						23	23	34	18	57	15	55	30	52	48	45	37	27	32	20	23	15	35	29	23	28	39	14	133	HVAR
							38	16	27	47	21	46	25	42	69	35	18	27	23	25	28	15	23	11	28	34	31	30	147	JELSA
								49	25	77	28	74	43	72	41	64	52	39	44	30	36	30	53	43	36	33	58	13	121	KOMIŽA
									39	37	32	35	17	32	79	25	5	18	14	32	29	27	13	7	22	41	21	41	156	MAKARSKA
										72	14	70	24	73	61	59	42	21	26	7	14	22	48	33	17	10	55	22	121	MASLINICA
											63	22	55	5	87	14	32	54	49	69	66	60	24	42	57	77	19	68	189	METKOVIĆ
												62	18	58	59	52	35	14	19	9	11	14	42	26	11	17	48	22	132	MILNA
													53	17	86	13	30	55	50	69	65	59	23	42	58	76	16	65	188	NEUM
														50	75	42	22	5	6	18	14	30	30	14	7	26	38	37	141	OMIŠ
															82	9	27	49	44	64	61	55	19	37	52	72	14	63	184	OPUZEN
																75	74	70	75	63	67	61	66	73	66	71	69	45	142	PALAGRUŽA
																	20	43	38	58	53	48	12	30	46	65	8	56	177	PLOČE
																		23	19	38	35	30	8	11	26	47	16	45	159	PODGORA
																			6	15	12	26	30	15	4	23	38	33	139	POSTIRA
																				20	17	31	26	11	9	29	33	37	144	PUČIŠĆA
																					9	20	45	30	11	10	52	26	125	ROGAČ
																						23	42	26	9	14	49	30	131	SPLIT
																							36	21	23	29	43	23	140	STARI GRAD
																								18	34	54	8	45	167	SUĆURAJ
																									19	39	26	35	150	SUMARTIN
																										19	41	29	135	SUPETAR
																											61	29	123	TROGIR
																												48	171	TRPANJ
																													125	VIS
																														ANCONA

ENTFERNUNGSTABELLE

HÄFEN AM FESTLAND

BOROVICA (43°30'N 015°59,5'E). Bucht E-lich von Rt Ploča, S-lich von Rogoznica.

Ansteuerung: Als Landmarken dienen die Ruine der Kapelle Sv Ivan auf Rt Ploča und die 0,5 sm SE- lich von ihr liegende flache, aber am unruhigen Wellenbild gut erkennbare Klippe Melevrin.

Liegeplätze: Vor Bora gut geschützter Liegeplatz; bei Jugo ist es ratsam, die Bucht zu verlassen. Möglichkeit, am Ufer vor Buganker zu liegen; Ankerplatz in der Mitte der Bucht (WT: 12–19 m).

SIČENICA (43°30'N 016°01'E). Bucht, ca. 1,5 sm E-lich von Rt Ploča.

Ansteuerung: Vor der Einfahrt in die Bucht liegt die Klippe Muljica (4 m) und 0,5 sm SE-lich die Insel Muljica (weißer Rundturm mit weißem Feuer).

Liegeplätze: Der innerste Teil der Bucht ist vor allen Winden geschützt, der äußerste Teil jedoch ist S- und SW-Winden sowie dem Seegang ausgesetzt. Der äußerste östliche Teil der Bucht ist als Ankerplatz für größere Yachten geeignet (WT: 25 m).

STARI TROGIR (43°29,5'N 016°02'E). Bucht N-lich der Insel Arkandel; NW-lich von der Insel Drvenik Mali.

Ansteuerung: Als deutliche Landmarken dienen die Inseln Arkandel und Muljica (weißer, runder Eisenturm mit Pfeiler, weißes Feuer) vor der Einfahrt in die Bucht.

Liegeplätze: Die Bora weht in der Bucht sehr stark; bei SW-Winden steht Schwell in der Bucht. Bei Bora sowie bei Jugo ist es empfehlenswert, einen geschützten Ankerplatz im E-Teil der Bucht aufzusuchen. Man ankere in der Deckpeilung: Kapellenruine auf dem Gipfel der Insel Arkandel – Insel Merara. Bei Bora ist eine Leine zum Ufer hin in NE-Richtung auszubringen. Bei SW-Winden findet man einen guten Ankerplatz unter der N-Küste der Insel Arkandel.

VINIŠĆE (43°29'N 016°07'E). Dorf und ca. 1 sm tief ins Land ragende Bucht an der N-Seite des Drvenički-Kanal.

Ansteuerung: Als Landmarke dient der viereckige Steinturm (rotes Feuer) auf Rt Artatur an der S-Seite der Einfahrt. Beim Einlaufen achte man auf die flache (3 m), vor dem karstigen Festland schwer erkennbare Klippe Vinišće.

Liegeplätze: Kleinere Yachten können an der NE-Küste auf der Innenseite der kleinen Pier (WT: 0,9–3,7 m) festmachen, wo sie von allen Seiten geschützt liegen. Der Ankerplatz in der Mitte der Bucht (WT: 15 m) ist nach E hin offen. Bora weht in der Bucht stark, und es ist ratsam, Landleinen zum Ufer hin auszubringen.

Versorgung: Lebensmittel und Wasser in begrenzter Menge im Ort.

MARINA (43°31'N 016°07'E). Siedlung und kleiner Hafen in der gleichnamigen Bucht im W-Teil der Bucht von Trogir (Trogirski Zaljev).

Ansteuerung: Als Landmarken dienen die Kapelle am Berg Drid (177 m) an der N-Küste, ein großer Wehrturm (erbaut im XVI. Jh., jetzt Hotel) an der SW-Küste, ein weißer, kegelförmiger Turm (rotes Feuer) auf Pasji Rat an der S-Küste und der rote Pfeiler (rotes Feuer) am Ende der Bucht NW-lich vom Kai.

Hinweis: In der Bucht Stipanov Jaz sind schwimmende käfigartige Fischzuchtbehälter. Deswegen ist hier langsam und vorsichtig zu fahren.

Liegeplätze: Die Bora weht hier stark (gewöhnlich aus E-licher Richtung) und wirft Seegang auf. Der Jugo weht auch stark, jedoch ohne Wellen aufzuwerfen. Innerhalb des kleinen Hafens (Wassertiefen bis zu 2 m am Kai) liegen Boote vor allen Winden gut geschützt. Kleinere Yachten können bei Bora in der Bucht Šašina ankern. Größere Yachten ankern besser am Ende der Bucht, SE-lich der Kapelle und S-lich vom Berg Plokata.

Versorgung: Post, Ambulanz, Geschäfte (Supermarkt) und Hotel, Lebensmittel und Wasser.

MARINA AGANA (43°30,45'N 016°07'E) liegt im W-lichsten Teil der Bucht Marina. Sie ist im Norden durch einen Wellenbrecher (auf seinem Kopf grünes Feuer) geschützt.

Liegeplätze: 140 Liegeplätze (vor Buganker) für Yachten bis zu 40 m Länge und 100 Stellplätze für Yachten bis zu 25 m Länge. WT am Wellenbrecher 2,5–3 m, an den Molen 3 m.

Versorgung: Marinabüro, Telefon-, Wasser- und Stromanschlüsse, Duschen/WC, Café-Bar, Restaurant, Hotel, Lebensmittel- und andere Geschäfte, Geldwechsel, Parkplatz für 200 Autos.

Service: Travellift (40 t), Reparaturmöglichkeit an Rumpf, Ausrüstung und Motoren. Nächste Werft „Brodograđevna industrija Trogir" in Trogir.

HRID GALERA: B Bl 5s 8m 10M

TROGIR (43°31'N 016°16'E). Stadt und Hafen auf einer Insel im engsten Teil des Trogirski-Kanals. Durch eine Brücke (Durchfahrt für kleinere Yachten ohne Mast) mit der Insel Čiovo verbunden. Vom Festland ist die Stadt durch einen engen Kanal, über den eine gemauerte Brücke führt, getrennt.

Ansteuerung: Bei der Einfahrt in den Kanal von W her steuere man zuerst in der Deckpeilung: Glockenturm der Kirche Sv Mihovil – Glockenturm der Kathedrale; nach Passieren von Rt Čubrijan (grüner Turm mit Spiere und Galerie; grünes Feuer)

MARINA

MARINA AGANA

TROGIR

117

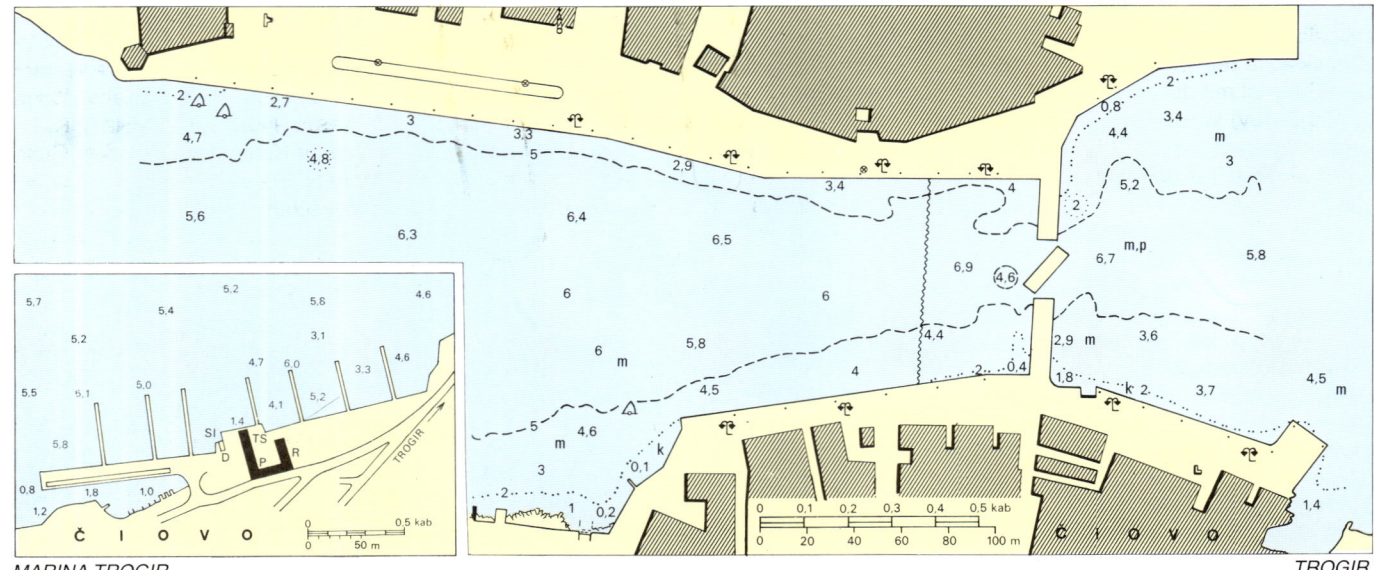

MARINA TROGIR

TROGIR

ändere man den Kurs zur Brückenmitte hin und lasse dabei die grüne Spitztonne (grünes Feuer) steuerbords und die rote Stumpftonne backbords. Die östliche Einfahrt wird an der N-Seite durch eine grüne Tonne mit einem Kegel auf der Spitze (grünes Feuer), weiter durch eine grüne kegelförmige Tonne (grünes Feuer) und dann durch eine grüne kegelförmige Tonne mit einem Kegel und grünem Feuer als Toppzeichen markiert. Die S-Seite der Fahrrinne ist durch drei rote Tonnen markiert. Die Fahrt zwischen den Tonnen ist so abzusetzen, daß die grünen Tonnen steuerbords und die roten Tonnen backbords bleiben.

Hinweis: Es ist verboten, im Kanal von Trogir, E-lich der Verbindungslinie Rt Čubrijan – Kai im Hafen von Seget Donji bis zur Länge 016°16,3'E, zu ankern. Es ist nicht erlaubt, an dem Stadtkai des N-Ufers auf einer Länge von 130 m von der Brückenauf-

fahrt nach W hin anzulegen.

Liegeplätze: Es empfiehlt sich, in der Marina Trogir zu ankern.

Versorgung: Hafenamt-Zweigstelle, Post, Ambulanz, Apotheke, Restaurants, Hotels und verschiedene Geschäfte, Lebensmittel, Wasserhydrant am Kai, Tankstelle an der Adria-Magistrale und in der Marina Trogir. Die Werft „Trogir" führt alle Reparaturen an Booten und Motoren aus und besitzt auch ein Dock.

Veranstaltungen: Alljährlich finden im Sommer die „Trogirski tjedni" (Trogir-Wochen) mit zahlreichen kulturellen Veranstaltungen statt.

Sehenswürdigkeiten: Teilweise erhaltene Stadtmauern mit dem Stadttor an der Landseite (XIII.-XV.Jh.), Schloß Kamerlengo (1420–37), runder Wehrturm des Hl. Markus (1470), Kathedrale des Hl. Laurentius (Sv Lovro, XIII.-XV. Jh., Portal von Radovan

von 1240), Taufkapelle, die Ivan Orsini-Kapelle von 1468–97 mit Werken von I. Duknević, A. Aleši und Nicholas von Florenz; kleine Basilika der Hl. Barbara (IX.–X. Jh.), Kirche des Hl. Johannes des Täufers (Sv Ivan Krstitelj, 1270), Benediktinerinnenkloster (1064, restauriert im XVII. Jh., Museum der sakralen Kunst) mit der Kirche des Hl. Dominikus; Stadtloggia (1308), daneben der Stadtturm mit einer Uhr; kleine Loggia am Kai (1527). Paläste: Čipiko (Gotik aus d. XV.Jh.), Lučić (Renaissance), Garagnin-Fanfogna (Barock, archäologische Abteilung des Städtischen Museums, Relief des Kairos – Gott des günstigen Augenblicks, aus d. I .Jh.). – Auf der Insel Čiovo: Kirchen des Hl. Antonius auf Drid (Sv Ante na Dridu, 1432), des Hl. Kreuzes (Sv Križ, Kreuzgang aus d. XV.Jh.) und die Kirche „Unsere liebe Frau am Meer" (Gospa kraj mora, frühe Romanik). Park der Familie Fanfogna, ein Denkmal der Gartenarchitektur.

MARINA TROGIR (ACI) (43°30,8'N 016°15,2'E) liegt an der N-Küste der Insel Čiovo, zwischen der Trogir-Brücke und Rt Čubrijan, gegenüber dem W-Teil der Stadt Trogir. Ganzjährig geöffnet.

Liegeplätze: 205 Liegeplätze an Schwimmstegen für Yachten bis zu 18 m Länge (WT: 4–5 m) und 50 Stellplätze für Yachten bis zu 13 m Länge.

Versorgung: Marinabüro, Wasser- und Stromanschlüsse, Telefon, Duschen/WC, Café, Restaurant, Hotel, Snack-Bar, Geschäfte, Geldwechsel, Parkplatz, Tankstelle, Charterbasis.

Service: Kran 10 t, Slip, Wartung und technischer Service. Größere Reparaturen an Booten und Motoren in der Werft „Trogir".

KAŠTELANSKI ZALJEV (Bucht von Kaštela). Eine ausgedehnte Bucht, die im S durch die Insel Čiovo und die Halbinsel Marjan begrenzt wird. An der N-Seite liegen

MARINA TROGIR

10 Siedlungen, darunter sieben „Kaštelas", die sich um Festungen angesiedelt haben. Der W-liche Teil der Bucht ist durch den Trogirski-Kanal mit der Bucht von Trogir (Trogirski Zaljev) verbunden. Im östlichen Teil der Bucht liegt der Nordhafen von Split.

Im E-lichen Teil der Bucht sind zu beachten: Die Untiefe Galija (WT: 3,6m; gelbschwarze zylinderförmige Spierentonn mit 2 schwarzen Kegeln – Spitzen nach oben gerichtet), das Riff Galija (gemauertes Seezeichen, schwarz-roter Pfeiler mit 2 schwarzen Bällen), der Fels Galija (zylinderförmiges Betonhäuschen; der grüne Sektor markiert das Riff und die Untiefe Galija), sowie die Untiefe Šilo (zylinderförmiger schwarz-roter Turm mit Pfeiler und Galerie, 2 schwarze Bälle) E-lich des Felsen und die Untiefe Garofulin (WT: 4 m; schwarzrote Spiere mit 2 schwarzen Kugeln) vor der Siedlung Poljud.

Sonderbestimmungen: Es ist nicht erlaubt, das Seegebiet, das durch folgende Linien begrenzt wird, zu befahren oder dort zu ankern (ausgenommen Fischereifahrzeuge): schwimmendes Seezeichen in 066° Peilung und 600 m vor dem grünen Turm (grünes Feuer) auf dem Wellenbrecher des kleinen Hafens in Divulje bis zur Festmachetonne in 190° Peilung 250 m vor dem obigen Feuer und einem Seezeichen in 260° Peilung 600 m vor demselben Feuer.

Ein Fahrverbot besteht für das Gebiet zwischen der Küste und den 4 vor der Fabrik D.P. „INA VINIL" (Kaštel Sućurac) liegenden Seezeichen sowie zwischen der ca. 550 m in Peilung 005° von Rt Marjan liegenden grünen Leuchttonne (mit einem Kegel auf der Spitze) und der von Rt Marjan NE-lich liegenden Küste. Anhalten, Ankern und Fischen ist im E-Teil der Bucht verboten, eingegrenzt durch folgende Punkte: Fuß des N-Wellenbrechers des Hafens Lora – Untiefe Šilo – Riff Galija – Insel Školjić – Landspitze Rt Rat.

Das Anlegen im kleinen Hafen des Instituts für Ozeanographie und Fischerei auf Rt Marjan ist nur nach vorhergehender Genehmigung gestattet.

Hinweis: In der Bucht ist jede Art von Unterwassertätigkeit verboten. Außerdem ist das Befahren und jede Art von Unterwassertätigkeit untersagt in einem kreisförmigen Gebietsstreifen (Radius 500 m, gemessen 50 m seewärts vor der Uferlinie) um den Felsen Galija (Mittelpunkt auf 43°31,3'N 016°26,5'E).

Liegeplätze: In der Bucht wehen Bora und Jugo sehr stark. Der Jugo wirft im W-Teil starken Seegang auf. Kleinere Yachten können in den kleinen Häfen: Nehaj, Kaštel Štafilić, Kaštel Novi, Kaštel Stari, Kaštel Lukšić, Kaštel Kambelovac, Kaštel Gomilica und Kaštel Sućurac festmachen, wo sie vor Bora geschützt liegen. In Kaštel Novi, Kaštel Lukšić und Kaštel Sućurac liegen sie auch vor anderen Winden – außer vor SW-Winden – geschützt.

KAŠTELA

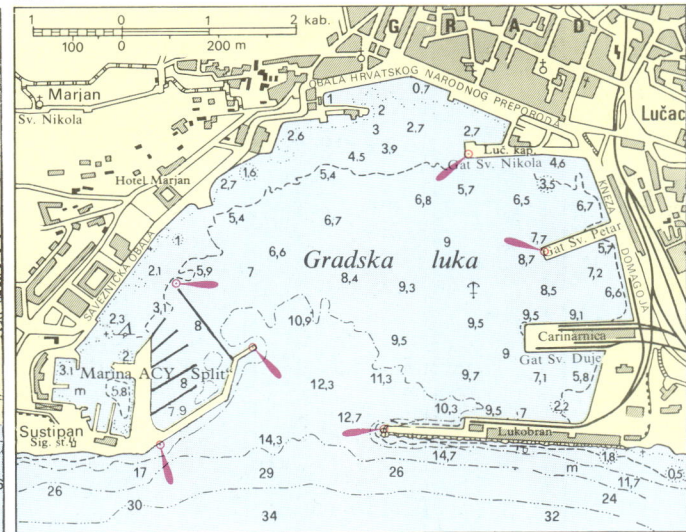

KAŠTELANSKI ZALJEV

SPLIT

119

SPLIT (43°30'N 016°26'E). Stadt und größter Hafen Dalmatiens. Es gibt zwei Häfen: den Nordhafen (Handelshafen im E-Teil der Kaštelanski-Bucht) und den Südhafen (Stadthafen). Ganzjährig geöffnete Seegrenzübergangsstelle.

Ansteuerung: Als Landmarken für die Einfahrt in den Stadthafen dienen der markante Glockenturm der Kathedrale Sv Duje; die felsige Landspitze Rt Sustipan, der Berg Marjan an der W-Seite sowie der Steinobelisk am Wellenbrecherfuß, der grüne, achteckige Turm mit einer Galerie oberhalb des Hauses auf dem Wellenbrecherkopf und der rote Rundturm mit Pfeiler und Galerie (rotes Feuer) auf dem äußeren Wellenbrecherkopf der Marina Split (E-lich von Rt Sustipan).

Die Bora weht im Stadthafen sehr stark; Jugo wirft Seegang nur am W-Ufer auf. S- und SW-Winde verursachen im Hafen starken Seegang, der oft die flache nördliche Schutzmauer am Ufer überflutet.

Liegeplätze: Die Liegeplätze für Yachten im Stadthafen werden vom Hafenmeister zugewiesen. Der E-Teil des Kais „Obala hrvatskoga narodnog preporoda" ist Anlegestelle für Motor- und Sportboote.

Im W-Teil des Stadthafens liegt der Sporthafen der Segelclubs „Labud" und „Mornar" (einige Liegeplätze vermietbar) sowie die Marina Split. In der Bucht Poljud an der N-Seite der Stadt liegen die Sporthäfen des RŠPD „Split" und des PŠD „Spinut", und 1 sm E-lich vom Stadthafen der Sporthafen des Sportclubs „Zenta". An der E-Seite der Bucht Trstenik (ca. 1 sm E-lich vom Stadthafen) können Yachten (TG bis zu 2,5 m) an der Außenseite der Mole vor dem Hotel „Lav" vor Buganker liegen.

Ankerverbot: Im Einfahrtsbereich des Stadthafens auf der Verbindungslinie: Feuer auf dem Wellenbrecherkopf – Feuer auf dem äußeren Wellenbrecher der Marina Split; sowie E-lich der Verbindungslinie: Feuer auf dem äußeren Wellenbrecher der Marina Split – NW-liche Ecke der Mole „Gat Sv Nikole" und innerhalb des Stadthafens; ebenso in der Einfahrt zur Bucht Supaval im N-Hafen (Seebecken der Schiffs-

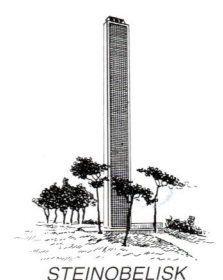

STEINOBELISK

werft) auf der Verbindungslinie: Klippe Šilo – E-liche Einfahrt in die Bucht.

Anlegeverbot: An der Mole „Sv Duje" dürfen Fahrzeuge nur mit Genehmigung des Zollamtes anlegen; am Kai Brižine im N-Hafen (zwischen der Fabrik „Sv Juraj" und der Firma „Sv Kajo"); im Hafen Lora im Kaštelanski Zaljev und am Kai NE-lich von Rt Marjan, vor dem eine Leuchttonne liegt.

Anhalteverbot: Im N-Hafen ist das Anhalten von Fahrzeugen im Bereich unter 1000 m vom roten Feuer auf der Klippe Galija, sowie das Anlegen an dieser Klippe verboten. Bei der Fahrt vor der Bucht Supaval (Schiffswerft „Split") ist die Fahrgeschwindigkeit herabzusetzen, damit keine starken Wellen auftreten.

Ämter und Behörden: Einklarierungshafen, Hafenamt (Obala Lazareta 1), Zollamt, Hafengesundheitsbehörde, Post, Endstation wichtiger Eisenbahnlinien aus dem Hinterland, das kroatische Schiffsregisteramt, Lloyd's Register, das Amt für Instandhaltung der Seestraßen „PLOVPUT", die auf Bergungsdienste spezialisierte Firma „Brodospas", das Institut für Ozeanographie und Fischereiwesen, das Staatliche Hydrographische Institut, Seewetterdienst der Meteorologischen Anstalt, Universität Split mit zahlreichen Fakultäten, Fachschule für Nautik und Schiffbau.

Die Küstenfunkstelle Split ist Teil des Seefunkdienstes.

Museen: Stadtmuseum, Völkerkundemuseum, Museum der kroatischen archäologischen Denkmäler, Archäologisches Museum, Museum der Revolution, Marinemuseum der kroatischen Akademie der Wissenschaften und Künste, Seekriegsmu-

seum der Kriegsmarine, Kunstgalerie und die Meštrović Galerie.

Versorgung: Gute Einkaufsmöglichkeiten, Wasserhydranten am Kai, Tankstelle auf der Pier in der Nähe des „Marjan-Hotels" (W-Teil des Stadthafens), Flughafen (Resnik in der Bucht von Kaštelansko polje), zwei Krankenhäuser, mehrere Polikliniken und Apotheken, Verkaufsstellen für Seekarten und nautische Bücher (s. Anhang), Schiffswerft „Split".

Alle Reparaturen an Yachten sind im Arbeiter-Seesportverein RŠD „Split" möglich. Der Sporthafen des Segelvereins „Labud" verfügt über einen Slip für Yachten bis zu 14 m Länge, Mastkran, sowie Bootsmotoren-Service. Die Marina Split führt Reparaturen und Wartungsarbeiten durch. Beim Seesportverein PŠD „Spinut" stehen zwei Kräne (2,5 und 5 t) und beim Segelclub „Mornar" ein Kran (2 t). Motoren-Service und Reparaturen aller Art sowie Reparaturen an Yachten bis zu 750 t (Slippen eingeschlossen) führen die Werft „Split" und die Firma „Brodoremont" in Vranjic (Nordhafen) aus.

Schlepper, Schwimmhebekräne und Taucher können bei den Firmen „Luka" und „Brodospas" bestellt werden. Ausrüstungsund Ersatzteile bekommt man bei der Firma „Brodokomerc".

Split ist eines der größten Sportzentren Kroatiens und Ausgangs- und Etappenpunkt vieler nationaler und internationaler Regatten.

Autofähren: Split – Vis, Split – Supetar (Brač), Split – Rogač (Šolta), Split – Stari Grad (Hvar); Split – Vira (Hvar), Split (Stari Grad) – Hvar – (Vela Luka) – Ancona, Rijeka – Split – Dubrovnik.

Personenfähren: Split – Trogir – Drvenik Mali – Drvenik Veli; Split – Hvar.

Sehenswürdigkeiten: Diokletianpalast (295–305) mit Kirche des Hl. Dominio (ehemaliges Mausoleum, geschnitzte Holztür von Andrija Buvina von 1214, Altäre von Bonina di Milano, Juraj Dalmatinac und G.M. Morlaiter, Chorstühle aus d. XIII. Jh.), mit dem Glockenturm (XIII.–XV. Jh., restauriert im XX. Jh.), mit Baptisterium (früher Jupitertempel, das Taufbecken aus d. X. Jh.), Peristyl, Vestibül, Diokletians Kellergewölbe unter dem Palast, vier Stadttore. Vor dem Nordtor (Porta Aurea) die Statue des Bischofs Grgur Ninski von I.Meštrović (1929), Palast Papalić mit dem Städtischen Museum (XV. Jh.). Außerhalb des Diokletianpalastes: An der W-Seite der Platz Narodni trg mit dem Rathaus (1443, jetzt Völkerkundemuseum), die sog. Hrvojeva Kula (Wehrturm aus d. XV. Jh.), am Kai die Kirche des Hl. Franziskus (Sv Franjo, von 1213, restauriert im XX. Jh., Pantheon berühmter Männer von Split), an der NW-Seite der Stadt die Kunstgalerie und das Archäologische Museum, eines der reichsten in Kroatien (Funde aus dem Solin). In Richtung Vorstadt, nach Poljud hin, stehen die kleine altkroatische Kirche der Hl. Dreifal-

SPLIT

tigkeit (Sv Trojica) mit dem Franziskanerkloster und die Kirche der Hl. Maria (Kunstwerke). Am W-Rand der Stadt liegt der Berg
Marjan (178 m). Der gesamte Komplex mit
der Halbinsel Sustipan bildet einen unter
Naturschutz stehenden Park mit Aussichts-
punkten, mit dem Naturwissenschaftlichen
Museum und Zoologischen Garten, und
den Kapellen des Hl. Nikolaus (XIII. Jh.)
und des Hl. Hieronymus (Sv Jere, XV. Jh.).
Am S-Hang des Berges Marjan befinden
sich die Galerie Ivan Meštrović, das Kašte-
let (XVII. Jh.) und auf der Landspitze Marjan das Institut für Ozeanographie und Fischereiwesen. Auf der Ostseite der Stadt
liegt das Dominikanerkloster und nordöst-
lich des Stadtzentrums die venezianische
Festung Gripe. Solin (5 km NE-lich, ehem.
römische Stadt Salona) war der Mittelpunkt
des Siedlungsgebietes des illyrischen
Stammes der Dalmaten, wurde von Hun-
nen im V. Jh., sowie von den Awaren und
Slawen 614 zerstört. Hier werden beachtli-
che archäologische Forschungen seit Mitte
d. XIX. Jh. durchgeführt: Ruinen eines Römischen Theaters (II. Jh.), Stadtforums,
Amphitheaters (II./III. Jh.), frühchristlicher
Basilika, frühchristlichen Friedhofes Mana-
stirina, einer Villa rustica Marusinac, der
Grabstätte von Hortus Metrodori, von städtischen Basiliken (IV.-VI. Jh), zweier vorro-
manischer Kirchen auf der Insel Gospin im
Fluß Jadro. Klis (5 km): Türkische Festung
an der Stelle einer mittelalterlichen Festung, Schlüsselstellung für die Verteidi-
gung von Split; gute Aussicht (11 km).

Veranstaltungen: Alljährlich wird im Juni
ein Festival der Unterhaltungsmusik abgehalten, und im Juli finden die Sommerfest-
spiele mit Konzerten und Opern statt.

Im Städtchen Sinj (35 km von Split) wird
alljährlich am ersten Sonntag im August
das Ritterspiel „Sinjska Alka" zur Erinnerung an den Sieg und die erfolgreiche Ver-
teidigung der Stadt gegen die Türken im
Jahre 1715 vorgeführt.

MARINA SPLIT (ACI) (43°30,1'N 016°
26,0'E) liegt im SW-Teil des Stadthafens,
N-lich von der Halbinsel Sustipan. Ein lan-

MARINA SPLIT

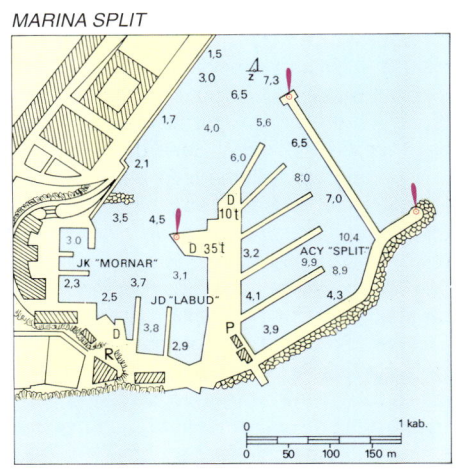

MARINA SPLIT

ger, L-förmiger Wellenbrecher schützt sie
vor S-Winden. Ganzjährig geöffnet.

Liegeplätze: 400 Liegeplätze an der Innenseite des Wellenbrechers und an
5 Schwimmstegen für Yachten bis zu 70 m
Länge (WT: 2,5–10 m). An der breiten Innenmole 100 Stellplätze für Yachten bis zu
13 m Länge.

Versorgung: Marinabüro, Wasser- und
Stromanschlüsse, Telefon, Casino, elegan-
tes Restaurant, Hotel, Geldwechsel, Snack-
und Café-Bar, Bank, Lebensmittelgeschäft,
Duschen/WC, Wäscherei, Parkplatz, Segelclubs „Labud" und „Mornar".

Service: Kran (10 t), Slip (35 t), Boots-,
Elektro- und Motorenservice, Charterbasis,
Tankstelle (vor dem Hotel „Marjan").

RŠPD „SPLIT" (RŠPD = Radničko
športsko pomorsko društvo = Arbeiter-Seesportverein). An der NE-Küste der Halbinsel Marjan in der Bucht Luka Poljud,
durch 2 knieförmige Wellenbrecher vor allen Winden und Wellenschlag geschützter
kleiner Hafen. Ganzjährig geöffnet.

Ansteuerung: Bei Einfahrt in die Bucht
Luka Poljud beachte man die Untiefe Gari-
fulin (WT: 4,4 und 4 m), die durch eine rot-
schwarze Spiere mit 2 schwarzen Bällen
als Toppzeichen markiert ist. Der Fels Školjić etwa 500 m vor Rt Rat wird durch einen

grünen Turm mit einem Pfeiler (grünes
Feuer) gekennzeichnet. Auf der Einfahrt in
die Marina stehen ein rotes und grünes Hafenfeuer (s. Split).

Liegeplätze: Entlang der 2 Wellenbrecher
und der 4 Schwimmstege gibt es 450 Liegeplätze (WT: 2,5–4,5m im äußeren Teil;
1,5–2 m entlang der Kaimauer im inneren
Teil des Hafens). 50 Plätze sind an Land
und 15–20 Plätze im Bootsschuppen vorhanden. Der Liegeplatz wird vom Personal
des Anmeldebüros auf dem W-Wellenbre-
cher zugewiesen.

Versorgung: Marinabüro, Restaurant,
Toiletten, Geschäfte, Geschäft für Sportar-
tikel und nautisches Zubehör, Segelschule,
Wasser- und Stromanschluß an jeder Pier.
Neben den Liegeplätzen für Vereinsmitglie-
der steht auch eine größere Anzahl von
kommerziellen Liegeplätzen für ausländische und einheimische Gäste zur Verfügung. Tankstelle an der Straße (ca. 300 m),
Parkplatz für 60 PKWs, Slip, Kräne (0,5
und 5 t), Kran zum Verlegen von Booten
innerhalb der Marina, Werkstatt für Reparaturen an Bootsrümpfen, Motoren und
Elektroinstallationen, Mastkran, Lager für
Ausrüstungsteile, Winterlager im Bootsschuppen (Boote bis zu 10 m Länge), Reinigung, Instandhaltung, Farbanstriche und
Bewachung von Yachten.

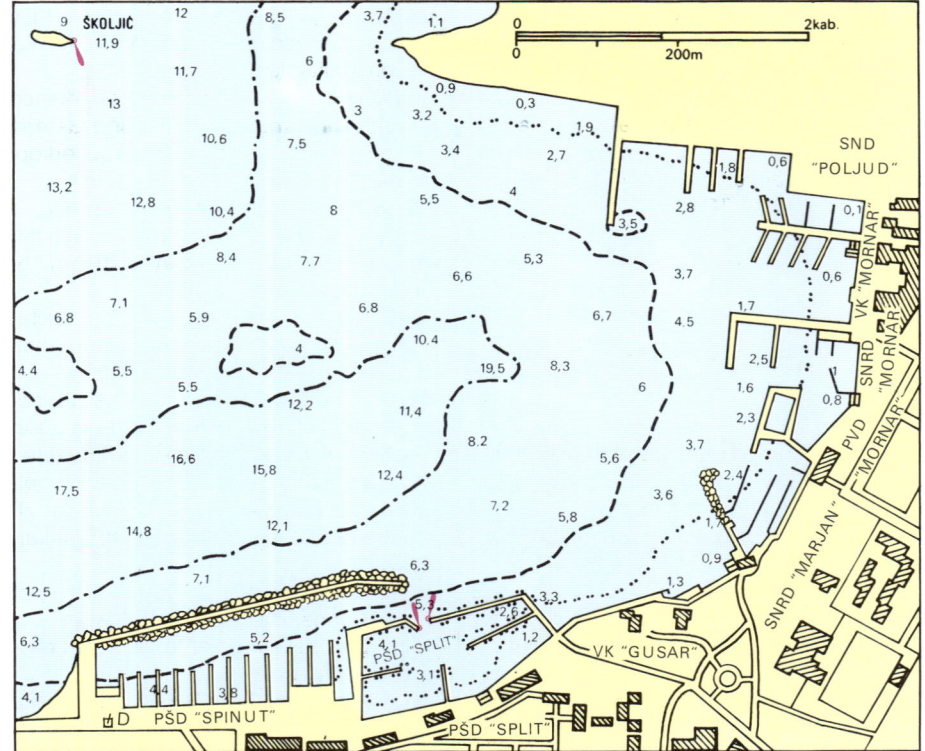

RŠPD „SPLIT" UND PŠD „SPINUT"

PŠD „SPINUT" (PŠD – Pomorsko Športsko društvo = dt.: Seesportverein). Kleiner Sporthafen, W-lich vom Sporthafen RŠPD „Split".

Ansteuerung: s. RŠPD „Split".

Liegeplätze: Der Yachthafen ist vor S- und W-Winden durch einen 500 m langen Wellenbrecher geschützt. Dort am W-Teil des Wellenbrechers (bis zum Knie) und an den 11 Schwimmstegen (12 Becken) sind 780 Liegeplätze, wovon 22 als kommerzielle Plätze (für ausländische und einheimische Gäste) bestimmt sind. WT: 2 m (entlang des Kais) bis 8 m (an den Pierköpfen). Auf 10 000 m² Fläche gibt es 250 Boots-Stellplätze.

Versorgung: Verwaltungsbüro, Snack-Bar und weitere Einrichtungen sowie 2 Kräne (2,5 und 5 t).

PŠD „ZENTA" (43°30'N 016°27'E). Seesportverein und kleiner Yachthafen, ca. 1 sm östlich vom Stadthafen Split.

Ansteuerung: (s. Split). Aus Richtung W ansteuernd sollte man auf die Untiefe (0,4 m) etwa 20 m vor der SW-Eingangsspitze in die Marina achten.

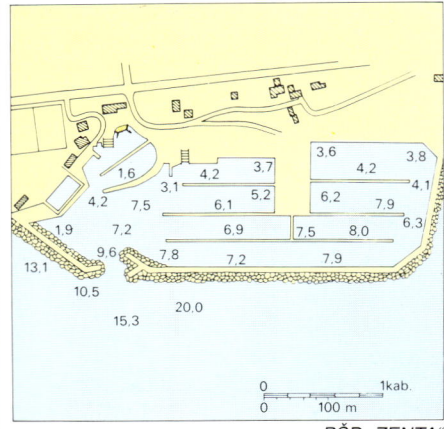

PŠD „ZENTA"

Liegeplätze: Es gibt den alten und den neuen Hafenteil. Der westliche Wellenbrecher (Verlängerung der W-Einfahrtsspitze) und der knieförmige E-Wellenbrecher schützen den kleinen Hafen vor S-Winden, die in der Winterzeit sehr heftig und häufig wehen. Wassertiefen: im Innenteil des alten Kleinhafens 0,3–1,5 m; im äußeren Teil 2–2,5 m; im neuen kleinen Hafen entlang der Kaimauer bis zu 8 m zum Wellenbrecher hin abfallend. Im alten Hafen ca.170, im neuen 710 Liegeplätze und 120 Stellplätze an Land. Verwaltungsgebäude mit Snack-Bar; Kran (10 t) und 2 Slips.

Einrichtungen: In der Marina ein offenes Schwimmbecken des Sportvereins POŠK „Split" mit Verwaltungsgebäude und Klubräumen.

OMIŠ (43°26'N 016°42'E). Stadt und Hafen an der Mündung des Flusses Cetina.

Ansteuerung: Als Landmarken dienen die steilen Felswände des Flußeinschnittes an der Cetina-Mündung, der rote eiserne Träger an der Klostermauer und der weiße Rundturm mit Pfeiler und Galerie (weiß-grünes Sektorenfeuer) am Kopf der Pier. Bei Ansteuerung nachts, von W kommend, steuere man südlich von dem vor Dugi rat liegenden befeuerten Kardinalzeichen S vorbei bis zum Insichtkommen des roten Sektors des Feuers an der Klostermauer. Man halte nicht eher Kurs auf den Hafen, bevor der grüne Sektor des Feuers auf dem Kopf der Pier in Sicht kommt. Hat man tagsüber das Kardinalzeichen S vor Dugi rat südlich passiert, kann man Kurs auf den Hafen laufen, wobei die zwei roten Tonnen, die den E-Rand der ausgedehnten sandigen Untiefe an der Flußmündung bezeichnen, backbords gelassen werden.

OMIŠ

Liegeplätze: Im Hafen weht die Bora sehr stark; besonders bedrohlich ist der Wind Tramontana. S-Winde werfen starken Seegang im Hafen auf. Sommergewitter (Newera) mit Wind aus SW können gefährlich sein. Yachten (bis zu 3,5 m TG) können am L-förmigen Pier im Hafen festmachen; sie können auch an der E-Seite des neu ausgebauten Kais an der Cetina-Mündung (von der Spitze Dugi rat in SE-licher Richtung) anlegen. Ein Ankerplatz für größere Yachten liegt S-lich vom Kloster (WT: 30–35 m); es ist ratsam, bei stärkerer Bora eine Landleine zum Ufer hin auszubringen.

Versorgung: Hafenamt-Zweigstelle, Post, Ambulanz und Apotheke, Lebensmittelgeschäfte und Markt, Wasserhydrant am Kai, Tankstelle (an der Adria-Magistrale nach der Brücke). Kleinere Reparaturen an Holzbooten in einer privaten Schiffbauwerkstatt.

Sehenswürdigkeiten: Kleine Kirche des Hl. Petrus in Priko (Sv Petar u Priku) am rechten Ufer der Cetina (altkroatische Architektur, X. Jh.); Überreste der Stadtmauern und des Turmes auf der Fošal-Promenade; Kirche des Hl. Ivan Nepomuk (XVII. Jh.); mittelalterlicher Turm Stari Grad (Fortica, Mirabela) auf einem Felsen (311 m); Heimatmuseum; kulturgeschichtliche Sammlung im Hause der Familie Radman. Die Region Ruskamen, S-lich der Stadt, ist ein Naturreservat und ein geomorphologisches Naturdenkmal. Den Fluß aufwärts gelangt man zur Insel Šarin otok, dem Ausflugszentrum Radmanove mlinice und weiter bis den Wasserfällen Gubavica bei dem Dorf Zadvarje.

Veranstaltungen: Alljährlich wird Ende Juli das Festival der dalmatinischen „Klapa", ein Wettbewerb von Folklorechören, veranstaltet.

PISAK (43°24'N 016°52'E). Dorf und kleiner Hafen, ca. 15 km E-lich von Omiš.

Östlich von Pisak (ca. 1,5 sm) liegt die Bucht Vrulja – ein seltenes Naturphänomen kann hier beobachtet werden: Inmitten der Bucht sieht man auf der Meeresoberfläche einen von einer starken Unterwasserquelle

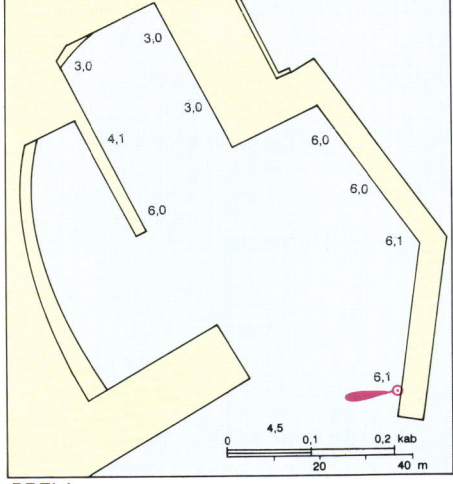

OMIŠ

hervorgerufenen Strudel. Hier weht die berüchtigte Bora von Vrulja, und daher ist hier ein Aufenthalt nicht zu empfehlen.

Liegeplätze: Bei Bora ein für kleine Yachten gut geschützter Liegeplatz, doch anderen Winden sehr ausgesetzt, daher suche man gegebenenfalls einen besseren Schutzhafen auf (Kutleša, 2 sm westlich).

BRELA-SOLINE (43°22'N 016°56,4'E). Dorf und bekannter Sommerferienort mit einem kleinen Hafen im Küstenabschnitt von Makarska. Der Hafen ist allen Winden ausgesetzt und als Dauerliegeplatz nicht geeignet.

Liegeplätze: Der kleine Yachthafen (WT: 3–6 m) bietet ca. 100 Liegeplätze, davon 46 Gastliegeplätze für Yachten bis 15 m Länge. Festmachen mit Bugleine und an Mooringbojen. Ankern ist nicht erlaubt.

Versorgung: Hafenbüro, Wasser- und Stromanschlüsse, Post, Bank, Ambulanz, Apotheke, mehrere Hotels und Restaurants, Discothek, Lebensmittelgeschäft.

Service: Technischer Service, insbesondere für Motoren von Mercruiser und Johnson.

BAŠKA VODA (43°21,4'N 016°57,1'E). Ortschaft und kleiner Hafen, ca. 5 sm NW-lich von Makarska.

Ansteuerung: Als Landmarken dienen der rote Rundturm mit Pfeiler und Galerie (rotes Feuer) auf dem Wellenbrecherkopf und die Dorfkirche.

Hinweis: Um das Badegebiet ist (ca. 1 sm SE-lich der Bucht) im Meer ein Schutznetz von 480 m Länge und in ca. 100 m Abstand vom Ufer ausgelegt.

Liegeplätze: Der kleine Hafen (die Bucht) ist vor Winden und Seegang durch einen 200 m langen Wellenbrecher geschützt; zur Zeit ist nur die Außenseite ausgebaut; der kommerzielle Teil des kleinen Hafens bietet zwischen der Mole und dem Wellenbrecher 40 Liegeplätze. Bora und Jugo wehen heftig. Yachten (bis 5 m TG) können an der 50 m langen Kaimauer anlegen. Guter Ankergrund.

Versorgung: Post, Ambulanz und Apotheke, Lebensmittelgeschäfte, Wasser und Strom, Tankstelle (an der Adria-Magistrale, ca. 4 km NW-lich).

In Baško Polje, 3 km SE-lich von Baška Voda, liegt eine moderne Hotelsiedlung. Unweit von Baško Polje befindet sich das Kindererholungsheim Dječje selo.

MAKARSKA (43°18'N 017°01'E). Stadt mit Hafen und Touristenzentrum im Küstenland von Makarska.

Ansteuerung: Als Landmarken dienen der viereckige Steinturm (weiße Blitze) oberhalb des Hauses an der W-Spitze der Halbinsel Sv Petar, der Funkmast auf Rt Osejava, zahlreiche Hotelgebäude sowie ein weißer Turm mit Spiere und Galerie (rotes Feuer) am Molenkopf im Hafen.

Hinweis: Ungefähr 150 m SE-lich des Leuchtturms auf Rt Sv Petar verläuft eine Unterwasserleitung in Richtung 213°, das Rohrende ist mit einer Tonne markiert (1600 m vom Lande entfernt). Ankerverbot besteht zwischen der Tonne und der Küste. Motorbootverkehr und Wasserski sind 200

BRELA

MAKARSKA

m vor dem Badestrand in der Bucht Donja luka untersagt.

Liegeplätze: Obwohl die Bora im Hafen stark wehen kann, liegen Yachten im Hafen doch gut geschützt. Stärkere Winde von SW und W rufen im Hafen Seegang hervor. Die Bucht Donja luka, NE-lich der W-Spitze der Halbinsel Sv Petar, ist NW-Wind und Seegang ausgesetzt. Der Kai des inneren Hafens ist ca. 350 m, die Pier für regelmäßig anlegende Schiffslinien 50 m lang (WT: min. 4,8 m). Der NW-Teil des Hafens (WT: 1,5–2,5 m) ist von den einheimischen Booten belegt. Von der Tankstelle bis zum Fähranleger sind 18 Liegeplätze für Yachten bis 12 m Länge (mit gelben Tonnen markiert). Yachten können entweder inmitten des Hafens (WT: 11–14 m) oder in der Bucht Donja luka (WT: 7–12 m) ankern. In beiden Fällen wird empfohlen, eine Landleine auszubringen. NW-lich des Hafens liegt das Hotel „Dalmacija" mit einem kleinen Hafen mit Slip und Kran für Yachten von 2,5 m bis zu 4 m TG. Insgesamt 40 Liegeplätze: 25 für Yachten bis 6 m Länge, 10 bis zu 7 m Länge, 3 bis 8 m Länge und 2 bis zu 15 m Länge.

Versorgung: Hafenamt-Zweigstelle, Post, Krankenhaus und Apotheke. Sportfischerverein „Arbun" und Segelclub „Bura", Lebensmittelgeschäfte, Wasserhydranten und Tankstelle im Hafen; Slip für Yachten bis 12 m Länge.

Unweit von Makarska (auf der Magistrale in SE-Richtung) liegt ein Sportzentrum mit Stadion und Trainingseinrichtungen. 2 sm weiter SE-lich liegt die Hotelsiedlung „Tučepi" mit einem schönen Kiesstrand.

Autofähre: Makarska – Sumartin (Insel Brač).

Sehenswürdigkeiten: Kirchen: Hl. Markus (1776, mit reichem Inventar), Hl. Philipp (1757); Mariä Himmelfahrt (1540, die neue Kirche von 1911) mit dem Franziskanerkloster, in dem eine einzigartige Sammlung der Mittelmeerfauna untergebracht ist. Barockpalast der Familie Ivanišević.

MAKARSKA

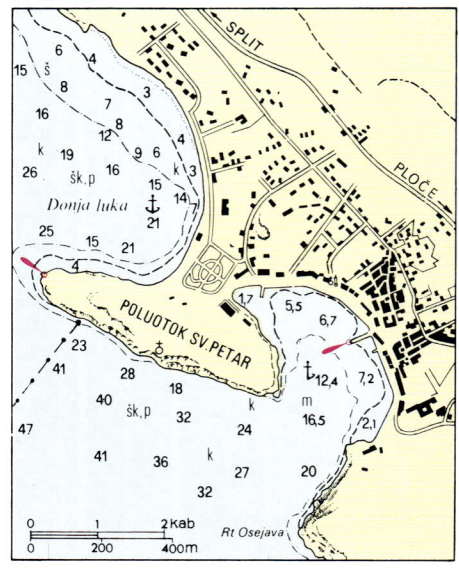

TUČEPI (43°11,5'N 017°03,4'E). Stadt und Fremdenverkehrszentrum, 2 sm SE-lich von Makarska.

Der kleine Hafen ist durch den äußeren Wellenbrecher (roter Turm mit Spiere und Galerie; rotes Feuer) vor allen Winden geschützt.

Liegeplätze: Gastliegeplätze findet man auf der Innenseite des Wellenbrechers (WT: 3–7 m): 23 Liegeplätze für Yachten bis 15 m Länge und 25 Liegeplätze für bis 5 m Länge. Die übrigen 100 Liegeplätze werden von einheimischen Yachten belegt. Alle Liegeplätze mit Wasser- und Stromanschlüssen.

Versorgung: Marinabüro, Post, Bank, Restaurant, Geschäfte für Sport- und Yachtsausrüstung, WC und Duschen, Tankstelle, Slip und Trailer (bis 6 m Länge).

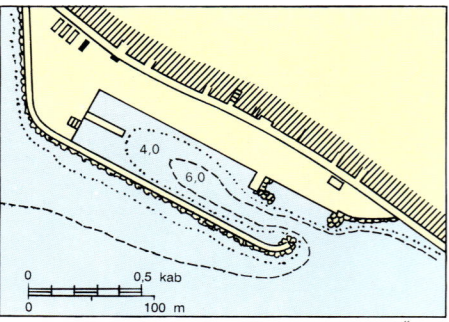

TUČEPI

PODGORA (43°15'N 017°05'E). Dorf und kleiner Fischerhafen sowie Yachthafen, 5 sm SE-lich von Makarska. Es gibt einen Ost- und einen Westhafen.

Ansteuerung: Bei der Ansteuerung in den Osthafen dienen als Landmarken ein als Möwenflügel stilisiertes Denkmal („Galebova krila") auf dem Hügel oberhalb von Rt Lijak und der Pfeiler des ehem. Feuers auf dem Kopf der Pier im Osthafen.

PODGORA

Liegeplätze: Insgesamt 140 Liegeplätze, davon 40 Gastliegeplätze für Yachten bis 15 m Länge. Festmachen mit Bugleine und an Mooringbojen. Die Liegeplätze am Wellenbrecher sind den Fischern vorbehalten, die anderen Liegeplätze im Hafen sind von einheimischen Booten belegt. Das 150 m lange befestigte Ufer NE-lich der Hafenein-

fahrt dient als Handelskai. Der Hafen ist nur vor Bora geschützt.

Versorgung: Wasser- und Stromanschlüsse, Fremdenverkehrsbüro, Post, Bank, Ambulanz, Apotheke, Lebensmittelgeschäft, Tankstelle (an der Adria-Magistrale).

Sehenswürdigkeiten: Im oberen, älteren Teil der Siedlung stehen einige Verteidigungstürme, die zum Schutz vor den Osmanen dienten. Dort ist auch eine Kirche von 1764. Das Denkmal „Galebova krila" (Möwenflügel) erinnert an die Gründung der ersten Partisanen-Einheiten auf See während des 2. Weltkrieges.

IGRANE (43°12'N 017°09'E). Dorf und kleiner Hafen im NW-Teil der gleichnamigen Bucht, ca. 4 sm SE-lich von Podgora.

Ansteuerung: Als guter Ansteuerungspunkt dient der Kirchturm am steilen Berg oberhalb der Ortschaft.

Liegeplätze: Der Hafen ist durch den Wellenbrecher vor allen Winden, außer E-Winden, geschützt. Am Wellenbrecher (WT:1,3–3,4 m) können kleinere Yachten anlegen. Ein bei Bora günstiger Ankerplatz befindet sich E-lich von Rt Igrane (WT: 20–25 m).

Versorgung: Post, Lebensmittel und Wasser.

Sehenswürdigkeiten: Sarkophage auf dem Friedhof (Römerzeit), Apsis einer mittelalterlichen Kirche, barockes Sommerhaus der Familie Šimić-Ivanišević. Im Olivenhain die Kirche des Hl. Michael (XI./XII. Jh.). In Živogošće (4 km SE-lich) ein Franziskanerkloster aus d. XVII. Jh., lateinisches Epigramm (neben den Resten einer Villa rustica eingemeißelt).

DRVENIK (43°09'N 017°15'E). Dorf und kleiner Hafen in der gleichnamigen Bucht an der Küste von Makarska, am Übergang des Hvar-Kanals in den Neretva-Kanal.

Liegeplätze: Vor allen Winden, außer S- und SW-Winden, geschützter Hafen. Im NW-Teil des Hafens tritt auch Jugo auf. Der Kai dient nur dem Auto-Fährverkehr. Ein Ankerplatz für kleinere Yachten befindet sich im E-Teil der Bucht. Es empfiehlt sich, Leinen zum Ufer hin auszubringen.

Versorgung: Post im Ort, Lebensmittel und Wasser. Reparaturen an kleineren Yachten in einer privaten Bootswerft.

Autofähre: Drvenik – Sućuraj (Insel Hvar) – Korčula (nur in der Saison).

Sehenswürdigkeiten: Ruine eines Wehrturmes mit Festungsmauern (XVII. Jh.), gotische Kirche des Hl. Georg (Sv Juraj, im Barockstil restauriert).

ZAOSTROG (43°08'N 017°17'E). Dorf und kleiner Hafen in der gleichnamigen Bucht im S-Teil des Küstenlandes von Makarska, an der Küste des Neretva-Kanals.

Ansteuerung: Als gut sichtbarer Orientierungspunkt dient der Kirchturm in einem Zypressenhain.

Liegeplätze: Der Hafen ist nur vor Bora geschützt, andere Winde werfen im Hafen hohen Seegang auf. Daher ist er als Dauerliegeplatz nicht geeignet. An der Mole im Hafen können nur kleinere Yachten anlegen (an der E-Seite der Mole WT: 2,7–3,3 m, an der W-Seite 3,3–4,1 m). Sie können auch vor Buganker am SW-Ufer liegen. Ein guter Ankerplatz für größere Yachten liegt SW-lich des Klosters (WT: 26–30 m).

Versorgung: Post und Ambulanz, Lebensmittelgeschäft, Wasser und Treibstoff.

Sehenswürdigkeiten: Funde aus der Römerzeit, Kirche Mariä Himmelfahrt (Gotik, im Barockstil 1747 restauriert), Franziskanerkloster (1468, Anbauten im XVIII./XIX. Jh., barocke Kirche, ethnologische und künstlerische Sammlung, Bibliothek, im Garten ein römisches Mosaik).

BRIST (43°07'N 017°20'E). Dorf und Bucht im südlichen Küstengebiet von Makarska an der Küste des Neretva-Kanals.

Hinter der kleinen Pier können Yachten bis zu 3,5 m TG einen gut geschützten Liegeplatz finden.

Versorgung: Lebensmittel und Wasser. Eine private Bootswerft führt Reparaturen an kleineren Yachten aus.

GRADAC (43°06'N 017°21'E). Dorf und kleiner Hafen, NW-lich von Ploče, bekannt durch den größten und schönsten Badestrand in diesem Küstengebiet.

Ansteuerung: Als Landmarken dienen der Kirchturm im Ort und der rote Eisenpfeiler (ehem. Feuer) auf dem Kopf des L-förmigen Wellenbrechers.

Liegeplätze: Im Hafen liegen Yachten gut geschützt vor allen Winden, der Hafen ist jedoch dem Seegang von S her, den der Jugo aufwirft, ausgesetzt und deshalb als Liegeplatz unsicher. Bei Jugo ist das Einlaufen in den Hafen durch den in der Einfahrt stehenden starken Strom erschwert.

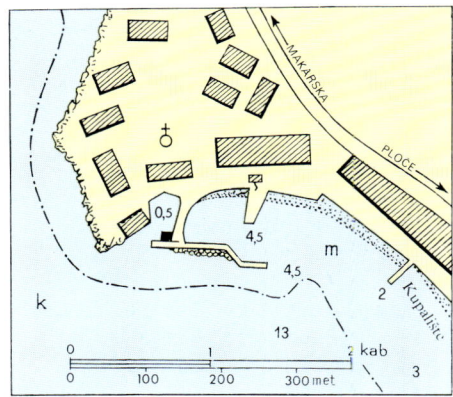

GRADAC

An der Innenseite des Wellenbrechers können Yachten bis zu 3 m TG festmachen. Wegen Platzmangels im Hafen wird empfohlen, vor Buganker zu liegen. Der Ankerplatz für größere Yachten befindet sich etwas S-lich vom Hafen (WT: 25–30 m). Bei

DRVENIK (MAKARSKO PRIMORJE)

Jugo ankern Yachten am besten in der Bucht Bošac (NNW-lich von Gradac).

Versorgung: Post und Ambulanz, Lebensmittel, Wasser und Treibstoff.

Sehenswürdigkeiten: Überreste einer römischen Mauer und zweistöckiger Verteidigungsturm, errichtet 1661 zum Schutz vor Überfällen der Osmanen.

INSELN DRVENIK MALI UND DRVENIK VELI

VELA RINA (43°26,5'N 016°04'E). Bucht an der S-Seite der Insel Drvenik Mali. Da sie seewärts nach SW hin offen ist, sollte man sie bei den ersten Anzeichen eines auffrischenden Windes verlassen. Ein geeigneter Ankerplatz liegt in der Deckpeilung: Rt Kalafat – Insel Orud (WT: 17–30 m). Kleinere Yachten können dichter unter der E-Küste ankern.

DRVENIK (43°27'N 016°09'E). Dorf und Bucht in der gleichnamigen Bucht an der NW-Seite der Insel Drvenik Veli.

Ansteuerung: Als Orientierungspunkte dienen der rote Turm mit Pfeiler (rotes Feuer) auf dem Kopf der Pier, die Kirche am Hügel (93 m) oberhalb der W-Küste und die Dorfkirche.

Hinweis: An der Westküste der Bucht steht ein Warnschild für ein Unterseekabel.

Liegeplätze: Von allen Seiten vor Winden geschützter Liegeplatz: Festmachemöglichkeiten für Yachten bis zu 2 m TG am Kai im E-Teil des kleinen Hafens. Der nördliche, tiefere Teil des Kais ist für die Berufsschifffahrt bestimmt. Ein Ankerplatz für größere Yachten liegt im äußeren Teil der Bucht

(WT: 30–40 m). Ausbringen einer Landleine zum Ufer in eine Richtung ist zweckmäßig. Kleinere Yachten können in der vor allen Winden geschützten Bucht Grabule (ca. 0,2 sm SW-lich) ankern.

Versorgung: Post; Lebensmittel.

Fähren: Siehe Split.

MARINA ZIRONA (43°27'N 016°08,9'E). Neue Marina im Bau in einer tiefen Bucht an der NW-Küste der Insel Drvenik Veli.

Versorgung: Von diesem abgebrochenen Marinabau steht nur ein Wellenbrecher am NE-Ufer (WT: 3m) der Bucht. Da die meisten Boote längsseits festmachen, stehen hier maximal sechs Liegemöglichkeiten zur Verfügung. Kein Service. W-lich des Wellenbrechers befindet sich ein einfaches Restaurant. Einfache Versorgungsmöglichkeiten im Ort.

INSEL ČIOVO

SALDUN (43°30'N 016°13'E). Weite Bucht an der W-Küste der Insel Čiovo, im E-lichen Teil der Bucht von Trogir (Trogirski zaljev).

Ansteuerung: Als Orientierungspunkte dienen der Berg Vlaška (453m), der Kirchturm in Donji Seget (an der N-Küste), der weiße, kegelförmige Turm mit einer Galerie (weiße Blitze) auf der Klippe Čelice in der Einfahrt in die Bucht von Trogir (Trogirski zaljev) und die grüne Spitztonne (grünes Feuer) neben Rt Čubrijan. Beim Einlaufen in die Bucht steuere man zwischen Rt Okrug und der Klippe Čelice hindurch – wegen der Untiefe vor Rt Okrug – einen Kurs von 065° (Deckpeilung: Sv Mihovil – Glockenturm der Kathedrale, beide in Trogir).

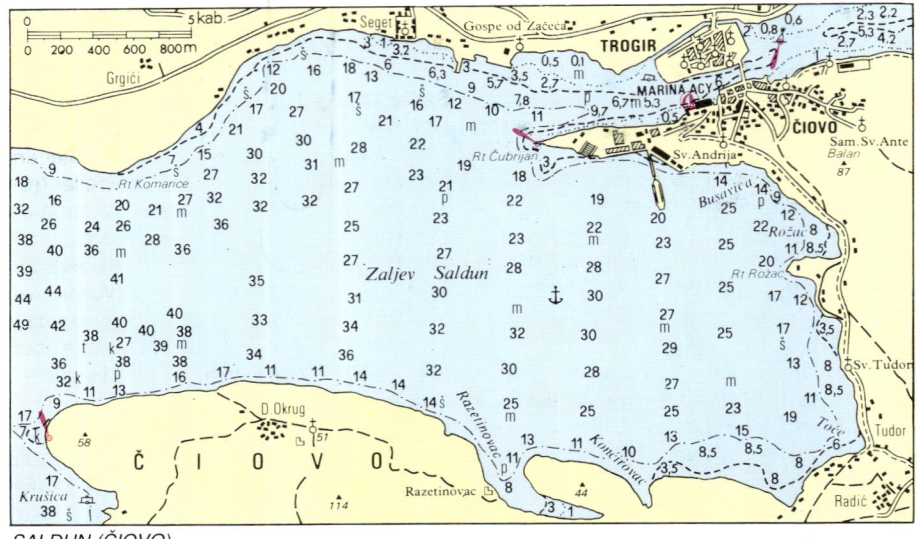

SALDUN (ČIOVO)

MASLINICA

MASLINICA

Das Schwimmdock der Werft „Brodogradevna industrija Trogir" ist ca. 750 m SElich vom Rt Čubrijan verankert. Dessen Verankerungsketten erstrecken sich in östlicher, südlicher und westlicher Richtung. Deshalb ist in seiner Nähe Vorsicht geboten. Zwischen der Klippe Čelice und dem Festland liegt eine Untiefe (WT: 4 m).

Liegeplätze: Yachten sind in der Bucht Winden aus dem SW-Quadranten ausgesetzt. Bora und Jugo wehen stark, jedoch ohne stärkeren Seegang aufzuwerfen. Yachten bis zu 2 m TG können am Wellenbrecher vor dem Ort Donji Seget anlegen – jedoch nur bei Bora und Schönwetter. Ein für größere Yachten geeigneter Ankerplatz ist ca. 800 m S-lich von Rt Čubrijan (WT: 28 m). Kleinere Yachten können in den kleinen Buchten an der S- und E-Küste der Saldun-Bucht ankern. Einer der besten Ankerplätze liegt in der Bucht Razetinovac.

Versorgung: Versorgungsmöglichkeiten und andere Dienstleistungen in Trogir.

Sehenswürdigkeiten: Funde aus der Römerzeit. Im Dorf Čiovo die frühromanische Kirche der Madonna am Meer (Gospa kraj mora) mit einem Polyptichon aus d. XV. Jh., Dominikanerkloster und Kirche des Hl. Kreuzes (Kreuzgang, gotisches Chorgestühl).

INSEL ŠOLTA

MASLINICA (43°24'N 016°12'E). Dorf und Bucht an der W-Küste der Insel Šolta.

Ansteuerung: Als Landmarken dienen der viereckige Steinturm mit einer Kuppel (weiß-rotes Sektorenfeuer) auf Rt Sv Nikola, die südliche Einfahrtspitze in die Bucht, die Kapelle Sv Nikola (43 m) und das weit in der Bucht liegende Hotel (altes Kastell). Von S her kommend, ist Vorsicht wegen der Klippe Kamičić (S-lich der Insel Balkun) geboten. Nachts wird diese Klippe durch den roten Sektor des Feuers auf Rt Sv Nikola bestrichen. Die Durchfahrten zwischen den Inseln Polebrnjak und Saskinja sowie zwischen Saskinja und der Küste von Šolta sind flach (WT: bis zu 3 m) und daher nur für kleinere Yachten befahrbar.

Hinweis: Das Befahren sowie das Liegen und jede Art von Unterwassertätigkeit ist untersagt in einem kreisförmigen Gebiet (Radius: 500 m) um Rt Marinca (43°23,0'N 016°12,8'E).

Liegeplätze: Die Bucht ist von allen Seiten vor Winden gut geschützt und als Dauerliegeplatz geeignet. W-Winde verursachen im Hafen Wellenschlag. Kleinere Yachten können an der Kaimauer vor der Ortschaft anlegen. An der N-Seite legen Berufsschiffe an. Ein guter Ankerplatz bei Bora und Jugo für kleinere Yachten liegt in der Bucht Šešula (S-lich des Hafens) und bei SW-Winden an der NE-Küste der Insel Balkun (WT: 12 m).

Versorgung: Lebensmittel und Wasser in begrenzter Menge.

Sehenswürdigkeiten: Turm mit Schießscharten neben dem Barockschloß der Familie Marchi (1708), jetzt Hotel. Auf der Insel Stipanska stehen Ruinen einer frühchristlichen Basilika.

ROGAČ (43°24'N 016°18'E). Kleine Bucht und Dorf an der N-Küste der Insel Šolta. Straße (2 km) zum Ort Grohote.

Ansteuerung: Als Landmarken dienen der rote, viereckige Turm mit Galerie (rotes Feuer) auf Rt Bad, der Kirchturm in Grohote sowie ein rotbrauner Erdrutsch am W-lichen Huk. Bei der Ansteuerung achte man auf die Untiefe vor Rt Bad (WT: 4–5 m).

Liegeplätze: Die Bucht bietet Yachten von allen Seiten einen vor allen Winden (außer N-Winden und Seegang) geschützten Liegeplatz. Yachten bis zu 3 m TG können vor Buganker an die zwei Molenköpfe an der W-lichen Küste gehen. Der Ankerplatz für größere Yachten befindet sich im W-Teil der Bucht (WT: 12–16 m).

Versorgung: Hafenamt-Zweigstelle, Lebensmittel und Wasser, Tankstelle.

Autofähre: Rogač – Split.

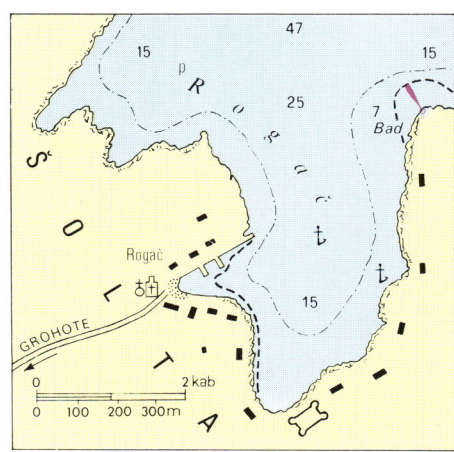

ROGAČ

Sehenswürdigkeiten: Überreste aus der Römerzeit (Befestigung, Fischweiher), Verteidigungsturm gegen die Osmanen (Ende XVII. Jh.). Im Dorf Grohote sind zahlreiche antike Bruchstücke in Hauswänden vermauert worden, auf dem Friedhof zwei frühchristliche Steinsärge, Wandmalereien (XIV. Jh.) in der Kirche des Hl. Michael (Sv Mihovil).

NEČUJAM (43°23'N 016°19'E). Bucht an der N-Küste der Insel Šolta, Feriensiedlung.

Ansteuerung: Wie bei Rogač.

Liegeplätze: Die Bucht ist N-Winden ausgesetzt. Am Kai (Betonblock mit einem hölzernen Steg) in der Bucht Supetar (WT: bis zu 4 m) können kleinere Yachten anlegen. Ein Ankerplatz für größere Yachten befindet sich in der Mitte der Bucht (WT: 25–40 m). Kleinere Yachten können im SW-Teil der Bucht vor Buganker liegen.

Ein Unterwasser-Kanalisationsrohr führt aus der Bucht Gaj (SE-lich der Landspitze Rat) in Richtung 156° (Länge 750 m).

Versorgung: Lebensmittel und Wasser in der Feriensiedlung.

Sehenswürdigkeiten: Überreste römischer Mauern im E-Teil des Hafens. Im Haus neben der Kirche hielt sich zeitweise der kroatische Dichter Marko Marulić (1450–1524) auf. Gedenksäule zu Ehren des Dichters Petar Hektorović (1487–1572).

STOMORSKA (43°22'N 016°21'E). Dorf und kleine Bucht an der N-Küste der Insel Šolta.

Ansteuerung: Als Landmarken dienen der rote eiserne Gitterturm (rotes Feuer) auf der äußersten Landspitze E-lich der Einfahrt und die Kapelle am nördlichen Abhang des Berges Vela straža.

Liegeplätze: Die Bucht ist von allen Seiten vor Winden geschützt, nur Bora wirft im Hafen Wellen auf. Festmachemöglichkeiten für kleinere Yachten sind an der Kaimauer (WT: 1–4,7 m) an der E-Seite der Bucht vorhanden.

Versorgung: Post; Lebensmittel und Wasser in beschränkter Menge.

Sehenswürdigkeiten: Wehrturm der Familie Cindro; auf dem Friedhof Bruchstücke antiker Steinsärge.

TATINJA (43°22'N 016°17'E). Die größte Bucht in der Mitte der S-Küste der Insel Šolta.

Ansteuerung: Bei der Ansteuerung achte man auf die folgenden zwei kleinen Klippen: Eine in der Nähe der W-lichen Landspitze der Einfahrt, die zweite ungefähr in der Mitte der Bucht vor der kleinen Halbinsel.

Liegeplätze: Yachten können am N-Ende der beiden Buchten ankern (WT: 2–4 m).

Versorgung: In Grohote (2 km).

INSEL BRAČ

SUTIVAN (43°23'N 016°29'E). Ort und kleiner Hafen an der N-Küste der Insel Brač.

Ansteuerung: Als Landmarken dienen der rote Rundturm mit Pfeiler und Galerie (rotes Feuer) auf dem Wellenbrecherkopf und der Kirchturm im Wäldchen an der rechten Einfahrtsseite.

Liegeplätze: Der Hafen ist von allen Seiten vor Winden, außer vor Bora, gut geschützt. Bei N- und NW-Winden läuft im Hafen erheblicher Schwell auf. Ein stärkerer N-Wind (sog. Tramontana) ist für Schiffe im Hafen gefährlich. Im Hafen können wegen geringer Wassertiefe (WT: 1,3–3 m) nur kleinere Yachten festmachen. Ein Ankerplatz (WT: 20–30 m) liegt vor dem Hafen (nur in der Sommerzeit geeignet).

Versorgung: Post und Ambulanz, Lebensmittel und Wasser.

Sehenswürdigkeiten: Frühchristliche Kirche (VI. Jh.), Schloß der Familie Marjanović (1777), Residenz der Familien Natali-Božičević (1505) und Definis (Anfang d. XIX. Jh., Sammlung von Kunstgegenständen); Sommerhaus des Dichters Jerolim

Kavanjin (erbaut um 1700); an der Küste eine alte Windmühle.

SUPETAR (43°23'N 016°33'E). Stadt und Hafen an der N-Küste der Insel Brač.

Ansteuerung: Als Landmarken dienen der rote stählerne Rundturm mit Pfeiler (rotes Feuer) auf dem äußeren Wellenbrecherkopf im Fährhafen, der grüne, viereckige Turm mit Pfeiler (grünes Feuer) auf dem Kopf des inneren (alten) Wellenbrechers, der Kirchturm in der Stadt und das Mausoleum mit einer weißen Kuppel auf der flachen, bewaldeten, kleinen Halbinsel W-lich von der Stadt.

Liegeplätze: Jugo, Bora und N-Winde (Tramontana) werfen starken Seegang auf. Vor allen Winden gut geschützt liegen die Yachten hinter dem Wellenbrecher. Das aber nur kurzzeitig, da hier der Fähranleger ist. Yachten bis zu 2 m TG können vor Buganker liegen. Ein geeigneter Ankerplatz (jedoch nur bei schönem Wetter) liegt vor dem Hafen (WT: 25 m).

Versorgung: Hafenamt-Zweigstelle, Post, Ambulanz und Apotheke, mehrere Hotels und Restaurants, Lebensmittel, Wasser aus der Leitung; Tankstelle, ca. 75 m vom Kai entfernt.

Autofähre: Supetar – Split.

Sehenswürdigkeiten: Überreste eines römischen Fischweihers, auf dem Friedhof frühchristliche Steinsärge, Kirche Mariä Verkündigung (Navještenje Marijino, eingeweiht 1738, Anbauten 1887), auf dem W-Kap das Mausoleum der Familie Petrinović

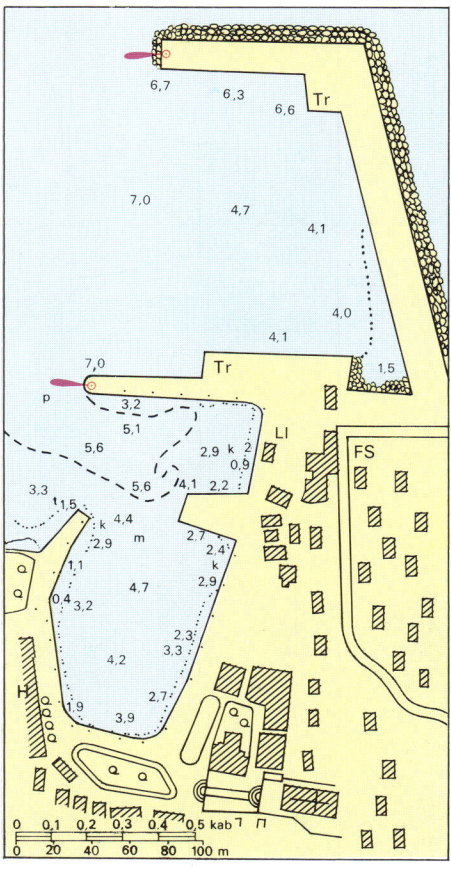

SUPETAR

(Werk des Bildhauers Toma Rosandić, 1927). In Donji Humac (9 km): Überreste altkroatischer Kirchen des Hl. Lukas und des Hl. Elias (Sv Luka und Sv Ilija, XI./XII. Jh.). In Nerežišća (10 km), ehem. Verwaltungszentrum von Brač: romanische Kirche der Madonna von Karmel (Gospa od Karmela, im 1593 im Barockstil restauriert), ein Steinsockel für die Standarte von 1545; Loggia (Renaissance), Kirchen: Hl. Nikolaus, Hl. Georg (Sv Juraj), Hl. Margarete (Übergangszeit Romanik/Gotik), Hl. Petrus (frühchristlich, Gotik), Hl. Theodor (frühchristlicher Bau, im XII./XIII. Jh. rekonstruiert).

In Blaca (18km): Einsiedlerkolonie oberhalb der Felswände, 1550 von Priestern aus Poljica gegründet; einige Gebäude; Kirche von 1558; kulturgeschichtliche Sammlung; astronomische Beobachtungsstation. Von Nerežišće (18 km) aus gibt es einen Bergpfad. Der Vidova Gora ist der höchste Gipfel (778 m) aller adriatischen Inseln, gute Aussicht.

SPLITSKA (43°23'N 016°36'E). Dorf und kleine Bucht in der Bucht Zastup an der N-Küste der Insel Brač.

Ansteuerung: Als Landmarken dienen der rote Turm (rotes Feuer) auf der E-Spitze der Bucht und der Kirchturm.

Liegeplätze: Geeigneter Ankerplatz für kleinere Yachten in der Bucht mit schönem Sandstrand und Kiefernwald. Sie ist dem N-Wind (Tramontana) ausgesetzt und daher bei beginnenden Vorzeichen dieses Windes zu verlassen.

An der W-Seite der Bucht besteht Ankerverbot (Unterwasserkabel).

Versorgung: Gemischtwarenhändler, Restaurant und Café im Dorf.

Sehenswürdigkeiten: Kirche Mariä Himmelfahrt (1228, im Barockstil restauriert), Burg Cerineo (1577). Oberhalb des Dorfes befinden sich jene Steinbrüche, aus denen die Steine für den Diokletianpalast gebrochen wurden.

Dorf Škrip (4 km): Zyklopenmauern aus der Illyrierzeit, römische Überreste; Kastell der Familie Cerineo von 1618; Barockkirche der Hl. Helena (Sv Jelena); auf dem Friedhof die frühromanische Kirche des Hl. Geistes (Sv Duh; XI./XII. Jh.). Im Kastel Radojković befindet sich das Museum der Insel Brač, ein reich ausgestattetes Heimatmuseum (3 km).

POSTIRA (43°23'N 016°38'E). Dorf und kleiner Hafen an der N-Küste der Insel Brač.

Ansteuerung: Beim Einlaufen dienen als deutliche Landmarken der viereckige Steinturm mit einer roten Kuppel (rotes Feuer) auf dem Wellenbrecher und die Dorfkirche.

Liegeplätze: Der Hafen ist lediglich N- und NW-Winden ausgesetzt, die im Hafen mäßigen Seegang aufwerfen. Yachten (bis zu 3 m TG) können entweder am Wellenbrecher anlegen oder vor Buganker liegen. Am S-Ufer des Hafens ist ein Slip.

Versorgung: Post, Ambulanz und eine Fischkonservenfabrik mit eigener Flotte. Lebensmittel und Wasser.

Sehenswürdigkeiten: Kirche des Hl. Johannes des Täufers (Sv Ivan Krstitelj, befestigte Apsis, umgebaut 1776).

In der Bucht Lovrečina Ruinen einer frühchristlichen Basilika (V./VI. Jh.); römische Funde und Steinbrücke in der Region von Rasohe.

PUČIŠĆA (43°22'N 016°44'E). Ort in einer tief ins Land eingeschnittenen Bucht an der N-Küste der Insel Brač.

Ansteuerung: Als Landmarken dienen der viereckige Steinturm mit Galerie (weißes Feuer) neben einem einstöckigen Haus, die Kapelle auf Rt Sv Nikola an der W-Seite der Einfahrt sowie ein weißer Steinbruch an der Ostseite der Einfahrt.

Liegeplätze: Die Bora weht in der Bucht sehr stark. Insbesondere ist die kleine E-Bucht diesem Wind ausgesetzt. Im Hafen können nur kleinere Yachten anlegen (im W-Zipfel der Bucht). Dort in der Einfahrt ist ein Ankerplatz (WT: 2,5–4 m), man achte aber auf Steinblöcke unter Wasser. Landleinen sollten stets ausgebracht werden.

Versorgung: Post, Ambulanz; Lebensmittel, Wasser, Treibstoff nur in beschränkter Menge.

Sehenswürdigkeiten: Romanisch-gotische Kirche des Hl. Georg (Sv Juraj, XIV. Jh.) bei der archäologischen Fundstätte Vela bračuta. Von den 13 ehemaligen, zum Schutz vor den Osmanen errichteten Kastellen blieben nur 4 in umgebauter Form erhalten; Kirche des Hl. Hieronymus (Sv Jerolim, 1614), Denkmal zu Ehren der Gefallenen des 2. Weltkrieges (1941–45). In der archäologischen Fundstätte Batak steht die Kirche Mariä Himmelfahrt (1382).

POVLJA (43°21'N 016°50'E). Dorf und weit ausgedehnte Bucht an der NE-Küste der Insel Brač.

Ansteuerung: Als Landmarken dienen der viereckige Steinturm (weißes Feuer) auf der Spitze E-lich von der Buchteinfahrt und die Kapelle Sv Ante. Bei der Einfahrt halte man mindestens 200 m von der Einfahrtsspitze ab, da ihre Umgebung flach ist.

Liegeplätze: Der Hafen ist von allen Seiten vor Winden geschützt, außer vor N- und NW-Winden. Die Bora weht stark, jedoch ohne bemerkenswerten Seegang aufzu-

PUČIŠĆA

PUČIŠĆA

128

werfen. Ein guter Ankerplatz befindet sich im Schutze der östlichen Einfahrtsspitze (WT: 30 m). Man sollte mit dem Bug nach NE ankern und Landleinen ausbringen. Ein für kleinere Yachten sehr geeigneter Platz – wohl einer der besten Ankerplätze in diesem Teil der Insel Brač – liegt in Luka, dem W-Arm dieser Bucht (WT: 14 m). Auch hier empfiehlt es sich, eine Landleine zur N-Küste auszubringen. Der innere Teil des Hafens Povlja ist mit einheimischen Booten belegt; die Außenseite der Pier dient der Linienschiffahrt.

Versorgung: Post und Ambulanz, Lebensmittel und Wasser.

Sehenswürdigkeiten: Frühchristliche Basilika mit einem Baptisterium (V./VI. Jh.),

SUMARTIN

[map]

das in die Kirche des Hl. Johannes des Täufers (XVIII.-XIX. Jh.) eingegliedert ist; neben der Kirche ein Wehrturm (XVI. Jh); in der Nähe römische Ruinen.

SUMARTIN (43°17'N 016°53'E). Dorf und kleiner Hafen im E-Arm der gleichnamigen Bucht an der E-Küste der Insel Brač.

Ansteuerung: Als Landmarken dienen das Dorf Selca oberhalb der Ortschaft Sumartin, der viereckige Steinturm mit einer Kuppel (weißes Feuer) an der E-lichen Einfahrtsspitze (Sumartin) und der rote Rundturm (rotes Feuer) am Wellenbrecherkopf.

Liegeplätze: Bora und Jugo (aus SSE) wehen hier mäßig. Starker Wellenschlag steht bei S- und SW-Winden besonders im E-Teil der Bucht. Am Wellenbrecher (WT: 1,5–2,5 m) können Yachten bis 12 m Länge, am West-Kai nur kleine Boote anle-

gen. Größere Yachten können am Ufer (WT: mind. 3 m) zwischen dem Wellenbrecher und dem Fährkai anlegen. Ein Ankerplatz für größere Yachten liegt in der Mitte der Bucht (WT: 30–38 m). Bei Bora sollten Landleinen ausgebracht werden.

Hinweis: Das Festmachen an der Mole in der kleinen Bucht SW-lich des Hafens von Sumartin sowie am Handelskai auf eine Länge von 80 m ist untersagt.

Versorgung: Hafenamt-Zweigstelle, Post, Ambulanz, Lebensmittel und Wasser in begrenzter Menge. Reparaturen an Yachten und Booten bei der Werft „Lučica". Privatwerkstätten für Wartung und kleinere Reparaturen an Bootsmotoren.

Sehenswürdigkeiten: Franziskanerkloster (XVII. Jh., Archiv, kulturgeschichtliche Sammlung) mit Kirche aus d. XVIII. Jh. In Selca (3 km): Kirche des Hl. Martin von 1911 mit Skulpturen von I. Meštrović; im Park die Büsten von L. Tolstoj (von J. Barda) und von Stjepan Radić (von A. Augustinčić); in der Nähe Reste einer prähistorischen Wallburg; altkroatische Kirche des Hl. Nikolaus mit Kuppel aus d. XI./XII. Jh. sowie die sog. „bunje" (runde steinerne Schutzhütten).

BOL (43°16'N 016°40'E). Siedlung an der S-Küste der Insel Brač, wichtigster Fremdenverkehrsort auf der Insel Brač.

Ansteuerung: Als Landmarken dienen der Glockenturm des Klosters, E-lich der Siedlung, und der viereckige Steinturm mit grüner Kuppel (grünes Feuer) auf dem Wellenbrecherkopf.

Beim Einlaufen aus W in den Hafen bleibt man S-lich des befeuerten Kardinalzeichens S, das 300 m S-lich vor Zlatni rat (43°15,6'N 016°40,0'E) auf einem Betonblock steht.

Liegeplätze: Der Hafen ist von allen Seiten vor Winden geschützt – außer vor SW-Winden, die starke Wellen aufwerfen. Die Bora weht stark und stoßartig aus allen Windrichtungen. Yachten bis zu 2 m TG

können am Wellenbrecher anlegen; an seiner W-Seite legen die Schiffe der Verkehrslinien an.

Ein Ankerplatz für größere Yachten befindet sich vor dem Hafen (WT: 20–25 m). Bei Bora sind Landleinen ans Ufer auszubringen.

Versorgung: Post, Ambulanz und Apotheke, große Weinkellerei und Sardellenpökelei.

Lebensmittel und Wasser, Tankstelle am Kai.

Sehenswürdigkeiten: Funde aus der Römerzeit (Überreste eines Wasserreservoirs), frühchristliche Steinsärge, Fragmente altkroatischer Flechtornamente in der Kirche des Hl. Johannes (XI. Jh). Im Hafen der Palast Jeličić (XV. Jh.), Kastell (XVII. Jh.), Kirche der Madonna von Karmel (Renaissance, Umbauten in der Barockzeit 1785). Östlich vom Ort das Dominikanerkloster mit Sammlung kunstgeschichtlicher Gegenstände und der Kirche des Hl. Dominikus (nach 1475, Gemälde der venezianischen Schule, kassettierte Decke mit Bildern des Barockmalers Tripo Kukolja, um 1710). Denkmal zu Ehren der gefallenen Widerstandskämpfer im 2. Weltkrieg (1941–45); Galerie „Branko Dešković" (zeitgenössische Kunst).

In Murvica: Oberhalb der Stadt die Grotte „Dragonjina spilja", eine Einsiedelei mit gemeißelten Figuren. In den Sommermonaten werden Musikveranstaltungen und die sog. „Ribarske fraje" (Fest der Fischer) durchgeführt.

MILNA (43°20'N 016°27'E). Siedlung am Ende der gleichnamigen, tiefeingeschnittenen Bucht an der W-Küste von Brač.

Ansteuerung: Als Landmarken dienen der weiße, viereckige Turm (rotes Feuer) auf Rt Bijaka, der weiße Stahlturm mit Galerie (grünes Feuer) auf der Insel Mrduja, sowie der Kirchturm am Ende der Bucht.

Liegeplätze: In der Bucht weht starke Bora aus E-Richtung. S- und SW-Winde

BOL (ZLATNI RAT)

wehen ebenfalls stark, ohne jedoch stärkeren Seegang aufzuwerfen. Nur der äußere Teil der Bucht ist N- und NW-Winden ausgesetzt. Yachten können an der Kaimauer festmachen (WT: 2,5–5 m); bei stärkeren NW-Wind liegt man besser vor Buganker oder vor Anker im Innenteil des Hafens, von

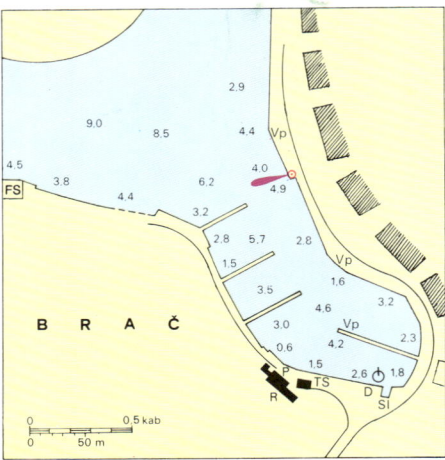

RT RAŽANJ: B Bl 5s 17m 13M

allen Seiten vor Winden und vollkommen vor Seegang geschützt. Für größere Yachten ist die Mitte des äußeren Buchtteils geeignet (WT: 18–30 m). Kleinere Yachten können in der Nähe von Rt Bijak ankern.

Ankerverbot besteht in der Buchteinfahrt.

Versorgung: Hafenamt-Zweigstelle, Post, Ambulanz und eine Fischkonservenfabrik. Lebensmittel (Mini-Markt) und Wasser. Tankstelle am Kai. Reparaturen führt die Werft „Brodoremont" am S-Ufer der Bucht aus.

Sehenswürdigkeiten: Kirche der Mariä

MILNA

Verkündigung (Gospa od Blagovijesti, 1783, mit barockem Inventar).

MARINA MILNA (ACI) (43°19,6'N 016°27,0'E) liegt am SE-Ende der Bucht Milna, gegenüber von Milna. Ganzjährig geöffnet.

MARINA MILNA

Liegeplätze: 170 Liegeplätze an der E- und SW-Küste und an 4 Schwimmstegen für Yachten bis zu 40 m Länge (WT: 2,5–6 m) und 30 Landstellplätze für Yachten bis zu 16 m Länge.

Versorgung: Marinabüro, Strom- und Wasseranschlüsse, Telefon, Restaurant, Pension, Snack-Bar, Geldwechsel, Lebensmittelgeschäfte (im Ort), Duschen/WC, Tankstelle (Diesel, Super) an der Werft (WT: 4,5 m).

Service: Kran (10 t), Slipanlage. Wartung und Reparaturen. Winterlager.

BOBOVIŠĆA (43°21'N 016°29'E). Bucht an der W-Küste der Insel Brač mit gleichnamiger Siedlung, in der Nähe des Dorfes Ložišća.

Liegeplätze: Die Bucht ist ein gut geschützter Liegeplatz für Yachten aller Größen. Der Innenteil der Bucht ist vor allen Winden geschützt; lediglich SW-Winde werfen starken Wellenschlag auf. Ein für größere Yachten geeigneter Ankerplatz liegt im äußeren Teil der Bucht (WT: 23 m). Er ist aber der Bora ausgesetzt. Kleinere Yachten ankern hier dicht unter der Küste, wo sie besseren Schutz finden.

Sehenswürdigkeiten: Befestigtes Sommerhaus der Familie Martinčević-Gligo; Kirche des Hl. Georg (Sv Juraj, 1693, restauriert 1914, im Pfarramt eine Sammlung alter Klöppelarbeiten). Auf der Anhöhe oberhalb des Ortes steht die frühmittelalterliche Kirche des Hl. Martin.

INSEL HVAR

DUGA (43°11,5'N 016°25'E). Bucht an der W-Küste der Insel Hvar. Der Bucht ist die gleichnamige kleine Insel vorgelagert.

Liegeplätze: Vor allen Winden geschützt, bietet die Bucht besonders vor Winden aus den NE- und SE-Quadranten geschützte Liegeplätze.

Kleinere Yachten ankern unter der Küste (WT: 12 m).

PRIBINJA (Vira) (43°12'N 016°26'E). Zweiarmige Bucht an der W-Küste der Insel Hvar, 2,7 sm E-lich von Rt Pelegrin.

Ansteuerung: Die Buchteinfahrt wird durch das Feuer auf Rt Galijola (weißer, runder Turm) gekennzeichnet.

In der Bucht selbst dienen zur Orientierung der rote Stahlturm mit Galerie (rotes Feuer) auf Rt Nezadovoljan und der weiße Stahlturm (grünes Feuer) auf dem Kopf der Pier.

Liegeplätze: Die Bucht ist vor allen Winden geschützt. Der Westzipfel der Bucht ist für die Autofähre reserviert. Der Ankerplatz ist in der Mitte der Bucht (WT: 15 m).

Versorgung: Lebensmittel und Wasser in begrenztem Umfang im Restaurant neben dem Fähranleger.

Autofähre: Pribinja (Vira) – Split.

STARI GRAD (43°11'N 016°35'E). Kleine Stadt und Hafen am Ende der Bucht Stari Grad (Starigradski zaljev) an der N-Küste der Insel Hvar.

Ansteuerung: Als Orientierung dienen die Hotelsiedlung an der linken Seite der Ha-

feneinfahrt hinter der Mole, der Kirchturm im Ort, der weiße Turm mit Pfeiler und Galerie (weißes Feuer) auf Rt Kabal, der grüne Turm mit Pfeiler und Galerie (grünes Feuer) am Kopf des neuen Fähranlegers „Zelenikovac" (1,1 sm W-lich des Hafens), der weiße viereckige Turm mit Pfeiler und Galerie (grünes Feuer) auf Rt Fortin, der weiße Pfeiler (rotes Feuer) auf dem alten Fähranleger (E-Ecke) und der grüne Stahlturm (grünes Feuer) am W-Ende der Mole.

Hinweis: Beim Anlegen im Hafen achte man auf die in der Nähe des vierten Pollers nur 1,5 m unter Wasser liegenden Steinblöcke sowie auf die in der Nähe der Anlegestelle durch eine Kardinaltonne gut markierte Untiefe.

Liegeplätze: Bora spürt man in der Bucht nicht, nur W-Winde sind unangenehm, da die Bucht gegen W offen ist. Bei plötzlich auftretendem starkem Jugo steigt der Wasserstand im Hafen manchmal sehr rasch. Eine Anlegestelle für Yachten liegt am S-Kai (WT: 3,5m). Kleinere Yachten können am E- oder N-Kai vor Buganker liegen (WT: 3 m). Längs des Ufers befindet sich eine Anzahl von Pollern. Ein guter Ankerplatz für Yachten befindet sich NE vor Rt Fortin (WT: 6–8 m).

Die vor der Bora am besten geschützten Plätze findet man unter dem NE-Ufer: kleine Yachten ankern in der Bucht Zavala oder verlegen in die Bucht Tiha. Vor S-Winden liegt man am besten geschützt in Gradišće, Sv Ante, in der Bucht Maslinica oder vor Buganker im Hafen Stari Grad.

Im Inneren der Bucht wurde eine neue Fährpier gebaut (WT: ca. 4,5 m).

Versorgung: Hafenamt-Zweigstelle, Post, Ambulanz, Apotheke, Lebensmittel und Wasserhydrant am Kai, Weinkellerei und Geschäfte, Slipanlage für kleine Yachten am N-Kai.

Die örtliche Werft führt Reparaturen an Holz- und Kunststoffbooten aus. Zwei Werkstätten führen Wartung und kleinere Reparaturen an Motoren aus.

Autofähre: Stari Grad – Split.

Sehenswürdigkeiten: Spuren von illyrischen Zyklopenmauern (IV. Jh.v.Ch.), Reste einer römischen Villa rustica in der Region von Pod Dolom, frühchristliches Baptisterium neben der Kirche des Hl. Johannes (XII. Jh.), Tvrdalj (befestigtes Sommerhaus des Dichters Petar Hektorović, um 1520, Fischteich, ethnographische und geschichtliche Sammlung), das Hektorović-Denkmal, Kirche des Hl. Stephan (1605, liturgisches und künstlerisches Inventar) mit Glockenturm (1753), Dominikanerkloster (1482, restauriert 1682, Archiv, Bibliothek, Sammlung von Kunstwerken, Münzen- und Fossiliensammlung, Archäologische Funde), der Škor-Platz im Barockstil, Patrizierhäuser der Familien Gelineo-Bervaldi (XVI.-XVII. Jh.). Bučić-Machiedo (XVII.-XVIII. Jh.), Politeo (XVII. Jh.). Im Haus von Juraj Biankini eine Marine- und Geschichtssammlung, Galerie „Josip Plančić".

STARI GRAD

STARI GRAD

VRBOSKA (43°11'N 016°40,5'E). Ort und kleine Bucht an der N-Küste von Hvar, am Ende einer tiefen und engen Bucht.

Ansteuerung: Landmarken sind die graue N-Seite der Einfahrt am Rt Glavica, der viereckige Steinturm (weißes Feuer) am E-Ende der Insel Zečevo, der rote Stahlturm (rotes Feuer) auf dem Kopf des E-lichen Wellenbrechers in Jelsa, der weiße, eiserne Rundturm mit Pfeiler und Galerie (weißes Feuer) auf Rt Križ und der rote Pfeiler (rotes Feuer) an der SE-Ecke der Mole.

Liegeplätze: Bora und Jugo spürt man im Hafen, jedoch liegen die hier vertäuten Yachten sicher. Bei stärkeren SE-Winden entstehen kleinere Wellen. Bei äußerst starkem Jugo kommt es zu raschem Ansteigen des Wasserstandes (bis zu 2 m!) und starker, nicht ungefährlicher Strömung. Kleinere Yachten können entweder am Kai anlegen oder vor Buganker liegen (WT: 2,5–3 m). Der Ankerplatz ist im äußeren

VRBOSKA

(43°10'N 016°42'E). Stadt und Hafen an der N-Küste der Insel Hvar.

Ansteuerung: Die Stadt ist leicht zu erkennen anhand der auffälligen Gebäude des Hotelkomplexes an beiden Seiten der Hafeneinfahrt und der Friedhofskirche mit ihrem Glockenturm an der E-Seite der Einfahrt.

Weitere Landmarken sind der rote runde Stahlturm (rotes Feuer) auf dem Wellenbrecher vor dem Friedhof und der achteckige Steinturm mit einer Kuppel (grünes Feuer) auf dem Kopf des N-lichen Wellenbrechers.

Liegeplätze: Im Innenteil des Hafens liegen Schiffe vor allen Winden geschützt, nur der S-Teil ist starker Bora ausgesetzt. Der äußere Teil des Hafens ist N-Winden und der Bora sehr ausgesetzt. Sie bewirken Schwell. An die Kaimauer im Hafen können nur kleinere Yachten vor Buganker liegen (WT am Kai: 1,6–3,4 m). Der innere Teil des Hafens ist mit einheimischen Booten belegt.

Die S-Mole ist für den Linienverkehr vorgesehen. Ein Ankerplatz liegt ca. 250 m NE-lich vom Wellenbrecher (WT: 12 m); er ist bei Bora in den Wintermonaten nicht zu empfehlen.

Versorgung: Hafenamt-Zweigstelle, Post, Ambulanz und Apotheke, Selbstbedienungsladen, Wasserhydrant am Kai, Tankstelle ca. 300 m vom Ufer. Kleiner Slip ist im S-Teil des Hafens. Im Norden des Orts – hinter Rt Glavica – liegt die FKK-Siedlung „Zečevo".

Veranstaltungen: Ende August findet alljährlich das Weinfest von Jelsa (Jelšanska fešta vina) statt.

Sehenswürdigkeiten: Kirchen: Hl. Fabian und Sebastian (1331, restauriert und befestigt 1535) und Hl. Johannes (Barock). Marktplatz mit Renaissance- und Barockhäusern.

Friedhof mit der Kirche des ehemaligen Augustinerklosters (XVI./XVII. Jh., daneben die Ruinen einer Verteidigungsmauer aus d. XI./XII. Jh.). Auf dem Hügel Tor stehen die Reste eines griechischen Wachturmes (IV. Jh. v.Chr.).

MARINA VRBOSKA

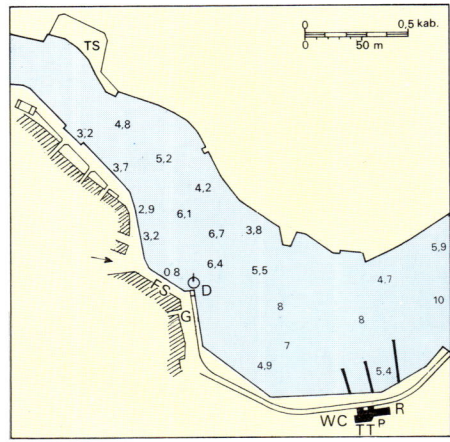

Hafenteil unter der N-Küste (WT: 24–27 m); bei Bora sind Landleinen wegen des nicht haltenden Ankergrundes ans Ufer auszubringen.

Versorgung: Post; Lebensmittel und Wasser, Restaurant.

Sehenswürdigkeiten: Kirchen: Hl. Maria (1465, befestigt), Hl. Laurentius (Sv Lovro, 1571, im Barockstil restauriert im XVII. Jh., Gemälde venezianischer Maler), Hl. Petrus (1469).

MARINA VRBOSKA (ACI) (43°10,8'N 016°41,0'E) liegt an der S-Küste des äußeren Teiles der Bucht Vrboska. Ganzjährig geöffnet.

Liegeplätze: 75 Liegeplätze für Yachten bis zu 16 m Länge und 30 Landstellplätze.

Versorgung: `Marinabüro, Wasser- und Stromanschlüsse, Telefon, Restaurant oberhalb der Marina, Duschen/WC, Parkplatz für PKW, Tankstelle (Diesel, Super) am Kai.

Service: Kran (5 t), technischer Service, kleine Bootswerft am gegenüberliegenden Ufer (300 m) mit Slipanlage.

JELSA

JELSA

POKRIVENIK (43°09'N 016°53'E). Bucht in der Mitte der N-Küste der Insel Hvar.

Ansteuerung: Die Landspitzen Tanki rat

und Zaraće sind mit mindestens 300 m Abstand zu umfahren.

Liegeplätze: Die Bucht ist der Bora und den N-Winden ausgesetzt, vor anderen Winden jedoch geschützt. Der SE-Teil der Bucht ist teilweise auch vor Bora geschützt. Kleinere Yachten können an der Pier an der E-Küste der Bucht anlegen. Der beste Ankerplatz ist im SE-Teil der Bucht.

SUĆURAJ (43°07,5'N 017°11,5'E). Dorf und kleiner Hafen in der gleichnamigen Bucht am äußersten E-Ende der Insel Hvar.

Ansteuerung: Als Landmarken dienen der viereckige Steinturm mit Galerie (weißes Feuer) auf Rt Sućuraj neben dem Wärterhaus; der rote runde Stahlturm (rotes Feuer) auf dem Wellenbrecherkopf und das niedrige, weiße Haus mit grünem Schornstein an der N-Küste der Bucht vor dem Dorf.

Hinweis: Beim Einlaufen und Anlegen achte man auf den unter Wasser befindlichen Teil des Wellenbrechers und den an der SE-Seite der kleinen Pier versenkten Steinblock.

Liegeplätze: E und SE-Winde werfen schwere See im Hafen auf. Anhaltende N-liche Winde senken den Wasserstand im Hafen beträchtlich. Kleinere Yachten können an der kleinen Mole für die Fähre vor Buganker liegen, außerdem an der Innenseite des Wellenbrechers oder an der Kaimauer vor dem Hafenamt anlegen (WT: 2–3,5 m).

Versorgung: Hafenamt-Zweigstelle, Post, Ambulanz und Fischkonservenfabrik, Lebensmittel und Wasser, Sportfischerverein „Pagar".

Sehenswürdigkeiten: Erhaltener Teil eines Augustinerklosters (1573, jetziges Pfarramt), Kirche des Hl. Antonius (1664) mit einem pittoresken Vorplatz. Befestigungen von 1631.

MRTINOVIK (43°07'N 017°06'E). Bucht an der S-Küste der Insel Hvar, 4,4 sm W-lich von Rt Sućuraj.

Liegeplätze: Die Bucht ist vor allen Winden geschützt, außer vor denen aus den SE- und SW-Quadranten, die jedoch keinen bedeutenden Seegang aufwerfen. Ein Ankerplatz liegt in der Mitte der Bucht.

Versorgung: In Sućuraj.

ZAVALA auch **PITAVSKA PLAŽA** (43°07'N 016°42'E). Dorf und kleiner Hafen an der S-Küste der Insel Hvar, gegenüber der Insel Šćedro. Über einen Tunnel mit den Orten an der N-Küste verbunden.

Liegeplätze: Der Hafen ist vor allen, außer SW-Winden geschützt. Kleinere Yachten können an der Innenseite des Wellenbrechers (WT: 2–6m) anlegen. Ankerplatz mit Sandgrund (WT: 3–4 m).

Versorgung: Lebensmittelgeschäft und Restaurant, Wasser aus Zisternen.

HVAR UND INSELN PAKLENI OTOCI

MILNA (43°09,5'N 016°29'E). Bucht an der S-Küste der Insel Hvar.

Hinweis: Vor der NW-Spitze liegen felsige Untiefen.

Liegeplätze: Vor N-lichen Winden gut geschützter Liegeplatz für kleinere Yachten (WT: bis zu 2 m).

Sehenswürdigkeiten: Kapelle der Hl. Maria Magdalena (Gotik/Renaissance, XV. Jh.), teilweise befestigtes Sommerhaus mit Kapelle der Familien Ivanić und Boglić-Božić (XVII. Jh.).

HVAR (43°10,5'N 016°27'E). Stadt, Fremdenverkehrszentrum und Hafen an der S-Küste der Insel Hvar. In der Saison (1.4.–31.10.) geöffnete Seegrenzübergangsstelle

Ansteuerung: Als Landmarken dienen der Steinturm auf einem Sockel (weißes Feuer) auf Rt Pelegrin (W-Spitze der Insel Hvar), der viereckige Steinturm oberhalb eines Hauses (weißes Feuer) auf der Insel Pokonji dol, der rote Turm mit Pfeiler und Galerie (rotes Feuer) am NE-Rand der In-

HVAR

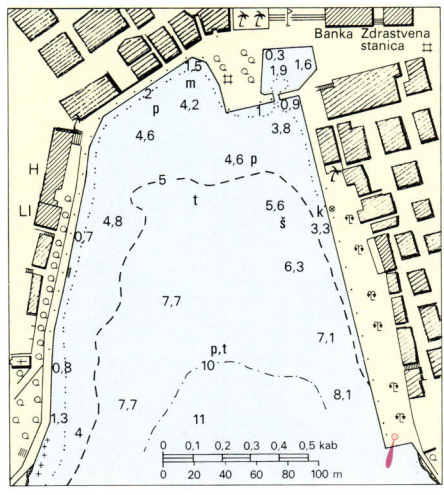

sel Jerolim, die Festungen Španjol und Sv Nikola, der Fernsehmast W-lich von der Stadt und die Insel Gališnik mit einem viereckigen Steinturm (grünes Feuer) an der S-Seite.

In der Durchfahrt zwischen der Insel Gališnik und Rt Križni rat ist das Ankern verboten.

Liegeplätze: Der Hafen ist NW-Winden ausgesetzt. S-Winde, besonders Jugo, werfen im Hafen unangenehmen Seegang und Schwell auf. Der S-Teil des Kais ist für den Lokalverkehr reserviert. Yachten bis zu 2,5 m TG können am W-lich des kleinen Hafens Mandrač liegenden Kai vor Buganker liegen. Ein Ankerplatz für größere Yachten liegt N- und NW-lich der Insel Gališnik (WT: 20–25 m). Kleinere Yachten ankern in der Hafenmitte (WT: 8–10 m) und bringen eine Landleine zu den Pollern am W-Ufer aus. Yachten liegen ebenso günstig in der Marina Palmižana auf der Insel Sv Klement (Pakleni Otoci).

Versorgung: Hafenamt-Zweigstelle, Zollamt, Post, Ambulanz und Apotheke, Sportfischerverein „Pelegrin" und Yachtclub „Zvir".

Frische Lebensmittel in Geschäften und Selbstbedienungsläden. Wasser aus Zapfstellen am NE-Kai, Tankstelle an der Pier im E-Hafen (Križna luka). Kleinere Reparaturen können arrangiert werden, 5 m breiter Slip.

Sehenswürdigkeiten: Stadtmauern (nach 1278, Anbauten ab XV. Jh.), Stadtkastell (XIII. Jh., an dessen Stelle steht heute das Hotel „Palace", erbaut 1903), städtischer Uhrturm Leroj (1476, umgebaut), Festung Španjol (109 m, von 1551), Festung Sv Nikola (Bastion „Napoleon", 241 m, von 1806), Hafen (der Ausbau begann 1455, als Zufluchtshafen im Winter für die ostadriatische Flotte Venedigs), Arsenal für die Galeere der Stadt Hvar (1579–1611), daneben das Fontik (ehem. Getreide- und Lebensmittelmagazin von

133

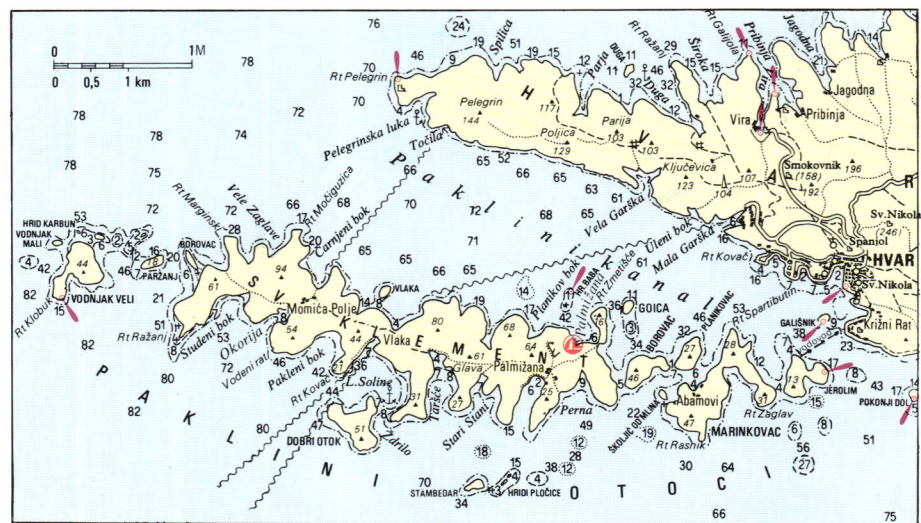

HVAR UND INSELN PAKLENI OTOCI

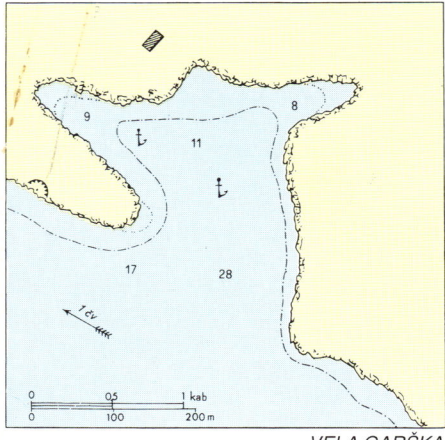

VELA GARŠKA

1612, Historisches Archiv, Galerie moderner kroatischer Malerei, die Galionsfigur „Pulena" der Galeeren von Hvar, die in der Seeschlacht von Lepanto 1571 mitkämpften), über dem Arsenal das Theater (1612, eines der ältesten erhaltenen, restauriert im 1803 und 1900), Kathedrale des Hl. Stephan (XIV. Jh., Neubau im XVI.-XVII. Jh., Inventar aus d. XV.–XVII. Jh., Chorstühle aus Gotik und Renaissance, Schatzkammer) mit dem Glockenturm (XVII. Jh.). – Inmitten des Platzes der Stadtbrunnen (1529); Paläste: der Familien Paladini, Hektorović (XV.Jh., unvollendet),

Grgurić, Lucić, Vukašinović, Sommerresidenz des Dichters Hanibal Lucić; Stadtloggia (von Tripun Bokanić, Anfang d. XVII. Jh.), Kirche des Hl. Markus (erhaltene Mauern und Glockenturm von 1550, Archäologische Funde), auf der Halbinselspitze ist der Kirchturm der Hl. Venerando (heute eine Freilichtbühne). Im SE-Teil der Stadt ein

Franziskanerkloster (1461–64, Renaissance-Kreuzgang und Klosterrefektorium, bedeutende Sammlung von Bildern, illustrierte Handschriften, Navigationskarten, Stickereien; Archiv, Bibliothek) mit der Kirche der gnadenreichen Muttergottes (Gospa od milosti, 1465, restauriert 1571, drei Polyptychen, geschnitzte Chorstühle, Bilder italienischer Maler).

Südlich des Hafens gibt es auf der Insel Jerolim (Pakleni Otoci) einen FKK-Strand.

VELA GARŠKA (43°11'N 016°25'E). Bucht an der S-Seite des westlichsten Teils der Insel Hvar, im Pakleni-Kanal, ca.1,6 sm W-lich vom Hafen Hvar.

Ansteuerung: Als Orientierungshilfe bei der Einfahrt am Tage kann die kleine Höhle im Felsufer neben der W-Spitze der Einfahrt in die Bucht dienen. Beim Einlaufen halte man sich dicht unter der E-Küste.

Liegeplätze: Die Bucht mit mehren klei-

nen Nebenbuchten bietet guten Schutz bei Winden aus NE und SE. Der Jugo weht heftig, er wirft jedoch keinen stärkeren Seegang auf. Kleinere Yachten können an der kleinen Mole (WT: 2 m) im W-Teil der Bucht anlegen, oder vor Buganker mit zur Ausfahrt gerichtetem Bug liegen.

Versorgung: In der Stadt Hvar.

INSELN PAKLENI OTOCI

PALMIŽANA (43°09,5'N 016°24'E). Sehr reizvolle Bucht an der N-Küste der Insel Sv Klement, 2 sm W-lich von der Stadt Hvar.

Ansteuerung: Beim Ansteuern achte man auf das vor der Einfahrt liegende unbefeuerte Riff Baba (1 m über Wasser, weiße Blitze).

Liegeplätze: Die Bucht bietet vor allen Winden und Seegang gut geschützte Liegeplätze. Geeignete Ankerplätze liegen unter der E-Küste und besonders im SW-Teil der Bucht (Landleine zu den Felsen am Ufer ausbringen); WT: 6–15m. Die Pier im SW der Bucht ist für den Linienschiffsverkehr vorgesehen.

Versorgung: In der Marina und in der Stadt Hvar.

MARINA PALMIŽANA (ACI) (43°09,8'N 016°23,8'E) liegt in gleichnamiger Bucht an der N-Küste der Insel Sv Klement (Pakleni Otoci). Nur während der Sommersaison (vom 1. April bis 30. September) geöffnet.

Liegeplätze: 190 Liegeplätze an Schwimm-

MARINA PALMIŽANA

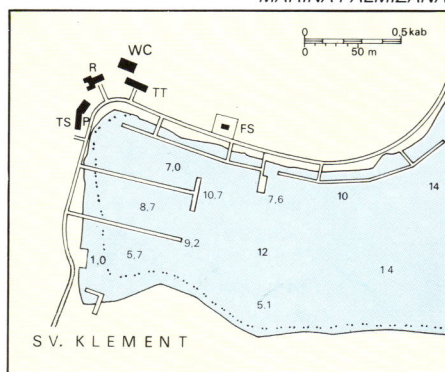

MARINA PALMIŽANA

stegen. WT vor der W-Küste 2 m, an der N-Küste 7 m, in der Mitte der Bucht 12–20 m. Die kleine Mole im SW-Teil der Bucht bleibt den Booten von Einheimischen vorbehalten.

Versorgung: Marinabüro, Wasser- und Stromanschlüsse, Restaurant, Mini-Markt, Geldwechsel, Duschen/WC, Butangas, Werkstatt für Wartung und Reparaturaufträge, Taxiboot Palmižana – Hvar.

SOLINE (43°09,5'N 016°22'E). Ausgedehnte Bucht an der S-Küste der Insel Sv Klement (Inselgruppe Pakleni Otoci).

Liegeplätze: S- und SW-Winde werfen hier erheblichen Seegang auf. Ein Ankerplatz für größere Yachten liegt NE-lich der Insel Dobri (WT: 32 m), ist jedoch als Dauerliegeplatz ungeeignet.

Versorgung: Begrenzte Einkaufsmöglichkeiten im Dorf Vlaka (ca. 400 m).

INSEL ŠĆEDRO

LOVIŠĆE (43°06'N 016°42,5'E). Dorf und Bucht an der N-Seite der Insel Šćedro.

Ansteuerung: Als guter Orientierungspunkt dient der rote Turm mit Pfeiler und Galerie, E-lich der Einfahrt.

Liegeplätze: Ein gut geschützter Ankerplatz, außer vor N-lichen Winden, die hier sehr heftig wehen und Schwell aufwerfen. Je nach Windrichtung ankern kleinere Yachten in einer der drei Buchten: Rake, Srida, Lovišće; dabei sind Landleinen zu den Pollern oder Felsen am Ufer auszubringen. Größere Yachten ankern in der Mitte der Bucht (WT: 26 m).

MANASTIR oder **MOSTIR** (43°05,5'N 016°42,6'E). Bucht an der N-Küste der Insel Šćedro, E-lich der Bucht Lovišće.

Liegeplätze: Wie Lovišće nördlichen Winden ausgesetzt, aber ein guter und geschützter Liegeplatz bei Wind und Wellen aus S. An der kleinen Pier am Ende der Bucht können nur kleine Yachten vor Buganker liegen (am Kopf der Pier WT: ca.1 m).

Sehenswürdigkeiten: Ruinen eines Dominikanerklosters (XVI. Jh., aufgegeben im XVIII. Jh.), Kirche der Hl. Maria (XII./XIII. Jh., später eingegliedert in den Bau einer Renaissance-Kirche).

INSEL BIŠEVO

BIŠEVSKA LUKA (42°59'N 016°00'E). Bucht an der W-Küste der Insel Biševo.

Liegeplätze: Die Bucht kann Yachten nur als zeitweiliger und vorübergehender, vor Bora geschützter Liegeplatz dienen; bei Auftreten aller anderen Winde (besonders W- und SW-Winde) ist sie sofort zu verlassen. Auch bei Jugo ist sie ungeeignet, da dieser Wind oft in SW-Wind umschlägt. Ein Ankerplatz für kleinere Yachten befindet sich im Inneren der Bucht (WT: 5–10 m)

Versorgung: Der Ort Polje liegt landeinwärts.

MODRA SPILJA (BLAUE GROTTE) – BIŠEVO

BALUN (42°58,5'N 016°01'E). Bucht an der E-Küste der Insel Biševo.

Sehenswürdigkeiten: In der Bucht liegt die als Sehenswürdigkeit bekannte „Blaue Grotte" („Modra spilja"). Bei ruhiger See dringen um die Mittagszeit die Sonnenstrahlen durch eine unter Wasser liegende Öffnung in die Grotte ein, sie reflektieren sich am weißen Grund, beleuchten die Höhle mit blauem Licht und lassen Gegenstände im Wasser silbern glänzen. Die Fahrt in die Grotte ist nur mit kleinen Booten möglich.

INSEL VIS

VIS (43°04' N 016°11'E). Stadt und Hafen an der N-Küste der Insel Vis. In der Saison (1.4.–31.10.) geöffnete Seegrenzübergangsstelle.

Ansteuerung: Als Landmarken dienen der Leuchtturm Stončica, ein Steinturm oberhalb des Wärterhauses (weißes Feuer) auf Rt Stončica, der Betonturm mit Galerie

(rotes Feuer) auf der Klippe Krava (E-lich vom Eingang), der achteckige Steinturm (weißes Feuer) auf der Insel Host, der weiße Turm mit Galerie (weißes Feuer) auf der Klippe Volići sowie die weit sichtbaren Ruinen der Befestigungsbauten an beiden

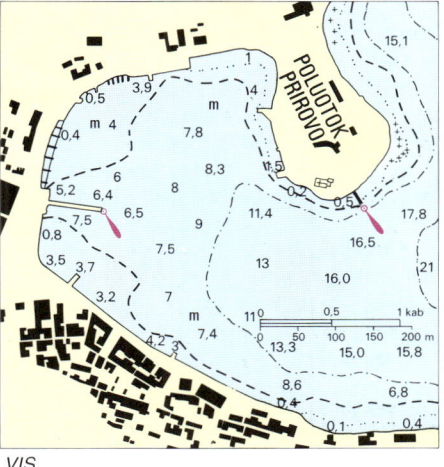
VIS

VIS

KOMIŽA

PALAGRUŽA

Seiten der Einfahrt, von denen das Fort Wellington an der E-Seite auf einem Hügel und das Fort Torjan an der gegenüberliegenden W-Seite der Einfahrt liegen, und schließlich der weiße Turm (rotes Feuer) auf dem Kopf des Fähranlegers. Beim Einlaufen achte man auf die Klippen Krava und Volići sowie auf die Insel Host.

Hinweis: Das Befahren und jede Art von Unterwassertätigkeit ist untersagt in einem kreisförmigen Gebiet (Radius: 500 m), dessen Mittelpunkt auf 43°03,0'N 016°15,2'E liegt.

Liegeplätze: Der Hafen ist der Bora ausgesetzt, die hier heftig weht und beträchtlichen Seegang aufwirft. Auch der Jugo weht hier in heftigen Böen. Bei anhaltenden S-

Winden kann der Wasserstand im Hafen erheblich ansteigen. Die E-Küste der Bucht ist dem Seegang aus der NW-Richtung ausgesetzt. Liegeplätze für Yachten befinden sich im SW-Teil des Hafens (WT: 3–4 m). In der SW-lichen Bucht Kut können Yachten bis zu 2 m TG längs der Kaimauer anlegen. Größere Yachten ankern auch in der Bucht Kut (außer bei N- und NW-Winden); bei Bora und Jugo suche man den Ankerplatz W-lich der Halbinsel Pirovo auf.

Ankerverbot besteht wegen eine Unterwasser-Abwasserkanals im W-Teil des Hafens. Die Leitung liegt 300 m vor der Küste und E-lich des Hotels „Issa".

Versorgung: Hafenamt-Zweigstelle, Zollamt, Post, Ambulanz und Apotheke, meh-

rere Hotels, Lebensmittelgeschäfte und Selbstbedienungsläden, Wasser in beschränkter Menge, Tankstelle an der kleinen Pier im NW-Teil des Hafens.

Autofähre: Vis – Split.

Sehenswürdigkeiten: Im Stadtteil Gradina Überreste der antiken griechischen Stadt Issa, Stadtmauern, zahlreiche Funde), Überreste römischer Stadtmauern, Thermen und Mosaike aus d. I. Jh., auf der Halbinsel Pirovo Reste eines römischen Theaters und Thermen (an dieser Stelle wurde im XVI. Jh. ein Franziskanerkloster erbaut). Stadtpaläste: Renaissance-Palast Garibaldi (1552), Sommerhaus des Dichters Marin Gazarović (frühes XVII. Jh.), das Haus Dojmi-Delupis (Sammlung antiker Funde). Am Rande der Stadt stehen vier Wehrtürme (XVII. Jh.). Kirchen: Madonna von Spilice (Gospa od Spilice, um 1500), Hl. Zyprian (XVI. Jh., im Barockstil 1742 restauriert, kassettierte Decke), Hl. Geist (Sv Duh, Anfang des XVII. Jh). Englische Befestigungen (Anf. XIX. Jh.): George Wellington, Bentinck, Robertson.

In der ehemaligen österreichischen Kaserne Baterija sind das Archäologische Museum und das Museum der Revolution. Mehrere Gedenkstätten zur Erinnerung an die Ereignisse in Vis zur Zeit des 2. Weltkrieges (1941–45). Titos Grotte (Sitz des Oberkommandos der Volksbefreiungsarmee und des Komitees zur Befreiung Jugoslawiens, ca. 5 km).

Im 2. Weltkrieg war die Insel Vis 1943–44 der Hauptstützpunkt der Marine und vom 8. Juni bis Mitte September 1944 der Sitz des Generalstabs der Volksbefreiungsarmee und der Partisanen sowie des Nationalkomitees unter der Führung von Marschall Tito. Von hier wurden die Operationen zur Befreiung Dalmatiens geleitet.

STONČICA: B Bl 15s 38m 30M

KOMIŽA (43°03'N 016°05'E). Städtchen und ausgedehnte Bucht an der W-Küste der Insel Vis. In der Saison (1. 4.–31. 10.) geöffnete Seegrenzübergangsstelle.

Ansteuerung: Als Landmarken dienen der weiße Steinturm (weißes Feuer) auf der Insel Barjak Mali, die Kirche Sv Nikola SE-lich von der Siedlung (Höhe 57 m), der viereckige Steinturm (weißes Feuer) auf Rt Stupišće, der rote Turm mit einer Galerie (rotes Feuer) auf der Insel Biševo (Rt Kobila) und der grüne Gitterturm mit Pfeiler

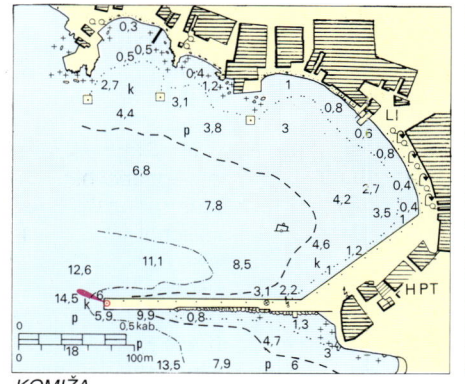

KOMIŽA

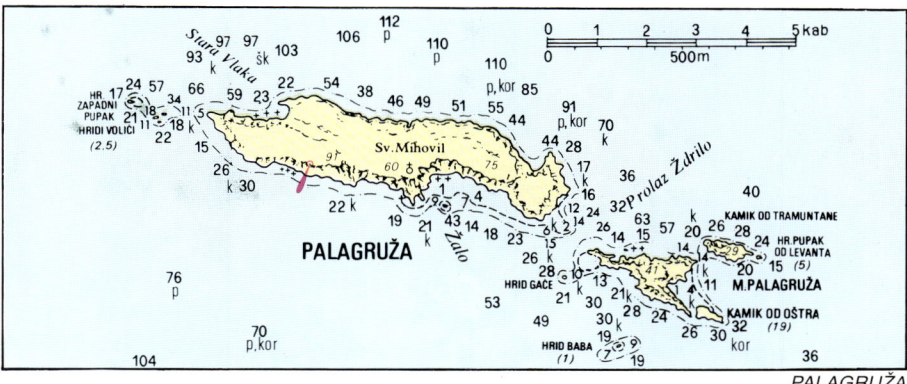

PALAGRUŽA

und Galerie (grünes Feuer) auf dem Wellenbrecherkopf.

Liegeplätze: Die Bucht ist Winden von W und SW, die hohen Seegang aufwerfen, ausgesetzt. Hinter dem Wellenbrecher (Länge 180 m, WT: 2–5 m) liegen kleine Yachten an 32 Liegeplätzen vor diesen Winden sowie vor Jugo und Bora gut geschützt. Yachten können an der Innenseite des Wellenbrechers anlegen; sie haben aber den vorderen Teil des Wellenbrechers freizulassen, da dieser für den lokalen Schiffsverkehr bestimmt ist. Kleinere Yachten können auch vor Buganker am NE-lich vom Wellenbrecher liegenden Kai liegen. Ein guter Ankerplatz befindet sich 500 m W-lich und 850 m S-lich vom Hafenfeuer (WT: 30 m), der jedoch bei Bora unsicher ist.

Versorgung: Hafenamt-Zweigstelle, Zollamt, Post, Ambulanz, Apotheke und Fischkonservenfabrik mit eigener Flotte, Lebensmittelgeschäfte und Selbstbedienungsladen, Hotel „Biševo", Bootsverleih, Wasser und Treibstoff am Kai, Tankstelle im Hafen Vis.

Service: Reparaturen an Holzbooten bei der Bootswerft „Neptun" mit Slipanlage. Motor-Service und -Reparaturen in der Werkstatt der Firma für Fischfang und Fischverarbeitung „Neptun".

Sehenswürdigkeiten: Im Hafen ein Kastell (1585), das Renaissancehaus „Zanetova kuća" (XVI. Jh.); Kirchen: Muttergottes der Piraten (Gospa Gusarica, eine Votivkirche der Fischer, errichtet Ende d. XVI. Jh.); Hl. Nikolaus (XI.-XV. Jh., restauriert 1696) im Bereich der ehem. Benediktinerabtei (die kleine Kirche, sog. „Mustar", Abwehrmauern und Turm, sakrale Sammlung), Hl. Michael (Sv Mihovil, X./XI. Jh. auf dem Bergpaß, 310 m). Kunstgalerie „Đuro Tiljak", Fischereimuseum.

PALAGRUŽA (42°23,5'N 016°15,6'E). Größte Insel der gleichnamigen Inselgruppe. Ungefähr in der Mitte der Adria, zwischen Kroatien und Italien. Sie ist steil, felsig, fast ohne Vegetation und kaum bewohnt.

Ansteuerung: An der W-Seite sind die Felsen Volići und Pupak. Die Buchten Stara Blaha und Žalo sind nur kleinen Booten zugänglich. Das Feuer von Palagruža (weiße Blitze) steht auf der höchsten Erhebung der Insel (103 m, 26 sm). Etwa 20 m weiter E-lich steht eine weiße Säule mit rotem Gleichtaktfeuer auf einem Wohnhaus. Dieses Feuer leuchtet alle Gefahrenstellen ESE-lich der Insel aus.

MALA PALAGRUŽA, Insel, SE-lich von Palagruža, umgeben von zahlreichen Felsen, Riffen und Untiefen. Benachbarte Inseln sind Kamik od Tramuntane und Kamik od Oštra.

Die Insel Galijula liegt 3 sm ESE-lich. Bei den zahlreichen Gefahrenstellen vor der Küste ist insbesondere auf den Pupak-Felsen zu achten, der bereits aus der Entfernung an dem unruhigen Wellenbild leicht zu erkennen ist.

HAFENAMT PLOČE

HÄFEN AM FESTLAND

PLOČE (43°03'N 017°25,6'E). Stadt und Handelshafen, NW-lich der Neretva-Mündung. Ganzjährig geöffnete Seegrenzübergangsstelle.

Ansteuerung: Als Landmarken dienen der rote Turm mit Pfeiler und Galerie (weißes Feuer) auf dem südlichsten Teil von Rt Višnjica, die rote Tonne mit rotem Zylinder als Toppzeichen (rotes Feuer) auf der Untiefe Gumanac ca. 0,8 sm S-lich vom Feuer auf Rt Višnjica, die grüne Tonne (grünes Feuer) ca. 0,3 sm S-lich vom Feuer auf Rt Višnjica, die grüne Tonne (grünes Feuer) ca. 300 E-lich vom Feuer auf Rt Višnjica, ein roter Turm mit Pfeiler und Galerie (rotes Feuer) ca. 300 m N-lich vom Feuer auf Rt Višnjica, ein roter viereckiger Turm mit einer pyramidenförmigen Konstruktion (rotes Feuer) auf Rt Bad, die Insel Gubavac in der kleinen Bucht zwischen Rt Bad und dem roten Turm ca. 300 m N-lich von Rt Višnjica und der grüne Turm mit Pfeiler und Galerie (grünes Feuer) am westlichsten Teil des Handelskais („Bosanska obala").

Die Einfahrt in den Hafen führt durch einen Kanal, der beim Feuer (weißes Feuer) auf Rt Višnjica an der Backbordseite beginnt und wie folgt markiert ist: an Steuerbordseite zwei grüne Leuchttonnen (grünes Feuer) am NW-Rande des Handelskais. Die rote Leuchttonne Gumanac kennzeich-

net den Anfang des Vlaška-Kanals.

Bei starkem Regenwetter, bei S-Wind und stark stehendem Strom halte man dichter an die Leuchttonnen.

Hinweis: Die Einfahrt in den N-Teil der Bucht ist außerhalb der Grenzen des Handelshafens allen Yachten ohne Genehmigung des Hafenamtes verboten.

Liegeplätze: Der Hafen bietet einen vor Winden und Seegang gut geschützten Liegeplatz, selbst bei starker Bora und Jugo im Winter. In der Sommerzeit kommt der Wind vorherrschend aus NW und bläst hier stärker als im Neretva-Kanal. Er hält bis spät in die Nacht an. In den Hafenzufahrten, besonders bei Rt Višnjica und in dem Zufahrtskanal, beachte man die Stromrichtung und -geschwindigkeit. Yachten legen, den Anweisungen des Hafenkapitäns folgend, im Stadthafen an, der die Bucht Mala pošta (der E-Hafenarm) und das Gebiet S-lich der Verbindungslinie zwischen folgenden Punkten am Festland umfaßt: 395 m in der Peilung 335° vom grünen Feuer auf dem Kai „Bosanska obala" und 870 m in Peilung 022° vom gleichen Feuer.

Versorgung: Im Hafen ist die Freihandelszone durch weiße Doppelkegelbojen markiert. Hafenamt, Zollamt, Post, Ambulanz, Apotheke, Eisenbahnstation und Busstation. Lebensmittelgeschäfte, Wasserhydranten und Tankstelle am Kai, Seekarten

und nautische Publikationen bei „Svjetioničarska stanica" Ploče.

Service und Einrichtungen: Reparaturen und Wartung von Yachten und Booten, sowie Motorservice.

Ständiger Einklarierungshafen für den internationalen Seeverkehr.

Autofähre: Ploče – Trpanj.

NERETVA. Ein Fluß, der in den Neretva-Kanal einmündet und von der Flußmündung bis zur Brücke in Metković für Yachten bis zu 4,5 m TG (Masthöhe bis 14 m) schiffbar ist.

Die Bora weht im Neretva-Tal stark, am stärksten im Gebiet um Kula Norinska. Im Sommer weht gewöhnlich vormittags eine leichte Brise aus dem Flußtal seewärts. Nachmittags weht ein Wind vom Meer her. Bei normaler Wetterlage setzt gewöhnlich ein schwacher Strom (ca. 2,5 kn), doch kann er auf 6 kn steigen, wenn der Fluß Hochwasser führt.

Ansteuerung: Als Landmarken dienen das sechseckige rote Häuschen mit kleinem Pfeiler (rotes Feuer) am Kopfe des N-Dammes an der Mündung, ein grünes viereckiges Häuschen mit Pfeiler (grünes

PLOČE

PLOČE

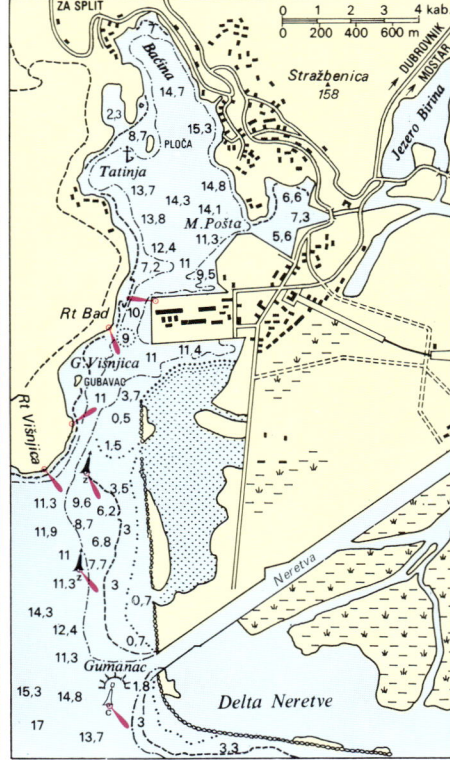

138

Feuer) am Kopfe des S-Dammes, das Wärterhaus auf dem S-Damm und das steinerne Kreuz auf dem Hügel Galičnik.

In der Flußmündung liegen die rote Leuchttonne Gumanac mit einem Zylinder als Toppzeichen (ca. 0,8 sm S-lich vom Feuer auf Rt Višnjica), die grüne Leuchttonne mit einem Kegel als Toppzeichen (785 m in Richtung 294° vom roten Feuer am Kopf des nördlichen Schutzdammes) und die grüne Tonne mit einem Kegel als Toppzeichen etwa 100 m in Richtung 240° vom roten Feuer am Kopf der N-Mole. Diese Tonne bleibt einlaufend auf der Steuerbordseite (s. Ploče).

Die Einfahrt in die Mündung des Flusses Neretva führt S-lich der roten Leuchttonne Gumanac, dann nördlich der grünen Leuchttonne mit dem Kegeltoppzeichen (kleine Schiffe dichter an ihr vorbei). Dicht an der grünen Leuchttonne hält man Kurs zwischen dem Kopf des N-lichen Schutzdammes (roter Pfeiler auf dem Hause, rotes Feuer) und der grünen Tonne mit einem Kegel auf der Spitze. Nach dem Passieren des N-lichen Molenkopfes müssen Yachten scharf wenden und den Kurs in die Mitte des der Flußmündung absetzen, d.h. zwischen dem N-lichen und S-lichen Schutzdamm (grünes Häuschen mit Pfeiler, grünes Feuer).

Hinweis: Durch die Ablagerungen des Flusses bilden sich in der Mündung Untiefen; deshalb halte man sich in der ausgebaggerten Fahrrinne. Wegen des starken Stroms in der Flußmündung soll man rechtzeitig mit dem Eindrehen der Yacht zwischen die zwei Schutzdämme (Feuer an dessen Köpfen) beginnen. Vor der Kursänderung (beim Passieren der grünen Tonne mit dem Kegeltoppzeichen) ist es zweckmäßig, die Geschwindigkeit, wie sie im Flußkanal vorgeschrieben ist, herabzusetzen. Am rechten Ufer des Flusses – ca. 4 km flußaufwärts von der Mündung – liegt die Untiefe Gospa. Eine zweite Untiefe liegt vor dem E-Ende des Kais in Opuzen (an der Stelle, wo der Flußarm Mala Neretva abzweigt). Den NW-Rand dieser Untiefe – die stromaufwärts auf Steuerbordseite zu lassen ist – kennzeichnet eine schwarze Tonne. Beim Ort Rogotin, ca. 4 km flußaufwärts, überquert eine Brücke der Adria-Magistrale den Fluß (lichte Höhe in der Mitte 14 m und bei den Brückenpfeilern 11 m). Bei dem kleinen Ort Komin, 9,2 km flußaufwärts von der Mündung, überquert den

Fluß eine Hochspannungsleitung, die im Durchfahrtsbereich bei Höchstwasserstand eine lichte Höhe von 15 m aufweist.

Besonders zu beachten sind die zahlreichen kleinen Flußboote (trupice), die aus den Seitenarmen in den Fluß einlaufen.

Besondere Navigationsbestimmungen: Die Schiffahrt im Fluß Neretva ist sowohl bei Tag und als auch bei Nacht erlaubt. Yachten (Boote) müssen sich an der Seite des Fahrwassers halten, die an ihrer Steuerbordseite liegt. Bei Nebel ist die Schiffahrt verboten. Flußabwärts fahrende Schiffe müssen am Heck einen Anker klar bereithalten. Jedes vor Anker liegende Schiff ist verpflichtet, bei Nacht neben dem weißen Ankerlicht, das gemäß Kollisionsverhütungsregeln zu führen ist, ein zweites weißes Licht am Heck zu führen. Beim Vorbeifahren an anderen Fahrzeugen oder schwimmenden Objekten, an Anlagen am Ufer, an Stellen, wo hydrotechnische Arbeiten im Gange sind, sowie an Ortschaften muß auf mindestens 200 m vor diesen Objekten, Anlagen, Ortschaften die Fahrt so herabgesetzt werden, daß deren Sicherheit nicht gefährdet ist und Schaden durch Wellenschlag nicht angerichtet wird. Ein flußaufwärts fahrendes Schiff (Ausnahmen sind Schlepper mit Schleppkähnen) muß dem flußabwärts fahrenden Schiff ausweichen. Boote müssen Schiffen ausweichen. Eine Yacht, die im Fluß manövrierunfähig wird, muß an einer Stelle, wo sie die Fahrt anderer Schiffe nicht behindert, vor Anker gehen. Vor Anker und am Kai liegende Yachten dürfen an der Bordseite keine Boote, Flöße und anderes Zubehör führen oder über die Bordwand ragende Gegenstände auslegen.

OPUZEN (43°01'N 017°34'E). Städtchen und Hafen, ca. 6,5 sm flußaufwärts am linken Ufer des Neretva-Flusses.

Ansteuerung: Als Landmarke dient der grüne Turm auf einem Sockel (grünes Feuer) an der E-Seite (flußaufwärts).

Hinweis: Bei einem Wasserstand von 1 m über Normal sind im Flußarm Mala Neretva von seiner Abzweigung bis zur Eisenbrücke die Schiffahrt, das Ankern und das Anlegen für alle Schiffe verboten.

Liegeplätze: Yachten können am Stadtkai anlegen (WT: 2,4–2,9). Vor dem NW-Rand des Hafens liegt eine mit einer schwarzen Spitztonne bezeichnete Untiefe (WT: 4,5 m).

Versorgung: Post und Ambulanz. Der landwirtschaftliche Betrieb „Neretva" baut in der Umgebung Gemüse und Südfrüchte an. Lebensmittel und Wasser, Tankstelle ca. 20 m vom Ufer.

Sehenswürdigkeiten: Festung Koš (Ende d. XV. Jh., 1685 von den Venezianern in Fort Opus umbenannt), Ruine auf dem Hügel über dem Ort, Archäologische Funde (Funde aus dem Dorf Vid, der ehem. römischen Stadt Narona); Denkmal zu Ehren des Nationalhelden Stjepan Filipović. Auf dem Hügel oberhalb des Dorfes Podgradina Überreste der mittelalterlichen Burg Brštanik (1373 errichtet, zur Zeit des bosnischen Königs Tvrtko, restauriert im XV. Jh. und 1878). Flußaufwärts am linken Ufer der gut erhaltene runde Wehrturm Kula Norinska von 1550.

METKOVIĆ (43°03'N 017°39'E). Stadt und Haupthafen an der Neretva, ca. 11 sm flußaufwärts von der Mündung. Ganzjährig geöffneter Einklarierungshafen.

Ansteuerung: Als Landmarken dienen zwei rote Türme (rotes Feuer): 1,1 sm (Jerkovac) und 0,4 sm flußabwärts der Stadtbrücke.

Liegeplätze: Yachten können am niedrigeren Teil des Kais am S-Ufer vor dem Hafenamt (flußabwärts vom Hafenfeuer) anlegen. Dabei ist auf den Unterwasservorsprung des Kais (stellenweise bis zu 0,7 m) zu achten. Der N-Kai ist für den Handelsverkehr bestimmt.

Hinweis: Am Handelskai ist das Festmachen an einigen Stellen untersagt.

Versorgung: Hafenamt-Zweigstelle, Post, Krankenhaus, Apotheke und Eisenbahnstation (Eisenbahnlinie nach Sarajevo, Bitt), Lebensmittelgeschäfte, Wasser aus der Leitung am Kai; Tankstelle am N-Kai, 25 m flußabwärts der Brücke. Wartung und Reparaturen von Bootsmotoren durch die Firma „Mehanika".

Sehenswürdigkeiten: Vid (4 km in NW Richtung): Dorf an der Stelle der ehem. römischen Stadt Narona mit zahlreichen archäologischen Funden: Reste der Stadtmauern, Bruchstücke von Inschriften, Mosaiken, Bruchstücke in Hauswänden vermauert, Museumssammlung).

Ornithologische Sammlung – eine der reichsten in Europa (über 300 Exemplare präparierter Vögel und Wildarten aus dem Neretva-Delta).

	CAVTAT	DUBROVNIK	GRUŽ	KORČULA	UBLI (LASTOVO)	LUMBARDA	MOLUNAT	OREBIĆ	POLAČE	RAČIŠĆE	SLANO	SOBRA	STON	SV. ANDRIJA	ŠIPANSKA LUKA	TRSTENIK	TRSTENO	VELA LUKA	ZATON	
		6	11	55	65	51	15	54	40	59	21	28	28	12	22	45	13	78	11	CAVTAT
			6	49	59	46	21	48	34	50	15	22	22	8	15	39	18	72	6	**DUBROVNIK**
				48	60	45	23	46	33	53	13	23	20	6,5	14	27	6	71	3	GRUŽ
					27	3	57	2	16	55	38	26	39	31	35	13	41	28	44	KORČULA
						24	78	26	31	32	52	40	53	55	51	30	56	18	61	UBLI (LASTOVO)
							55	3	13	8,5	34	23	36	29	33	10	39	31	42	LUMBARDA
								56	53	63	35	24	42	26	34	46	27	90	24	MOLUNAT
									14	7	35	24	37	30	34	12	40	29	43	**OREBIĆ**
										22	23	11	23	28	22	7	27	41	31	POLAČE
											23	31	44	47	41	18	46	22	50	RAČIŠĆE
												14	10	9	5,5	26	7	64	11	SLANO
													15	16	12	15	17	50	21	SOBRA
														16	10	28	14	65	18	**STON**
															8,5	30	4	65	5,5	SV. ANDRIJA
																24	10	61	13	ŠIPANSKA LUKA
																	30	40	33	TRSTENIK
																		67	4	TRSTENO
																			71	**VELA LUKA**
																				ZATON

ENTFERNUNGSTABELLE

HÄFEN AM FESTLAND

DUBA PELJEŠKA (43°01'N 017°10'E). Dorf und kleiner Hafen an der N-Küste der Halbinsel Pelješac.

Liegeplätze: Der Hafen gewährt kleineren Yachten guten Schutz bei Bora und Jugo, ist aber Seegang bei NW-Wind ausgesetzt. Es empfiehlt sich, an der Innenseite des Wellenbrechers (WT: 2–3,5 m) festzumachen.

Versorgung: Lebensmittel und Wasser in beschränkter Menge.

Sehenswürdigkeiten: Überreste von Bauwerken und Mosaiken aus der Römerzeit. In der Bucht Divna (1 sm E-lich) besaß der Dubrovniker Dichter Dinko Ranjina (1536–1607) ein Sommerhaus.

TRPANJ (43°00,5'N 017°16'E). Siedlung und Hafen an der N-Küste der Halbinsel Pelješac im Neretva-Kanal.

TRPANJ

Ansteuerung: Als Landmarken dienen zwei Kapellen auf den kegelförmigen Hügeln, der weiße Turm (rotes Feuer) auf dem Kopf des E-lichen Wellenbrechers und der weiße Pfeiler (rotes Hafenfeuer) auf dem Molenkopf.

Hinweis: Beim Einlaufen achte man auf die Untiefe (WT: 3,5 m) ca. 0,4 sm WNW-lich vom Kopf des N-Wellenbrechers und halte Abstand zum seichten äußeren Teil des S-lichen Wellenbrechers.

Liegeplätze: Der Hafen ist vor Winden aus den NE- und SE-Quadranten geschützt, aber N-Winde und Winde aus NW-Quadranten werfen im E-Teil des Hafens gefährlichen Seegang auf. Yachten können entweder an der Kaimauer anlegen oder vor Buganker W-lich von der Pier (WT: 1–3 m) liegen. Am zweiten Arm des knieförmigen N-lichen Wellenbrechers können Yachten ebenfalls vor Buganker liegen und sind

TRPANJ

vor W-Winden und Seegang gut geschützt.

Versorgung: Hafenamt-Zweigstelle, Post, Ambulanz und Apotheke, Lebensmittelgeschäfte, Wasserhydrant an der Pier, Tankstelle am Kai.

Autofähre: Trpanj – Ploče.

Veranstaltungen: Alljährlich finden im Juli die sog. „Trpanjske glazbene večeri" (Musikabende von Trpanj) statt.

Sehenswürdigkeiten: Auf dem heutigen Friedhof Reste einer römischen Villa rustica, neben der mittelalterlichen Festung ein römischer Fischweiher; Barockkirche der Muttergottes von Karmel (Gospa od Karmela), im Haus Salacan eine private Sammlung von Kunstwerken.

DRAČE (42°56'N 017°27,4'E). Dorf und kleiner Hafen in der Bucht Bratkovica an der N-Küste der Halbinsel Pelješac; Hafen der Ortschaft Janjina (ca. 2 km landeinwärts).

Ansteuerung: Als Orientierungspunkte dienen die Steinbake auf der Untiefe Bililo mit einem Doppelkegeltoppzeichen und der weiße Turm mit Pfeiler (Sektorenfeuer) auf dem Kopf des N-lichen Wellenbrechers. Beim Einlaufen achte man auf die zahlreichen Klippen und Untiefen E-lich von Kap Rat und um die Insel Galičak. Der rote Sektor des Feuers auf dem N-lichen Wellenbrecher führt sicher in den Hafen.

Liegeplätze: Yachten liegen hinter dem Wellenbrecher gut vor allen Winden geschützt. Kleinere Yachten können im Inneren des Hafens (WT: 1,3–3 m) festmachen. Der Ankerplatz ENE-lich vom Hafen ist der Bora ausgesetzt.

Versorgung: Post und Ambulanz. Lebensmittel und Wasser in beschränkter Menge.

BRIJESTA (42°54,2'N 017°32'E). Dorf in der gleichnamigen Bucht an der N-Küste der Halbinsel Pelješac.

Ansteuerung: Als Landmarken dienen der weiße Turm mit Pfeiler und Galerie (weißes Feuer) auf Rt Blaca und ein am Ende der Bucht stehender alter Turm, sowie der Kirchturm.

Liegeplätze: Die Bucht ist vor allen Winden, hauptsächlich durch die vorgelagerten kleinen Inseln, geschützt und gewährt daher Yachten aller Größen guten Schutz. Ein für größere Yachten geeigneter Ankerplatz liegt ca. 700 m SSE-lich von Rt Blaca (WT: 17–23 m). Kleinere Yachten können im Inneren der Bucht ankern. Bei Bora ist es ratsam, eine Landleine zum NE-Ufer auszubringen.

Versorgung: Lebensmittel und Wasser in beschränkter Menge.

Sehenswürdigkeiten: Wehrturm, 1517 zum Schutz vor Seeräuberangriffen erbaut; auf dem Friedhof die Barockkapelle des Hl. Liberanus.

KUTA (42°50,5'N 017°45'E). Bucht am Ende der Bucht Mali Ston zwischen der Ad-

ria-Magistrale und der Pelješac-Straße.

Ansteuerung: Bei der Ansteuerung von NW beachte man die Untiefe (WT: 3 m) in der Enge zwischen der Insel Govanj (erkennbar an den Häusern im lichten Wald, touristische Bezeichnung „Lebens-Insel") und der Siedlung Hodilje. Der Bucht ist eine Kette von Inseln vorgelagert: Crkvica, Veliki školj und Bisaci, zwischen denen es flach ist. NW-lich der Insel Crkvice liegt eine dunkle Klippe und W-lich von Veliki školj eine flache Klippe, die erst aus geringer Entfernung sichtbar wird.

Liegeplätze: An der NE-Küste erstreckt sich ein vor allen Winden geschützter Ankerplatz (WT: 6–8 m).

ZALJEV MALOG STONA (Bucht von Mali Ston). Bucht zwischen der Festlandküste und der Halbinsel Pelješac und die Fortsetzung des Mali Ston-Kanals. An einigen Stellen ist er eng und seicht, und zwischen Hodilje und Mali Ston liegt eine Reihe von Unterwasserklippen. Von der Insel Govanj bis zur Bucht Kuta können nur Schiffe mit bis zu 3 m TG fahren. Über die Einfahrt in die Bucht Bistrina spannt sich eine Brücke.

Ansteuerung: Von Rt Čeljen (weißer Turm mit Pfeiler und Galerie, weißes Feuer) steuere man die Einfahrtsmitte des engeren Teils der Bucht an, bei Nacht steuere man die Mitte der Verbindungslinie: grünes Feuer (weißer Turm) auf dem Kopf der Pier in Hodilje – rotes Feuer (roter Turm auf dem

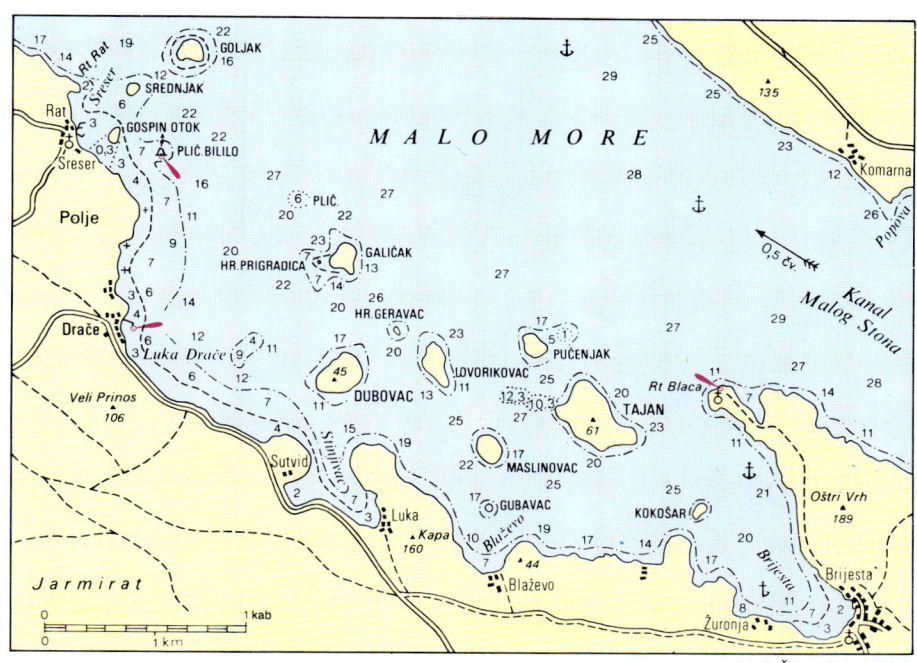

DRAČE – BRIJESTA

MALI STON

141

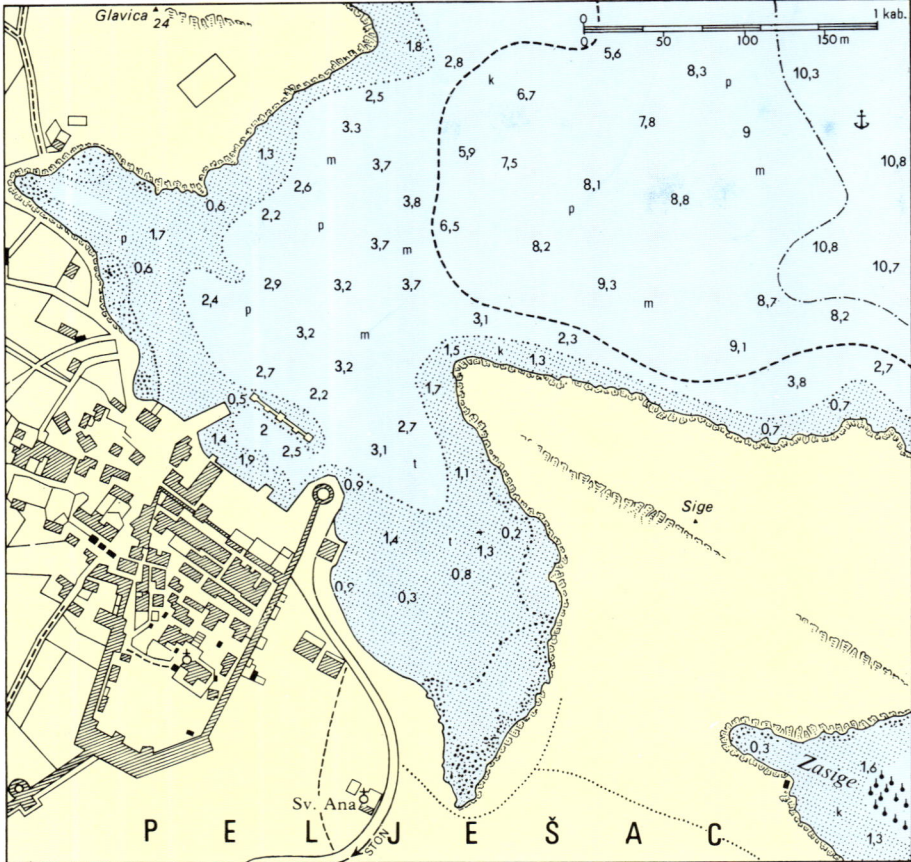

MALI STON

Austernzucht in der Bucht Bistrina und im Mali Ston-Kanal; auf der benachbarten Insel Govanj (Otok života – d. h. Lebens-Insel) befindet sich ein Hotelkomplex.

STON oder **VELIKI STON** (42°49,5'N 017°42'E). Ortschaft und Hafen im NW-Teil des Ston-Kanals.

Ansteuerung: Als Landmarken dienen die Ruinen der mittelalterlichen Wehrmauer oberhalb des Ortes und der Rundturm mit Pfeiler (rotes Feuer) auf der Pier.

Wegen des Steinblocks unter Wasser am Anfang der Fahrrinne, ca. 80 m NNW-lich des Molenfeuers von Broce halte man dicht an den Molenkopf. Der Zufahrtskanal nach Ston ist an Steuerbordseite durch zwei Türme (grünes Feuer) auf Betonblöcken im Meer gekennzeichnet. Die Backbordseite des Kanals ist durch 4 Türme (rotes Feuer) auf Betonblöcken im Meer und einem roten Turm (rotes Feuer) beim kleinen Hafen Broce markiert. Ab dem Feuer auf dem Molenkopf (Broce) steuere man zwischen dem ersten Leuchttonnenpaar auf den Betonblöcken im Meer hindurch, sodann dichter an den roten Turm auf dem Betonblock im Meer (ca. 1030 m Kurs 299° ab dem Feuer auf dem Molenkopf in Broce); dann S-lich der Verbindungslinie rotes Feuer – rotes Feuer des zweiten Tonnenpaares. Wegen der Untiefe (WT: bis zu 1,5 m) sollten sich Yachten bis zum zweiten Tonnenpaar direkt in Kanalmitte halten und danach den Kurs auf den roten Turm am Molenkopf in Ston (rotes Feuer) absetzen. Eine einlaufende Yacht muß vor dem Ort Broce ein im Kanal fahrendes Schiff abwarten. Eine auslaufende Yacht muß jedes nach Ston einlaufende Schiff abwarten und passieren lassen.

Liegeplätze: Der Hafen ist vor allen Winden und Wellen geschützt. Die Tiden verursachen nicht geringe Strömungen, die das Manövrieren beträchtlich beeinflussen können. Yachten können am Kai (WT: 3–3,8 m) anlegen oder vor Buganker liegen. Ein Ankerplatz befindet sich im äußeren Teil der Bucht, SE-lich vom Ort Broce (WT: 10–50 m) über gut haltendem Ankergrund.

Versorgung: Hafenamt-Zweigstelle, Post und Ambulanz, Lebensmittelgeschäfte, Wasser, Tankstelle im Ort.

Sehenswürdigkeiten: Stadtmauern (890 m Länge) umgeben die Stadt in einem Fünfeck. Die Stadt ist nach rechtwinkliger Straßenplanung erbaut. Von der Stadtmauer verbindet eine Große Mauer (5 km, erbaut 1335–1508), die über die Festung auf dem Hügel Podzvizd (224 m) verläuft, die Stadt mit den Verteidigungswällen von Mali Ston. Überreste des Veliki-Kastells (einstiges Verwaltungsgebäude und Rektorensitz zur Zeit der Dubrovniker Republik), Paläste: Sorkočević-Đurđević (Gotik); das einstige Bischofspalais (1573 mit gotischen Fenstern); Franziskanerkloster und Kirche des Hl. Nikolaus (1347, reiches Inventar), Stadtbrunnen (1571), Kirche des

Block) auf der Untiefe Vranjak. Nördlich des Hafenfeuers von Hodilje ändere man den Kurs allmählich so, daß die Untiefe Vranjak an der Backbordseite bleibt und man dichter an die Halbinsel Ostrog kommt, so daß das grüne Feuer (grüner Turm auf einem Block im Meer) auf der Untiefe Školjić (1,4 m) auf Steuerbordseite und das rote Feuer (roter Turm) auf Rt Mali Voz auf der Backbordseite bleibt. Der Bereich der Austernzucht ist durch Bojen gekennzeichnet. Zwischen der bewaldeten Insel Govanj und der Halbinsel Pelješac ist ein Unterwasserkabel verlegt.

Die Bora weht heftig, besonders im Winter. In den Sommermonaten sind Newera besonders heftig. Im Hafen kann es zu raschen Wasserstandsschwankungen (1 bis 2 m), sog. „seš", kommen. Sie werden durch das plötzliche Auftreten des S-Windes hervorgerufen, erscheinen aber auch bei Newera sowie bei Windstille und sind von starker, wechselnder Strömung (Wirbel und Stromschnellen) begleitet. Dieses Phänomen taucht zwar selten auf, wenn aber, ist es sehr gefährlich

Fluchthäfen: Mali Ston; Bucht Kuta (am Ankerplatz WT: 6–8 m), man achte auf die Inseln, Klippen und auf den riffigen und seichten Grund; Bucht Miševac (S-lich der Insel Škrpun, guter Ankerplatz für kleine Yachten).

MALI STON (42°51'N 017°42'E). Dorf und kleiner Hafen an der NE-Seite der Land-

enge von Ston, in einer kleinen Bucht im Mali Ston-Kanal.

Ansteuerung: Als gute Ansteuerungspunkte dienen die alte Stadtmauer mit ihren 5 Wehrtürmen oberhalb des Ortes und an den Hängen des Berges Bartolomija und der weiße Turm mit Pfeiler und Galerie (weißes Feuer) auf Rt Čeljen.

Hinweis: Im Hafen kann es zu raschen Wasserstandsschwankungen, sog. „seš", kommen. Diese Erscheinung beginnt gewöhnlich mit einem jähen Absinken des Wasserstandes, dem ein fast ebenso rasches Ansteigen folgt, wobei in extremen Fällen der Normalstand bis zu 2 m überschritten werden kann.

Liegeplätze: Der Hafen ist nur für kleinere Yachten wegen der Enge zwischen der Insel Govanj und der Siedlung Hodilje zugänglich (WT: 3 m). Der Hafen selbst bietet guten Schutz vor allen Winden (WT: 0,7–2,4 m).

Versorgung: Lebensmittel und Wasser, Tankstelle im Ort Zamaslina an der Adria-Magistrale (4 km).

Sehenswürdigkeiten: Stadtmauern (1336–58) mit dem Hafentor, Festung Koruna (5 Wehrtürme) oberhalb des Ortes, am Ufer der Rundturm Toljevac (1478). Das mittelalterliche Verteidigungssystem von Mali Ston ist mit dem Ort Ston durch die Große Mauer verknüpft, die sich über die Meerenge hinzieht und beide Städte mit dem Fort Podzvizd (erbaut 1335 auf dem gleichnamigen Hügel) verbindet (Länge 224 m).

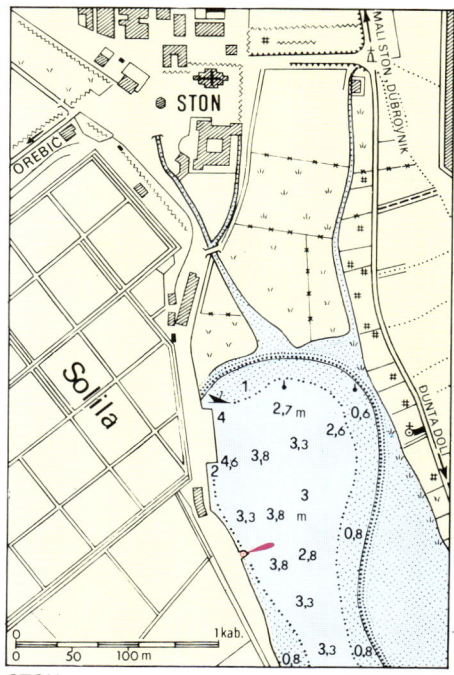

STON

STON

Hl. Blasius (Sv Vlaho, 1878, mit sakralen Gegenständen aus einer alten Kathedrale). Auf dem Hügel Gorica die kleine Kirche des Hl. Michael (Sv Mihajlo, IX./XI. Jh., mit Wandmalereien aus jener Zeit). Salinen: Salzgewinnung schon vor der Dubrovniker Verwaltung (1333); jetzt auf einer Fläche von 429 860 m² mit jährlicher Produktion von ca. 2 800 t.

STONSKI-KANAL (Kanal von Ston). Tief eingeschnittene enge Bucht, die vom Koločepski-Kanal nach Ston führt. Die Küsten des Kanals sind bis zum Ort Broce überwiegend steil, unzugänglich, mit dichtem Gebüsch bzw. mit spärlichen Kiefernwald bewachsen. Im äußeren, weiteren Teil der Bucht beträgt die Wassertiefe 10–57 m, der innere Teil ist eng und seicht. Das Fahrwasser von Broce bis Ston ist 25–60 m breit mit WT von 2–3 m. Die Steuerbordseite des Fahrwassers wird von zwei grünen Leuchtfeuern (jeweils grüner Turm auf einem Betonblock im Meer) bezeichnet; die Backbordseite wird durch fünf rote Leuchtfeuer (siehe Ston) markiert.

Ansteuerung: Als deutliche Landmarken des Ortes Kobas an der S-Küste der Bucht dienen die Kaimauer und die dicke gemauerte Säule beim Transformatorenhaus im Kiefernwald, ebenso der runde weiße Turm mit Pfeiler und Galerie auf einem Gestell (weißes Feuer) auf einem Betonblock neben der rechten Einfahrtsspitze (Rt Pologrina) und der runde rote Turm mit einem Pfeiler (rotes Feuer) auf dem Molenkopf in Broce.

Hinweis: Bora und Jugo wehen im Kanal, üben aber keinen wesentlichen Einfluß auf die Schiffahrt aus. Die Stromrichtung und -geschwindigkeit werden von den Gezeiten beeinflußt.

Bei plötzlichem Auftritt von S-Wind (manchmal auch bei Windstille) sinkt plötzlich der Wasserspiegel und danach steigt er (bis zu 1,25 m!). Starker Strom und Seegang sind für die Navigation im Kanal nicht ungefährlich.

OLIPA: B Bl (3) 15s 31m 10M

PRAPRATNA (42°49'N 017°41'E). Bucht an der S-Küste der Halbinsel Pelješac.

Liegeplätze: Die Bucht bietet einen vor E-Winden geschützten Liegeplatz für kleinere Yachten.

Da der Ankergrund unsicher ist (WT: 20 m), ist es bei Bora ratsam, eine Landleine zum Ufer hin auszubringen. Man beachte das Steinzeichen (Seekabel) östlich von der Einfahrt. Ab Rt Prapratna verläuft in Peilung 200° eine Pipeline.

Versorgung: Eingeschränkte Versorgungsmöglichkeit auf dem Campingplatz.

ŽULJANA (42°53,5'N 017°27'E). Siedlung und kleiner Hafen im E-Teil der Bucht Žuljana.

Ansteuerung: Als Landmarken dienen der weiße Turm (weißes Feuer) auf der Insel Lirica und der grüne Turm mit Pfeiler und Galerie (grünes Feuer) auf dem Wellenbrecherkopf.

Hinweis: Beim Einsteuern achte man auf die flache Insel Kosmač und die Klippe Mirište, sowie auf das Riff W-lich der Klippe Mirište.

Nachts markiert der verdunkelte Sektor des grünen Feuers auf dem Wellenbrecher all diese Klippen und Riffe.

Liegeplätze: Im Hafen liegen Yachten vor allen Winden gut geschützt, jedoch nicht vor Wellen, die SE- und NW-Winde aufwerfen. Kleinere Yachten können am vorderen Teil des Wellenbrechers (WT bis zu 4 m) anlegen; zum Wellenbrecherfuß hin nimmt die Wassertiefe rasch ab. Kleinere Yachten können bei Bora in zwei Buchten westlich vom Hafen ankern, wobei sie Landleinen zum Ufer hin ausbringen sollten. Der E-Teil der Bucht läuft flach zu einem Kiesstrand aus.

LIRICA: B DBl 10s 34m 9M

Versorgung: Post und Ambulanz, Lebensmittel und Wasser in beschränkter Menge.

Sehenswürdigkeiten: Überreste römischer Gräber, Kirche des Hl. Martin (Barock, auf den Fundamenten einer Kirche aus dem XIII. Jh), Kapelle der Hl. Juliana

(Übergangszeit von der Renaissance zum Barock).

TRSTENIK (42°55'N 017°24,2'E). Siedlung und kleiner Hafen im NW-Teil der Bucht Žuljana.

Ansteuerung: Als Ansteuerungspunkte dienen der rote runde Metallturm mit Pfeiler und Galerie (rotes Feuer) auf dem Wellenbrecherkopf und die Kapelle des Hl. Michael an der rechten Seite der Einfahrt.

Liegeplätze: Yachten liegen im Hafen vor W-Winden gut geschützt; heftige S- und SW-Winde werfen jedoch im Hafen äußerst grobe See auf. Die Bora weht hier heftig, erzeugt aber keinen Seegang.

Yachten können an der Innenseite des Wellenbrechers (WT: 2–4,6 m) anlegen oder SE-lich vom Wellenbrecherkopf (WT: 30 m) vor Anker gehen, wobei sie unbedingt Landleinen zum Ufer hin in NE-Richtung ausbringen sollten. Der Wellenbrecherkopf ist ausschließlich für die Autofähre reserviert.

Versorgung: Hafenamt-Zweigstelle und Post, Lebensmittel und Wasser in beschränkter Menge. Kleinere Reparaturen führt die Werkstatt am N-Ufer des Hafens aus.

Autofähre: Trstenik – Polače (Mljet).

PODOBUĆE (42°57'N 017°17'E). Dorf und Bucht an der S-Küste der Halbinsel Pelješac.

Liegeplätze: Yachten sind vor allen außer südlichen Winden geschützt. Am Kai können nur kleinere Yachten (WT: 2–4 m) anlegen.

OREBIĆ

Versorgung: Lebensmittel und Wasser in beschränkter Menge.

OREBIĆ (42°58,5'N 017°11'E). Kleine Stadt im Pelješki-Kanal, bekannter Ferienort.

Ansteuerung: Als Landmarken dienen der grüne viereckige Turm mit Pfeiler (grünes Feuer) auf dem Wellenbrecherkopf und die Gebäude des Hotelkomplexes.

Liegeplätze: Im SE-Teil des Hafens unterhält der Segelverein „Peliška Jedra" einen Yachthafen mit 240 Liegeplätzen. Ca. 30 davon – vorwiegend an der Steinmole im E-Teil des Hafens (WT: 2,5–3,5 m) – stehen durchfahrenden Gastyachten zur Verfügung. Die Einfahrt ist durch Schwimmbojen gekennzeichnet

Versorgung: Post, Hotels, Hotelsiedlung, Restaurants, Ambulanz, Apotheke, Sandstrände.

Die Hafenamt-Zweigstelle für diese Region ist in Korčula. Lebensmittelgeschäfte,

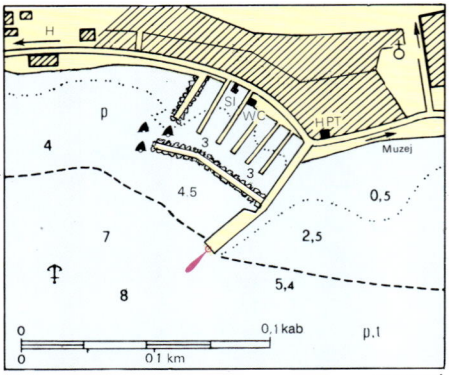

OREBIĆ

Wasser aus der Leitung, Tankstelle im Ort.

Autofähre: Orebić – Dominča (Korčula).

Sehenswürdigkeiten: Im Städtchen befinden sich ein Marinemuseum und zwei kulturhistorische Privatsammlungen der Kapitänsfamilien Župa und Fisković. – In der Umgebung sind Überreste einer Wallburg und Gräber aus vorgeschichtlicher Zeit, Reste einer Villa rustica, ein Franziskanerkloster (1470, Übergangsstil von der Gotik zur Renaissance) und die Marien-Kirche der Engelmadonna (Gospa od anđela) mit gemeißelten Reliefs aus der italienischen Renaissance und einem Friedhof mit Grabstätten der Seeleute von Orebić. Oberhalb des Städtchens im Dorf Karmen (178 m) steht die Kirche Madonna von Karmen (Gospa od Karmena, Gotik, restauriert im Barockstil), umgeben von römischen Steingräbern und uralten Zypressen. Etwas weiter entfernt stehen die Ruinen der Residenz des Gouverneurs.

VIGANJ (42°59'N 017°06'E). Kleiner Ort und Ankerplatz im Pelješki-Kanal an der S-Küste der Halbinsel Pelješac, ca. 3,5 sm W-lich von Orebić.

Ansteuerung: Als Landmarken dienen die Gebäude des Erholungsheims auf der flachen Landspitze Rt Sv Liberan, das Kloster und der Kirchturm im Ort.

Liegeplätze: Kleinere Yachten können beiderseits der kleinen Pier oder an der Pier vor dem Ort (WT: 1,9–4,2 m) vor Buganker liegen. Für größere Yachten ist der beste Ankerplatz SW-lich des Klosters (WT: 20–28 m), vor Jugo geschützt, jedoch dem Seegang westlicher Winde und der Bora ausgesetzt.

Versorgung: Lebensmittel und Wasser.

Sehenswürdigkeiten: In der Umgebung illyrische Grabhügel, Funde aus der Römerzeit, Franziskanerkloster (Kreuzgang) und Kirche der Rosenkranzmadonna (Gospa od ružarija, 1671), Kirche des Hl. Michael (Sv Mihovil, Gotik, erweitert 1760).

LOVIŠTE

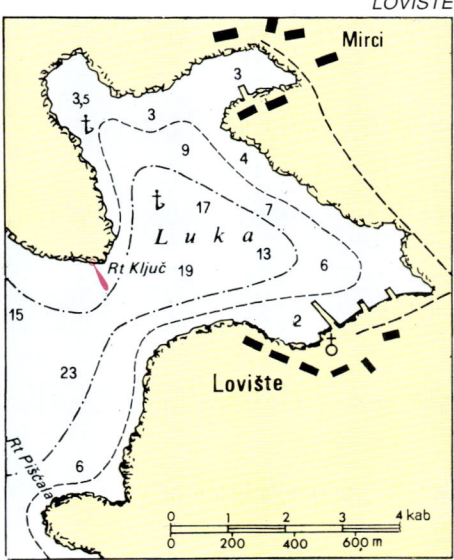

144

LOVIŠTE (43°01'N 017°02'E). Siedlung und geschützter Ankerplatz in der Bucht Luka, am äußersten W-Teil der Halbinsel Pelješac, zwischen den Landspitzen Rt Lovišće (N) und Rt Osičac (S). Im N-Teil der Bucht liegt der kleine Ort Mirce.

Ansteuerung: Man erkennt die Siedlung an dem weißen Turm (weißes Feuer) auf Rt Osičac, dem weißen, viereckigen Steinturm mit Galerie (weißes Feuer) auf Rt Lovišće, der Spiere auf der S-Spitze der Einfahrt und dem roten, runden Turm mit Pfeiler (rotes Feuer) auf Rt Ključ.

Liegeplätze: Die Bucht ist vor allen Winden geschützt, jedoch treten im S-Teil der Bucht Wellen von W- und SW- Winden auf. Kleinere Yachten können an beiden Seiten der Mole vor dem Dorf Lovište (WT: 1–3,2 m) festmachen. Ein guter Ankerplatz ist im N-Teil der Bucht, E-lich vom Rt Ključ (WT: 17 m) oder in der Bucht Mirce (ein paar Häuser) im NE-Teil.

Versorgung: Post, Lebensmittel, Restaurant und Wasser aus der zentralen Wasserversorgung.

Sehenswürdigkeiten: Überreste einer römischen Villa rustica. Während der Römerzeit war Lovište ein wichtiger Zwischenhafen auf dem Seeweg von Korčula (Corcyra nigra) nach Vid (Narona) am Neretva-Fluß.

DOLI (42°48'N 017°48'E). Bucht und Siedlung im Meerbusen Budima (Koločep-Kanal), ca. 3,5 sm NW- lich von Slano.

Ansteuerung: Als Landmarke dient der rote Turm mit Pfeiler (rotes Feuer) auf dem Wellenbrecherkopf.

Liegeplätze: Die Bucht ist vor allen Winden – außer S-Winden – geschützt. Am Wellenbrecher im kleinen Hafen können nur kleinere Yachten anlegen (WT: 1,2–3,8 m). Größere Yachten können im Meerbusen Budima zwischen den Buchten Janska und Budima auf ca. 500 m Abstand vom Ufer (WT: 40–60 m) ankern. Da sie aber dort sowohl der Bora als auch dem S-Wind ausgesetzt sind, ist der Ankerplatz als Daueraufenthaltsort ungeeignet.

Sehenswürdigkeiten: In der Nähe des Ortes Zamaslina (5 km NW-lich) stehen Reste des römischen Castrum Pardua. Im Dorf die Kirche Mariä Himmelfahrt mit alten Grabmälern; ein Wehrturm, errichtet Ende d. XVI. Jh. zum Schutz vor Piratenangriffen.

SLANO (42°47'N 017°52'E). Siedlung mit kleinem Hafen am Ende einer ausgedehnten Bucht im Koločep-Kanal.

Ansteuerung: Der Ort ist leicht zu erkennen an dem hellen Hotelkomplex am Ende der Bucht, dem grauen, spitzen Kirchturm mit Turmuhr sowie dem Steinturm mit Galerie (rotes Feuer) auf Donji rt, dem Hotel „Osmine" westlich von Donji rt und dem grünen Pfeiler (grünes Feuer) an der S-Ecke des Kais.

Hinweis: Das Festmachen am Handelskai ist untersagt.

Liegeplätze: Die Bucht bietet Schutz vor

Jugo und teilweise vor Bora, die hier heftig weht. Yachten bis zu 2,5 m TG können entweder am Kai (Poller) anlegen oder vor Buganker liegen (WT: 4–6 m). Gute Ankerplätze in der Bucht. Bei Bora und Jugo ist es am besten, unterhalb der E-Küste (Bucht Banja) zu ankern. Große Yachten gehen vor der Buchteinfahrt, SW-lich von Gornji rt (WT: 50 m), vor Anker. In der Bucht Osmine (im SW-Teil) ist eine FKK-Siedlung (Hotel).

Versorgung: Hafenamt-Zweigstelle, Post, Ambulanz, Lebensmittel und Wasser.

Sehenswürdigkeiten: In der Umgebung Reste von illyrischen Bauwerken und Tumuli. Spuren eines römischen Castrums

auf dem Hügel Gradina; längs der Straße in Richtung Zavala befinden sich alte Grabmäler; Residenz des Statthalters (umgebaut im XIX. Jh.); Landhaus der Familie Ohmučević; Franziskanerkirche (1420; mit frühchristlichen Steinsärgen), Kirche des Hl. Blasius (Sv Vlaho, 1758).

Veranstaltungen: Alljährlich (am 2. August) findet hier ein traditioneller Markt statt, zu dem die Bauern in ihren vielfarbigen Volkstrachten erscheinen und den altertümlichen Volkstanz Linđo aufführen.

ZATON (42°41'N 018°03'E). Bucht, 3 sm NW-lich von Dubrovnik mit drei Orten: Ve-

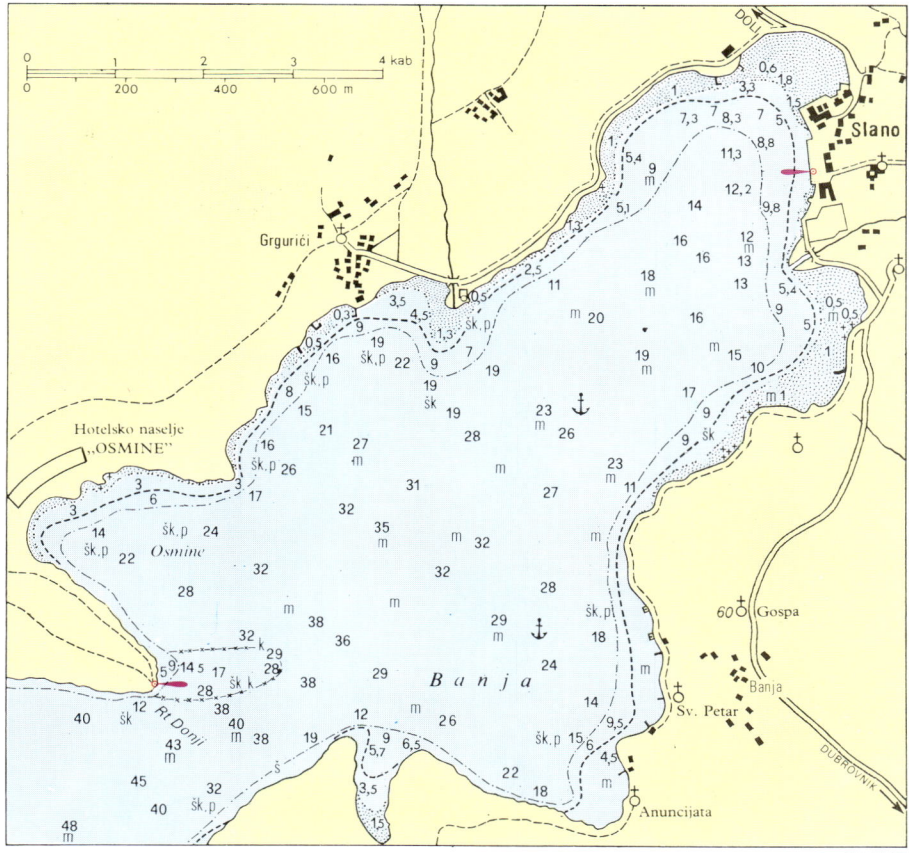

SLANO

ZATON

145

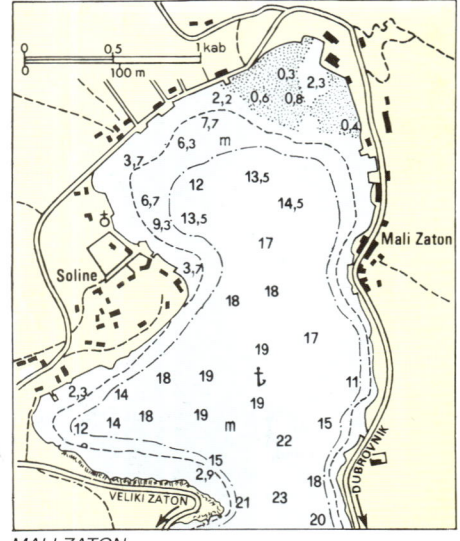

MALI ZATON

VELIKI ZATON

MARINA DUBROVNIK – MIHO PRACAT

liki Zaton an der W- Seite, Štikovica an der E-Seite und Mali Zaton an der N-Küste.

Ansteuerung: An der W-Seite der Einfahrt auf Rt Bat steht ein weißer Turm mit Pfeiler und Galerie (rotes Feuer).

Liegeplätze: Die Bucht ist im Winter S-, SW- und N-Winden (besonders der Bora) ausgesetzt und daher als Dauerliegeplatz ungeeignet. Yachten bis zu 2,5 m TG können an der Pier in Veliki Zaton anlegen. Ankerplätze in der Mitte der Bucht und im N-Teil der Bucht (WT: 19–23 m), wo wegen der Bora ein Ausbringen von Landleinen zu den Pollern am E-Ufer ratsam ist.

Versorgung: Post und Ambulanz in Mali Zaton, Selbstbedienungsladen, Wasser,

Tankstelle an der Adria-Magistrale. Kleinere Reparaturen können ausgeführt werden.

Sehenswürdigkeiten: Mehrere Sommerhäuser der Patrizierfamilien aus Dubrovnik im Renaissance- und Barockstil, Kirche des Hl. Stephan (1050, oft umgebaut); alte Wassermühle in Mali Zaton. Orašac (5 km in NW-Richtung, Arapovo, einst monumentales, befestigtes Sommerhaus, der Überlieferung nach von dem Florentiner Pietro Soderini erbaut, heute eine Gaststätte). Trsteno (8 km in NW- Richtung) zwei riesige, ca. 400 Jahre alte Platanen, Naturdenkmäler; Sommerhaus Familie Gučetić mit planmäßig angelegtem Renaissance-Park und Aboretum von 1502, Vielzahl von exotischen Bäumen, Naturschutzgebiet.

MARINA DUBROVNIK „MIHO PRACAT"

(ACI) (42°40,3'N 018°07,6'E) liegt bei Komolac, ca. 2 sm von der Einfahrt in den Hafen Gruž. Ein langer Wellenbrecher schützt die Marina vor der Flußströmung. Ganzjährig geöffnet.

Ansteuerung: Der Karstfluß Rijeka Dubrovačka ist bis zum gut sichtbaren Kloster in der Siedlung Prijevor 170–400 m breit und für Boote aller Größen befahrbar; von Prijevor an wird er schmaler und seichter. Ankern ist nur für kleine Yachten und zwar NE-lich der Siedlung Čajkovići (WT: 5–11 m) gestattet.

Die Bora weht hier heftig und im Flußtal manchmal in Orkanstärke; NW-und SW-Winde können mitunter starke Wellen im Bereich der Mündung hervorrufen.

Liegeplätze: 450 Liegeplätze am Wellenbrecher, an der Kaimauer und an den Stegmolen für Yachten bis zu 50 m Länge (WT: 5,5 m) und 150 Landstellplätze für Yachten bis zu 25 m Länge, Höchstgeschwindigkeit 5 kn.

Versorgung: Marinabüro, Hafenamt-Zweigstelle (Komolac), Zollamt (im Hafen

MARINA DUBROVNIK – MIHO PRACAT

Gruž), Wasser-, Strom- und zeitweise Telefonanschlüsse, Café-Bar, Snack-Bar, WC/Duschen, Wäscherei, Schwimmbad, Supermarkt, Yachtausrüster (Zubehör, Ersatzteile, Seekarten und Publikationen), Sportgeschäft mit Camping-Zubehör, Tennisplätze, Post im Ort Komolac, Tankstelle (Super, Diesel), Gas (500 m).

Service: Kran (5 t) und Travellift (60 t), Slipanlage, technischer Service, Bewachung, Reinigung und Waschen von Booten während ihrer Auflegung, Überholung von Schiffsrümpfen (Holz und GFK), Reparatur und Wartung von Motoren aller Art, Ausführung elektrischer Installationen, Anstrich und Lackierungen.

GREBENI: B Bl (3) 10s 27m 10M

DUBROVNIK. Stadt und Hafen. Der bekannteste Ferienort der Adria-Ostküste.

Es gibt für den Seeverkehr folgende Häfen:
– der alte Stadthafen im E-lichen Teil der historischen Altstadt von Dubrovnik,
– der Handelshafen Gruž, NW-lich der Altstadt und
– die Rijeka Dubrovačka, ein 2,7 sm langer Meeresarm, an dessen Ende die Marina Dubrovnik (Komolac) liegt.

ALTER STADTHAFEN (42°38'N 018°07'E) ist durch den Wellenbrecher Porporela mit dem roten, viereckigen Eisenturm mit Pfeiler und Galerie (rotes Feuer) und die dem Hafen vorgelagerte Schutzmole „Kaše" geschützt. Hafenamt-Zweigstelle.

Hinweis: Das Festmachen an der Mole Mali Mul ist untersagt.

Wegen unzureichender Wassertiefe ist der Hafen nur Yachten bis zu 3 m TG zugänglich. An der kleinen Pier legen regelmäßig Fährschiffe an. Deshalb findet man nur sehr schwer eine geeignete Anlegestelle für einen Daueraufenthalt. Kleinere Schiffe können in der Bucht Gornja Bočina (S-lich von Rt Križ) ankern; mäßige Wellen und Winde.

HAFEN GRUŽ (42°40'N 018°05'E), 2,5 km NW-lich der Altstadt, ist der Handelshafen von Dubrovnik. Ganzjährig geöffnete Seegrenzübergangsstelle.

Ansteuerung: Wenn man aus dem Koločep-Kanal kommt, dienen zur Orientierung die Hotelsiedlung „Babin Kuk" auf der Halbinsel Lapad, der weiße Rundturm (weißes Feuer) auf der N-Spitze der Insel Daksa und der rote Rundturm mit Pfeiler und Galerie (rotes Feuer) auf Rt Kantafig. Von See her kommend, fällt auf: der Berg Srđ (403 m) mit dem grauen Antennenmast und der Drahtseilbahnanlage, dann die

zwei kegelförmigen, bewaldeten Gipfel Velika Petka (197 m) und Mala Petka (146 m) auf der Halbinsel Lapad, an deren Fuß die weißen Häuser der Siedlungen stehen, ferner der viereckige, gemauerte Leuchtturm über dem Wärterhaus (weiße Blitze, Sichtweite ca. 22 sm) auf der Insel Sv Andrija, weiterhin der viereckige Steinturm auf dem Haus (weißes Feuer) auf der westlichsten Klippe der Grebeni-Klippen, sodann der kegelförmige Steinturm mit Galerie (weißes Feuer) auf Rt Bezdanj (Insel Koločep) und der Turm (weißes Feuer) auf der Insel Daksa.

Die Untiefe Vranac in der Nähe der N-Küste der Halbinsel Lapad ist durch eine rechteckig gemauerte, grüne Bake mit einem Kegel (Spitze nach oben) markiert. Die

DUBROVNIK – DIE ALTSTADT

WT zwischen dem Seezeichen und der Küste beträgt nur 0,8 m.

Sonderbestimmungen: E-lich der Verbindungslinie Feuer Daksa – Rt Leandar (Lozica) müssen alle Yachten die Fahrgeschwindigkeit auf 4 kn herabsetzen. Im Raum E-lich der Verbindungslinie: Untiefe Vranac (N-Küste der Halbinsel Lapad) – Rt Leandar darf nicht geankert werden. Vom 1.4. bis 1.10. darf die Durchfahrt zwischen der Insel Daksa und der Halbinsel Lapad nicht befahren werden.

Liegeplätze: Der Hafen ist von allen Seiten vor Winden geschützt – außer vor W-Winden, die Seegang und Wellenschlag aufwerfen. Die Bora weht stark, besonders bei der Einfahrt in den Hafen und bei Rt Kantafig (in der Mündung des Flusses

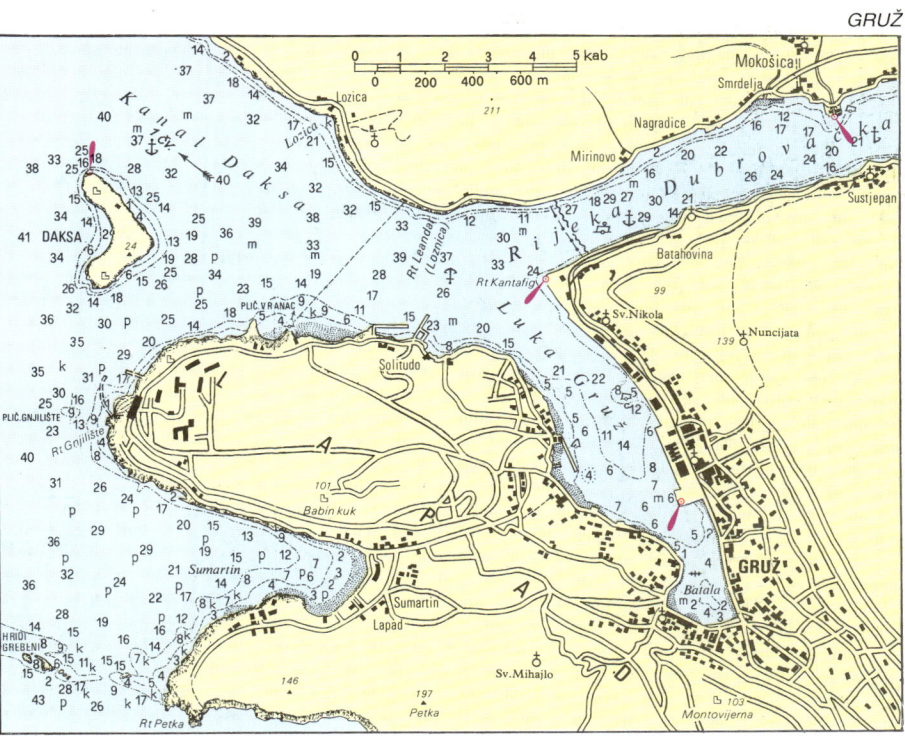

GRUŽ

Rijeka Dubrovačka). An der Mole Petka legen Fahrgastschiffe und Autofähren an (Dubrovnik – Bari). Mooringbojen sind SE-lich der Mole Petka (WT: 4 m) bis zur Fabrik „Radeljević" ausgelegt und werden von der Gesellschaft „Luka" zugewiesen. Kleinere Yachten können am Wellenbrecher oder mit Genehmigung und nach Zahlung des Liegegeldes im kleinen Hafen des Segelvereins „Orsan" festmachen (WT: 4–5 m).

Die Marina Dubrovnik „Miho Pracat" (ACI) befindet sich in der Siedlung Komolac (Rijeka Dubrovačka). Yachten können ebenso in der Bucht Lozica, NW-lich der Einfahrt in den Fluß Rijeka Dubrovačka, mit Landleinen vor Anker gehen.

Versorgung: Hafenamt-Zweigstelle im alten Stadthafen, Post, Zollamt, Lebensmittel und sonstige Gebrauchsgegenstände in großen Warenhäusern und auf dem Markt in Gruž. Wasser aus Hydranten am Kai und im Yachthafen des Segelvereins „Orsan". Tankstellen: Yachten bis zu 3 m TG können am kleinen Tank-Kai im Yachthafen des Segelvereins „Orsan" tanken. Yachten bis zu 8 m TG können an der Tankstelle (nur Diesel) in Sustjepan (Rijeka Dubrovačka) tanken. Seekarten und andere nautischen Publikationen bei „PLOVPUT – Plovno područje Dubrovnik".

Einrichtungen: Fakultät für Seefahrt, Zentrum für die Ausbildung im Seeverkehr und Sitz der Schiffahrtsgesellschaft „Atlantska plovidba". Die Hauptpost, das Krankenhaus und das Atlas-Reisebüro, das mehrere Ausflugsschiffe betreibt, befinden sich in der Altstadt.

Service: Slipanlage für Yachten bis 200 t, mobile Kräne für Yachten bis 13 m. Der Segelverein „Orsan" übernimmt Yachten und Boote zur ganzjährigen Bewachung in seinem Yachthafen, ebenso Pflege und Wartung von Bootsmotoren. Siehe: Marina Dubrovnik.

Autofähren: Dubrovnik – (Mljet – Vela Luka) – Hvar – Split (Primošten) – Zadar – Rab – (M. Lošinj) – Rijeka; Dubrovnik – Bari.

Passagierschifflinien: Dubrovnik – Koločep – Lopud – Suđurađ – Luka Šipanska – Okuklje – Sobra – Polače.

Sehenswürdigkeiten in Dubrovnik: Stadtmauern (X. Jh., Verstärkung im XII.-XVII. Jh.) mit Festungen: Sv Ivan (Völkerkunde- und Schiffahrtsmuseum, Aquarium, Biologisches Institut), Minčeta, Revelin (Veranstaltungsräume) und Bokar; Stadttore: Das Pile-Tor und das Ploče-Tor. Die Festung Lovrjenac; Palais Sponza (1312, Umbauten 1516–22, Staatsarchiv), Rektorenpalast (1435, Umbauten 1465 und nach 1667, Städtisches Museum), Glockenturm (erwähnt seit 1444, restauriert 1929), Rupe (Getreidemagazin der Republik, 1542–90, Teile des Städtischen Museums und der völkerkundlichen Sammlung), Rolandssäule (Orlandov stup, von 1418, restauriert), Onofrio-Brunnen (1428), Lazarette in der Vorstadt Ploče (1590, Erweiterungen

1623–24). Kirchen: Kathedrale Velika Gospa (Mariä Himmelfahrt, 1672–1713, reichhaltige Schatzkammer, nach dem Erdbeben von 1979 wurden an gleicher Stelle Reste einer romanischen Kathedrale entdeckt), Kirche Sv Vlaho (Hl. Blasius, 1706–14), Kirche Sv Ignacije (Hl. Ignatius, 1725, Wandmalereien, daneben das frühere Collegium Ragusinum der Jesuiten), Kirche Sv Spas (Heilandskirche, 1520–28). Klöster: Franziskaner-Kloster (Minoriten, 1317, Kreuzgang aus dem XIV. Jh., Apotheke von 1317, Kirche des Hl. Franziskus 1343); Dominikanerkloster (XIV. Jh., Kreuzgang aus d. XV. Jh., Kunstsammlung, Kirche des Hl. Dominikus von 1315, mit späteren Umbauten); Nonnenkloster Danče (1457 mit Wandgemälden in der Kirche). Skočibuha-Palast (1549–53); Sommerhaus der Familie Pucić in der Vorstadt Pile (heute Zentrale des Reisebüros „Atlas").

In Gruž: Sommerhäuser der Familien Bunić – Pucić – Gradić (Gotik/Renaissance), die Gundulić-Residenz (XVI. Jh. mit einem Orsan-Bootshaus), die Natali-Residenz (Renaissance), die Getaldić-Gundulić-Residenz (Gotik/Renaissance), das Sommerhaus von Petar Sorkočević (1521, heute Geschichtliches Institut der Kroatischen Akademie der Wissenschaften und Künste mit kulturgeschichtlicher Sammlung).

In der Umgebung: Festung Fort Impérial auf dem Berg Srđ (412 m), Drahtseilbahn zum Stadtteil Konal im Norden der Altstadt. – Die Insel Lokrum (0,5 sm vom Stadthafen): Einstiges Benediktinerkloster mit Kirche (XIV. Jh., spätere Umbauten, Naturwissenschaftliches Museum, Gedenkmuseum des Physikers Ruđer Bošković); im S-Teil der Insel ein 10m tiefer Brackwassersee (genannt „Totes Meer"). Die Insel ist ein Naturschutzgebiet; Rauchverbot.

MARINA PORAT d.o.o. (42°39,3'N 018°05,6'E). Yachthafen, der zum Hafen Gruž (180 m entfernt) gehört, östlich der Mole Petka. Max. WT: 5,6 m. Yachten können hier die Seegrenzübergangsstelle benutzen.

Liegeplätze: 40 Liegeplätze für Yachten bis 40 m Länge. Man liegt vor Bugleine mit dem Heck an Mooringtonnen. Größere Yachten können am Handelskai liegen. 30 Landstellplätze für Yachten mit einer Länge von 6 bis 12 m.

Versorgung: Marinabüro, Wasser- und Stromanschlüsse, Ambulanz, Hotel, Restaurant, Bank, Wechselstube, Post, Café-Bar/Bistro, mehrere Geschäfte.

Service: Kran (10 t), Travellift (15 t), Slipanlage, technischer Service für mechanische-, elektrische- und elektronische Ausrüstungen, Reparatur von GFK-Rümpfen.

ŽUPSKI ZALJEV. NW-lich von Cavtat öffnet sich diese weite Bucht zwischen Kap Pelegrin und Kap Sustjepan im Bereich Župa Dubrovačka. In der 2,3 sm langen und 1,3 sm breiten Bucht beträgt die max. WT 44 m. Vorzeichen für Bora sind kleine Wolken um den Gipfel des Berges Malešnica oberhalb von Mlini oder ein plötzlich einsetzender Regen.

Die größten Orte in der Bucht sind Srebrno und Mlini.

SREBRNO (42°37,2'N 018°12,2'E). Kleiner Hafen, der nach S durch einen Wellenbrecher geschützt ist, auf dem Kopf steht ein roter Leuchtturm (rotes Feuer). Die Kailänge beträgt insgesamt 70 m, max. WT 3–4 m. Dieser Hafen ist nur vor W-Winden geschützt, Bora fällt hier mit Sturmstärke ein. Bei S-Winden brechen die Seen über dem Wellenbrecher.

MARINA PORAT

ŽUPSKI ZALJEV

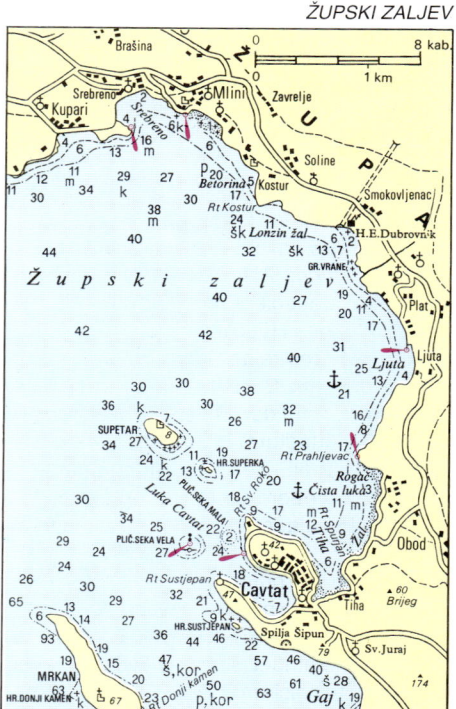

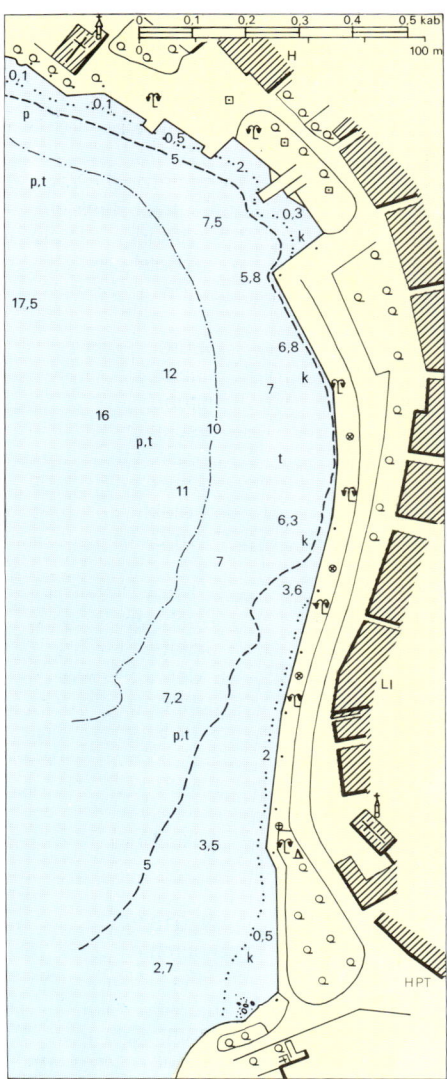

CAVTAT

CAVTAT

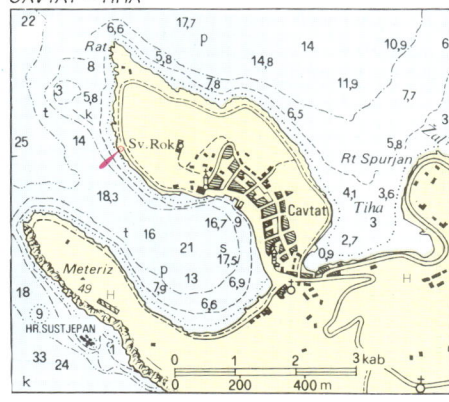

CAVTAT – TIHA

MLINI (42°37,3'N 018°12,7'E). Der kleine Hafen wird von einem 70 m langen Wellenbrecher geschützt. Die Kailänge beträgt 25 m, max. WT: ca. 4 m. Der Anleger ist vor Bora (NE) gut geschützt, aber Winde aus W- bis SE-lichen Richtungen verursachen hier hohen Seegang.

CAVTAT (42°35'N 018°13'E). Stadt und kleiner Hafen in einer gut geschützten Bucht, ca. 5,6 sm SE-lich von Dubrovnik.

Ansteuerung: Als Landmarken dienen das weiße Mausoleum mit einer Kuppel auf dem Gipfel des Hügels Sv Rok (42 m), der schwarz-rot gestreifte Rundturm auf einem Betonblock mit 2 schwarzen Kugeln als Toppzeichen auf der Untiefe Seka vela und der weiße Rundturm mit Pfeiler (Sektorenfeuer) an der NE-Seite der Hafeneinfahrt.

Beim Einsteuern achte man auf zwei der Einfahrt vorgelagerten Untiefen: Seka vela (WT: 3,7 m) und Seka mala (WT: 3 m). Seka vela ist durch einen schwarz-rot-schwarzen Turm mit 2 Kugeln an der Spitze gekennzeichnet. SE-lich der Landspitze Sustjepan befindet sich ein Riff und eine Untiefe mit gleichem Namen (WT: 9,3 m). Der weiße Sektor des Feuers an der N-

Seite der Einfahrt führt frei in die Bucht, die farbigen Sektoren (rot und grün) bestreichen die obengenannten Untiefen.

Liegeplätze: Der Hafen ist vor Bora und Jugo geschützt; NW-, W- und SW-Winde erzeugen im Hafen erheblichen Seegang und einen sehr unangenehmen und schlecht einschätzbaren Wellenschlag. Dann empfiehlt es sich dringend, den Hafen zu verlassen. Yachten können an der Kaimauer im E-Teil des Hafens festmachen (WT: 1,5–4,7m). Bei E- und SE-Winden geht man vor Anker im S-Teil (WT: 10–20 m) des Hafens oder an der NE-Küste der Halbinsel Sustjepan. Einen sicheren Ankerplatz findet man in der Mitte der Bucht Tiha (WT: 6–8 m), NE-lich der Stadt, sowie in ihrem W-Teil (Landleinen ausbringen).

Versorgung: Hafenamt-Zweigstelle, Post, Ambulanz, Apotheke, Hotels aller Kategorien und Gaststätten, Lebensmittelgeschäfte, Wasser aus den Hydranten am Kai, Tankstelle.

Sehenswürdigkeiten: Das alte Mauerwerk (1461); Überreste aus römischer Zeit: Thermen, Wasserleitung, Inschriften; Residenz des Rektors (1555–58, Bibliothek, Archiv und Museumssammlung mit einer reichhaltigen graphischen Sammlung, die dem Gelehrten Baldo Bogišić gehörte); archäologische Funde). Kirchen: Hl. Nikolaus (1484, restauriert 1997), Hl. Blasius (mit dem Franziskanerkloster von 1483). Palast der Familie Kaboga; Pinakothek des Malers Vlaho Bukovac. Auf dem Hügelgipfel

Sv Rok der Friedhof mit dem Mausoleum der Familie Račić (vom Bildhauer Ivan Meštrović entworfen, 1920–22). – In Mlini (7 km in N-Richtung): Reste römischer Bauwerke, Sommerhaus der Familie Stay. In Konavle (22 km langes fruchtbares Tal): Bekannt für reichhaltige Folklore und schöne Volkstrachten, die im Ort Čilipi nach der Sonntagsmesse getragen werden.

DONJI MOLUNAT (42°27'N 018°26'E). Dorf und Bucht an der N-Seite der Halbinsel Metale, 14 sm SE-lich von Cavtat. Gut geschützter Liegeplatz (WT bis zu 16 m) vor Jugo für Yachten aller Größen, der jedoch NW-Winden ausgesetzt ist, die schweren Seegang aufwerfen. Aufgrund eines Telefon-Seekabels sollten Yachten so nahe wie möglich unter der Halbinsel ankern.

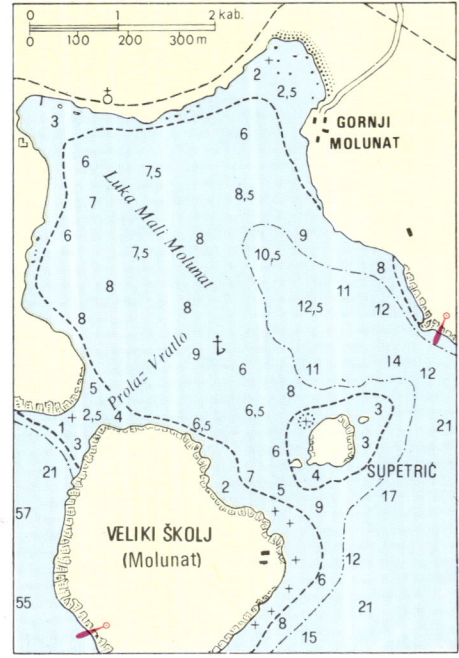

GORNJI MOLUNAT

GORNJI MOLUNAT (42°27'N 018°26'E). Dorf und Bucht an der SE-Seite der Halbinsel Metale, ca. 5,5 sm NW-lich der Einfahrt Boka kotorska (Rt Oštra).

Ansteuerung: Als Landmarken dient der weiße Rundturm mit Galerie (weißes Feuer) auf der SW-Seite der Insel Veli Školj.

Hinweis: Beim Einsteuern achte man auf die der NNE-Küste der Insel Veliki Školj vorgelagerten Riffe, weswegen man sich dichter an die Festlandküste halten sollte (Turm mit Pfeiler und Galerie und weißem Feuer).

Liegeplätze: Die Bucht ist von allen Seiten vor Winden gut geschützt. Die Bora weht wohl heftig, jedoch ohne Seegang aufzuwerfen. Bei Jugo wird die Einfahrt in die Bucht durch starken Seegang sehr erschwert. Yachten bis 2,5 m TG können am Kai vor der Siedlung anlegen. Ankerplatz (WT: ca. 9 m) befindet sich in der Hafen-

mitte, N-lich der Inseln Veliki Školj und Supetrić. Man sollte seinen Ankerplatz mit mindestens 300 m Abstand zu den verankerten Fischerbooten wählen.

INSEL KORČULA

PRIHONJA (42°59,5'N 016°42'E). An der N-Küste der Insel Korčula vor S-Winden gut geschützte Bucht. Der E-Teil der Bucht ist teilweise auch vor Bora geschützt. Kleinere Yachten können vor Buganker an der kleinen Pier im E-Teil der Bucht liegen; man beachte das Wrack (WT: 6 m) N-lich der Pier.

PRAPRATNA (42°59'N 016°43'E). Bucht an der N-Küste der Insel Korčula neben der Bucht Prihonja.

Liegeplätze: Die Bucht ist zwar vor S-Winden geschützt, aber N-Winden ausgesetzt. Am kleinen Wellenbrecher können nur kleinere Yachten (WT: 1,5–2 m) festmachen. Beim Ankern achte man auf das Unterwasser-Stromkabel.

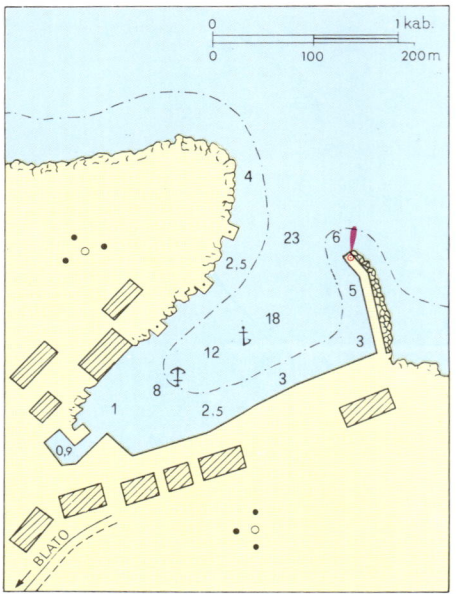

PRIGRADICA

PRIGRADICA (42°58'N 016°49'E). Kleines Dorf und Bucht an der N-Küste der Insel Korčula, am Fuße des Berges Veli vrh (190 m).

Ansteuerung: Als Landmarken dienen die Seemeilentonnen (dienen zur Ermittlung der Schiffsgeschwindigkeit), die Kapelle, sowie der rote Eisenturm mit Pfeiler und Galerie (rotes Feuer) auf dem Wellenbrecherkopf (E-Küste der Bucht). Bei der Ansteuerung von E her achte man auf die Riffe Naplovci.

Liegeplätze: Die Bucht ist der Bora und den E-Winden völlig ausgesetzt, bei NW-Winden läuft Dünung auf. Guter Ankerplatz für kleinere Yachten (WT: 12–18 m); Anlegestellen für Yachten an der Kaimauer (WT: 2,5–3 m) und an der Innenseite des Wellenbrechers (WT: 5 m).

Versorgung: Hotel und Restaurant, Wasser aus der Leitung.

RAČIŠĆE (42°58'N 017°01'E). Dorf und Bucht an der N-Küste der Insel Korčula, W-lich der Insel Kneža Vela.

Ansteuerung: Als Landmarken dienen die Siedlung am Ende der Bucht, das weiße Denkmal an der E-Küste und der grüne Turm mit Pfeiler und Galerie (grünes Feuer) auf dem Wellenbrecherkopf.

Liegeplätze: Der Hafen ist vor allen außer vor N-Winden und Seegang geschützt. Kleinere Yachten können an der Innenseite des Wellenbrechers (WT: 2–3,5 m) festmachen. Ein guter Ankerplatz liegt in der Mitte der Bucht, N-lich vom Wellenbrecher (WT: 14 m); er ist jedoch N-Winden ausgesetzt und sollte beim ersten Anzeichen dieser Winde verlassen werden.

Versorgung: Post und Ambulanz, Lebensmittelgeschäfte, Wasser aus der Leitung.

KNEŽA (42°57'N 017°04'E). Bucht an der N-Küste der Insel Korčula im Pelješac-Kanal.

Ansteuerung: Als Landmarke dient die Insel Kneža Vela mit einem Steinturm (weißes Feuer) auf der NE-Spitze. Zwischen der Insel Kneža Mala und der Küste von Korčula ist es flach.

Liegeplätze: Vor Winden aus dem SW- und NW-Quadranten geschützte Bucht. Ein guter Ankerplatz ist SW-lich der Insel Kneža Mala. Bei Bora liegt man jedoch besser W-lich der Insel.

KORČULA (42°58'N 017°08'E). Stadt und Hafen an der NE-Küste der Insel Korčula. Es gibt einen West- und einen Osthafen. Ganzjährig geöffnete Seegrenzübergangsstelle.

Ansteuerung: Als Landmarken dienen die markanten Stadtmauern und der Kirchturm der Kathedrale, der rote, viereckige Turm mit Pfeiler (rotes Feuer) auf dem Wellenbrecherkopf im Westhafen und der grüne Rundturm mit Pfeiler und Galerie (grünes Feuer) auf der Mole im Osthafen.

KORČULA

Hinweis: Von den Buchten östlich und westlich der Stadt verlaufen Seekabel nach Pelješac.

Liegeplätze: Im W-Hafen liegt man vor Winden aus den SE- und SW-Quadranten geschützt. Da NW-Winde hier starken Seegang aufwerfen, sollte man beim Aufkommen dieser Winde den Liegeplatz verlassen und den E-Hafen oder die Bucht Luka aufsuchen. Liegeplätze für Yachten sind am südlichen Teil des Kais (WT: 3–4 m) in der Nähe des Wehrturmes vorgesehen. Der E-Hafen ist vor Winden aus dem SW- und NW-Quadranten geschützt. Yachten können am Kai südlich vom Hafenfeuer festmachen (WT: 4–6,7 m).

Versorgung: Hafenamt-Zweigstelle, Zollamt, Post, Ambulanz, Apotheke, Lebensmittelgeschäfte, Wasser aus der Leitung, Tankstelle im Osthafen, Seekarten- und Publikationsvertrieb PLOVPUT- „Plovno područje Dubrovnik", Boots- und Motorreparaturen bei den Werften „Inkobrod" und bei privaten Firmen.

Autofähre: Korčula (Bucht Dominča) – Orebić.

Veranstaltungen: Alljährlich wird am 27. Juli der traditionelle Säbeltanz „Moreška" zur Erinnerung an den Sieg über die angreifenden Türken aufgeführt.

Sehenswürdigkeiten: Stadtmauern (ab XIII. Jh., teilweise zerstört 1875) mit den Befestigungen: Zorzi (1449), Balbi (1483), Turm neben der Bastei Balbi (1449), Zakerjan (1481–83), Bokar (1485–88), Barbarigo (1485–88), Capello (1493), Revelin mit dem Landtor (XIV. Jh., restauriert, mit gemeißelter Dekoration). Loggia am Ufer (1548), Kathedrale des Hl. Markus (XIV. Jh., Apsis XV. Jh., mehrschiffig, 1525 Votivkapelle des Hl. Rochus; Ciborium, Altargemälde von J. Tintoretto, L. Bassano, C. Ridolfi; Grabmäler), Kirchliche Schatzkammer (Opatska riznica, reiche Sammlung kirchlicher und kulturhistorischer Denkmäler und Kunstwerke), Renaissance-Palast Gabrielis (XVI. Jh., Städtisches Museum mit verschiedenen Sammlungen aus der Geschichte und Entwicklung von Korčula), Palast der Familie Arneri (Spätgotik, Renaissance-Hof), Rathaus (1515, erweitert 1866), Kirche des Hl. Michael (1408, Kunstwerke, Bruderschaftssaal), Bruderschaftssaal Aller Heiligen (mit Kirche aus d. XV. Jh. restauriert, kassettierte Decke, Ikonensammlung), das sog. „Haus Marco Polos" mit dem Turm, Dominikanerkloster mit der Kirche des Hl. Nikolaus (um 1505, Umbauten 1573 und 1655, barockes Inventar). Außerhalb des Stadtzentrums steht die Festung Sv Vlaho (Fort Wellington, 1813).

MARINA KORČULA (ACI)

MARINA KORČULA (ACI) (42°57,6'N 017°08,4'E) liegt in einer kleinen Bucht, E-lich der Stadt Korčula. Die Marina ist nur während der Saison vom 1. 4.–30. 9. geöffnet.

An der N-Seite durch einen Wellenbrecher geschützt (auf dem Wellenbre-

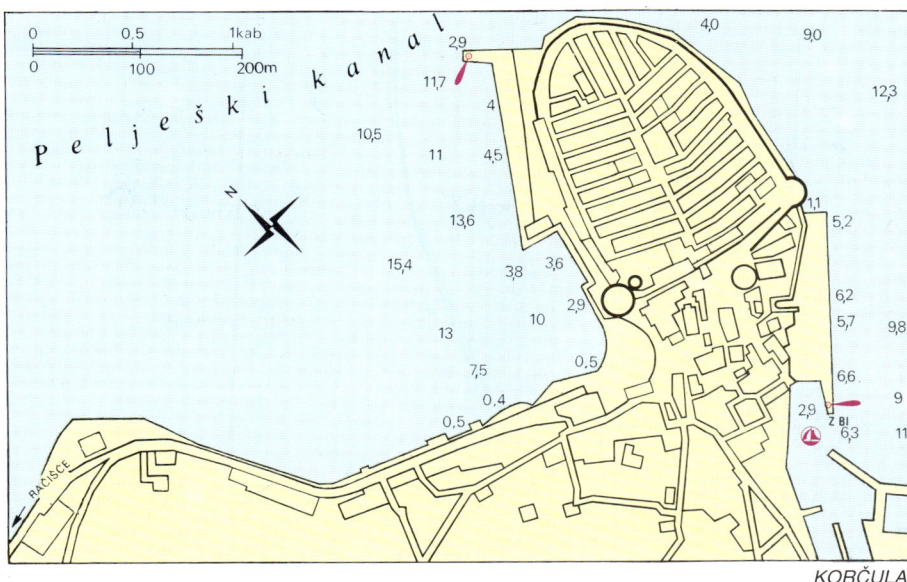

KORČULA

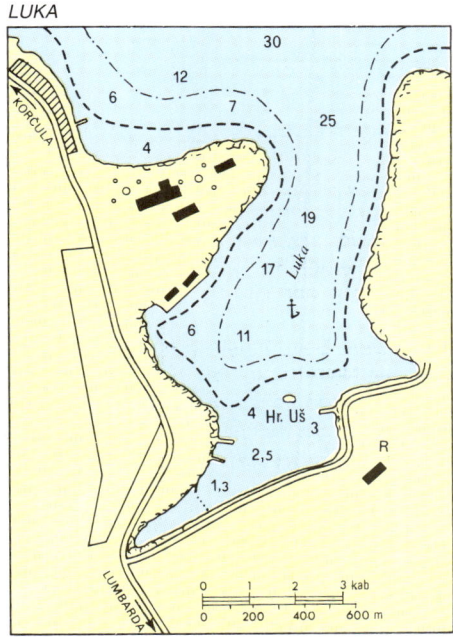

MARINA KORČULA

LUKA

kopf grüner Turm mit Pfeiler und Galerie, grünes Feuer).

Liegeplätze: 160 Liegeplätze (vor Buganker liegen) am Kai, an der Mole und am Wellenbrecher für Yachten bis zu 12 m Länge und 50 Landstellplätze für Yachten bis zu 15 m Länge. WT am Kai 3 m und am Wellenbrecher 10 m.

Versorgung: Marinabüro, Wasser- und Stromanschlüsse, Café, Restaurant, Appartements, Einkaufszeile mit Supermarkt, Duschen/WC, Parkplatz. Tankstelle E-lich der Marina an der Enge zwischen Korčula und der Insel Badija.

Service: Kran (10 t), Slipanlage (35 t), technischer Service, größere Reparaturen bei der Werft in Korčula.

LUKA (42°57'N 017°07'E). Tiefe Bucht, ca. 0,5 sm SE-lich der Stadt Korčula. Von allen Seiten vor Winden und Seegang geschützt – außer vor Bora. Kleine Yachten können am Landungssteg im NW-Teil der Bucht festmachen. Lebensmittel und Wasser in Restaurants an der S-Küste.

LUMBARDA (42°55'N 017°11'E). Ort am äußersten E-Teil der Insel Korčula.

Ansteuerung: Als Landmarke dient der weiße, viereckige Steinturm (weißes Feuer) auf Rt Ražnjić, der östlichsten Spitze der Insel. Bei der Ansteuerung des Hafens ist Vorsicht geboten wegen des flachen Riffs Knežić und der Untiefe Bili žal (WT: 5m), E-lich der Bucht Tatinja.

Hinweis: Das Befahren und jede Art von Unterwassertätigkeit ist untersagt in einem kreisförmigen Gebiet mit 500 m Radius um Rt Ražnjić (42°55'N 017°12,4'E).

Liegeplätze: In der Marina. In diesem Gebiet gibt es mehrere Ankerplätze: In der Bucht Bufalo (WT: 14 m) liegen Yachten von allen Seiten vor Winden geschützt, doch dem Seegang sind sie von Süden her ausgesetzt; die Bucht Tatinja ist Winden aus dem NE-Quadranten ausgesetzt.

Versorgung: Post, Ambulanz, Apotheke, Selbstbedienungsladen, Lebensmittel und Wasser.

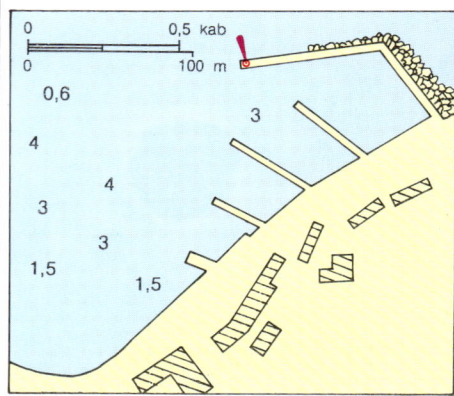

Veranstaltungen: Alljährlich wird im Februar das Fest der Orangenernte begangen.

Sehenswürdigkeiten: Kleinere archäologische Funde einer griechischen Kolonie der Issäer aus d. IV. Jh. v. Chr. Der bedeutendste Fund dieser Siedlung, die sog. „Tafel von Lumbarda", befindet sich heute im Archäologischen Museum in Zagreb. Mittelalterliche Kirche des Hl. Petrus, Kirche des Hl. Rochus (1561), teilweise befestigte Sommerhäuser der Patrizierfamilien Kršinić, Nobilo und Milina. Kunstsammlungen der Bildhauer Frano Kršinić, Ivan Lozica und Ivan Jurjević-Knez.

MARINA LUMBARDA (42°55,5'N 017° 10,6'E) liegt in der Bucht Lumbarda (WT bei der Einfahrt 5 m, am Stegfuß 1,6 m).

Liegeplätze: 90 Liegeplätze für Yachten bis zu 35 m Länge und 40 Stellplätze für Yachten bis zu 14 m Länge. Max. TG 6 m.

Versorgung: Marinabüro, Telefon-, Wasser- und Stromanschlüsse, Duschen/WC, Café-Bar/Bistro, Restaurant, Hotel, Supermarkt, Wechselstube, Charterbasis.

Service: Slipanlage, Werkstätten für Reparaturen; größere Reparaturen an Booten, Motoren sowie elektrischen- und elektronischen Installationen bei der Werft in Korčula.

PUPNATSKA LUKA (42°56'N 017°00'E). Bucht an der S-Küste der Insel Korčula. Hafen des Dorfes Čara.

Liegeplätze: Yachten liegen hier nur vor N-Winden geschützt. Nur bei Schönwetter ein guter Ankerplatz (WT: 10–15 m).

Versorgung: Lebensmittel und Wasser in begrenzter Menge.

ZAVALATICA (42°55'N 016°56'E). Bucht an der S-Küste von Korčula.

Liegeplätze: Yachten bis zu 3 m TG können hinter dem Wellenbrecher vor Buganker festmachen, wo sie nur vor N-Wind geschützt liegen. Beim Aufkommen von S-Winden ist es ratsam, den Liegeplatz zu verlassen.

Versorgung: Lebensmittelgeschäfte, Wasser aus der zentralen Wasserversorgung.

BRNA (42°54'N 016°52'E). Siedlung in der gleichnamigen, weiten Bucht an der S-Küste der Insel Korčula. Hafen der Ortschaft Smokvica im Innern der Insel (4 km).

Ansteuerung: Als Landmarken dienen der weiße Rundturm mit Pfeiler und Galerie (weißes Feuer) auf dem bewaldeten Rt Veli zaglav und das Hotelgebäude. Von W her ansteuernd, achte man auf die Untiefen, Riffe und kleinen Inseln.

Liegeplätze: Die Bucht ist vor allen außer W- und SW-Winden geschützt, die hier besonders im Winter schweren Seegang aufwerfen. Daher suche man beim Aufkommen dieser Winde die Bucht Kosirina auf. Bei Bora sind auch Landleinen zur Küste auszubringen. Yachten können an der Pier (WT: 4–5 m) anlegen oder in der Mitte der Bucht vor Anker gehen.

Versorgung: Lebensmittelgeschäfte, kein Treibstoff.

BRNA

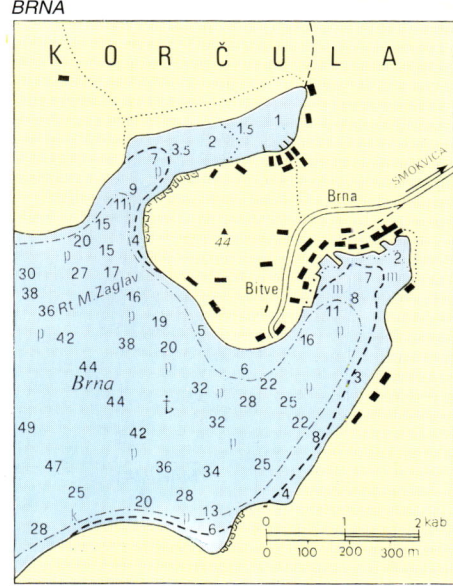

PRIŽBA (42°54'N 016°48'E). Fischerdorf und Ankerplatz an der S-Küste der Insel Korčula; S-lich liegt der Ort und Hafen Blato.

PRIŽBA

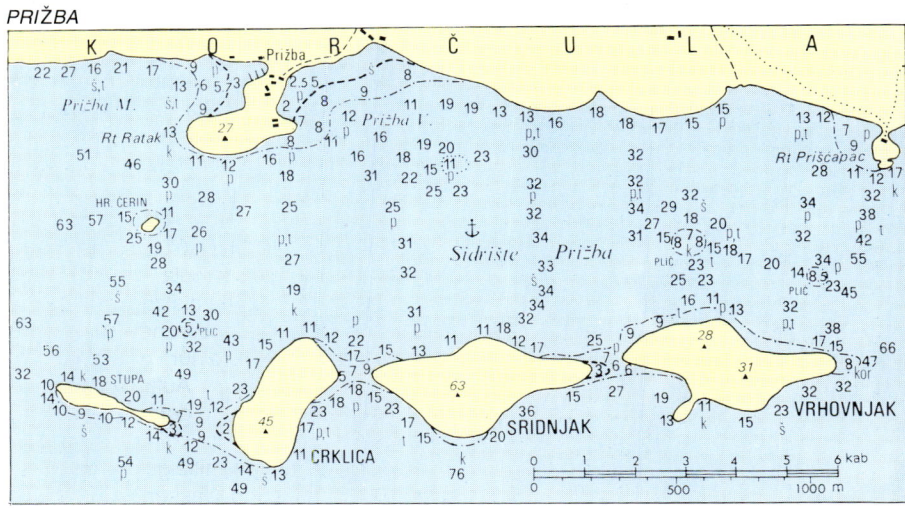

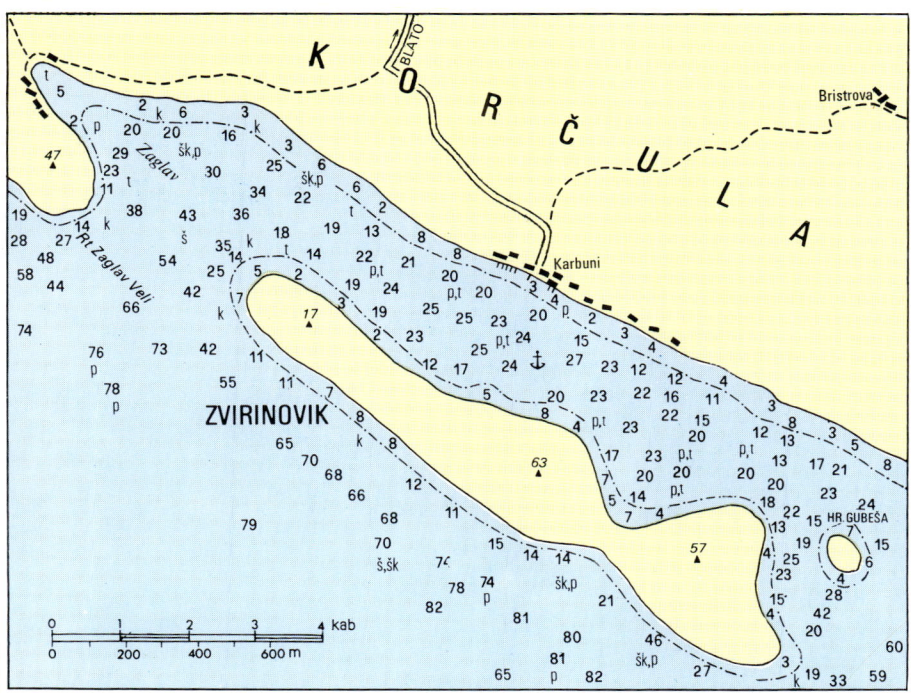

KARBUNI

Ansteuerung: Als Landmarken dienen die dem Ankerplatz vorgelagerten kleinen Inseln (Stupa, Crklica, Sridnjak, Vrhovnjak) und zahlreiche Überwasserfelsen (Čerin).

Liegeplätze: Der Ankerplatz ist nur SE- und SW-Winden ausgesetzt. Kleinere Yachten finden bei S-Winden guten Schutz in der Bucht Prižba Mala oder unter der N-Küste der kleinen Insel Sridnjak. Die Wassertiefe am Molenkopf in der Bucht Prižba Mala beträgt nur 1 m.

Versorgung: Hotel, Restaurant, Lebensmittel und Wasser.

GRŠĆICA (42°54'N 016°47'E). Kleine Fischersiedlung und Bucht an der S-Küste der Insel Korčula, ca. 1 sm W-lich von Prižba. Beim Ansteuern achte man auf die Untiefe (WT: 1,2 m) in der Mitte der Bucht; man halte näher zum N-Ufer.

Liegeplätze: Die Bucht ist für kleinere Yachten (bis zu 4 m TG) ein guter Schutzhafen bei allen außer SW-Winden.

KARBUNI (42°55'N 016°44'E). Kleine Siedlung und Ankerplatz an der SW-Küste der Insel Korčula, ca. 2 sm W-lich von Gršćica, durch die kleine Insel Zvirinovik geschützt.

Liegeplätze: Gute Ankerplätze liegen an der N-Küste der Insel Zvirinovik (WT: 14–25 m). Kleinere Yachten können vor Buganker in der kleinen Bucht von Zvirinovik liegen.

TRI LUKE (42°55'N 016°40,5'E). Ausgedehnte Bucht am SW-Teil der Insel Korčula.

Liegeplätze: Die Bucht ist Winden und Seegang aus dem SE-Quadranten ausgesetzt, vor allen anderen Winden aber gut geschützt.

Ein geeigneter Zufluchtshafen vor Jugo für kleinere Yachten liegt zwischen den Inseln Pržnjak Veli und Pržnjak Mali.

VELA LUKA (42°58'N 016°43'E). Stadt am Ende der tiefen, gleichnamigen Bucht an der W-Küste der Insel Korčula. In der Saison (1.4.–31.10.) geöffnete Seegrenzübergangsstelle.

Ansteuerung: Als Landmarken dienen der sechseckige Steinturm (weißes Feuer) auf der äußersten Westspitze der Insel Proizd, der achteckige Steinturm (weißes Feuer) auf Rt Velo dance und der viereckige Steinturm (rotes Feuer) auf der Insel Kamenjak sowie der pyramidenförmige Steinturm mit roter Galerie (rotes Feuer) auf Rt Vranac, weiter die Kirchtürme und der Fabrikschornstein, außerdem der weiße Turm mit Pfeiler und Galerie (grünes Feuer) am Kopf des Fähranlegers und der weiße Turm (grünes Feuer) am W-Ende des Kais.

Die Durchfahrt zwischen den Inseln Proizd und Korčula ist seicht (WT: 3 m); nördlich von der Durchfahrt befinden sich

VELA LUKA

die Klippen Izvanjska und Prva. In der Nähe von Rt Velo dance liegt die schwer erkennbare Klippe Čančir, die man mit mindestens 400 m Abstand umfahren sollte.

Liegeplätze: Der Hafen ist von allen Seiten vor Winden gut geschützt, nur stärkere W-Winde erzeugen im Hafen Seegang. Yachten können am Kai anlegen, von dem ein Teil für Ausflugsschiffe reserviert ist (WT: 2,1–4,8 m).

Kleinere Yachten können E-lich vom Kai an der kleinen Fährmole (WT: 1,3–2,1 m) vor Buganker liegen.

Ankerplatz: Für Yachten gibt es in der Bucht gute Ankerplätze: Der Ankerplatz E- und ESE-lich der kleinen Insel Ošjak (WT: 30–50 m), ferner die Bucht Plitvine, wo kleinere Yachten vor Buganker liegen können, sowie die Bucht Gradina, die als Ankerplatz für Schiffe bis zu 4 m TG geeignet ist, schließlich längs des Ufers in der Bucht Bobovišće.

Versorgung: Hafenamt-Zweigstelle, Zollamt, Post, Hotels, Lebensmittel, Wasser-hydrant, Tankstelle am Kai, zahlreiche Espresso-Bars und Restaurants, Ambulanz, Apotheke, Fischkonservenfabrik, Reparaturen bei der Werft „Greben".

Autofähren: Lastovo (Ubli) – Vela Luka – Hvar – Split; Lastovo (Ubli) – Vela Luka – Split.

Veranstaltungen und Sehenswürdigkeiten: Alle vier Jahre findet hier das Arbeitstreffen des internationalen Klubs der Architekten, Bildhauer, Maler und Mosaikmeister statt. Ihre Werke bleiben als Geschenk in Vela Luka.

In der Bucht Kale liegt am Ende der Bucht die moderne Kureinrichtung „Kalos" (eine Quelle mit radioaktivem Mineralwasser und Schlamm, Anwendung bei Gelenkentzündungen, Ischias und Frauenleiden).

INSEL LASTOVO

MALI LAGO oder **MALO MORE** (42°46,5'N 016°50'E). Bucht zwischen der W-Küste von Lastovo und der Insel Prežba.

Ansteuerung: Als Landmarken dienen Rt Žrvanj auf der kegelförmigen Halbinsel an der E-Seite der Einfahrt und die Insel Maslovnjak Veli, N-lich der Einfahrt. Man sollte

MALI UND VELSI LAGO

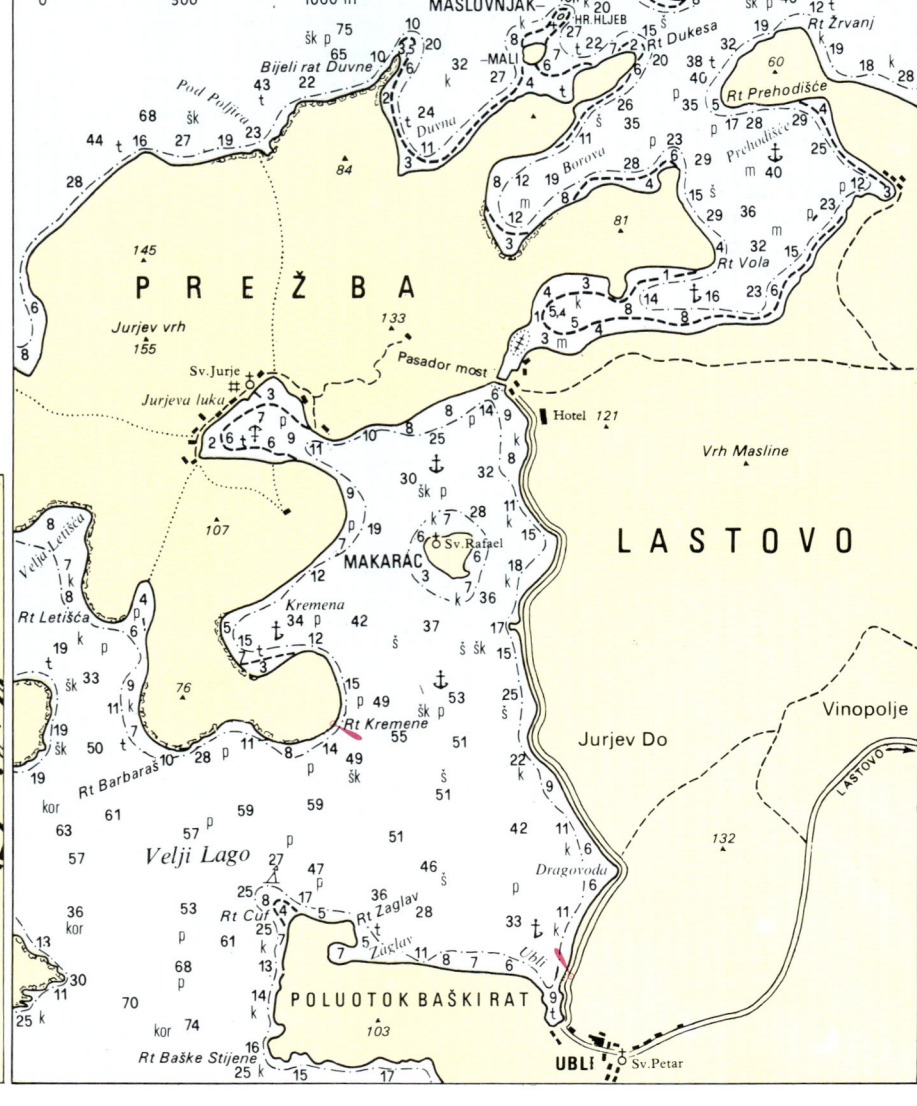

VELA LUKA

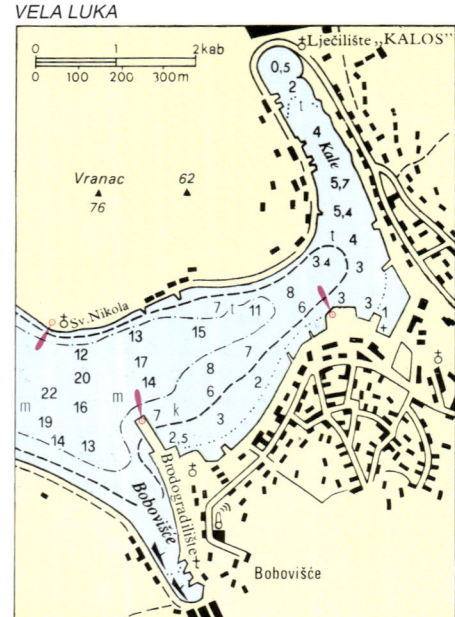

154

SUŠAC: B Bl (2) 15s 94m 24M

LASTOVO

die Bucht zwischen der Insel Maslovnjak Veli und Rt Žrvanj ansteuern, da zwischen Maslovnjak Veli und Maslovnjak Mali die Klippen Karlovića tovari und Hljeb liegen.

Liegeplätze: Der Hafen ist von allen Seiten vor Winden geschützt. Ein für größere Yachten guter Ankerplatz befindet sich S-lich von Rt Žrvanj (WT: 38–40 m); kleinere Yachten ankern im Ende der Bucht (WT: 14–16 m).

Versorgung: Lebensmittel in beschränkter Menge in Pasadur (in der Durchfahrt Most) oder im Hafen von Ubli.

VELJI LAGO oder **VELJE MORE** (42°45'N 016°49'E). Eine weite Bucht an der W-Küste der Insel Lastovo. Im SE-Teil liegt die Siedlung Ubli mit einem kleinen Hafen. In der Saison (1.4.–31.10.) geöffnete Seegrenzübergangsstelle.

Ansteuerung: Bei der Ansteuerung von W her dienen als Landmarken die Insel Kopište, die Berggipfel Hun (417 m) und Plešévo (415 m) sowie die der Bucht vorgelagerten Inseln Bratin und Vlašnik. An der S-Seite der Einfahrt befindet sich Rt Cuf, an der N-Seite der Einfahrt der weiße, runde Betonturm mit Pfeiler und Galerie (Feuer mit Sektoren) auf Rt Kremena, schließlich der rote Turm mit Pfeiler und Galerie (rotes Feuer) auf dem Kai in Ubli (SE-Teil der Bucht).

Um den riffartigen Untiefen nördlich von Rt Cuf auszuweichen, steuere man in der Deckpeilung: Rt Kremena (weißer Turm) – SE-Spitze der Insel Makarac (028°). Nachts führen die weißen Sektoren des Feuers Rt Kremena frei in den Hafen.

Hinweis: Das Befahren und jede Art von Unterwassertätigkeit ist untersagt in einem kreisförmigen Gebiet mit einem Radius von 500 m um Rt Veljeg mora (42°43,4'N 016°50,8'E). Das Einlaufen in die Bucht Jurjeva luka auf der Insel Prežba ist verboten.

Liegeplätze: Die Bucht Kremena im SE-Teil der Insel Prežba ist von allen Seiten vor Winden geschützt. Kleinere Yachten kön-

nen am Kai (WT: 4,5–6 m) im SE-Teil der Bucht, entlang des Gestades vor dem Hotel „Solitudo" (WT: 1,5–2 m) anlegen oder in der Bucht Kremena ankern. Der Hafen von Ubli besitzt einen 150 m langen Kai, max. WT: 4,5–6,0 m. Der N-liche Teil dient dem Fährverkehr.

Versorgung: Hafenamt-Zweigstelle, Ambulanz im Ort Ubli; Lebensmittel, Wasser und Treibstoff bei der landwirtschaftlichen Genossenschaft.

Sehenswürdigkeiten: Reste aus der Römerzeit und des frühen Mittelalters, Fundamente einer frühchristlichen Basilika (V./VI. Jh.), Steinsärge und Fundamente von Wirtschaftsgebäuden. – In Lastovo (Hauptort der Insel): Ruinen der römischen Kirche des Hl. Johannes, Kirche des Hl. Kosmas und Damian von 1473, restauriert im XVI. Jh., mit reichlichem sakralen Inventar; Loggia; Wehrmauer mit Turm vom Anfang d. XVII. Jh.; Kirche des Hl. Blasius, umgebaut im XIV. Jh. Während der Karnevalszeit werden Festlichkeiten, bei denen die Bewohner in Volkstrachten und mit Volkstänzen teilnehmen, veranstaltet.

ZAKLOPATICA (42°46'N 016°52,5'E). Bucht an der N-Küste der Insel Lastovo.

Hinweis: Die Westpassage zwischen den Insel Lastovo und Zaklopatica weist nur 1,4 m WT auf, die Ostpassage ist da-

STRUGA: B Bl 10s 104m 27M

gegen 20 m breit und ca. 5 m tief.

Liegeplätze: Die Bucht ist von allen Seiten vor Winden – außer vor Winden aus dem NE-Quadranten – geschützt. Bei Bora findet man einen guten Ankerplatz unterhalb der Küste der Insel Zaklopatica.

SKRIVENA LUKA auch: **PORTORUS** (42°44'N 016°53'E). Bucht und Siedlung an der S-Küste der Insel Lastovo.

Ansteuerung: Als Landmarken dienen der runde Steinturm oberhalb des Wärterhauses (weißes Feuer) auf Rt Struga und der rote, runde Eisenturm mit Pfeiler und Galerie (rotes Feuer) auf Rt Stražica in der Buchteinfahrt. Von W her kommend achte man auf die Klippen und Untiefen W-lich von Rt Veljeg more.

Liegeplätze: Die Bucht ist von allen Seiten vor Winden gut geschützt und als Dauerliegeplatz zu empfehlen. Bei Jugo ankert man am besten vor der Buchteinfahrt, bei Bora zwischen der Buchteinfahrt und der Klippe Uska (0,5 sm vor der Einfahrt in die Bucht Skrivena luka). Kleinere Yachten liegen sehr gut vor Anker im inneren Teil der Bucht (WT bis zu 15 m).

Versorgung: Lebensmittel und Wasser in begrenzter Menge.

INSEL MLJET

POMENA (42°47,5'N 017°20'E). Bucht und Siedlung am W-Ende der Insel Mljet, gen N durch die Insel Pomeštak geschützt. Zwischen der Insel Pomeštak und der Klippe Galicija liegt eine Untiefe.

Ansteuerung: Von SW kommend, achte man auf die Klippe Šij, N-lich von Rt Goli rat sowie auf das in ihrer Nähe liegende Riff. Vor der Buchteinfahrt liegt die Klippe Crna seka. Wegen der geringen Tiefe dort sollte man sie in mindestens 200 m Abstand umfahren. Bei der Ansteuerung von NE her steuere man NW-lich von der Insel Glavat, um den Klippen Crna seka und Borovac sowie zwei Riffen und einer Untiefe (WT: 3 m) auszuweichen.

155

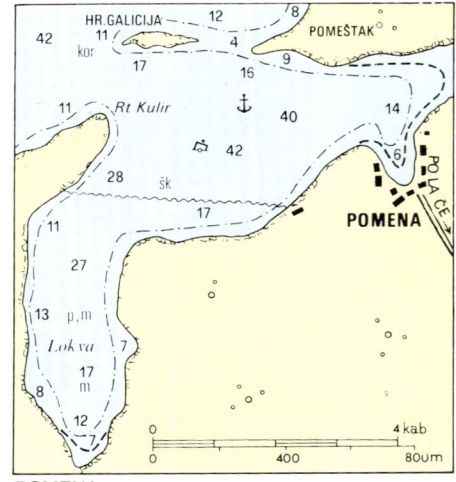

POMENA

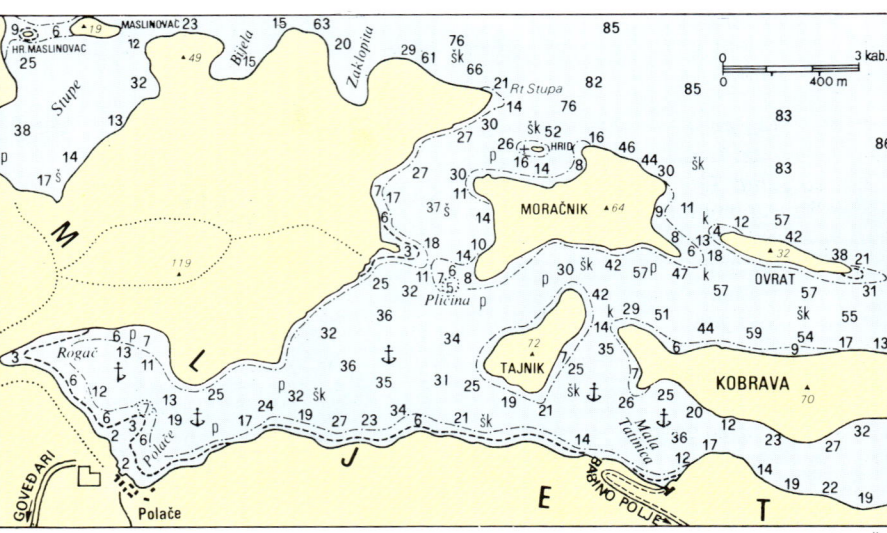

POLAČE

Liegeplätze: Die Bucht ist von allen Seiten vor Winden gut geschützt und daher auch als Dauerliegeplatz geeignet. Ein guter Ankerplatz für größere Yachten ist S-lich der Klippe Galicija und der Insel Pomeštak (WT: ca. 40 m). Kleinere Yachten können im S-lichen Teil der Bucht (WT: 20–30 m) ankern oder am ausgebauten Kai vor dem Hotel (WT: 2–4,5 m) festmachen. Im mittleren Teil der Bucht liegen Festmachetonnen.

Versorgung: Lebensmittel und Wasser in begrenzter Menge.

POLAČE (42°47'N 017°23'E). Dorf in einer weiten Bucht an der N-Küste der Insel Mljet.

Ansteuerung: Als Landmarken dienen eine Reihe kleiner, völlig öder Inseln – unter ihnen die gut erkennbare Insel Ovrata – und der weiße Rundturm mit Sockel (weißes Feuer) auf der Klippe Kula. Im nördlichen Teil der Durchfahrt zwischen der Inselküste und der Insel Moračnik liegen um Rt Stupa und auf beiden Seiten an dessen S-lichen Teil Untiefen.

Liegeplätze: Der Innenteil der Bucht – insbesondere die Bucht Mala Tatinica – ist von allen Seiten vor Winden und Seegang geschützt. Yachten können an der Pier vor der Ortschaft Polače festmachen (WT: 4,7–5,2 m) oder vor Buganker an dem NW-Teil des Kais (WT: ca. 2,5 m) liegen; sechs Bojen vor der Stadtpier. Gute Ankerplätze für größere Yachten liegen NE-lich der altrömischen Palastruine in der Nähe des Ortes (WT: 22 m), W-lich der Insel Tajnik (WT: 35 m) sowie W-lich und SW-lich der Insel Kobrava (WT: 43 m). Der beste Ankerplatz für kleinere Yachten liegt im W-Teil der Bucht Rogač (WT: 14 m).

Versorgung: Eingeschränkt möglich; Restaurant am Kai in Polače, Geschäfte im Dorf Goveđari (1,5 km landeinwärts).

Service: Sechs Bojen vor der Stadtpier.

Autofähre: Polače – Trstenik (Festland, Pelješac).

Fähren: Siehe Dubrovnik.

Sehenswürdigkeiten: Mauern eines römischen Palastes – der Überlieferung nach – des Agesilaius von Anzarbo (III./IV. Jh), Reste einer frühchristlichen Basilika (V./VI. Jh.); Ausgangspunkt für Ausflüge zu den Seen von Mljet (2 km).

SOBRA (42°45'N 017°37'E). Dorf und Bucht an der N-Küste der Insel Mljet; Hafen des Ortes Babino Polje (7 km).

Ansteuerung: Als Landmarken dienen der weiße, achteckige Betonturm (weißes Feuer) auf Pusti rt sowie die Straße nach Babino Polje am Berghang. Bei der Einsteuerung umfahre man Pusti rt im Mindestabstand von 500 m wegen der Untiefe und der flachen Klippe Seperka in der Nähe dieser Landspitze.

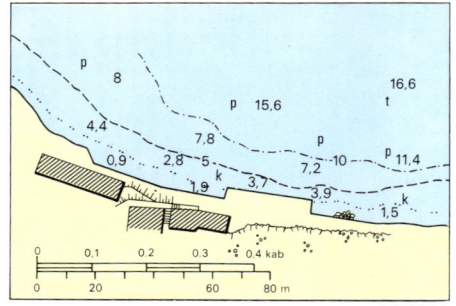

SOBRA

Liegeplätze: In der Bucht sind Yachten der Bora und dem Jugo ausgesetzt, weshalb diese Bucht als Dauerliegeplatz nicht zu empfehlen ist. Yachten können an der Kaimauer vor der Siedlung (WT: 3,2–4,1 m) festmachen. Der beste Ankerplatz – selbst bei Jugo – liegt S-lich der Insel Badanj in

GLAVAT: B Bl (5) 30s 45m 22M

der kleinen Bucht Zaglav (E-Teil der Bucht Sobra). Bei NW-Winden liegt man in der Bucht Klačna Luka (W-Teil der Bucht) gut vor Anker. Wegen der Unterwasserklippe (WT: ca. 0,8 m) ist Vorsicht geboten.

Versorgung: Eingeschränkt möglich, Hafenamt-Zweigstelle, ein Geschäft, Autofähre in der Bucht Zaglav (E-Teil), Post und Ambulanz in Babino Polje.

Autofähre: Siehe Dubrovnik.

PROŽURA (42°44'N 017°39'E). Dorf und Bucht an der N-Küste der Insel Mljet.

Ansteuerung: Als Landmarken dienen die der Einfahrt vorgelagerten, leicht zu identifizierenden Inseln Borovac und Planjak. Von E her kommend, achte man auf das Unterwasserriff (WT: 4,5 m) vor Rt Maharac und auf die Klippe Senjevci.

Liegeplätze: Die Bucht ist der Bora und NW-Winden ausgesetzt. Kleinere Yachten können vor Buganker an der kleinen Mole im S-Teil (WT: 4–5 m) der Bucht liegen. Ein gut haltender Ankergrund ist unter der SW-Küste der Insel Planjak (Landleine ans Ufer ausbringen, mit Bug nach NE).

Versorgung: Lebensmittel in eingeschränktem Umfang.

PROŽURA

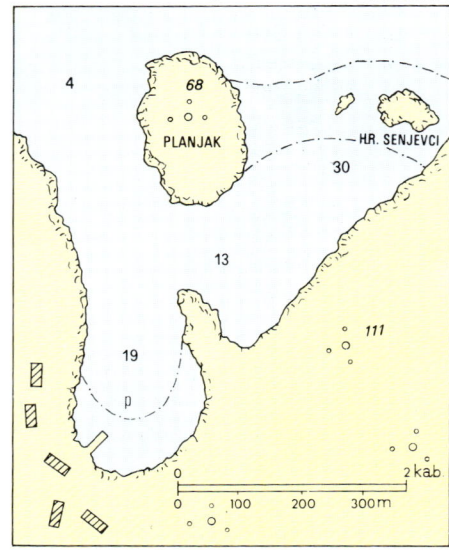

Sehenswürdigkeiten: Ruinen eines Benediktinerklosters, gotische Dreifaltigkeitskirche (XV. Jh.).

OKUKLJE (42°44'N 017°41'E). Bucht und Siedlung an der N-Küste der Insel Mljet.

Ansteuerung: Als Landmarken dienen der weiße Rundturm mit Pfeiler und Galerie (weißes Feuer) auf der E-lichen Einfahrt Rt Stoba, der grüne Turm auf einem Betonsockel im Meer (grünes Feuer) auf Rt Okuklje und der grüne Turm (grünes Feuer) auf dem Kopf der Pier.

Liegeplätze: Die Bucht ist von allen Seiten vor Winden geschützt und daher als Dauerliegeplatz zu empfehlen. Yachten bis zu 3,5 m TG können an der Pier an der NE-Küste (grünes Hafenfeuer) anlegen oder in seiner Nähe vor Buganker liegen. Ein Ankerplatz für kleinere Yachten liegt in der Buchteinfahrt (WT: 4–6 m); dieser ist aber wegen unsicheren Ankergrundes ungünstig. Der SW-Teil der Bucht ist flach.

Versorgung: Restaurant am N-Ufer.

SAPLUNARA (42°42'N 017°44'E). Bucht und Siedlung an der E-Spitze der Insel Mljet.

Liegeplätze: Die Bucht ist vor Jugo und Bora geschützt, aber SW-Winden ausgesetzt. Man sollte das mögliche Umspringen des Jugo (SE) auf den Wind Lebić (SW) beachten, da dann ein Aufenthalt in der Bucht ungemütlich wird.

Ein Ankerplatz für kleinere Yachten ist am Ende der Bucht.

Hinweis: Das Befahren und jede Art von Unterwassertätigkeit ist untersagt in einem kreisförmigen Gebiet mit einem Radius von 500 m um Rt Gruj (42°41,2'N 017°45,2'E).

MLJETSKA JEZERA (42°46'N 017°23'E). Ein Binnensee im W-Teil der Insel Mljet. Er besteht aus einem großen (Veliko jezero) und einem kleinen See (Malo jezero). Sie sind Teil eines Nationalparks und beide durch einen engen Kanal miteinander verbunden. Der Teil Veliko jezero ist durch den 0,6 sm langen und an der engsten Stelle 10 m breiten Soline-Kanal (WT bis zu 2,0 m) mit der offenen See verbunden. Im Kanal setzt starker Gezeitenstrom.

Hinweis: Das Befahren und jede Art von

MILJETSKA JEZERA

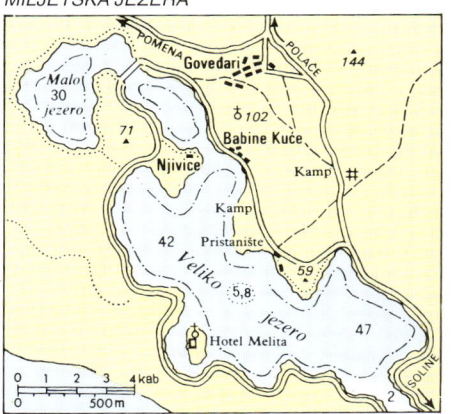

Unterwassertätigkeit ist untersagt in einem kreisförmigen Gebiet mit einem Radius von 500 m um Goli rt (42°47,1'N 017°19,4'E). Die Fahrtgeschwindigkeit im Kanal und auf den Seen ist auf 4 kn beschränkt. Die Einfahrt in den Verbindungskanal ist für Yachten verboten – außer in Notsituationen.

Versorgung: Im Dorf Govedari (5 km Landstraße).

Sehenswürdigkeiten: Auf der kleinen Insel im S-Teil von Veliko jezero ein Benediktinerkloster (XII./XIII. Jh., erweitert im XV./XVI. Jh., mit Klosterhof, XVI. Jh., jetzt Hotel) und die Kirche der Mariä Himmelfahrt (Uznesenje Marijino, XII./XIII. Jh., spätere Umbauten).

INSEL ŠIPAN

ŠIPANSKA LUKA (42°44'N 017°52'E). Ort und kleiner Hafen in einer Bucht im NW-Teil der Insel Šipan.

Ansteuerung: Einfahrten in die Bucht: Durch die Mali Vratnik-Passage zwischen dem SE-Ende der Halbinsel Pelješac (Rt Vratnik) und der Insel Olipa oder durch die

Veliki Vratnik-Passage zwischen Olipa und der Insel Jakljan und schließlich durch die Harpoti-Passage zwischen Jakljan und Šipan.

In der Veliki Vratnik-Passage steuert man an der SE-lichen Spitze der Insel Olip (viereckiger Steinturm – weißes Feuer) und an den drei Inseln vor der NE- Küste von Jakljan vorbei: nämlich der Insel Tajan (roter Rundturm mit Pfeiler und Galerie und rotes Feuer), der Insel Crkvina und der Insel Kosmeč (zwischen ihnen liegt die Klippe Goleč).

Als gute Landmarke dient das Hafenfeuer: Weiße Stahlsäule (rotes Feuer) auf dem Kopf der Pier.

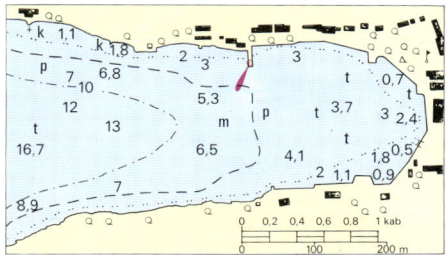

ŠIPANSKA LUKA

ŠIPANSKA LUKA

VELIKO JEZERO

Hinweis: Das Befahren und jede Art von Unterwassertätigkeit ist untersagt in einem kreisförmigen Gebiet mit einem Radius von 500 m um Rt Debela glava (42°43,2'N 017°52,0'E).

Liegeplätze: Die Bucht ist von allen Seiten vor Winden, außer vor dem SW-Wind, dem sog. Lebić, geschützt; sie bietet einen der bestgeschützten Ankerplätze im Koločep-Kanal. Kleinere Yachten können am Kai im Innenteil der Bucht vor Buganker (WT: 1–3 m) liegen. Größere Yachten können zwischen Rt Mišnjak und der kleinen Halbinsel Brag (WT: 30–60 m) vor Anker gehen.

Versorgung: Post, Hotel und Ambulanz, Lebensmittelgeschäfte, Wasser in beschränkter Menge.

Fähren: Siehe Dubrovnik.

Sehenswürdigkeiten: Sommerhaus der Familie Sorkočević (XV. Jh.), Reste der gotischen Rektorenresidenz (1450), Kirche des Hl. Stephan (X. Jh., umgebaut und später wieder rekonstruiert).

INSEL LOPUD

LOPUD (42°41'N 017°57'E). Ort und Bucht an der NW-Seite der Insel Lopud.

Ansteuerung: Die Bucht kann man durch die Einfahrt Lopudska vrata (von S her) oder durch den Koločep-Kanal ansteuern. Bei der Ansteuerung von N her achte man auf die vor Rt Sv Mihajlo liegenden Untiefe und Klippe Sutmiho. Dort in der Nähe liegt der Glockenturm des Klosters. Als Landmarke dient der rote Pfeiler (rotes Feuer) auf dem Wellenbrecher.

Liegeplätze: Die Bucht ist vor allen außer NW-Winden (Wellenschlag!) geschützt. Kleinere Yachten können am L-förmigen Wellenbrecher (WT: 1,3–4,3 m) vor der Ortschaft festmachen, wenn der Platz nicht von örtlichen Schiffahrtslinien benutzt wird. Ein guter Ankerplatz – besonders für größere Yachten – liegt in der Nähe der E-Küste (WT: 20–40 m).

Versorgung: Post und Ambulanz, Lebensmittel und Wasser.

Fähren: Siehe Dubrovnik.

Sehenswürdigkeiten: Überreste einer Befestigung (XV.-XVI. Jh.), Franziskanerkloster (1483, befestigt 1516, Turm von 1592) mit der Kirche Muttergottes (Sv Marija od Špilice, XII. Jh., spätere Erweiterungen), Ruinen der Sommerhäuser des Reeders Miho Pracat und des Bischofs Nikola Brautić (XVI. Jh.); die Dreifaltigkeitskirche (Sv Trojstvo, XVI.-XVII. Jh., Sammlung sakraler Kunstwerke) Sommerhaus der Familie Đurđević-Mayneri mit schönem Park.

SVETI ANDRIJA: B Bl 15s 69m 24/22M

ŠUNJ (42°41'N 017°57'E). Bucht an der SE-Küste der Insel Lopud.

Ansteuerung: Von N kommend achte man auf die W-lich von Rt Čavalika (NW-Kap der Insel Koločep) liegende Untiefe Čavalika (WT: 3,5 m). Von S kommend ist Vorsicht geboten vor den Untiefen E-lich der Insel Skupio (WT: 5,8 m) und vor der Klippe Skupjeli (nahe der S-Einfahrtspitze).

Liegeplätze: Da die Bucht SE-Winden und Seegang ausgesetzt ist, eignet sie sich nicht für einen längeren Aufenthalt. Versorgungsmöglichkeiten im Ort Lopud (2 km).

Sehenswürdigkeiten: Marienkirche Gospa od Šunja (XV. Jh., erweitert im XVII. Jh).

INSEL KOLOČEP

DONJE ČELO (42°41'N 018°01'E). Dorf und Bucht an der NW-Küste der Insel Koločep.

Ansteuerung: Von offener See kommend steuert man an dem Leuchtturm Sv Andrija (weiße Blitze) vorbei. Zwischen den Inseln Šipan und Lopud liegen die von gefährlichen Untiefen umgebene Insel Skupio und eine Untiefe (WT: 2 m) in der Nähe von Rt Čavalika (W-Spitze von Koločep).

Liegeplätze: Die Bucht ist vor S-Winden und Seegang geschützt und bei Bora durch einen Kalkbergrücken abgeschirmt. Kleinere Yachten können an der Pier (WT: 0,9–3,2 m) anlegen. Ein vor Bora geschützter Ankerplatz liegt unter der NE-Küste. Dort sollte man Leinen zum Land hin ausbringen.

Versorgung: Lebensmittel und Wasser in beschränktem Umfang. Bessere Versorgung in Zaton Mali und Gruž (Dubrovnik).

Fähren: Siehe Dubrovnik.

Sehenswürdigkeiten: Kirche Mariä Himmelfahrt (XIII.-XV. Jh.); Wehrtürme an mehreren Stellen auf der Insel.

KOLOČEPSKI KANAL

LOPUD

REGISTER